Politik & Co.

Sozialkunde
für das Gymnasium

Thüringen

neu

herausgegeben von
Hartwig Riedel

für die Jahrgangsstufen 9 und 10

bearbeitet von
Joachim Amm
Erik Müller
Stephan Podes
Hartwig Riedel
Christian K. Tischner

C.C.Buchner Bamberg

Politik & Co. – Thüringen

Sozialkunde für das Gymnasium

Herausgegeben von Hartwig Riedel

Gesamtband
für die Jahrgangsstufen 9 und 10

Bearbeitet von Joachim Amm, Erik Müller, Stephan Podes, Hartwig Riedel, Christian K. Tischner

Zu diesem Lehrwerk ist erhältlich:

- Lehrermaterial: CD-ROM zu Politik & Co. – Thüringen,
  ISBN 978-3-661-**71068**-6

Weitere Materialien finden Sie unter www.ccbuchner.de.

Dieser Titel ist auch als digitale Ausgabe **click & study** unter www.ccbuchner.de erhältlich.

1. Auflage, 2. Druck 2019

Alle Drucke dieser Auflage sind, weil untereinander unverändert, nebeneinander benutzbar.

Dieses Werk folgt der reformierten Rechtschreibung und Zeichensetzung. Ausnahmen bilden Texte, bei denen künstlerische, philologische oder lizenzrechtliche Gründe einer Änderung entgegenstehen.

Die Mediencodes enthalten ausschließlich optionale Unterrichtsmaterialien. Auf verschiedenen Seiten dieses Buches finden sich Verweise (Links) auf Internetadressen. Haftungshinweis: Trotz sorgfältiger inhaltlicher Kontrolle wird die Haftung für die Inhalte externer Seiten ausgeschlossen.

Redaktion: Simon Hameister
Layout und Satz: Wildner + Designer GmbH, Fürth
Druck und Bindung: creo Druck & Medienservice GmbH, Bamberg

www.ccbuchner.de

ISBN 978-3-661-**71067**-9

Zur Arbeit mit dem Buch

Der thüringische Lehrplan für Sozialkunde stellt mit den Vorgaben zur Kompetenzorientierung die Ergebnisse von Lernprozessen in den Mittelpunkt. Wie können Schülerinnen und Schüler mit nachhaltigen Sach-, Methoden-, Selbst- und Sozialkompetenzen sowie Handlungs- und Urteilskompetenzen so ausgestattet werden, dass sie politische Mündigkeit erlangen? Die Konzeption des Unterrichtswerks ermöglicht es Schülerinnen und Schülern, die zentralen Kompetenzen des Faches Sozialkunde zu erwerben. Für Lehrerinnen und Lehrer ist das Buch eine Hilfe, um einen modernen und binnendifferenzierten Unterricht zu verwirklichen.

Zum Aufbau des Buches

Die **Auftaktseiten** jedes Kapitels sind als ansprechende Bildcollage gestaltet. Die Aufgabenstellungen dazu dienen der **Lernstandserhebung** und der Annäherung an das Thema. Zu erwerbende **Kompetenzen werden für jedes Kapitel ausformuliert** und machen den Schülerinnen und Schülern transparent, über welches Wissen und Können sie am Ende des Kapitels verfügen sollten.
Durch die Arbeit mit dem **Materialienteil** können die Schülerinnen und Schüler die Sach-, Methoden-, Selbst- und Sozialkompetenzen sowie politische Urteils- und Handlungskompetenzen schrittweise erwerben und sinnvoll miteinander verknüpfen. Die authentischen Quellen (Zeitungsartikel, Bilder, Karikaturen, Grafiken ...) wurden sorgfältig ausgewählt und um verständliche Autorentexte ergänzt.
Die **differenzierten Aufgabenstellungen** ermöglichen ein selbständiges Erschließen der auf **Doppelseiten** übersichtlich präsentierten Themen. Sie beziehen sich häufig auf konkrete Problemlösungen oder Entscheidungssituationen und fördern so die Nachhaltigkeit des Lernens.
Angebote zur Binnendifferenzierung ermöglichen es der Lehrkraft, auch heterogenen Lerngruppen gerecht zu werden. **Zusatzaufgaben** sind mit einem gekennzeichnet. **Hilfen** mit einem .
Da fachspezifische Methodenkompetenzen unabdingbar für die Erschließung des Sachwissens sind, werden sie auf deutlich hervorgehobenen **Methodenseiten** ausführlich erklärt. Sie sind immer auf konkrete Inhalte bezogen.
Die Rubrik „**Was wir wissen – Was wir können**" dient der Sicherung der Kompetenzen. Das grundlegende Sachwissen des Kapitels wird auf der Seite „Was wir wissen" für Schülerinnen und Schüler übersichtlich und verständlich zusammengefasst. Die Seite „Was wir können" beinhaltet Angebote zur Überprüfung des Sachwissens. Darüber hinaus sollen Schülerinnen und Schüler zeigen, ob Sach-, Methoden-, Selbst- und Sozialkompetenzen sowie Handlungs- und Urteilskompetenzen in einer konkreten Entscheidungssituation sinnvoll angewendet werden können.
Als Neuerung finden sich zu einigen Materialien in der Randspalte QR- bzw. Mediencodes, über die unterhaltsame und verständliche **Erklärfilme zu wichtigen Fachbegriffen** direkt abgerufen werden können. Den Mediencode bitte einfach auf der Seite www.ccbuchner.de in die Suchmaske eingeben und Film starten.
Ein „**Kleines Politiklexikon**" zum Nachschlagen wichtiger Grundbegriffe und ein **Register** zum Auffinden von Querverweisen sind wichtige Hilfsmittel und erleichtern das selbständige Arbeiten mit dem Buch.
Hinweis: Materialien ohne Quellenangaben sind vom Bearbeiter verfasst. Zum Zweck der besseren Lesbarkeit wird darauf verzichtet, immer beide Geschlechter anzusprechen, selbstverständlich sind beide gemeint.

Inhalt

Anhang

Methoden

FREIE
BILDUNG
FÜR ALLE!!!

DEM DEUTSCHEN VOLKE

Toaster
Milch
Zucker
Toast Brot
Nutella

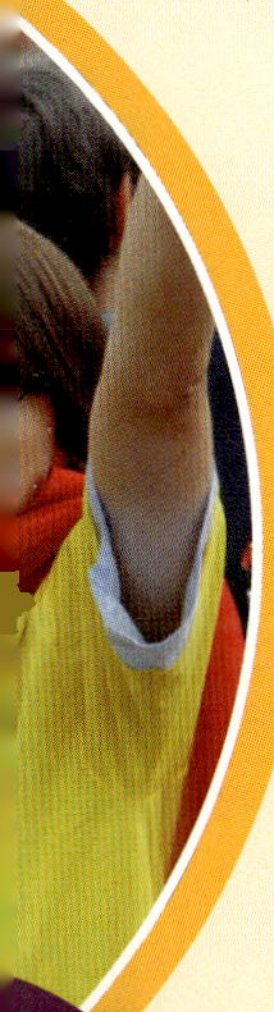

1

Wir entdecken Politik

Politik klingt abstrakt und langweilig? Aber unser ganzes Leben wird davon beeinflusst, jeder spürt die Auswirkungen, auch du. Politik regelt das alltägliche Zusammenleben der Menschen und ist fast überall. In der Politik geht es um die Lösung von Problemen, die die Öffentlichkeit betreffen. Meist versuchen dabei verschiedene Gruppen, ihre gegensätzlichen Interessen durchzusetzen. Politik ist deshalb auch ein Kampf um Herrschaft, Macht und Einfluss. Jugendliche können ebenfalls an der Politik mitwirken. Es gibt Vereine, lokale Aktionsgruppen und Bürgerinitiativen, in denen du mitmischen kannst, in denen du Politik machen kannst ...

Kompetenzen

Am Ende dieses Kapitels solltest du Folgendes wissen und können:

- erklären, was man unter Politik versteht
- das Politische an Alltagskonflikten erkennen
- demokratische Handlungsspielräume selbst erobern
- die Herrschaftsform Demokratie in Abgrenzung zur Herrschaftsform Diktatur beurteilen
- Staatsformen von Herrschaftsformen unterscheiden

Was weißt du schon?
Alle Bilder haben etwas mit Politik zu tun. Suche dir ein Bild aus und begründe, warum du dieses Bild am ehesten mit Politik in Verbindung bringen kannst.

Politik – was ist das eigentlich?

M 1 Politik – verschieden interpretiert

Kinder, Jugendliche, Erwachsene, Politiker oder Wissenschaftler verstehen unter Politik teilweise ganz unterschiedliche Dinge, wie die Zusammenstellung von Definitionen zeigt:

Politik ist, wenn die Politiker manches regeln und Dinge verbessern wollen.
(Vivienne, Schülerin, 11 Jahre)

Politik [ist] gesellschaftliches Handeln, [...] welches darauf gerichtet ist, gesellschaftliche Konflikte über Werte verbindlich zu regeln.
(Gerhard Lehmbruch, Einführung in die Politikwissenschaft, 2. Aufl., Stuttgart 1968, S. 17)

Politik ist die Summe der Mittel, die nötig sind, um zur Macht zu kommen und sich an der Macht zu halten und um von der Macht den nützlichsten Gebrauch zu machen.
(Machiavelli, um 1515)

Politik ist angewandte Liebe zum Leben.
(Zitat von Hannah Arendt; Lizenzgeber: Die Presse Wien, http://diepresse.com, 11.7.2012)

Politik beginnt dort, wo mehr als zwei Leute in einem Raum sind.
(Christoph Diemer)

Politik bezeichnet jegliche Art der Einflussnahme und Gestaltung sowie die Durchsetzung von Forderungen und Zielen, sei es in privaten oder öffentlichen Bereichen.
(Klaus Schubert/Martina Klein, Das Politik-Lexikon, Bonn)

M 2 Was ist Politik?

Politik regelt das Zusammenleben der Menschen. Der Begriff Politik stammt vom griechischen Wort „polis" ab. Polis bedeutet Stadt oder Gemeinschaft. In einer „polis" hatten alle Bürger einer Stadt das Recht (und auch die Pflicht) über die Angelegenheiten der Gemeinschaft mitzubestimmen. Auch Kinder und Jugendliche haben das Recht, Politik zu machen. Das bedeutet zwar nicht, dass sie gleich in den Bundestag gewählt werden können. Das ist erst mit 18 Jahren möglich. Und Kinder können auch nicht Mitglied in einer Partei werden. Da Politik aber nicht nur von Parteien gemacht wird, gibt es spezielle Vereine, in denen Kinder und Jugendliche Politik machen können. Denn sie dürfen und sollen mithelfen, ihre Anliegen vorzutragen und Probleme zu verändern (z. B. in der Schülervertretung oder in Kinder- und Jugendparlamenten).

In der Politik geht es um die Lösung von Problemen, die die Öffentlichkeit betreffen. Verschiedene Gruppen versuchen dabei, ihre Interessen durchzusetzen. Politik ist auch der Kampf um Macht und Einfluss.

Nach: http://kindersache.vorsicht.outermedia.de, 4.4.2011

M 3 Ohne Regeln geht es nicht – Miniprojekt

Stellt euch folgende Situation vor: Eure ganze Klasse stürzt auf dem Weg nach Amerika mit dem Flugzeug ab. Zum Glück können sich alle auf eine einsame Insel retten.

Die Insel ist unbewohnt, aber es gibt genügend Trinkwasser und Nahrung, um zu überleben. Mit dem Holz des Waldes können Unterkünfte gebaut und Feuer gemacht werden. Jetzt stellt sich die Frage, wie ihr euch organisieren wollt:

- Überlegt, welche Probleme auf der Insel auftreten werden und wie ihr sie lösen könnt. Haltet eure Überlegungen schriftlich fest.
- Versucht, eine allgemeine Regel zu formulieren, wie zukünftig Entscheidungen in der Gruppe getroffen werden sollen. Überlegt dabei, ob für bestimmte Entscheidungen andere Entscheidungsregeln gelten sollen – z. B. unterschiedliche Mehrheitsregeln.
- Schreibt fünf Regeln auf, von denen ihr glaubt, dass sie wichtig für das Zusammenleben auf der Insel und die Lösung von Konflikten sind.
- Vergleicht am Ende eure Ergebnisse mit den anderen Gruppen und diskutiert die Vorschläge.

M 4 Die Feststellung der Mehrheit

Für manche Gruppenentscheidungen können unterschiedliche Mehrheitsregeln sinnvoll sein: Bei der *relativen Mehrheit* genügt es, wenn ein abzustimmender Vorschlag die meisten Stimmen erzielt. Bei der *absoluten Mehrheit* ist es notwendig, dass ein Vorschlag über 50% der Stimmen erhält, um angenommen zu werden. Bei der *qualifizierten Mehrheit* muss schließlich eine vorher festgelegte Mehrheit über 50% erreicht werden, z. B. eine Dreiviertelmehrheit.

Aufgaben

1. Notiere fünf Stichworte, die dir einfallen, wenn du den Begriff „Politik" hörst, und formuliere mit deinen Ergebnissen deine „eigene" Politikdefinition (M 1, M 2).
2. Ordne folgende Begriffe den Politikdefinitionen aus M 1 zu (Mehrfachzuordnungen sind möglich): *Politische Ordnung, Staatskunst, Macht, Gestaltung, Hingabe, Interessendurchsetzung, Regeln* (M 1, M 2).
3. Bildet Gruppen mit jeweils fünf Personen und löst die Aufgaben – auch mithilfe von M 4 – im Miniprojekt (M 3).

Politik – wer „mischt" mit?

M 5 Forderungen – Vorschläge – Interessen

TV-Magazin weist auf Sicherheitslücken beim Personalausweis hin

Energiegipfel: Die Regierungskoalition trifft die Vorstandsvorsitzenden der Energiekonzerne

Elternbeiräte sprechen sich für Schulkleidung aus

Datenauskünfte über den Vater ihres Kindes

Journalisten decken auf: „Gratis-Partnersuche" als Köder

Bundestag stärkt Datenschutz am Arbeitsplatz

Schulen: Lehrerbewertung im Netz verletzt Datenschutz

Verbraucherschützer fordern schärfere Gesetze gegen Internetkriminalität

Die SPD-Fraktion fordert den Ausbau der Ganztagsschulen

M 6 Mitmischen lohnt sich ... !

Ehrenamt
Das Ehrenamt ist eine meist freiwillige, am Gemeinwohl orientierte, unbezahlte Tätigkeit für die Gesellschaft. Ehrenämter kann man in Vereinen, sozialen Diensten oder auch in der Gemeinde übernehmen.

Viele Menschen denken, Politik ist kompliziert und langweilig. Politik kann aber ganz schön spannend sein. Vor allem dann, wenn es um ein Thema geht, das einen selbst betrifft. So wie Antonio und Leyla. Die sind verärgert, weil die Gemeinde das öffentliche Freibad, in dem sie jeden Sommer ihre Ferien verbringen, schließen will, um Kosten zu sparen. Da ihre Mitschüler auch davon betroffen sind, sprechen sie das Thema in der Klasse an. Auf einer Wandzeitung halten die Schüler Argumente für und gegen die Schließung des Freibades fest: Auf der einen Seite will die Gemeinde Gelder einsparen, um mehr in Bildung zu investieren, Schulen und Kindertagesstätten auszubauen. Auf der anderen Seite ist das Freibad in der Gemeinde und für die Schüler ein wichtiger öffentlicher Treffpunkt. Nach der Diskussion in der Klasse entdecken einige Schüler auf dem Nachhauseweg, dass sich bereits eine Bürgerinitiative gegen die Schließung des Bades gegründet hat. Die sammelt auf dem Marktplatz Unterschriften und diskutiert mit interessierten Bürgern. Die Klasse entschließt sich daraufhin, eine öffentliche Diskussionsrunde mit der Bürgermeisterin, einem Mitglied der Bürgerinitiative sowie zwei Schülern in der Schulaula zu veranstalten. Sie will dabei erfahren, wer über die Schließung des Freibades entscheiden darf und wer welche Position vertritt. Leyla berichtet später in der Schülerzeitung, dass die Initiative der Schüler erfolgreich war und die Gemeinde ihre Pläne zur Schließung des Freibades zurückgenommen hat.

M 7 Drei Seiten von Politik

Bezeichnung	Erscheinungsformen	Merkmale	Ziel	Dimensionen
Polity	• Verfassung • Gesetze • politische Institutionen	• Verfahrensregelungen	• Ordnung	**Form**
Policy	• Aufgaben und Ziele • Probleme • Werte • Politikfelder (Wirtschaftspolitik, Sozialpolitik, Familienpolitik etc.)	• Durchführung / Umsetzung („Implementation“) von Gesetzen und Politikzielen • Problemlösung • Aufgabenerfüllung • Wert- und Zielorientierung	• Gestaltung	**Inhalt**
Politics	• Interessen • Konflikte	• Macht • Aushandlung • Partizipation • Entscheidung	• Interessendurchsetzung	**Prozess**

Politische Ordnung (Polity-Dimension): Wer kann über diese Fragen entscheiden? Und wie wird entschieden? Sollen gewählte Vertreter entscheiden oder die Bürger selbst? Sollen sich alle gemeinsam nach einer ausführlichen Diskussion auf eine Lösung einigen oder soll gelten, was die Mehrheit beschlossen hat? Hierbei geht es um den Rahmen und die Form von Politik. Das sind Regeln, Verfahrensweisen, Gremien, Institutionen.

Inhalte der Politik (Policy-Dimension): In der Politik geht es oft um gesellschaftliche Probleme und deren Lösung. Soll ein öffentliches Schwimmbad geschlossen werden? Sollen Gewaltspiele am PC verboten werden? Was kann gegen Kinderarmut in der Welt getan werden? – All diese Fragen können diskutiert werden.

Konflikte (Politics-Dimension): Die dritte Dimension beschäftigt sich mit dem Prozess der Meinungsbildung und Entscheidungsfindung: Warum ist eine Diskussion über ein politisches Problem überhaupt notwendig? Wer ist von dem Problem betroffen? Und: Welche Meinung vertreten die Betroffenen? Bei dieser Seite von Politik geht es um Konflikte, um verschiedene Interessen und deren Durchsetzung.

Aufgaben

1. In M 5 äußern sich sehr viele Akteure zu politischen Themen. Nenne jeweils die Akteure und beschreibe das angesprochene Problem.
2. Suche dir eine Schlagzeile aus M 5 heraus und zeige auch mithilfe von M 6 Wege auf, wie der jeweilige Akteur sein Anliegen durchsetzen könnte.
3. Erläutere anhand von M 7 folgende These am Beispiel der Kernenergie: *„Politik ist die Verwirklichung von Politik – policy – mithilfe von Politik – politics – auf der Grundlage von Politik – polity.“* (zitiert nach Karl Rohe)

Wie kann politische Herrschaft begründet werden?

M 8 Formen politischer Herrschaft

Abstimmung im Deutschen Bundestag

Kim Jong-un, seit 29.12.2011 Diktator und „oberster Führer" Nordkoreas

Der Begriff **Demokratie** kommt aus dem Griechischen und setzt sich aus den Wörtern Demos (Volk) und Kratein (Herrschaft) zusammen. Demokratie bedeutet also Herrschaft des Volkes bzw. Volksherrschaft. In der Demokratie haben alle Bürger die gleichen Rechte, sie bestimmen in freien Wahlen, von wem sie regiert werden wollen. Auch der Staat muss sich an die geltenden Regeln und Gesetze halten.

Der **Diktator** ist in der Regel nicht frei gewählt, sondern hat sich selbst mit Gewalt an die Macht gebracht. Dies geschieht häufig mithilfe des Militärs. Man spricht dann von einer Militärdiktatur. In Diktaturen wird das Volk von der politischen Mitbestimmung ausgegrenzt und mit Gewalt unterdrückt.

Staatsform versus Herrschaftsform
In der Politikwissenschaft unterscheidet man Staatsformen von Herrschaftsformen. **Staatsformen** beschreiben die äußere politische Organisationsform eines Staates.
Es gibt zwei unterschiedliche Typen von Staatsformen: **Republik** und **Monarchie**. Das Unterscheidungskriterium ist das Staatsoberhaupt: Während eine Monarchie über ein gekröntes oder fürstliches Staatsoberhaupt verfügt, sind alle Staaten ohne Kaiser, König oder Fürsten Republiken.
Bei den **Herrschaftsformen** wird danach unterschieden, von wem die Staatsgewalt ausgeht. Die bekanntesten Herrschaftsformen sind: **Demokratie** und **Diktatur**.

M 9 Was leistet die Demokratie in Deutschland?

Die Demokratie ist teuer, umständlich, kompliziert, langweilig, nicht effektiv, nicht attraktiv. Es ist nicht schwer, weitere negative Eigenschaften über unsere Demokratie zusammenzutragen. Die Demokratie macht es den Kritikern recht leicht.
Und an der Kritik ist ja auch etwas dran. Demokratie ist tatsächlich eine recht teure Angelegenheit: So gibt es in Deutschland zum Beispiel den Bundestag und dazu noch 16 Parlamente in den Bundesländern. In diesen Parlamenten sitzen insgesamt etwa 2.500 Abgeordnete, die alle Diäten erhalten. Damit diese Parlamente arbeiten können, braucht man etliche Gebäude und Verwaltungen mit vielen Beschäftigten.
Dazu kommen dann noch die kostspieligen Regierungen im Bund und in den Ländern mit ihren Ministerien und riesigen Verwaltungsapparaten. So könnte man noch lange fortfahren, um den Beweis zu führen, dass Demokratie eine teure Sache ist.

Diäten
Aufwandsentschädigung (Gehalt) eines Politikers in einem Parlament

Auch andere Mängel sind nicht leicht von der Hand zu weisen. Wenn die Regierung etwa eine gute Idee hat, um das Gesundheitswesen zu reformieren, kann sie nicht einfach Beschlüsse fassen, die dann in ganz Deutschland sofort umgesetzt werden. Sie muss vielmehr den schwierigen und langwierigen Weg durchs Parlament gehen, wo das Gesetzesvorhaben dreimal beraten und verabschiedet werden muss, und ... und ... und. Überall Vorschriften und Hindernisse, die sich einem beherzten Eingreifen in den Weg stellen.

[...] Wie soll Demokratie attraktiv sein, wenn sie so viel Geld kostet, wenn sie umständlich arbeitet und wenn die Ergebnisse zuweilen recht mager und oft auch unverständlich sind?

Werfen wir doch einen Blick auf eine Alternative: Eine Diktatur kann auf den ersten Blick viel einfacher und kostengünstiger sein. Ein Diktator braucht keine Parlamente, er kann sehr rasch entscheiden, in kurzer Zeit können viele Reformen umgesetzt werden. Ist das nicht attraktiver [...]?

Diese positive Betrachtungsweise kann sich schnell ändern, wenn Entscheidungen getroffen werden, die einem nicht passen, und man aus Angst vor dem Machthaber noch nicht einmal schimpfen darf. Oder wenn man zusammenzählt, was die Überwachungsgremien kosten, die sicherstellen sollen, dass keine abweichenden, unerwünschten Meinungen vertreten werden. Von der Misshandlung von Minderheiten und drohender Kriegsgefahr gar nicht zu reden. Haben nicht gerade die Deutschen schlimme Erfahrungen in ihrer Geschichte machen müssen? [...] Die Demokratie erfüllt trotz der genannten negativen Eigenschaften einen großen Zweck: Sie sichert die Freiheit der Bürgerinnen und Bürger. Abgeordnete aus unterschiedlichen Parteien in den verschiedenen Parlamenten sorgen dafür, dass neue Gesetze gründlich unter die Lupe genommen werden, ehe sie verabschiedet werden können. In einer Demokratie gibt es eine Opposition, damit alle Vorgänge im Land ausreichend geprüft, kritisiert und kontrolliert werden. [...] Selbst wenn die Demokratie in unseren Augen manche Schwäche hat, so gibt es nach aller Erfahrung nichts [...], was die Freiheit der Menschen ähnlich wirkungsvoll garantiert und den Missbrauch von Macht verhindert.

Siegfried Schiele, Gotthard Breit, Vorsicht Politik, Schwalbach/Ts. 2008, S. 78 ff.

Erklärfilm „Demokratie“

Mediencode: 71067-01

Aufgaben

1. Vergleicht die Formen der politischen Herrschaft (M 8) mit den Regeln, auf die ihr euch im Miniprojekt (M 3, S. 11) geeinigt habt.
2. Immer wieder haben Menschen für die Einführung der Demokratie gekämpft. Erläutere, was die Demokratie als Herrschaftsform für die Menschen leistet (M 9).

Was wir wissen

Politikdefinition
M 1, M 2

Es gibt nicht *die* verbindliche Politikdefinition. Am häufigsten werden aber die Aspekte „Herrschaft und Macht" (also die Fähigkeit zur Interessendurchsetzung auch gegen Widerstand) sowie die Herstellung gesellschaftlich verbindlicher Regeln genannt. In einer weitgefassten Definition bezieht sich Politik nicht nur auf den staatlichen und gesellschaftlichen Bereich, sondern auch auf die Konfliktaustragung und Interessendurchsetzung im engsten persönlichen Umfeld.

Regeln
M 3, M 4

Politik braucht Regeln. In jeder Gemeinschaft bildet sich immer eine Form von sachlicher Arbeitsteilung und von personeller Hierarchie heraus. Dort, wo es keine Regeln gibt, setzt sich letztlich der Stärkere unkontrolliert durch. Durch Spielregeln hingegen wird das Zusammenleben berechenbar, und auch Schwächere können sich auf den Schutz der Regeln verlassen.

Politische Beteiligung
M 6

Die Bürgerinnen und Bürger der Bundesrepublik Deutschland können sich auf vielfältige Weise politisch engagieren. Der informierte Bürger kann sich an der öffentlichen Debatte beteiligen (Leserbriefe, Internetforen, Podiumsdiskussionen etc.), Vereine und Bürgerinitiativen gründen oder ihnen beitreten und sich in Parteien engagieren. Die wichtigste Beteiligungsform bleibt jedoch die Teilnahme an Wahlen. Darüber hinaus stellt jedes zivilgesellschaftliche Engagement politische Beteiligung dar. Darunter fallen z. B. die Betreuung von Jugendgruppen oder das ehrenamtliche Engagement für alte Menschen.

Dimensionen der Politik
M 7

Analytisch lässt sich die Politik in drei Dimensionen gliedern:

- **Polity:** struktureller Rahmen – Institutionen, Normen / Gesetze
- **Politics:** Prozesse – Austragung von Interessenkonflikten, Ringen um Durchsetzung im politischen Willensbildungsprozess
- **Policy:** materielle Politik und ihre Umsetzung – Politikfelder, Sachinhalte, „Implementation"

Staatsform versus Herrschaftsform
M 8

Bei der Staatsform ist das zentrale Unterscheidungskriterium das Staatsoberhaupt: Während Monarchien Kaiser, Könige oder Fürsten vorstehen, sind alle Staaten ohne Kaiser, Könige oder Fürsten Republiken. Bei der Herrschaftsform ist das zentrale Unterscheidungskriterium die Herrschaftslegitimation: Von wem geht die Staatsgewalt aus bzw. wer legitimiert die Herrschaft? Die bekanntesten Herrschaftsformen sind Demokratie und Diktatur.

Volkssouveränität
M 8

Zentrales Wesensmerkmal der Demokratie ist die Volkssouveränität. Das bedeutet, dass alle politische Herrschaft vom Volk ausgeht. Zur Ausübung der Volkssouveränität ist die Partizipation, d. h. die Teilnahme der Bürger am politischen Leben, notwendig. Nur so ist garantiert, dass Herrschaft zum Wohle der Allgemeinheit ausgeübt wird und nicht im Interesse einzelner Gruppen.

Politikdimensionen-Rallye

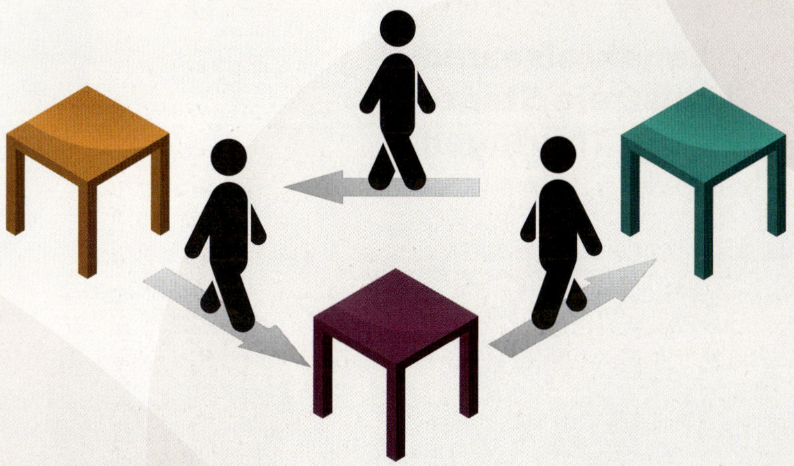

1. Infostand einer politischen Partei

2. Maßnahmen zum Saale-Hochwasserschutz

3. Debatte im Thüringer Landtag

4. Schüler-Demonstration vor dem Thüringer Landtag

5. parteiinterne Diskussionen zur Bildungsreform

6. Grundgesetz

7. Durchführung einer Bildungsreform

8. Kindergeld

9. Streik

10. Bundestagswahl

11. Urheberrechtsgesetz

12. Kandidaten-Redegefecht im Fernsehen („TV-Duell")

Rallye-Regeln:

1. Die Klasse wird in drei gleich große Gruppen aufgeteilt. Jede Gruppe erhält eine Kennfarbe, z. B. rot, gelb, grün, und startet an einer von drei vorbereiteten Stationen. An jeder Station befindet sich jeweils ein Auslagetisch für Präsentationskarten (oder eine magnetische Tafel oder ein Flipchart). Je eine Station steht dabei für „Polity", „Politics" und „Policy".
2. Jede Gruppe wird mit den inhaltlich gleichen 12 Kärtchen von oben ausgestattet, aber jede Gruppe erhält die Karten in ihrer jeweils eigenen Farbe.
3. Nachdem sich jede Gruppe an einer Station platziert hat, berät sie für fünf Minuten, welche ihrer Karten sie an der gerade aufgesuchten Station mit der Schrift nach unten liegen lassen soll, um die Politikbeispiele der jeweiligen Politikdimension richtig zuzuordnen. Nach fünf Minuten muss die Entscheidung per Gruppendiskussion gefallen sein, denn dann wird (gegen den Uhrzeigersinn) zur nächsten Station aufgerückt, wo sich der Vorgang wiederholt, bevor jede Gruppe dann nach weiteren fünf Minuten ihre verbleibenden Karten an der dritten Station ablegt.
4. Schließlich wird ausgewertet: Jede Gruppe bekommt pro richtig gelegtes Kärtchen einen Punkt. Diskutiert in der Klasse, welche Kärtchen welcher Farbe nicht richtig abgelegt wurden, und sammelt die Punkte.

Nach: • *http://wiki.zum.de, Stichwort: Lernspiele im Sprachunterricht, 24.4.2011;*
• *www.sn.schule.de, 24.4.2011*

Landkreise und kreisfreie Städte in Thüringen

Stand: 31.12.2015

2

Demokratische Mitgestaltung in Schule, Gemeinde und Land

Politik heißt mitbestimmen und mitgestalten. Doch welche Möglichkeiten der Mitgestaltung gibt es eigentlich in Schule, Gemeinde und Bundesland?

Kompetenzen

Am Ende dieses Kapitels solltest du Folgendes wissen und können:

- Mitwirkungsmöglichkeiten in Schule, Gemeinde und Land erläutern
- Auswirkungen eigener Partizipationsmöglichkeiten einschätzen
- Aufgabenbereiche und Finanzen der Gemeinde kennen
- Notwendigkeit politischen Engagements begründen
- Leitfragen zur Analyse politischer Inhalte, Strukturen oder Prozesse nutzen
- eine Erkundung vorbereiten, durchführen und Ergebnisse präsentieren

Was weißt du schon?

Vollende die folgenden Satzanfänge:

- In der Schule mitgestalten kann heißen …
- In der Gemeinde mitgestalten kann heißen …
- Schule und Gemeinde verbindet …

2.1 Mitwirkung in der Schule

Die Schulgemeinschaft – wie wird sie geregelt?

M 1 Fälle aus dem Schulalltag

Paul (17) hat seit einigen Tagen Stress mit seiner Clique. Im Unterricht ist er sehr unaufmerksam und beteiligt sich kaum. Die Klassenlehrerin möchte ihn deshalb von der Klassenfahrt nach Berlin ausschließen. Paul ist mit dieser Entscheidung nicht einverstanden!

Lisa (15) ist eine ruhige und zurückhaltende Schülerin. Als der Sportlehrer die Listen für die Teilnahme am Schwimmunterricht aushängt, trägt sie sich nicht ein. „Sie könne nicht schwimmen", begründet Lisa ihm später.

M 2 Rechte und Pflichten der Schüler

§ 3 Recht auf Bildung, Förderung und Teilhabe (1) Jeder Schüler hat ein Recht auf eine seinen Fähigkeiten und seinen Neigungen entsprechende schulische Bildung und Förderung. Er hat das Recht, am Unterricht und an den sonstigen verbindlichen Schulveranstaltungen teilzunehmen. (2) Der Schüler hat das Recht, entsprechend seinem Alter und seiner Funktion innerhalb seiner Schule 1. sich am Schulleben und in den Gremien der Schülermitwirkung zu beteiligen, 2. im Rahmen der Schulordnung und der Lehrpläne an der Gestaltung des Unterrichts mitzuwirken, 3. über wesentliche Angelegenheiten des Schulbetriebs unterrichtet zu werden, 4. Auskunft über seinen Leistungsstand und Beratung zu erhalten sowie 5. bei als ungerecht empfundener Behandlung oder Beurteilung sich nacheinander an Lehrer, an den Schulleiter und an die Schulkonferenz zu wenden; er kann sich einen Lehrer seines Vertrauens als Beistand wählen.

§ 4 Teilnahme und Mitarbeitspflicht (1) Jeder Schüler hat die Pflicht, am Unterricht und an den sonstigen verbindlichen Schulveranstaltungen teilzunehmen. Er hat insbesondere die Pflicht, pünktlich und regelmäßig die Schule zu besuchen und sich am Unterricht zu beteiligen. Er hat alles zu unterlassen, was den Schulbetrieb oder die Ordnung der von ihm besuchten Schule oder einer anderen Schule stören könnte. Der Schulleiter, die Lehrer und die Eltern überwachen den Schulbesuch.

Thüringer Schulordnung (ThürSchulO)

Aufgabe

Überprüft mithilfe der Auszüge aus der Thüringer Schulordnung (M 2), welche Unzulässigkeiten bei den beiden in M 1 geschilderten Fällen vorliegen und welche Lösungsmöglichkeiten es gibt.

Methode

M 3 Rechtstexte verstehen

Der Aufbau von Gesetzestexten

Gesetze enthalten eine Vielzahl von Regelungen, Bestimmungen und Definitionen. Sie sind deshalb oft in einer sehr technischen und abstrakten Sprache formuliert. So unterschiedlich die Inhalte der einzelnen Gesetze sind, sie folgen doch einem einheitlichen Aufbau. Übergeordnete Abschnitte eines Gesetzes nennt man Paragrafen. Sie beginnen mit einem Paragrafenzeichen (§), sind fortlaufend nummeriert und haben eine Überschrift. Die Gliederung innerhalb der einzelnen Paragrafen erfolgt durch Absätze, zu erkennen an den Ziffern in runden Klammern. Manchmal sind auch die einzelnen Sätze innerhalb der Absätze noch nummeriert (hochgestellte Ziffern).

Schritte zum Verstehen von Gesetzestexten

- Die Überschriften der einzelnen Paragrafen geben einen Hinweis darauf, was geregelt wird.
- Für das Verständnis ist es hilfreich, immer auch die umgebenden Paragrafen zu lesen.
- Markiere zunächst dir unbekannte Begriffe und versuche, sie mithilfe eines Rechtslexikons oder des Gesetzestextes zu klären (Internettipp: *www.bpb.de/nachschlagen/lexika/recht-a-z*)
- Unterscheide die Handelnden und die von einer Handlung Betroffenen.
- Welche Rechte, welche Pflichten werden erwähnt? Diese müssen auseinandergehalten werden.
- Markiere wichtige Aussagen mit einem Textmarker.

Beispiel

Thüringer Schulgesetz (ThürSchulG)

§ 4 Teilnahme und Mitarbeitspflicht

(1) Jeder Schüler hat die Pflicht, am Unterricht und an den sonstigen verbindlichen Schulveranstaltungen teilzunehmen. [...]

Pflicht: Wer?	Wozu?
Jeder Schüler	am Unterricht und an den sonstigen verbindlichen Schulveranstaltungen teilzunehmen

Wie wird der Klassensprecher gewählt?

M 4 Kandidatenprofile

Phung ist eine sehr gute, aber auch stille Schülerin. Sie ist selten im Unterricht aktiv, schreibt aber ausschließlich Einsen und Zweien. Sie ist sehr freundlich zu allen und bekommt immer gute Noten. Sie lässt auch andere in der Klassenarbeit und von ihren Hausaufgaben abschreiben. Phung ist zwar schüchtern, kommt aber mit allen gut aus. Ihre Schwester ist die Schülersprecherin.

Tim ist ein hervorragender Schüler in Sport und Englisch. Seine Mutter ist Amerikanerin und Tim verbringt meistens die Ferien bei Verwandten in Chicago. Er hat immer die neueste Kleidung und tolle technische Geräte, gibt aber überhaupt nicht damit an. Tim ist sehr großzügig und lädt zu seinem Geburtstag die ganze Klasse zu sich nach Hause ein. Wenn es Konflikte in der Klasse gibt, dann versucht Tim sich immer neutral zu verhalten, so kommt er mit allen gut aus.

Philipp ist ein recht guter Schüler, der sich in allen Fächern stark beteiligt. Vor allem die Lehrer mögen Philipp, weil er sehr zuverlässig ist und den Unterricht trägt. Wenn jemand krank geworden ist, wird Philipp beauftragt, die Hausaufgaben zu übermitteln. Viele Schüler bewundern ihn, weil er im örtlichen Sportverein ein erfolgreicher Fußballspieler ist, der auch bei überregionalen Turnieren eingesetzt wird. Die Schule geht bei Philipp aber trotzdem immer vor.

Lea ist eine mittelmäßige Schülerin, die aber in Diskussionen und bei der Projektarbeit sehr engagiert ist. Sie kleidet sich sehr lässig und hat guten Kontakt zu den älteren Schülerinnen und Schülern. In Konfliktfällen setzt sie sich sehr entschlossen für Schwächere ein. Einige Lehrer mögen Lea nicht sehr, weil sie häufig im Unterricht Musik hört oder Zeitung liest. Es wird auch behauptet, dass Lea raucht.

M 5 Der Klassensprecher

§ 10 Klassen- oder Kurssprecher

(1) In der Regel während der ersten drei Unterrichtswochen nach Schuljahresbeginn wählen die Schüler jeder Klasse und jedes Stammkurses für das laufende Schuljahr aus ihrer Mitte in geheimer Wahl einen Klassen- oder Kurssprecher und dessen Stellvertreter. […] Dem Klassen- oder Kurssprecher obliegen die Aufgaben der Schülermitwirkung für seine Klasse oder seinen Stammkurses.

(2) Jeder Wahlberechtigte hat eine Stimme, die nicht übertragbar ist. Gewählt ist, wer im ersten Wahlgang mehr als die Hälfte der abgegebenen gültigen Stimmen erhält. Wird diese Mehrheit nicht erreicht, so findet eine Stichwahl unter den beiden Bewerbern mit den höchsten Stimmenzahlen statt. In diesem Fall entscheidet die einfache Mehrheit. Bei Stimmengleichheit entscheidet das Los.

Thüringer Schulordnung (ThürSchulO)

M 6 Aufgaben des Klassensprechers

Welche Aufgaben sollte die Klassensprecherin oder der Klassensprecher wahrnehmen? Was sollte der Klassensprecher nicht sein? Die Klasse 9c hat dazu eine Liste verfasst.

Der Klassensprecher

- vertritt die Interessen der Schüler der Klasse;
- gibt Anregungen, Vorschläge und Wünsche einzelner Schüler oder der ganzen Klasse an Lehrer, Schulleiter oder Elternvertreter weiter;
- trägt Beschwerden und Kritik den Lehrern oder dem Schulleiter vor;
- unterstützt einzelne Schüler in der Wahrnehmung ihrer Rechte;
- vermittelt bei Streit unter Schülern;
- vermittelt bei Schwierigkeiten zwischen Klasse und Lehrer;
- leitet die Klassenschülerversammlung und beruft sie ein;
- leitet die Diskussion und sorgt dafür, dass Beschlüsse auch ausgeführt werden;
- nimmt an den Sitzungen des Schülerrates teil und informiert die Klasse darüber;
- wirkt bei Aufgaben mit, die der Schülerrat sich selber stellt;
- …

Der Klassensprecher darf nicht

- der verlängerte Arm des Klassenlehrers sein;
- der Aufpasser in der Pause sein;
- derjenige sein, der alles alleine machen soll;
- der Streber der Klasse sein;
- derjenige sein, der alle Probleme lösen kann;
- derjenige sein, der alle Dummheiten der Klasse mitmacht;
- ein „Supergenie" sein, das alle Ideen liefern soll;
- einer sein, den man wählt und dann im Stich lässt;
- einer sein, der nur mit dem Lehrer redet, wenn er Kritik anbringen muss;
- …

Aufgabe

Bearbeitet die folgenden Aufgaben zu M 4 nach dem Placemat-Verfahren (siehe Abbildung in der Randspalte).

a) Jeder schreibt in sein Feld, welchen der vier Klassensprecher-Kandidaten er wählen würde. Begründet eure Wahl, indem ihr die Eigenschaften notiert, die für euch wichtig sind. Notiert weitere Eigenschaften, die ein Klassensprecher eurer Auffassung nach haben sollte. Dreht das Blatt dann solange, bis alle die Notizen der anderen Gruppenmitglieder gelesen haben.

b) Einigt euch anschließend in eurer Gruppe auf drei Eigenschaften, die ein Klassensprecher auf jeden Fall haben sollte. Diese schreibt ihr in das Mittelfeld des Blattes. Beachtet dabei auch die Aufgaben, die ein Klassensprecher laut der ThürSchulO (M 5) und der Liste aus M 6 zu erfüllen hat. Stellt das Ergebnis der Klasse vor.

Das Placemat („Platzdeckchen")

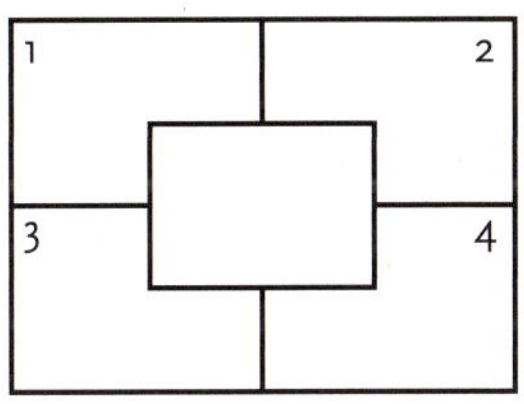

Die Schülersprecherwahl – wie soll gewählt werden?

M 7 Mitarbeit in der Schülervertretung – Last oder Chance?

„Bist du blöd, so viel Freizeit für die Schule zu opfern!", bekomme ich oft zu hören. Ich finde es aber wichtig, meine Umwelt gestalten zu können und Dinge zu verbessern, die mich stören. Ich finde es nicht o.k., wenn man an allem rumnörgelt und dann nichts unternimmt, um etwas zu verändern. Darum habe ich beschlossen, mich in der SV zu engagieren.
Meike, 15

Nach einem halben Jahr als Schulsprecher bin ich zurückgetreten. Es hatte sich schnell herausgestellt, dass ich die ganze Arbeit alleine machen musste, obwohl wir zu dritt waren. Viele Diskussionen und endloses Geschwätz – herausgekommen ist dabei gar nichts. Schließlich habe ich dann das Handtuch geworfen.
Stefan, 18

Die SV-Arbeit bietet mir die Chance, meine Fähigkeiten zu entwickeln, mich selbst zu verwirklichen. Durch meine Position werde ich von anderen Schülerinnen und Schülern respektiert und auch von den Lehrern anerkannt. Teamfähigkeit, Organisationstalent und Durchsetzungsvermögen sind nur einige der Fähigkeiten, die man als Schulsprecher braucht.
Tao, 14

Schulkonferenz
Die Schulkonferenz wird für zwei Jahre gewählt und besteht aus je drei Vertretern der Lehrer, der Eltern und der Schüler. Sie berät Fragen, die Schüler, Eltern, Lehrer und Erzieher gemeinsam betreffen, und gibt insbesondere schulorganisatorische Empfehlungen.

Klassensprecherversammlung
Die Klassensprecherversammlung besteht aus den Klassen- oder Kurssprechern, dem Schülersprecher und seinem Stellvertreter. Sie wird bei Bedarf vom Schulsprecher einberufen und geleitet. In der Klassensprecherversammlung werden Fragen behandelt, die über den Kreis einer Klasse hinaus für die Schüler der gesamten Schule von Interesse sind.

M 8 Grundlagen der Schülermitwirkung

§ 9 Schülermitwirkung

(1) Zu den Rechten der Schülermitwirkung gehört es, 1. in allen sie betreffenden Angelegenheiten durch die Schule informiert zu werden (Informationsrecht), 2. Wünsche und Anregungen der Schüler an die Lehrer, den Schulleiter und die Schulelternvertretung zu übermitteln (Anhörungs- und Vorschlagsrecht), 3. auf Antrag eines betroffenen Schülers ihre Hilfe und Vermittlung einzusetzen (Vermittlungsrecht), 4. Beschwerden allgemeiner Art bei Lehrern, beim Schulleiter und in der Schulkonferenz vorzubringen (Beschwerderecht), 5. bei der Aufstellung und Durchführung der Hausordnung und der Organisation und Betreuung von besonderen Veranstaltungen sowie 6. zur Gestaltung von Kursen und Schulveranstaltungen und im Rahmen der Lehrpläne Anregungen zu geben und Vorschläge zu unterbreiten.

(2) Die Aufgaben der Schülermitwirkung werden insbesondere wahrgenommen durch 1. die Klassen- oder Kurssprecher und ihre Stellvertreter, 2. die Klassensprecherversammlungen, 3. die Schülersprecher und ihre Stellvertreter, 4. die Kreisschülersprecher und ihre Stellvertreter sowie 5. die Landesschülersprecher und ihre Stellvertreter.

§ 11 Schülersprecher

(1) Alle Schüler der Schule wählen den Schülersprecher und seinen Stellvertreter. Für die geheime Wahl hat jeder Wahlberechtigte eine Stimme, die nicht übertragbar ist.

Thüringer Schulordnung (ThürSchulO)

M 9 Schülersprecher am Gymnasium direkt gewählt

Als erste Schule in Weimar und im Weimarer Land wählte das Goethegymnasium seinen Schülersprecher direkt.

[Die] Freude bei der Gewählten [war] riesig. „Ich hatte schon länger mit dem Gedanken gespielt, mich zu bewerben", sagte Lena anschließend. Aber erst nach einer Anregung ihres Sozialkundelehrers trat sie tatsächlich an. Die Schüler wählten sie mehrheitlich zu ihrer Sprecherin, mit 181 Stimmen: Das sind 29 Prozent.

Erfahrungen mit amerikanischem Wahlkampf an Schulen indes brachte vor allem Luise aus der 11b mit. Die 17-Jährige hat gerade ein Jahr in den USA verbracht und erhielt jetzt bei der Wahl am Goethegymnasium 164 Stimmen (26 Prozent). Das reichte locker für das Amt der stellvertretenden Schülersprecherin. „Yes she can" hatte in Anlehnung an Barack Obama auf ihrem Wahlplakat gestanden.

Das Kernziel der beiden ist allerdings das der meisten anderen Kandidaten auch: Das Verhältnis sowohl zwischen jüngeren und älteren Schülern als auch zwischen ihnen allen und den Lehrern soll demnach besser werden. „Kommunikation statt Aggression", überschrieb Lena deshalb ihre Kampagne.

Der Schülersprecher wurde bereits zum zweiten Mal am Goethegymnasium direkt gewählt, obgleich das erst seit diesem Sommer im neuen Thüringer Schulgesetz vorgesehen ist. Die Weimarer nahmen aber seit 2009 an einem Schulversuch dafür teil. Bislang war es üblich, dass die Versammlung der Klassensprecher aus ihren Reihen den Chefsprecher kürte.

Die Erfahrungen der Weimarer flossen in das Gesetz ein. Dort sollte ursprünglich etwa stehen, dass die Schulleitung einen Wahlvorstand bestimmt, dem ein Lehrer und zwei Schüler angehören. Dem Goethegymnasium war das viel zu wenig. So kam jeweils ein „mindestens" ins Gesetz. Die Schule hatte jetzt einen 17-köpfigen Wahlvorstand, drei Lehrer waren darunter. Seit Mai bereitete er die Wahl vor. Sozialkundelehrerin Christiane Schneider sprach von einem hohen logistischen Aufwand [...].

Gewählt wurde im Unterricht. So erklärt sich Schneider auch die hohe Wahlbeteiligung unter den Schülern: Sie betrug fast 95 Prozent.

Nach: Michael Helbing, Thüringer Allgemeine, 23.9.2011

Aufgaben

1. Nimm persönlich Stellung zu den Aussagen in M 7.
2. Erläutere die Bedeutung der Schülermitwirkung an den Thüringer Schulen (M 8).
3. Vergleicht die Direktwahl des Schülersprechers am Goethegymnasium in Weimar mit der Praxis an eurer Schule und überlegt, wie man das Verfahren noch verbessern könnte (M 9).
4. Diskutiert die Vor- und Nachteile der Direktwahl des Schulsprechers an Thüringer Schulen (M 9).

Grundsätze freier Wahlen

Allgemeine Wahl: Niemand darf aus sozialen, politischen oder wirtschaftlichen Gründen von der Wahl ausgeschlossen werden. Jedem Staatsbürger steht entsprechend der gesetzlichen Bestimmungen das aktive und das passive Wahlrecht zu.

Unmittelbare Wahl: Die Wähler geben ihre Stimme direkt (ohne Einsatz von Wahlmännern) einem Kandidaten oder einer Partei.

Freie Wahl: Niemand darf zu einer bestimmten Wahlentscheidung gezwungen werden.

Gleiche Wahl: Alle Wahlberechtigten haben die gleiche Anzahl von Stimmen. Jede Stimme zählt gleich viel.

Geheime Wahl: Jeder muss seine Stimme so abgeben können, dass nicht festgestellt werden kann, wie individuell abgestimmt wurde.

Vertrauenslehrer

Die Klassensprecherversammlung wählt für jeweils ein Schuljahr einen Lehrer als Vertrauenslehrer. Er soll bei möglichen Konflikten zwischen Lehrern und Schülern vermitteln und ist Ansprechpartner für schulische und mitunter auch persönliche Probleme.

Was wir wissen

Rechte und Pflichten
M 2

Die Thüringer Schulordnung (ThürSchulO) und das Thüringer Schulgesetz (ThürSchulG) bilden die rechtlichen Grundlagen für das Zusammenleben an den Schulen. Sie regeln die Ausgestaltung des Schulalltages und die Mitwirkung der Schüler am Schulbetrieb. Rechte und Pflichten der Schüler, Lehrer und Eltern sind darin aufgeführt.

Klassensprecher/ Klassensprecherwahl
M 5, M 6

Der Klassensprecher und sein Stellvertreter werden von jeder Klasse zu Beginn des Schuljahres innerhalb der ersten drei Wochen gewählt. Die Wahl erfolgt nach den Grundsätzen freier Wahlen (allgemein, frei, geheim, gleich, unmittelbar). Das Thüringer Schulgesetz weist dem Klassensprecher eine wichtige Stellung bei der Schülermitwirkung zu. Der Klassensprecher vertritt die Anliegen der Klasse gegenüber Lehrern, Schulleitung sowie Eltern und informiert die Klasse über die Beratungen in der Klassensprecherversammlung.

Schülermitwirkung
M 8, M 9

Die Schülermitwirkung dient der aktiven Teilhabe der Schülerschaft innerhalb vieler Angelegenheiten, die das Schulleben und den Unterricht betreffen. In Thüringen werden der Schülersprecher und sein Stellvertreter von allen Schülern der Schule zu Beginn des Schuljahres gewählt. Sie sind weder von den Meinungen der Klassen abhängig noch dürfen sie von der Schulleitung beeinflusst werden. Gemeinsam mit den Klassensprechern und deren Stellvertretern bilden sie die Klassensprecherversammlung. Diese wählt aus ihrer Mitte für zwei Schuljahre die Schülervertreter für die Schulkonferenz sowie jährlich den Vertrauenslehrer der Schule. Außerdem können dort besondere Aufgaben in kultureller und sportlicher Hinsicht verteilt werden.

Was wir können

Schaubild zusammenfügen

Schulkonferenz
oberstes Gremium der Schulgemeinschaft,
tagt 2 mal jährlich (Mitglieder zu gleichen Teilen: Lehrer, Eltern, Schüler)

sind Mitglieder und leiten

wählen jährlich

Schülersprecher und Vertreter

sind Mitglieder

wählen jährlich

alle Schülerinnen und Schüler der Schule

Schülerinnen und Schüler einer Klasse

Klassensprecher und Stellvertreter

entsendet ebenso viele Vertreter wie Lehrerkollegium und Elternschaft

Klassensprecherversammlung

Aufgaben

1. Fertigt aus den oben stehenden Elementen ein Schaubild an, das die Mitbestimmung in der Schule im Ganzen zeigt.
2. Schreibt eine „Legende" zur Grafik, in der alle Begriffe kurz erläutert werden.
3. Stellt euch vor, das Thema „einheitliche Schulkleidung" würde in eurer Schule thematisiert. Beschreibt, in welchen Gremien darüber entschieden werden müsste und wer an der Entscheidung beteiligt wäre.

2.2 Mitwirkung in der Gemeinde

Ein typischer Streitfall in der Gemeinde

M 1 Müllkraftwerk im Elstertal?

Bürgerinitiative sieht Kraftwerksbau kritisch

Große Aufregung herrscht in der Thüringer Gemeinde Elsterberg. Der Elsterberger Stadtrat hat in seiner Sitzung mehrheitlich dem Projekt des Stoffproduzenten ENKA zugestimmt, in einer eigenen Anlage aus vorbehandeltem Abfall Strom und Wärme zu produzieren. Nun formiert sich Widerstand bei den Einwohnern der gesamten Region gegen die Anlage.

Die ENKA beschäftigt rund 400 Mitarbeiter und will mit dem Kraftwerk vor allem bei den stetig steigenden Energiekosten gegensteuern, um wettbewerbsfähig bleiben zu können. Geplant ist, jährlich 80.000 Tonnen Ersatzbrennstoff – ein Mix aus Holz, Textilien und Kunststoff – zu verarbeiten und daraus 47.000 Megawattstunden Strom zu gewinnen.

Die große Mehrzahl der Mitglieder des Stadtrates und der Bürgermeister sehen in dem Vorhaben ein Projekt zur Sicherung des größten Unternehmens in der Region. Nach der zustimmenden Entscheidung des Stadtrates sehen sie nun keinen größeren Handlungsbedarf mehr.

Mit der Bildung der Bürgerinitiative (BI) „Unsere Heimat Elstertal – Erhalt einer gesunden Umwelt" reagieren Elsterberger und Bewohner des Umlandes einige Tage später auf den geplanten Bau des Ersatzbrennstoff-Kraftwerkes.

M 2 Die Interessen der Betroffenen

Holger Pilgrim, Werkleiter der ENKA in Elsterberg

Vor den Hintergrund steigender Energieausgaben für sein Unternehmen hält er den Bau eines Ersatzbrennstoff-Kraftwerkes für zwingend notwendig. So können die Kosten für Energie unter Kontrolle und die Arbeitsplätze gesichert werden.

Thomas Stranz, Freie Presse, 10.8.2007

Wolfgang Krumm, Stadtrat für die Heimatliste

„Ich finde es gut, dass ENKA [...] beim Thema Kostensenkung nicht zuerst bei den Beschäftigten sparen will, sondern andere Lösungen gefunden hat." Er erklärt weiter, da es sich bei den Ausgangsstoffen um speziell behandelten Abfall handelt, könne man auch nicht von einer Müllverbrennung sprechen.

Thomas Stranz, Freie Presse, 10.8.2007

Heiko Hoyer, Vorsitzender der BI „Unsere Heimat Elstertal"
Die Mitglieder seiner BI wollen die Pläne zum Kraftwerksbau der ENKA kritisch begleiten und im Falle von Umweltunverträglichkeiten im Sinne einer gesunden Umwelt gegebenenfalls gar vereiteln. Die BI ist skeptisch, da das Verheizen von Ersatzbrennstoffen zum Gewinn von Strom und Heizdampf Restmüll der Haushalte und der Industrie verwendet. Insbesondere wegen der befürchteten Feinstaubbelastung der Erholungsregion Elstertal bleibt das Vorhaben umstritten.
Martina Meier, Freie Presse, 6.12.2007

Dr. Uwe Reuter, Arzt an der Greizer Klinik Pro-Leben
„Als Klinik für biologische Medizin sind wir auf Prävention ausgerichtet. Wir sehen an den Patienten, wie hoch die Schadstoffbelastung ohnehin hier ist, und legen viel Wert auf eine Vorbelastungsstudie. Es ist die chemische Belastung, die bei zwei Dritteln der Erkrankungen im Vordergrund steht."
Kathrin Schulz, Ostthüringer Zeitung, 28.8.2008

Bürgerinitiative
Ein von Parteien und Verbänden meist unabhängiger Zusammenschluss von Bürgern, die sich zu einer Aktionsgruppe zusammenfinden, um ein gemeinsames Ziel zu verfolgen.
Meist richtet sich eine Bürgerinitiative gegen ein verkehrspolitisches Projekt (Bau einer Straße oder eines Flughafens) oder gegen die Bebauung von Naturschutzgebieten.
Im Unterschied zu politischen Parteien versuchen sie nicht, über Wahlen politische Macht zu erlangen.
Es gibt mehrere tausend Bürgerinitiativen in der Bundesrepublik Deutschland.

M 3 Ablaufmodell einer Bürgerinitiative

Phase 1
Einzelne Bürger empfinden bestehende Verhältnisse als misslich oder wollen die Verwirklichung öffentlicher Planungen verhindern.

Phase 2
Die Bürger betreiben Öffentlichkeitsarbeit: Flugblätter, Zeitungsanzeigen, Artikel in der Lokalzeitung.

Phase 3
Briefe an Verwaltung, Gemeinderat, Fraktionen und Parteien. Sie bleiben ohne Erfolg.

Phase 4
Gründung einer Bürgerinitiative (Schaffung eines organisatorischen Rahmens; Wahlen) Öffentlichkeitsarbeit, Gewinnung von Mitstreitern, Einschaltung von Experten.

Phase 5
Parteien schalten sich ein: Presseerklärungen, Anfragen an die Verwaltung.

Phase 6
Verwaltung und Mehrheitsfraktion(en) suchen nach Kompromissmöglichkeiten.

Phase 7
Mögliche Kompromisslösungen prüfen. Die Bürgerinitiative muss sich entscheiden, ob sie sich zufrieden geben und auflösen will oder eine neue Aktion einleitet.

Horst Pötzsch, Die deutsche Demokratie, 4. Aufl., Bonn 2005, S. 48

Methode

M 4 Mit einfachen Modellen arbeiten – Konflikte analysieren

Die Menschen haben unterschiedliche Interessen und Wertvorstellungen. Dort, wo viele Menschen zusammen leben, kommt es deshalb immer wieder zu Konflikten. Natürlich ist nicht jeder Konflikt ein politischer Konflikt. Wenn sich zwei Nachbarn um einen Gartenzaun streiten, dann ist dies nicht von öffentlichem Interesse. Ein politischer Konflikt betrifft die Allgemeinheit viel stärker, z. B. wenn darüber entschieden werden muss, wofür die Gemeinde ihr Geld ausgeben soll, oder man sich streitet, ob eine Straße gebaut werden soll oder nicht. Aufgabe der Politik ist es, für gesellschaftliche Konflikte eine gerechte und verbindliche Lösung zu finden, die von der Mehrheit akzeptiert werden kann. Die Konfliktlösung erfolgt so in geordneten Bahnen. Es kann hilfreich sein, Konflikte in einem Modell grafisch darzustellen. Ein Modell versucht, die Wirklichkeit vereinfacht abzubilden. Dabei wird nur das Wesentliche dargestellt, auf die Darstellung unwichtiger Einzelheiten wird verzichtet.

Folgende Leitfragen sollten beantwortet werden:

- Wer streitet sich mit wem? Welche unterschiedlichen Interessen haben die beteiligten Gruppen und welche Machtmittel haben sie zur Durchsetzung ihrer Interessen?
- Worum geht es? Worüber wird denn gestritten? Was ist das „Gut“, das so umstritten ist?
- Wie kann der Streit gelöst werden? Bedarf der Streit einer allgemein verbindlichen Lösung? Wer darf eine Entscheidung treffen (z. B. der Bürgermeister oder die Gemeindevertretung)?
- Wie kann ein gerechter Interessenausgleich aussehen?

Schema eines Konfliktmodells:

Fall: Eine Gemeinde hat beschlossen, einen Skaterpark zu errichten. Nun wird gestritten, wo dieser errichtet werden soll. Ein Standort in einem Wohngebiet wird diskutiert.

Was darf in einem Wohngebiet gebaut werden?

Interessen der Skater
- Wollen einen Skaterpark haben
- Skaterpark soll zentral und gut zu erreichen sein
- Wollen nicht ins Industriegebiet abgeschoben werden

Interessen der Anwohner
- Wollen den Skaterpark nicht in ihrem Wohngebiet haben
- Wollen nicht gestört werden und ihre Ruhe haben
- Skaterpark soll ins Industriegebiet
- Haben Angst, dass ihre Häuser an Wert verlieren

Konflikt

Hier sind die finanziellen Mittel vorhanden. Es geht um die Frage des Standorts.

M 5 Wie kann man sich einbringen?

- einen Brief an den Bürgermeister oder die Gemeindevertretung schreiben
- sich für einen Bürgerentscheid einsetzen
- an einer Bürgerversammlung teilnehmen
- ein Ehrenamt übernehmen
- ein Flugblatt verfassen
- an einer Demonstration teilnehmen
- Rechtsmittel einlegen
- einer Partei beitreten
- wählen gehen
- einen Infostand organisieren
- Unterschriften sammeln
- Zeitung lesen
- an einer Bürgerinitiative mitwirken
- Leserbrief an die Zeitung schreiben
- Bürgersprechstunden nutzen
- sich im Jugendparlament engagieren
- in Jugendorganisationen mitwirken
- in sozialen Netzwerken miteinander diskutieren

Formen der direkten Demokratie in Thüringer Gemeinden

Einwohnerantrag
Die Einwohner können beantragen, dass der Gemeinderat über eine gemeindliche Angelegenheit, für deren Entscheidung er zuständig ist, berät und entscheidet.
(ThürKO § 16)

Bürgerbegehren
Die Bürger können über wichtige Angelegenheiten der Gemeinde die Durchführung eines Bürgerbegehrens beantragen.

Bürgerentscheid
Ein Bürgerentscheid ist die Abstimmung der Bürger über eine kommunale Sachfrage im Rahmen eines Bürgerbegehrens.

Bürgerbefragung
Der Gemeinderat kann beschließen, dass die Bürger über eine kommunale Angelegenheit befragt werden.

Aufgaben

1. Zeichne ein Konfliktmodell wie in M 4 und fasse in einem Satz zusammen, wie die verschiedenen Beteiligten zum Müllkraftwerk stehen (M 1 – M 4).
2. Ordne die Beteiligten in „Entscheidungsträger“ und „Betroffene“ (M 2).
3. Erläutere, in welcher Phase sich die Bürgerinitiative „Unsere Heimat Elstertal – Erhalt einer gesunden Umwelt“ befindet (M 2, M 3).
4. Wende das Konfliktmodell auf einen aktuellen Streitfall aus deiner Gemeinde an. Recherchiere dazu in der Tageszeitung und im Internet. Übertrage dazu das Modell in dein Heft und beantworte die Leitfragen (M 4).
5. Lege eine Tabelle an und ordne die Beteiligungsformen den Kategorien a) „sich informieren“, b) „seine eigene Meinung zum Ausdruck bringen“ und c) „sich organisieren“ zu. Welche Beteiligungsformen hältst du für besonders wirkungsvoll (M 5)?

Entwirf ein Flugblatt, mit dem du für bzw. gegen den Bau des Müllkraftwerks wirbst.

Wählen ab 16?

M 6 Jugendliche dürfen Gemeinderat wählen, den Landtag nicht

Jugendliche ab 16 Jahren dürfen künftig bei Kommunalwahlen in Thüringen ihre Stimmen abgeben. Die Koalitionsfraktionen von Linke, SPD und Grünen stimmten am Mittwoch im Landtag mit ihrer Mehrheit für eine entsprechende Änderung des Kommunalwahlgesetzes. Damit dürfen Jugendliche künftig die Zusammensetzung von Gemeinde- und Stadträten und Kreistagen mitbestimmen sowie an Bürgermeisterwahlen teilnehmen.

Die ebenfalls von der Regierungskoalition geplante Senkung des Wahlalters bei Landtagswahlen scheiterte dagegen. Die notwendige Zwei-Drittel-Mehrheit für eine entsprechende Änderung der Landesverfassung kam im Landtag nicht zustande. CDU und AfD stimmten dagegen. Sie pochten in der Debatte darüber auf die Volljährigkeit der Wähler. So sagte der CDU-Abgeordnete Jörg Kellner, er habe keine Lust, auf Schulhöfen oder in Jugendclubs Wahlkampf zu machen. Allerdings ist laut Thüringer Schulgesetz die „Werbung für politische Parteien und politische Gruppierungen in der Schule grundsätzlich nicht zulässig".

www.mdr.de, 26.11.2015

M 7 Die Entwicklung des Wahlrechts

Es war der 31. Juli des Jahres 1970, als die Abgeordneten des Deutschen Bundestages entschieden, das Mindestwahlalter, das bis dahin bei 21 Jahren lag, zu senken. Seitdem steht in Art. 38 GG: „Wahlberechtigt ist, wer das achtzehnte Lebensjahr vollendet hat." Die Geschichte der Demokratie ist auch eine Geschichte der Auseinandersetzung über das „richtige" Wahlalter. Trotz der Senkung des Wahlalters auf 18 Jahre blieb die Frage auf der politischen Tagesordnung und ist bis heute unterschiedlich geregelt. In einigen Bundesländern gibt es das Wahlrecht ab 16 auf kommunaler Ebene. Es wurde in Niedersachsen 1995 erstmals eingeführt und ist in § 34 der Gemeindeordnung verankert. Bis Ende 2015 hatten weitere acht der 16 Bundesländer das Wahlalter herabgesetzt. Bei Landtags-, Bundestags- und Europawahlen gilt aber überwiegend noch das Wahlrecht ab 18 Jahren, mit bis Ende 2014 drei Ausnahmen: In Bremen dürfen seit 2011, in Brandenburg seit 2012 und Hamburg seit 2013 16- und 17-Jährige die Bürgerschaft (vergleichbar mit einer Landtagswahl) bzw. den Landtag mitwählen. Als erster Staat in Europa hat unser Nachbar Österreich 2007 das Wahlalter generell auf 16 Jahre gesenkt – und damit gute Erfahrungen gemacht. Die Diskussion um das richtige Wahlalter wird deshalb auch bei uns weitergehen.

Wahlalter international

ab 16	Österreich, Brasilien, Nicaragua, Kuba; in Bosnien-Herzegowina, Slowenien, Kroatien bei Berufstätigkeit
ab 17	Seychellen, Indonesien
ab 18	fast weltweit
ab 20	Japan, Südkorea
ab 21	Fidschi, Gabun, Kuwait

M 8 Das Jugendwahlrecht in der Diskussion

Auch viele Erwachsene sind „politische Analphabeten“ und leicht beeinflussbar. Warum sollte man von Jugendlichen höhere Qualifikationen fordern? Sie müssen heute schon sehr früh Entscheidungen treffen und Verantwortung übernehmen.

Jugendliche haben eine Abneigung gegen Parteien und Mandatsträger. Deshalb neigen sie zu politischem Extremismus. Das ist eine Gefahr für die Stabilität der Demokratie.

Jugendliche stehen Parteien, Mandatsträgern und Wahlen ablehnend gegenüber. Ein früherer Zugang zu Wahlen trifft deshalb die Interessen der Jugendlichen nicht. Es ist sinnvoller, die von Jugendlichen favorisierten Elemente direkter Politik auszubauen und ihnen die Chance zu geben, in Jugendparlamenten oder Anhörungen etc. zu Wort zu kommen.

Demokratie darf Jugendliche nicht ausschließen. Wahlstatistiken zeigen: Das Wahlverhalten von Erstwählern weicht nicht eklatant von dem anderer Bevölkerungsteile ab. Die Ausgrenzung fördert erst die Neigung zur Radikalität.

16-Jährige sind politisch unreif. Auch wenn sie heute einen höheren Bildungsstand haben als früher, sind sie noch nicht fähig, sich ein vernünftiges Urteil in einer Welt zu bilden, die immer komplizierter wird. Deshalb sind sie leicht manipulierbar.

16- und 17-Jährige haben existenzielle Interessen, die von Erwachsenen wenig oder gar nicht vertreten werden. Außerdem erhalten Jugendliche ab dem 16. Lebensjahr eine Reihe von Rechten zugesprochen wie zum Beispiel Ehefähigkeit, Eidesfähigkeit usw.

Jugendliche haben das Gefühl, nicht ernst genommen zu werden. Die Politikverdrossenheit unter jungen Menschen wird abnehmen, wenn sie durch das aktive Wahlrecht in die politische Entscheidungsfindung einbezogen werden: Wer weiß, dass er etwas bewirken kann, hat auch mehr Interesse an Politik.

Wer wählen will, der muss auch volljährig und strafmündig sein. Wer strafrechtlich für sein Verhalten nicht voll verantwortlich ist, kann auch nicht für das Schicksal des Staates verantwortlich sein.

Valentin Nann, Der Streit ums Wahlalter, fluter, 28.5.2002

Aufgaben

1. Wann ist ein Mensch „reif“ für die Demokratie? Verwendet im Klassenraum eine Strecke von 0 bis 18 Jahren (z. B. vom Fenster bis zur Tür). Jeder von euch platziert sich dort, wo dieser Zustand seiner persönlichen Meinung nach erreicht ist. Begründet euren Standpunkt.
2. Beschreibe die Entwicklung des Wahlalters in Deutschland (M 7).
3. Diskutiert, ob das Wahlalter generell auf 16 Jahre gesenkt werden sollte (M 6 – M 8).

zu Aufgabe 3
Ordne zunächst die Argumente nach Pro und Kontra. Ergänze ggf. weitere Argumente.

Kommunen
Unter dem Begriff Kommunen sind Gemeinden, Städte, kreisfreie Städte und Landkreise zusammengefasst. Zweck, Aufgaben und Organisation regelt die Thüringer Kommunalordnung (ThürKO).

Verwaltungsgemeinschaften
Für Verwaltungsgemeinschaften sieht die ThürKO (Stand: 3.5.2016) 5.000 Einwohner als Mindestgröße vor. Die Thüringer Landgemeinde ist eine Form einer kreisangehörigen Gemeinde, welche besonders den Gegebenheiten im ländlichen Raum gerecht wird und mindestens 3.000 Einwohner hat. Der freiwillige Zusammenschluss zu einer Landgemeinde verschafft den beteiligten Kommunen die Möglichkeit, komplexe Aufgaben der kommunalen Daseinsvorsorge effektiv zu erfüllen.

Recherchiert nach dem aktuellen Stand der thüringischen Gebietsreform und deren konkreten Auswirkungen auf die Thüringer Kommunalordnung (ThürKO).

Wie sind die Thüringer Kommunen strukturiert?

M 9 Rot-rot-grünes Kabinett beschließt Gebietsreform für Thüringen

Thüringens rot-rot-grüne Landesregierung hat die Weichen für einen neuen Zuschnitt von Landkreisen und Gemeinden gestellt. [...] Demnach sollen die Kreise künftig größer werden als bislang vorgesehen. Die Obergrenze soll bei 250.000 Einwohnern liegen. [...] Kommunen könnten ab sofort freiwillig fusionieren, erklärte Innenminister Holger Poppenhäger (SPD) [...]. Mit dem von der Regierung verabschiedeten sog. Leitbild zur Gebietsreform ist eine erste Entscheidung für die seit Jahren diskutierte Neustrukturierung gefallen. So sollen die Landkreise in Zukunft wenigstens 130.000 Einwohner zählen und nicht mehr als 3.000 Quadratkilometer groß sein. Mit der Reform wird sich die Zahl der derzeit 17 Landkreise deutlich verringern. [...] Auflagen gibt es auch für Gemeinden: Sie müssen bis 2035 über mindestens 6.000 Einwohner verfügen, kreisfreie Städte dauerhaft über mindestens 100.000 Einwohner. Damit kämen lediglich Erfurt und Jena als kreisfreie Städte infrage. Bislang haben auch Eisenach, Gera, Suhl und Weimar diesen Status. Nach den Worten Poppenhägers soll bis Frühjahr ein Vorschaltgesetz endgültig den Weg für die Gebiets- und Verwaltungsreform ebnen. Die Thüringer sollten bis 2017 Klarheit darüber haben, welchen Zuschnitt die Landkreise hätten. In den nächsten gut zwei Jahren könnten sich Kommunen freiwillig zusammenschließen. Das sei auch über die Kreisgrenzen hinaus möglich. [...]. Darüber hinaus soll das Modell der Verwaltungsgemeinschaften auslaufen, weil sie nicht „mehr den Anforderungen an eine zukunfts- und leistungsfähige Verwaltung" entsprechen würden. Die Landesregierung will auch die Verwaltung umkrempeln und prüfen, ob Aufgaben von der Kreis- auf die Gemeinde-Ebene übertragen werden könnten. Sonderbehörden des Landes für spezielle Aufgaben werde es aber weiterhin geben, erklärte Poppenhäger. Im Landesverwaltungsamt könnten nach seinen Worten administrative Aufgaben angesiedelt bleiben – „aber in deutlich abgespeckter Form". Das Amt ist mit mehr als 1.000 Beschäftigten die größte Landesbehörde. Bis zu 60 Prozent ihrer Aufgaben könnten an die dann größeren Kommunen gehen, sagte der Linken-Landtagsabgeordnete Frank Kuschel. Kritik an den Vorschlägen kam von der CDU-Fraktion: „Rot-Rot-Grün ist [...] dabei, ohne Not ein Chaos zu organisieren", sagte Fraktionschef Mike Mohring. Jetzt müssten nicht nur die Kreise, sondern auch das Landesverwaltungsamt als Rückgrat der Verwaltung daran glauben. Nach Auffassung der FDP haben größere Kreise zur Folge, dass sich Bürger weiter von der Kommunalpolitik entfernen.

dpa, Thüringer Allgemeine, 22.12.2015

Aufgabe

Seit Jahren gibt es im Freistaat Thüringen Diskussionen und Vorschläge über eine Gebiets- und Verwaltungsreform. Sammelt ausgehend von M 9 Argumente für und gegen die Zusammenlegung kommunaler Strukturen zu immer größeren Einheiten und führt eine Pro- und Kontra-Diskussion durch.

Welche Aufgaben hat eine Gemeinde?

M 10 Die Gemeinde betrifft uns

Jeder lebt in einer Stadt oder Gemeinde und nimmt täglich ihre Leistungen in Anspruch. Ob wir mit dem Bus fahren, zur Schule gehen, das Schwimmbad oder die Bibliothek besuchen, ob wir Kindergärten, Krankenhäuser oder Seniorenheime nutzen – die Gemeinden regeln als unterste Verwaltungseinheit in Deutschland alle Angelegenheiten der örtlichen Gemeinschaft. So steht es im Grundgesetz. In den Landkreisen werden die Aufgaben erledigt, die alle Kommunen eines Kreises angehen: wie etwa die Pflege und Erhaltung der Verbindungsstraßen zwischen den einzelnen Gemeinden. Was über die Zuständigkeit der Kreise hinausgeht, wird vom Land geregelt. Die Landesregierung und der Landtag erlassen Regeln (Gesetze und Verordnungen), die z. B. für alle Schulen im Land gleich sein sollen (wie die Lehrpläne).

M 11 Die Aufgaben der Gemeinde

<table>
<tr><th colspan="2">Pflichtaufgaben</th><th>Freiwillige Aufgaben</th></tr>
<tr><td colspan="2">Die Kommunen sind verpflichtet, die Grundversorgung der Bevölkerung mit öffentlichen Einrichtungen sicherzustellen.
Es gibt zwei Arten von Pflichtaufgaben:</td><td rowspan="2">Freiwillige Aufgaben sind Aufgaben, bei denen die Kommune selbst entscheidet, ob und in welcher Form sie tätig wird. Im Gegensatz zu den Pflichtaufgaben stellt sich die Kommune die freiwilligen Aufgaben selbst.</td></tr>
<tr><td>Die „weisungsfreien Pflichtaufgaben“, bei denen die Kommune nur darüber entscheiden kann, wie sie die Aufgaben erledigt.</td><td>Die Pflichtaufgaben zur „Erfüllung nach Weisung“, bei denen die Kommune keinen Entscheidungsspielraum hat, wie die Aufgaben erledigt werden sollen.</td></tr>
<tr><td>z. B. Feuerschutz, Abwasserentsorgung, Unterhalt und Bau von Schulen, Katastrophenschutz oder die Anlage und der Unterhalt von Friedhöfen</td><td>z. B. Einwohnermeldeangelegenheiten oder die Durchführung von Wahlen</td><td>z. B. Beratungsstellen, Museen, Bibliotheken, Jugendeinrichtungen, Sportplätze, Freibäder etc.</td></tr>
</table>

Aufgaben

1. Beschreibe ausgehend von M 10, welche Gemeindeleistungen du regelmäßig in Anspruch nimmst, und überlege, wo das Angebot deiner Gemeinde noch verbessert werden könnte.
2. Ordne die Bilder in der Randspalte den einzelnen Aufgaben einer Gemeinde zu (M 11).

Wie werden Thüringens Kommunalpolitiker gewählt?

M 12 Ganz schön kompliziert – die Kommunalwahl

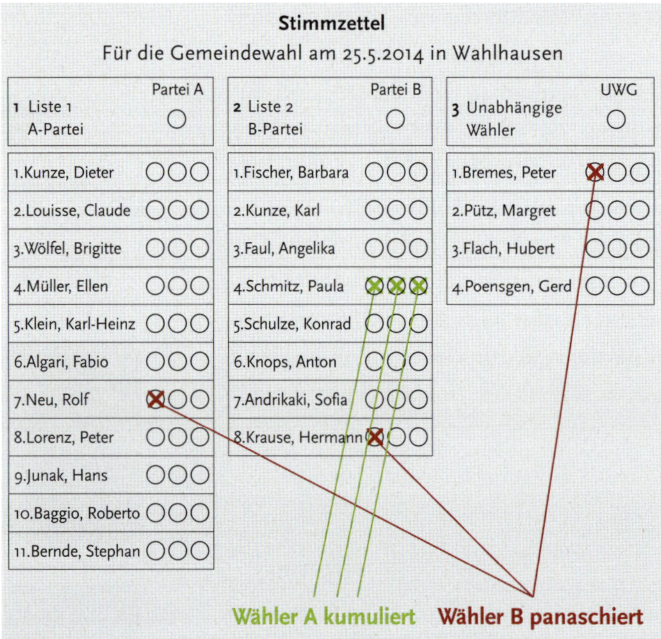

Bei Kommunalwahlen in Thüringen haben die Wähler drei Stimmen, die sie kumulieren (A) oder panaschieren (B) können.

Bei den Kommunalwahlen in Thüringen hat jeder Wahlberechtigte drei Stimmen: Hierbei können drei oder weniger Kandidaten eine bis drei Stimmen erhalten. Die Aufteilung der Stimmen auf mehrere Kandidaten verschiedener Parteien nennt man „panaschieren", die Bündelung von Stimmen auf einen Kandidaten nennt man „kumulieren". Auf den Stimmzetteln sind die Wahlvorschläge der Gemeinde aufgelistet. [...] Die Stimmzettel sind auch gültig, wenn weniger als drei Stimmen abgegeben werden. Eine Stimme muss jedoch mindestens abgegeben werden. Kreuzt man lediglich einen Wahlvorschlag einer bestimmten Partei an, verteilen sich die drei Stimmen automatisch auf deren erste drei Kandidaten.

M 13 Wahl des Bürgermeisters bzw. des Landrates

Wahlplakat der dienstältesten Landrätin im Freistaat Thüringen

Bei Direktwahlen des Bürgermeisters oder des Landrates erfolgt eine Mehrheitswahl in bis zu zwei Wahlgängen. Im ersten Wahlgang ist gewählt, wer über die Hälfte aller gültigen Stimmen erhalten hat. Haben sich mehrere Bewerber zur Wahl gestellt und ist nach dem ersten Wahlgang keiner gewählt, so findet am zweiten Sonntag nach dem Wahltag eine Stichwahl der beiden Bewerber mit den meisten Stimmen statt. Nicht selten kommt es im zweiten Wahlgang zu Wahlaufrufen der bereits unterlegen Bewerber für einen der übrigen Kandidaten.

Aufgaben

1. Beurteilt den Nutzen des Panaschierens und Kumulierens auf kommunaler Ebene und diskutiert, ob sich das kommunale Wahlsystem auch für Landtags- und Bundestagswahlen eignen könnte (M 12).
2. Überlegt Gründe, die Bürgerinnen und Bürger motivieren, für ein kommunalpolitisches Amt zu kandidieren.

Methode

M 14 Eine Erkundung durchführen

Was ist eine Erkundung?
Bei einer Erkundung geht man aus der Schule heraus und versucht etwas an anderen Orten „auszukundschaften". Zunächst ist es erforderlich, ein klares Thema und eine Fragestellung zu haben. Dann kann überlegt werden, welcher Ort geeignet ist, um den Menschen zu begegnen, die die richtigen Informationen „aus erster Hand" geben können. Eine Erkundung ist nie spontan, sondern immer gut geplant. Während der Erkundung braucht man Medien, zumindest einen Stift und Notizblock, besser noch ein Aufnahmegerät und eine Kamera. Das Ergebnis der Erkundung sollte aufbereitet und präsentiert werden.

1. Schritt: Was wollen wir herausfinden?
Am Anfang stehen die Fragen, die durch die Erkundung beantwortet werden sollen. Stellt zunächst eine übergeordnete Frage und entwickelt daraus mehrere Teilfragen.

2. Schritt: Vorbereitung
Eine gute Vorbereitung und eine geeignete Ausstattung sind die Voraussetzung für eine gelungene Erkundung. Klärt vorab folgende Fragen:

1. Welche Erkundungsorte sind geeignet? (Rathaus, Schulverwaltungsamt u. a.)
2. Wann kann der Ort aufgesucht werden?
3. Wie melden wir unseren Besuch an?
4. Welche Fragen sollen wem gestellt werden? (Interviewleitfaden entwickeln)
5. Was lohnt sich zu dokumentieren? (Interviews, Räume, Schilder, Szenen, Baustellen u. a.)
6. Wie soll dokumentiert werden? (Notizen, Digitalbilder, Tonaufnahmen u. a.)

3. Schritt: Erkundungsgang
Wenn ihr den Erkundungsort aufsucht, ist es wichtig, sich zunächst selbst vorzustellen und das eigene Vorhaben zu beschreiben. Möglicherweise wird ein Repräsentant (z. B. ein Rathausangestellter oder ein Ratsmitglied) euch zunächst einen Überblick geben. Danach könnt ihr eure Fragen stellen und die ausgewählten Stellen aufsuchen.

4. Schritt: Dokumentation
Dokumentiert die Ergebnisse in Form eines Zeitungsberichts. Wählt eine passende Überschrift, die Interesse weckt. Der Bericht kann auch Teile eines Interviews und Bilder enthalten.

5. Mögliche Erkundungsziele
- Bürgermeisteramt: Der Tagesablauf eines Bürgermeisters
- Rathaus: Wer, was, wo?
- Ausschuss für Schule und Kultur: Was ist für die Schulen geplant?
- Besuch einer Ratssitzung
- Stadtmarketing: Was macht die Stadt attraktiv?

Wie funktioniert eine Gemeinde?

M 15 Der Rat – die Vertretung der Bürgerinnen und Bürger

Sitzverteilung im Stadtrat von Ilmenau – Ergebnis der Kommunalwahl 2014

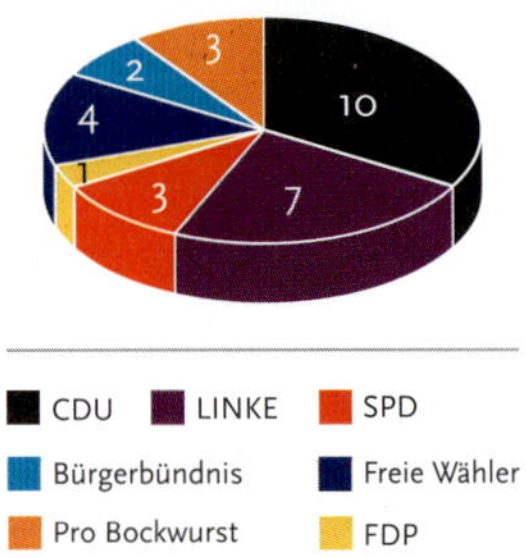

Der Stadtrat von Ilmenau setzt sich aus 30 Stadträten und dem Oberbürgermeister zusammen.

Damit die Gemeinden ihre Angelegenheiten demokratisch regeln können, wählen alle Bürgerinnen und Bürger ab 16 Jahren die Mitglieder des Gemeinde- oder Stadtrates auf fünf Jahre. Die Zahl der zu wählenden Gemeinde- bzw. Stadträte bestimmt sich nach der Einwohnerzahl. Für ihre ehrenamtliche Tätigkeit erhalten die Ratsmitglieder eine monatliche Aufwandsentschädigung von max. 103 € in Gemeinden mit bis zu 5.000 Einwohnern und max. 307 € in Gemeinden mit über 100.000 Einwohnern. Der Rat besteht aus den gewählten Vertretern der Parteien oder lokaler Wählervereinigungen und dem Bürgermeister. Im Rat schließen sich die Mitglieder, insbesondere derselben Partei, in Fraktionen zusammen. Der Gemeinde- oder Stadtrat bildet nach jeder Kommunalwahl Ausschüsse. Diese bereiten die Entscheidungen des Rates vor und sind entsprechend der jeweiligen Fraktionsstärken besetzt. Beispielsweise berät der Wirtschaftsausschuss über neue Gewerbeflächen und der Kulturausschuss über die Förderung des örtlichen kulturellen Angebotes. Insgesamt sind die Aufgaben des Rates sehr umfangreich. Dazu gehören z. B.

- die Erteilung von Aufträgen an die Verwaltung,
- die Kontrolle des Bürgermeisters und der Verwaltung und
- die Rechtssetzung (Gemeinden erlassen keine Gesetze wie Parlamente, sondern Satzungen und Verordnungen im Rahmen geltender Gesetze).

M 16 Der Bürgermeister – das Gemeindeoberhaupt

Der Bürgermeister wird von den Bürgern auf sechs Jahre gewählt. Er ist Chef der Gemeindeverwaltung und bestimmt als „Gemeindeoberhaupt" die Verteilung der Aufgaben im Rathaus. Gleichzeitig ist er Vorgesetzter der Gemeindebediensteten und Repräsentant der Gemeinde nach außen. Der Bürgermeister hat im Gemeinde- bzw. Stadtrat kraft seines Amtes Antrags-, Rede- und Stimmrecht. Außerdem ist er Vorsitzender des Hauptausschusses und stimmberechtigtes Mitglied in allen anderen Ausschüssen. Ihm kommt die Aufgabe zu, die Sitzungen des Rates und der Ausschüsse vorzubereiten und deren Beschlüsse auszuführen. Der Bürgermeister kann einen Beigeordneten (Stellvertreter des Bürgermeisters) mit seiner Vertretung im Ausschuss beauftragen. Bei Planungen und Vorhaben soll er die Einwohner der Gemeinde rechtzeitig und umfassend über die Grundlagen, Ziele, Zwecke und Auswirkungen informieren. In kreisfreien Städten und Großen kreisangehörigen Städten trägt der Bürgermeister den Titel Oberbürgermeister. Der erste Beigeordnete führt die Amtsbezeichnung Bürgermeister.

M 17 Die Verwaltung

Die Städte und Gemeinden unterhalten in Deutschland eigene öffentliche Verwaltungen, die von Landes- und Bundesbehörden weisungsfrei sind. Dieses Recht der kommunalen Selbstverwaltung wird im Grundgesetz garantiert. Innerhalb der Verwaltung unterscheidet man zwischen Freiwilligen Aufgaben (z. B. Freibäder, Museen, Theater), Pflichtaufgaben (Kindergärten, Schulen, Strom, Gas, Wasser, Müllabfuhr, Wohngeld, Feuerwehr) und staatlichen Auftragsangelegenheiten (Pass- und Meldewesen, Durchführung von Landtags- und Bundestagswahlen). Der Bürgermeister und seine Verwaltung haben die Aufgabe, die Beschlüsse des Rates umzusetzen. Hierfür spezialisiert sich die Verwaltung in verschiedene Dezernate, Abteilungen und Ämter. Beispielsweise für Fragen der allgemeinen Verwaltung, der öffentlichen Sicherheit und Ordnung, der Wirtschaftsförderung, der sozialen Sicherung, dem Gesundheitswesen, dem Bau-, Verkehr- und Wohnungswesen oder den Bereichen Kultur, Tourismus, Wissenschaft und Sport. Die Städte und Gemeinden können sich zu Kreisen zusammenschließen, um insbesondere die Pflichtaufgaben effizienter und kostengünstiger zu bewältigen. In Thüringen betrifft dies häufig die Bereiche Sozialhilfe, Jugendhilfe, Denkmalschutz und Schule.

Rathaus Weimar, Sitz der Stadtverwaltung

Aufgaben

1. „Kommunalpolitik ist die Schule der Demokratie!" Diskutiert diese von Wissenschaftlern und Politikern gern genutzte Redewendung.
2. Recherchiert in der Lokalzeitung ein aktuelles kommunalpolitisches Problem. Überprüft mithilfe von M 15 – M 17, welche Aufgaben und Rechte die einzelnen Akteure haben und wie sie Einfluss auf die Lösung / Entscheidung des Problems nehmen können.
3. Führe eine Erkundung nach M 14 zu einem der dort genannten Ziele durch.

Werte die lokale Tageszeitung aus und berichte über eine Abstimmung im Gemeinderat.

Viele Wünsche, wenig Geld – die Finanzen der Gemeinde

M 18 Woher bekommt die Gemeinde Geld?

Karikatur: Jörg Schröder

Alles das, was in der Gemeinde gestaltet, gebaut und unterhalten werden soll, kostet selbstverständlich Geld. Aber woher nimmt die Gemeinde das Geld für die vielfältigen Aufgaben? Einen Großteil davon erhält sie durch Steuern. Steuern sind allgemeine Abgaben der Bürger und Unternehmen, für die sie keine konkrete Gegenleistung erwarten können. Manche dieser Steuern erhebt die Gemeinde selbst, wie zum Beispiel die Gewerbesteuer für Unternehmen, die Grundsteuer für Hausbesitzer oder die Hundesteuer für Hundehalter. Von anderen Steuern, die das Land oder der Bund erheben, bekommt die Gemeinde einen Anteil. Außerdem bekommt die Gemeinde Zuschüsse von Bund und Land für konkrete Projekte. Wenn du ins Schwimmbad gehst und dort Eintritt bezahlst, zählt das auch zu den Einnahmen einer Gemeinde. Genauso wie die Gebühren für die Abwasserentsorgung und die Müllabfuhr. Auch das Geld für Strafzettel fließt in die Gemeindekasse. Wenn die Gemeinde nicht genügend Geld hat, um alle Ausgaben zu finanzieren, kann sie auch einen Kredit aufnehmen, d. h., dass sie sich zusätzlich Geld z. B. von einer Bank leihen muss.

M 19 Übersichtlich soll es sein – der Haushalt der Gemeinde

Vereinfacht könnte der Haushaltsplan einer Gemeinde so aussehen:

Einnahmen	**€**	**Ausgaben**	**€**
Steuern (Grund-, Gewerbe-, Vergnügungs-, Hundesteuer)		Rat, Ausschüsse, Verwaltung, Bürgerberatung etc.	
Anteil an der Einkommen- und Umsatzsteuer		Jugend, Soziales, Gesundheit	
Verwaltungs- und Benutzergebühren		Grundstücke, Gebäude, Abfallwirtschaft, Schulden	
Sonstige Einnahmen (z. B. Verkaufserlöse aus Ferienkalendern)		Ordnung, Recht, Umwelt	
Finanzhilfen von den Ländern und vom Bund		Kultur, Bildung, Sport	
		Stadtplanung, Wohnen	
Insgesamt	?	**Insgesamt**	?

Bei den Posten in M 19 / M 20 handelt es sich lediglich um Beispiele. In der Realität stellt sich der Haushalt einer Gemeinde komplizierter dar.

Um vernünftig planen zu können, erstellt die Gemeinde für jedes Jahr eine Übersicht der geplanten Ausgaben und der erwarteten Einnahmen. Diese Übersicht wird „Haushalt" genannt. Der Haushaltsplan gilt jeweils für den Zeitraum vom 1. Januar bis zum 31. Dezember. Er ist ein Arbeits- und Wirtschaftsplan, der verdeutlicht, welche Vorhaben eine Gemeinde verwirklichen möchte und wo sie ihre Schwerpunkte setzt (z. B. Wirtschaft oder Soziales). Der Gemeinderat muss diesem Plan zustimmen. Der Haushalt ist deshalb auch so wichtig, weil Gemeindevertreter und Bürger schwarz auf weiß sehen können, wofür die Gemeinde das Geld der Bürgerinnen und Bürger ausgibt und ob sie verantwortungsvoll wirtschaftet.

Nenne weitere Einnahmequellen einer Gemeinde.

M 20 Ausgaben und Einnahmen

Beispiele für Ausgaben

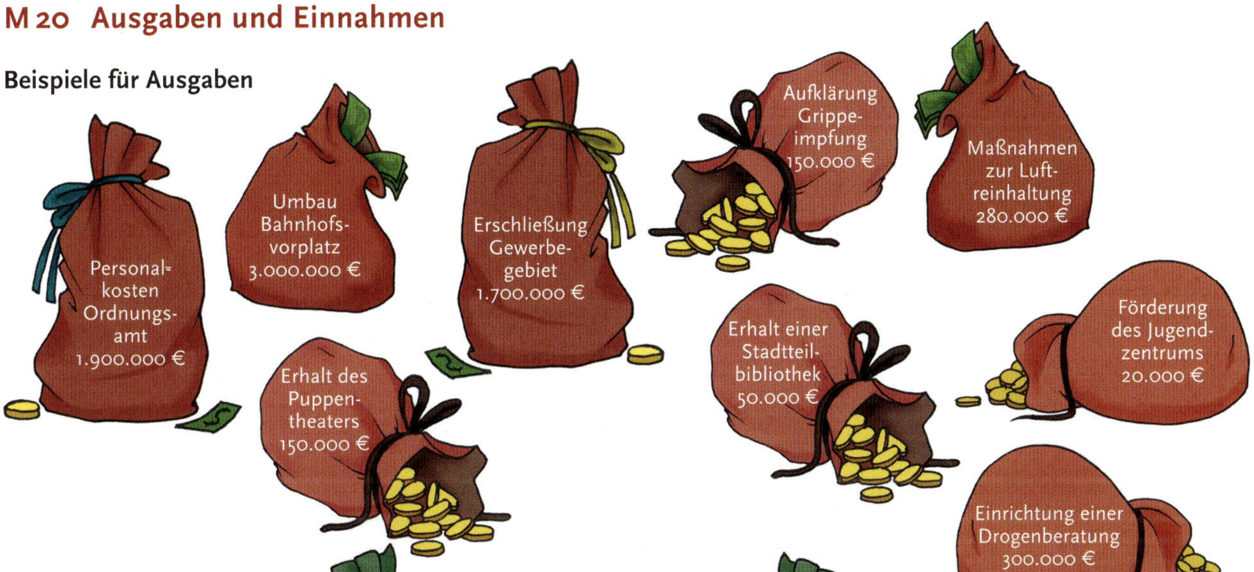

Beispiele für Einnahmen

Aufgaben

1. Erläutere, auf welche Einnahmequellen eine Gemeinde zurückgreifen kann (M 18).
2. Ordne die Ausgaben und Einnahmequellen aus M 20 in den Haushaltsplan (M 19) ein.
3. Berechne die Summe der Einnahmen und Ausgaben des Gemeindehaushalts. Welche Problemsituation entsteht (M 19, M 20)? Entwickelt in Gruppen eine Lösung für das entstandene Problem.

Was wir wissen

Politische Beteiligungsmöglichkeiten
M 3, M 5

In Thüringen können Einwohner, die das 14. Lebensjahr vollendet haben, beantragen, dass der Gemeinderat bestimmte Angelegenheiten berät (Einwohnerantrag). Mit einem Bürgerbegehren kann beantragt werden, dass die Bürgerinnen und Bürger einer Gemeinde über eine Angelegenheit der Gemeinde direkt abstimmen (Bürgerentscheid). Der Bürgerentscheid ist verbindlich, wenn die Stimmenmehrheit in Gemeinden mit bis zu 10.000 Bürgern 20%, bis zu 50.000 Bürgern 15% und über 50.000 Bürgern 10% der Wahlberechtigten repräsentiert. Bürgerinnen und Bürger können sich in Bürgerinitiativen zusammenschließen, um ein gemeinsames Ziel zu erreichen. Im Unterschied zu Parteien versuchen sie nicht über Wahlen, sondern insbesondere über öffentliche Aktionen, Entscheidungen zu beeinflussen.

Wahlalter / Kommunalwahlen
M 6 – M 8, M 12, M 13

In Thüringen gilt bei Kommunal-, Landtags- und Bundestagswahlen kein einheitliches Wahlrecht. Bei Kommunalwahlen darf bereits mit 16 Jahren, bei Landtags- und Bundestagswahlen erst ab 18 Jahren gewählt werden. Auch auf kommunaler Ebene werben die verschiedenen Parteien und Kandidaten mit ihrem Programm um Wählerstimmen. Eine Besonderheit bei den Kommunalwahlen ist, dass man die Stimmen auf verschiedene Kandidaten (auch von unterschiedlichen Parteien) verteilen (panaschieren) oder einem Kandidaten bis zu drei Stimmen geben kann (kumulieren).

Gebietsreform
M 9

Seit Jahren gibt es im Freistaat Thüringen Diskussionen und Vorschläge über eine Gebietsreform. Nach dem Willen der 2014 ins Amt gekommenen rot-rot-grünen Landesregierung soll diese folgendermaßen umgesetzt werden: Die Kreise sollen zukünftig mind. 130.000 und max. 250.000 Einwohnern zählen und max. 3.000 Quadratkilometer groß sein. Mit der Reform wird sich die Zahl der derzeit (Stand: 2016) 17 Landkreise verringern. Gemeinden müssen bis 2035 über mindestens 6.000 Einwohner verfügen, kreisfreie Städte dauerhaft über mindestens 100.000 Einwohner. Bis 2017 soll Klarheit darüber herrschen, welchen Zuschnitt die Landkreise genau haben. So lange können sich Kommunen freiwillig – auch über die Kreisgrenzen hinweg – zusammenschließen.

Gemeinderat, Bürgermeister und Verwaltung
M 15 – M 17

Der Gemeinderat ist das Hauptorgan der Gemeinde. Er entscheidet über wichtige, die Gemeinde betreffende Fragen. Die Gemeinderäte werden für fünf Jahre gewählt. Der Bürgermeister ist Vorsitzender des Gemeinderates und leitet die Gemeindeverwaltung. Er wird für sechs Jahre gewählt.

Aufgaben und Finanzen der Gemeinde
M 10, M 11, M 18 – M 20

Die Aufgaben der Gemeinde unterscheidet man in freiwillige Aufgaben, in Pflichtaufgaben und staatliche Auftragsangelegenheiten. Die Einnahmen setzen sich zu etwa je einem Drittel aus Steuern (z. B. Grundsteuer, Hundesteuer), Gebühren und Beiträgen (z. B. Schwimmbadeintritt, Entsorgungsgebühren) sowie freien und zweckgebundenen Zuweisungen vom Freistaat Thüringen und vom Bund zusammen. Reichen die Einnahmen nicht aus, muss über eine Kreditaufnahme entschieden werden.

Privatisierung und Reprivatisierung von Stadtwerken:
Ein Streitthema in Thüringer Kommunen

Städte und Gemeinden sind zur Generierung von Einnahmen häufig unternehmerisch tätig. Sie sind Eigentümer oder Miteigentümer an Stadtwerken, die in der Strom- und Gasversorgung, bei Nahverkehr, Stadtreinigung, Müllabfuhr und Abwasserversorgung aktiv sind. Sie werden von örtlichen Kommunalpolitikern kontrolliert und die erwirtschafteten Gewinne dienen gemeinnützigen Zwecken (z. B. Freibädern, Theatern, Sportflächen). Der Verkauf von Anteilen an Stadtwerken an private Unternehmen (z. B. Eon Thüringen) ist vielfach zum Stopfen kommunaler Finanzlöcher geschehen. Die Konsequenz der Einnahmeerhöhung ist die jährliche Aufteilung der Unternehmensgewinne unter den Anteilseignern. Immer häufiger kommt es deshalb zu Diskussionen in den Stadträten, die Anteile privatwirtschaftlicher Teilhaber zurückzukaufen.

Aufgabe

Ordne die unten durcheinandergemischt aufgereihten Argumente in zwei Gruppen: Solche, die für den anteiligen bzw. kompletten Verkauf der Stadtwerke sprechen, und solche, die dagegen sprechen. Führt hierzu eine Pro-Kontra-Debatte durch. Positioniert euch abschließend auf einer Entscheidungslinie für oder gegen die Privatisierung von Stadtwerken.

- Private Unternehmen orientieren ihre Preise am Markt. Sie sind bestrebt, hohe Gewinne zu erwirtschaften. Das kommt der Kommune zugute.
- Ein wichtiger Teil des städtischen Vermögens ist unwiederbringlich verloren: Es wird „Tafelsilber verscherbelt“, das nur teuer zurückgekauft werden kann.
- Es erfolgen regelmäßige Investitionen in moderne und neueste Technik. Veraltete Technik würde vom Kunden wahrgenommen und der gute Ruf des privaten Investors würde darunter leiden.
- Die Kommune hat weniger Einfluss, die Preise für den Bürger allein festzulegen.
- Es können nur schwer Tarife für Niedriglohnverdiener angeboten werden. Allen Privatkunden müssen die gleichen Tarifmodelle angeboten werden.
- Ein Rückkauf der Anteile ist sehr teuer und meist nicht durch die Kommunen allein zu leisten.
- Ein großes privates Energieunternehmen kann viel günstiger große Mengen Strom einkaufen und den Preis somit an den Kunden in der Kommune weitergeben.
- Die Stadt muss sich die laufenden Gewinne der Stadtwerke langfristig mit anderen Teilhabern teilen.
- In schwierigen wirtschaftlichen Zeiten trägt die Kommune nicht allein das Risiko am Unternehmenserfolg.
- Die Bindung an den privaten Teilhaber ist in der Regel sehr langfristig. Somit geht man ein Abhängigkeitsverhältnis für viele Jahre ein.
- Die Privatisierung von weiteren Anteilen führt in schwierigen Zeiten zu schnellen und hohen Einnahmen im städtischen Haushalt.

2.3 Politische Beteiligung im Freistaat Thüringen

Wie können die Bürgerinnen und Bürger in Thüringen mitbestimmen?

Direkte Demokratie
Das Volk übt (z. B. in Gestalt einer Volksversammlung) die Staatsgewalt unmittelbar (das heißt direkt) aus. Es entscheidet durch Volksabstimmungen („Plebiszite") über alle politisch wichtigen Anliegen, einschließlich der Wahl und Abwahl wichtiger Amtsträger in Staat und Gesellschaft.

Repräsentative Demokratie
Die Herrschaft wird mittelbar (das heißt indirekt) über vom Volk gewählte „Abgeordnete" ausgeübt. Diese sind „Repräsentanten" des Volkes und sollen für dieses in eigener Verantwortung zeitlich befristet handeln, wobei ihr Auftrag sich in regelmäßig stattfindenden Wahlen bewähren muss und erneuert werden kann.

M 1 Wahlen zum Thüringer Landtag

Wie wird gewählt?

Erststimme – Wahlkreisstimme	Zweitstimme – Landesstimme
Prinzip der Mehrheitswahl	**Prinzip der Verhältniswahl**
Der Kandidat wird gewählt, der die Mehrheit aller abgegebenen Stimmen eines Wahlkreises erhält.	Der Anteil der Zweitstimmen, die eine Partei erhält, bestimmt die Gesamtzahl ihrer Sitze im Parlament, vorausgesetzt, sie hat mind. 5% der abgegebenen Stimmen erhalten (Fünf-Prozent-Hürde).

Der 6. Thüringer Landtag besteht aus 91* Abgeordneten, die auf eine Dauer von 5 Jahren gewählt werden.

**Regulär besteht der Thüringer Landtag aus 88 Abgeordneten. Aufgrund von Überhang- und Ausgleichsmandaten umfasst der 6. Thüringer Landtag allerdings 91 Abgeordnete.*

Nach: www.thueringer-landtag.de, 17.4.2012

M 2 Direkte Demokratie im Freistaat Thüringen

Neben der Teilnahme an Wahlen gibt es weitere Wege, wie Bürgerinnen und Bürger die Politik im Land mitgestalten können. So haben sie die Möglichkeit, in eigener Initiative ein Thema auf die Tagesordnung des Landtags zu setzen, einen Gesetzentwurf zur Beratung zu stellen und ihn bei einer Ablehnung sogar dem Volk zur Entscheidung vorzulegen. Die Verfahren dazu sind der Bürgerantrag, das Volksbegehren und der Volksentscheid. Sie zählen zu den Instrumenten der direkten Demokratie.

Der **Bürgerantrag** zielt – anders als ein Volksbegehren – nicht zwingend auf ein Gesetz, ist also offener angelegt. Per Bürgerantrag können die Antragsteller bestimmte Themen auf die Tagesordnung des Landtags setzen. Geeignet sind alle Gegenstände, die im Zuständigkeitsbereich des Freistaats Thüringen liegen. Das Parlament muss über den Vorschlag beraten und entscheiden. Ein Bürgerantrag muss landesweit von mindestens 50.000 Stimmberechtigten auf Unterschriftsbögen unterzeichnet sein.

Im Rahmen des **Volksbegehrens** können stimmberechtigte Bürger ausgearbeitete Gesetzentwürfe in den Landtag einbringen. Voraussetzung ist ein Zulassungsverfahren, bei dem zunächst 5.000 Stimmberechtigte auf Unterschriftsbögen unterzeichnen müssen. Nach Zulas-

sung sind zum Zustandekommen des Volksbegehrens die Unterschriften von 8 bzw. 10 Prozent der Stimmberechtigten nötig.
Lehnt der Landtag ein erfolgreiches Volksbegehren ab, können die Bürger ihre Gesetzesinitiative mit einem anschließenden **Volksentscheid** auch gegen das Landesparlament durchsetzen. Dies ist der Fall, wenn die Mehrheit der Abstimmenden für den Gesetzentwurf votiert hat – unter der Voraussetzung, dass es sich dabei um mindestens ein Viertel der Stimmberechtigten handelt (bei verfassungsändernden Gesetzesentwürfen mindestens 40% der Stimmberechtigten).

Nach: www.thueringer-landtag.de, 3.2.2012

Erklärfilm „Volksentscheid"

Mediencode: 71067-02

M 3 Die Petition – ein Verfassungsrecht

Jeder hat das Recht, sich zu wehren, wenn er sich von einer staatlichen Stelle benachteiligt oder ungerecht behandelt fühlt. Das Recht, sich in einem solchen Fall mit einer Bitte oder Beschwerde (Petition) an die Volksvertretung zu wenden, ist in der Landesverfassung verankert. So ist sichergestellt, dass die Sorgen und Nöte der Bürger bei ihrer Volksvertretung Gehör finden. Das Einreichen von Petitionen eröffnet zudem die Möglichkeit, unmittelbare Anstöße zur politischen Willensbildung zu geben. Anregungen in Form von Petitionen können helfen, die Verwaltung bürgerfreundlicher zu gestalten. Sie werden in der Regel schriftlich eingereicht. Wichtig ist, dass die Petition eine konkrete Sachbitte enthält. Außerdem muss sie eigenhändig unterschrieben sein und sowohl den Namen als auch die Adresse des Einsenders enthalten. Petitionen können auch als Online-Petition auf der Petitionsplattform https://petitionen-landtag.thueringen.de eingereicht werden.
Der Petitionsausschuss kann helfen, wenn es sich um Entscheidungen von Behörden und anderen Stellen handelt, die zur Verwaltung des Freistaats Thüringen gehören oder seiner Aufsicht unterstehen. Das können zum Beispiel Städte, Gemeinden, Kreise oder Ministerien sein, aber auch Finanzämter, Schulen oder die Polizei. Allgemein gilt: Bei Beschwerden über Landesbehörden oder Landesgesetze ist der Thüringer Landtag zuständig.

Nach: www.thueringer-landtag.de, 23.5.2016

Diskussionsforum im Internet
Der Thüringer Landtag möchte den Bürgerinnen und Bürgern des Freistaats mithilfe des neuen Diskussionsforums *https://forum-landtag.thueringen.de* ermöglichen, ihre Ideen, Vorstellungen und Anregungen umfassender als bisher in die parlamentarische Arbeit einzubringen.

Aufgaben

1. Diskutiert Vor- und Nachteile der in der Randspalte vorgestellten Demokratieformen.
2. Informiert euch in Gruppen über die verschiedenen Möglichkeiten der Mitwirkung und Einflussnahme auf die Thüringer Landespolitik (M 1 – M 3). Stellt die verschiedenen Möglichkeiten der Klasse vor.
3. Diskutiert, ob die Bürgerinnen und Bürger über mehr politische Fragen direkt abstimmen sollten.

Der Thüringer Landtag

M 4 Repräsentanz und Streitkultur

Blick auf den Thüringer Landtag

Blick in den Plenarsaal des Thüringer Landtags

Der Landtag ist das vom Volk gewählte oberste Organ der demokratischen Willensbewegung. So steht es im Artikel 48 der Landesverfassung. Er wird für fünf Jahre gewählt und hat u. a. die Aufgabe, Gesetze zu verabschieden, den Ministerpräsidenten zu wählen und die Tätigkeit der Landesregierung zu kontrollieren. Zudem ist der Landtag das maßgebliche Forum der politischen Auseinandersetzung. Die öffentlichen Plenarsitzungen und eine ausführliche Medienberichterstattung über die Arbeit des Landesparlaments geben den Bürgern die Möglichkeit, sich über die verschiedenen politischen Standpunkte zu informieren. [...]

Die gewählten 88 Abgeordneten sind die Vertreter aller Thüringer, sie sind an Aufträge und Weisungen nicht gebunden und nur ihrem Gewissen verantwortlich. Die Vertretung des Landtages nach außen ist Aufgabe des Landtagspräsidenten. Er hat die Würde und die Rechte des Landtages zu wahren und ist höchster Repräsentant des Freistaats. Der Präsident oder einer seiner beiden Stellvertreter leitet die Plenarsitzungen, die in der Regel einmal im Monat stattfinden. Er wird dabei von den Schriftführern unterstützt. Präsident und Vizepräsident bilden den Vorstand des Landtages. Der Ältestenrat unterstützt den Präsidenten bei der Führung der Geschäfte und führt zwischen den Fraktionen u. a. die Verständigung über den Arbeitsplan des Landtages herbei. Der Ältestenrat besteht aus dem Präsidenten, den Vizepräsidenten und acht weiteren, von den Fraktionen benannten Abgeordneten – die übrigens nicht unbedingt die lebensältesten sein müssen. Gesetzentwürfe können durch Landesregierung, aus der Mitte des Landtags oder im Wege des Volksbegehrens eingebracht werden. In der Regel finden über Gesetzesvorlagen im Plenum des Landtages zwei Beratungen (Lesungen) statt. In der ersten Lesung werden die Grundsätze der Gesetzesvorlage besprochen. Danach stimmt das Plenum darüber ab, ob die Vorlage an Ausschüsse überwiesen wird. Diese Fachausschüsse setzen sich aus Abgeordneten zusammen, die auf bestimmte Themenfelder spezialisiert sind. Sie haben die Aufgabe, die Beschlüsse des Landtags vorzubereiten, indem sie die Gesetzesvorlage in fachlicher und rechtlicher Hinsicht prüfen. In der zweiten Lesung schließen sich der Berichterstattung durch ein Mitglied des federführenden Ausschusses die Beratung und Abstimmung an.

Nach: Kathrin Schulz, Ostthüringer Zeitung, 11.6.2009

M 5 Aufgaben des Landtages

Gesetzgebung
- Ausarbeitung und Einbringung von Gesetzesentwürfen
- Beratung im Plenum und innerhalb der Fachausschüsse über Gesetzesentwürfe
- Abstimmung über Gesetzesentwürfe
- Verabschiedung oder Ablehnung von Gesetzen

Regierungskontrolle
- „Zitierrecht"
- mündliche, kleine und große Anfragen
- Aktuelle Stunde
- Einberufung eines Untersuchungsausschusses
- Parlamentarische Kontrollkommission

Budgethoheit
- Verabschiedung oder Ablehnung des Haushaltes
- Festsetzung von Einnahmen und Ausgaben
- Entscheidung über Verwendung der Landesmittel
- Entlastung der Landesregierung

Wahlfunktion
- Landtagspräsident, Präsidium
- Ministerpräsident
- Richter des Verfassungsgerichtshofes
- Bürgerbeauftragter des Freistaats Thüringen
- Thüringer Landesbeauftragter für den Datenschutz und die Informationsfreiheit
- Landesbeauftragter des Freistaats Thüringen zur Aufarbeitung der SED-Diktatur

Nach: www.thueringer-landtag.de, 23.5.2016

Aufgaben

1. Überlegt mögliche Ursachen, warum der Plenarsaal des Thüringer Landtages in Erfurt zu großen Teilen bewusst aus Glas errichtet wurde.
2. Der Landtag wird häufig als „Arbeitsparlament" charakterisiert. Arbeite mithilfe von M 4 heraus, wie der Landtag seine Arbeiten organisiert. Entwerfe hierfür eine Tabelle mit den beiden Spalten „Gremium" und „Aufgabe".
3. Recherchiere drei Themen, mit denen sich der Landtag in den letzten Wochen beschäftigt hat (M 5).

Die Thüringer Landesregierung

Die Thüringer Ministerpräsidenten seit 1990

Josef Duchač (CDU)
(1990-1992)

Bernhard Vogel (CDU)
(1992-2003)

Dieter Althaus (CDU)
(2003-2009)

Christine Lieberknecht (CDU)
(2009-2014)

Bodo Ramelow (DIE LINKE)
(seit 2014)

M 6 Aufgaben und Zusammensetzung der Landesregierung

Die Thüringer Landesregierung besteht aus dem Ministerpräsidenten und in der Regel neun Landesministern.

Der Ministerpräsident wird vom Thüringer Landtag mit der Mehrheit seiner Mitglieder in geheimer Wahl gewählt. Kommt diese Wahl nicht zustande, so wird ein zweiter Wahlgang durchgeführt. Sollte auch hier die Mehrheit nicht erreicht sein, wird ein dritter Wahlgang durchgeführt. Gewählt ist dann, wer die Mehrheit der abgegebenen Stimmen erhält.

Der Ministerpräsident ernennt und entlässt die Minister. Er bestimmt einen der Minister zu seinem Stellvertreter. Die Landesregierung ist die höchste vollziehende Gewalt (Exekutive) in Thüringen (Art. 70 ThürVerf.). Im Sinne der Gewaltenverschränkung ist die Landesregierung auch an der Gesetzgebung (Legislative) beteiligt. Sie verfügt so u. a. über das Recht, Gesetzesvorlagen in den Landtag einzubringen.

Die CDU stellte von 1990 bis 2014 durchgängig den Ministerpräsidenten. Davon konnte sie zehn Jahre ohne einen Koalitionspartner allein regieren (1999 - 2009). In den Jahren von 1990 bis 1994 regierte sie mit der FDP und von 2009 bis 2014 - wie bereits von 1994 bis 1999 - mit der SPD. Seit 2014 stellt erstmals die Partei DIE LINKE - gemeinsam in einer Koalitionsregierung mit der SPD und BÜNDNIS 90/DIE GRÜNEN - den Ministerpräsidenten in Thüringen.

Der Thüringer Ministerpräsident bestimmt die Richtlinien der Landespolitik. Innerhalb dieser Richtlinien leitet jeder Minister seinen Geschäftsbereich (Ressort) eigenständig und eigenverantwortlich. Die Landesregierung kann in Regierungserklärungen dem Landtag ihre Politik begründen und muss auf Anfragen des Parlamentes antworten. Auch über Bundesratsinitiativen und das gemeinsame Abstimmungsverhalten im Bundesrat beschließt die Landesregierung.

Aufgaben

1. Erläutert die Zusammensetzung und die Aufgaben der Landesregierung (M 6).
2. Recherchiert die Namen und die Parteizugehörigkeit der aktuellen Mitglieder der Thüringer Landesregierung.

Der Thüringer Verfassungsgerichtshof

M 7 Wozu brauchen wir einen Verfassungsgerichtshof?

In unserem demokratischen Staat regelt die Verfassung die Staatsform und die Grundrechte. [...] Der Thüringer Verfassungsgerichtshof wacht darüber, dass die Thüringer Gesetze der Thüringer Verfassung entsprechen. Der Thüringer Verfassungsgerichtshof hat seinen Sitz in Weimar. Ihm gehören acht Mitglieder und der Präsident des Verfassungsgerichtshofs an. Der Präsident und mindestens zwei weitere Mitglieder müssen Berufsrichter sein. Der Thüringer Verfassungsgerichtshof gehört wie die anderen Gerichte zur judikativen Gewalt im Freistaat Thüringen. Landtag und Regierung müssen sich an die Verfassung des Freistaates halten und ihre Entscheidungen im Sinne dieser Verfassung treffen. Die Grundlage seiner Arbeit ist also die Verfassung des Freistaates Thüringen. Der Verfassungsgerichtshof prüft, ob Gesetze des Freistaates der Verfassung widersprechen. Aber er tut das nicht von sich aus, sondern nur, wenn jemand dies beantragt.

Jeder Bürger, jede Bürgerin kann sich an den Verfassungsgerichtshof wenden (in der Fachsprache heißt das: den Verfassungsgerichtshof anrufen), wenn er oder sie der Auffassung ist, dass ein Thüringer Gesetz mit der Verfassung des Freistaats nicht vereinbar ist. Der Verfassungsgerichtshof prüft nicht, ob ein Urteil richtig ist, sondern nur, ob das Gesetz, nach dem geurteilt oder gehandelt wurde, der Verfassung entspricht. Verfassungsbeschwerden können Einzelpersonen, Gruppen, Gemeinden, Gemeindeverbände usw. einreichen.

Nach: www.thueringen-fuer-kinder.de, 3.3.2012

Die Verfassung des Freistaates Thüringen

Am 25. Oktober 1993 verabschiedete der Thüringer Landtag in einer feierlichen Sitzung auf der Wartburg bei Eisenach die neue Verfassung des Freistaates Thüringen. Die Verfassung wurde durch einen Volksentscheid am 16. Oktober 1994 mit 70,1% bestätigt und erfuhr hierdurch hohe Legitimation. Nach Artikel 44 der Verfassung ist der Freistaat ein demokratischer, sozialer und dem Schutz der natürlichen Lebensgrundlagen verpflichteter Rechtsstaat.

Aufgaben

1. Bewertet die Bedeutung des Thüringer Verfassungsgerichtshofes für die Stabilität des Freistaates Thüringen (M 7).
2. Diskutiert, ob Thüringen ein eigenes Verfassungsgericht benötigt oder ob dessen Aufgabe auch andere Thüringer Gerichte übernehmen könnten.

Was wir wissen

Mitbestimmung der Bürger
M 1 – M 3

Die Bürgerinnen und Bürger des Freistaates Thüringen können sich in vielfältiger Weise politisch engagieren. In Thüringen besteht ein parlamentarisches Regierungssystem, d. h. die Landesregierung wird aus dem Parlament heraus gebildet (Wahl des Ministerpräsidenten). Die Kombination von Mehrheits- und Verhältniswahlrecht (Erst- und Zweitstimme) bei den thüringischen Landtagswahlen entspricht dem Wahlsystem des Bundes. Lediglich die Landtagswahlperiode (5 Jahre) weicht von der des Bundes (4 Jahre) ab. Darüber hinaus gibt es in Thüringen Möglichkeiten der direkten Bürgerbeteiligung. Durch Bürgerantrag, Volksbegehren, Volksentscheid und Petitionen kann auf politische Entscheidungsprozesse unmittelbar Einfluss genommen werden.

Parlament und Regierung
M 4 – M 6

Der Thüringer Landtag setzt sich i. d. R. aus 88 Abgeordneten zusammen. Die wichtigsten Funktionen des Landtages sind die Wahl des Ministerpräsidenten, die Verabschiedung von Gesetzen (einschließlich des Landeshaushaltes – Budgethoheit), die Kontrolle der Regierung und der Verwaltung. Die Landesregierung setzt sich aus dem Ministerpräsidenten und in der Regel neun Landesministern zusammen. Der Ministerpräsident ernennt und entlässt die Mitglieder der Regierung (Minister). Gesetzesvorlagen werden meist von der Thüringer Landesregierung und von den Landtagsfraktionen in den Landtag eingebracht.

Verfassungsgerichtshof
M 7

Der Thüringer Verfassungsgerichtshof hat seinen Sitz in Weimar und besteht aus dem Präsidenten und acht weiteren Mitgliedern des Gerichts. Die Mitglieder des Verfassungsgerichtshofes werden vom Thüringer Landtag mit Zweidrittelmehrheit auf fünf Jahre gewählt. Der Präsident und zwei weitere Mitglieder müssen Berufsrichter sein. Drei weitere Mitglieder müssen die Befähigung zum Richteramt haben. Eine Wiederwahl ist möglich. Die Aufgaben und Funktionen des Verfassungsgerichtshofes sind im Wesentlichen: individuelle und kommunale Verfassungsbeschwerden, Organstreitigkeiten innerhalb des Landes, abstrakte und konkrete Normenkontrollklagen sowie die Klärung der Zulässigkeit von Volksbegehren. Jedermann hat die Möglichkeit, Verfassungsbeschwerde einzulegen, wenn er sich durch staatliche Organe in seinen grundlegenden Rechten eingeschränkt sieht.

Verfassung und Verfassungsorgane

Nach Artikel 44 der Thüringer Verfassung von 1994 ist der Freistaat ein demokratischer, sozialer und dem Schutz der natürlichen Lebensgrundlagen verpflichteter Rechtsstaat. Die Landesverfassung enthält einen eigenen Grundrechtskatalog und umfangreiche Staatszielbestimmungen. Sie enthält insbesondere Regelungen zu den drei thüringischen Verfassungsorganen Landtag, Landesregierung und Verfassungsgerichtshof. Sie regelt die Gesetzgebung durch den Landtag und sieht die Möglichkeit von Volksbegehren und Volksentscheiden vor.

Thüringen-Kreuzworträtsel

(Achtung: Umlaute sind als EIN Feld einzutragen!)

waagerecht:

1. ehemaliger thüringischer Min.-Präs. (Bernhard)
3. thüringisches Parlament
5. Stadt in der Nähe der Wartburg
8. Sitz des Verfassungsgerichtshofes
10. höchstes Regierungsamt in Thüringen
11. bedeutendes Parlamentsrecht (Gesetze)
13. Spielzeugstadt im Süden Thüringens

senkrecht:

2. Stadt im Osten Thüringens („Skat“)
4. kommunales politisches Amt
6. größte Stadt Thüringens
7. im Parlament: Große und Kleine ...
9. berühmter Wanderweg
12. wichtigstes Rechtsdokument des Landes
14. erste Thüringer Ministerpräsidentin
15. großer deutscher Dichter (Friedrich)

IM HERBST SIND
WAHLEN
UND DAS IST AUCH GUT SO.

GRUNDGESET
ie Bundesrepublik Deuts

Kiel
SCHLESWIG-HOLSTEIN
MECKLENBURG-VORPOMMERN
HAMBURG
Hamburg
Schwerin
Bremen
BREMEN
NIEDERSACHSEN
Berlin
BERLIN
Potsdam
Hannover
Magdeburg
BRANDENBURG
SACHSEN-ANHALT
NORDRHEIN-WESTFALEN
Düsseldorf
Erfurt
SACHSEN
Dresden
HESSEN
THÜRINGEN
RHEINLAND-PFALZ
Wiesbaden
Mainz
Saarbrücken
SAARLAND
Stuttgart
BADEN-WÜRTTEMBERG
BAYERN
München

3

Grundzüge der politischen Ordnung in Deutschland

„Demokratie heißt, sich in seine eigenen Angelegenheiten einzumischen“, so umschrieb es der Schriftsteller Max Frisch einst knapp und treffend. Doch wie soll die Demokratie organisiert sein und welche Möglichkeiten der Mitbestimmung bieten sich? Welche Verfassungsorgane gibt es und wie wirken die staatlichen Institutionen zusammen?

Kompetenzen

Am Ende dieses Kapitels solltest du Folgendes wissen und können:

- die Staatsstrukturprinzipien voneinander unterscheiden
- die Arbeitsweise der Verfassungsorgane darstellen
- die Bedeutung von Wahlen erläutern
- verschiedene Wahlsysteme nach unterschiedlichen Kriterien beurteilen
- die Funktionen von Parteien beschreiben
- die Rolle und Bedeutung der Medien in der Demokratie beurteilen

Was weißt du schon?

- Erläutere, welchen Zusammenhang du zwischen den Darstellungen in den Bildern und dem Begriff Demokratie erkennst.
- Was haben die Bilder mit der politischen Ordnung in Deutschland zu tun? Notiere jeweils zwei Punkte.

3.1 Grundrechte und Grundwerte – das Grundgesetz

Das Grundgesetz als „Hausordnung“

Demokratie
Im engeren Sinne bedeutet Demokratie „Herrschaft des Volkes“ und stellt somit eine Herrschaftsform dar. Im weiteren Sinne steht Demokratie für eine Willens- und Entscheidungsbildung grundsätzlich von unten nach oben, d. h. freie Wahl der Regierenden durch die Bürger; Grundsatz der Mehrheit bei Entscheidungen, Schutz von Minderheiten mit der Chance zur Mehrheit zu werden; Möglichkeit der Abwahl der Regierenden.

M 1 Gebrauchsanleitung für die Demokratie

Karikatur: Erich Rauschenbach / Baaske Cartoons

M 2 Das Grundgesetz

Das Grundgesetz (GG) gilt seit der Staatsgründung im Jahr 1949 als Grundlage des Zusammenlebens der Menschen in Deutschland. Es kann als „Hausordnung" der Bundesrepublik Deutschland verstanden werden, in dem die Spielregeln für Menschen und Staat stehen. Alle Parlamente, alle Behörden und Gerichte, alle Bürgerinnen und Bürger müssen sich daran halten. Inhaltliche Schwerpunkte sind die Grundrechte für den Einzelnen (z. B. Bekenntnis zu den Menschenrechten, Recht auf Leben und körperliche Unversehrtheit, Gleichberechtigung, Recht der freien Meinungsäußerung) und die Zuständigkeiten der staatlichen Organe und die Formen ihrer Zusammenarbeit. Das Grundgesetz legt also die Werte fest, an denen sich unser Zusammenleben orientiert, und die Regeln, nach denen die staatlichen Organe arbeiten müssen.

Der Begriff „Grundgesetz" wurde 1949 gewählt, um den Begriff „Verfassung" für die Zeit zu reservieren, in der der Westen Deutschlands (Bundesrepublik) und der Osten „Deutsche Demokratische Republik" wieder vereinigt wären. Nach der Vereinigung 1990 wurde der Begriff „Grundgesetz" allerdings aus historischen Gründen beibehalten.

M 3 Präambel (Vorspruch) des Grundgesetzes

Auszug der Fassung vom 23. Mai 1949: [Das Deutsche Volk] hat auch für jene Deutschen gehandelt, denen mitzuwirken versagt war. Das gesamte Deutsche Volk bleibt aufgefordert, in freier Selbstbestimmung die Einheit und Freiheit Deutschlands zu vollenden.

Auszug der Fassung vom 3. Oktober 1990: Die Deutschen […] haben in freier Selbstbestimmung die Einheit und Freiheit Deutschlands vollendet. Damit gilt dieses Grundgesetz für das gesamte Deutsche Volk.

M 4 Grundrechte im Grundgesetz

Bergmoser + Höller Verlag AG, Zahlenbilder 60 110

Grundrechte
Grundrechte si
Grundgesetz g
grundlegende,
Rechte. Sie binden den Staat und begrenzen die Macht des Staates gegenüber dem Einzelnen und stehen bewusst am Anfang des Grundgesetzes: Sie finden sich im Grundrechtekatalog der Art. 1 bis 19 GG.

M 5 Der höchste Wert der Verfassung: die Menschenrechte

„Die Würde des Menschen ist unantastbar. Sie zu achten und zu schützen ist Verpflichtung aller staatlichen Gewalt." – Art. 1 (1) Grundgesetz

- Die Würde des Menschen ist in unserer Rechts- und Wertordnung oberster Verfassungsgrundsatz, an dem sich alles staatliche Handeln zu orientieren hat. Folglich hat der Mensch im Mittelpunkt staatlichen Geschehens zu stehen.
- Träger der Menschenwürde ist jeder Mensch von der Geburt bis zum Tode, wobei es unerheblich ist, ob sich der Einzelne seiner Würde bewusst ist oder dieses Bewusstsein nicht hat (etwa der Geisteskranke).

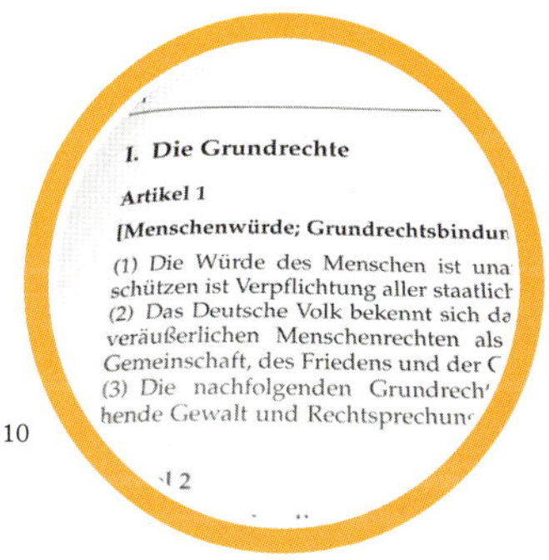

Auszug aus dem Grundgesetz

- Die Würde kommt dem Menschen deshalb zu, weil er als einziges Wesen die Fähigkeit besitzt, sich in Freiheit zu entscheiden und sich selbst zu bestimmen.
- Die Menschenwürde ist Ursprung und Quelle aller weiteren Freiheits-, Gleichheits- und Unverletzlichkeitsrechte. Demnach sind es Ansprüche und Berechtigungen, die die Einmaligkeit des Menschseins kennzeichnen und die Würde des Menschen verkörpern. Aus der absoluten Verpflichtung der gesamten Staatsgewalt, die Würde des Menschen zu achten und zu schützen, folgt,
- dass jeder Träger staatlicher Gewalt bei der Begegnung mit dem Einzelnen dessen Würde nicht antasten oder gar verletzen darf (achten) und
- dass er (z. B. der Polizeibeamte) gleichermaßen abwehrend eingreifen muss, wenn die Würde des Menschen von dritter Seite verletzt zu werden droht bzw. verletzt wird (schützen).

Wann ist die Menschenwürde verletzt? Die Würde des Menschen ist allgemein immer dann verletzt, wenn

- er zum reinen Objekt staatlicher Maßnahmen gemacht,
- die innere Freiheit des Menschen angetastet oder
- seine Personenwertgleichheit geleugnet wird.

Hans-Joachim Hitschold, Staatskunde. Grundlagen für die politische Bildung, 13. Aufl., Stuttgart u. a., 2007, S. 139 ff.

M 6 Staatsstrukturprinzipien

Art. 20 GG
Enthält die „Verfassung in Kurzform". In ihm sind die zentralen Prinzipien des Staatsaufbaus genannt.

Die Staatsstrukturprinzipien sind im Grundgesetz festgeschrieben:

- *Art. 20 (1) GG: Die Bundesrepublik Deutschland ist ein demokratischer und sozialer Bundesstaat.*
- *Art. 20 (3) GG: Die Gesetzgebung ist an die verfassungsmäßige Ordnung, die vollziehende Gewalt und die Rechtsprechung sind an Gesetz und Recht gebunden.*

Während im ersten Absatz die Staatsstrukturprinzipien *Republik, Demokratie, Sozial-* und *Bundesstaat* genannt werden, bezieht sich Absatz 3 auf den Rechtsstaat. Art. 79 (3) GG garantiert, dass die Staatsstrukturprinzipien nicht auf dem Wege einer Verfassungsänderung beseitigt werden können. Man spricht daher von der sogenannten „Ewigkeitsklausel".

Staatsstrukturprinzipien

Republik →	Keine Monarchie, also kein gekröntes oder fürstliches Staatsoberhaupt
Demokratie →	Alle Macht geht vom Volke aus, die Volksvertreter werden gewählt.
Bundesstaat →	Föderativer Staatsaufbau, Bund und Bundesländer mit unterschiedlichen Kompetenzen
Sozialstaat →	Soziale Gerechtigkeit die Lebensbedingungen der Staatsbürger sollen ähnlich sein.
Rechtsstaat →	Rechtssicherheit, Gesetzlichkeit: Exekutive, Legislative und Judikative sind an Recht und Gesetz gebunden.

M 7 Wie die Verfassungsorgane zusammenarbeiten

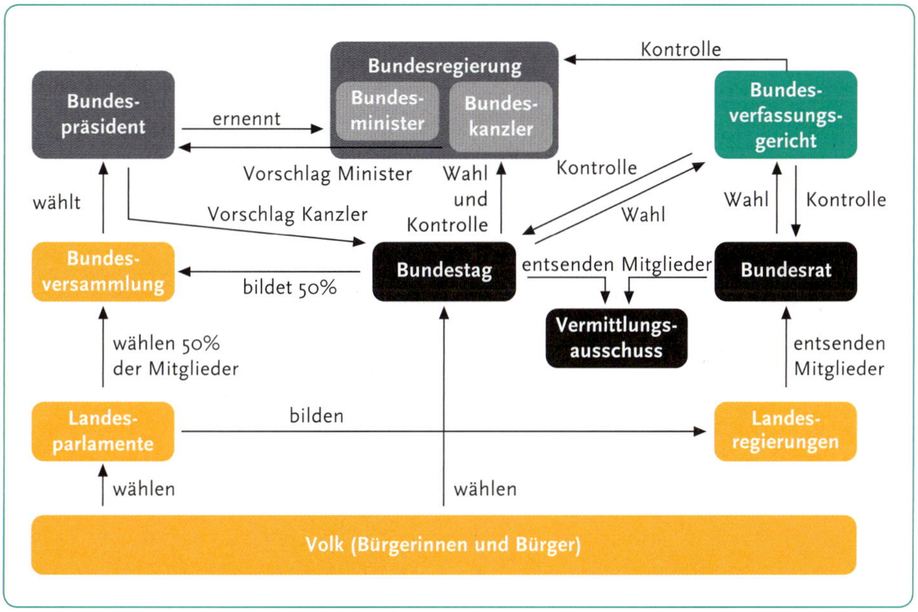

Verfassungsorgan
Staatsorgan, dessen Rechte und Pflichten in der Verfassung festgeschrieben sind.

Ständige Verfassungsorgane des Bundes
Deutscher Bundestag
(Abschnitt III GG, Art. 38 – 48)
Bundesrat
(Abschnitt IV GG, Art. 50 – 53)
Bundespräsident
(Abschnitt V GG, Art. 54 – 61)
Bundesregierung
(Abschnitt VI GG, Art. 62 – 69)
Bundesverfassungsgericht
(Art. 93, 94, 99, 100 GG)

Nichtständige Verfassungsorgane des Bundes
Gemeinsamer Ausschuss
(Abschnitt IV a. GG, Art. 53a)
Bundesversammlung
(Abschnitt V GG, Art. 54)

Aufgaben

1. Ermittle die Aussage der Karikatur (M 1). Erläutere die Vorzüge einer eher knapp gefassten „Hausordnung“.
2. Erarbeite dir anhand einer leicht zugänglichen Ausgabe des Grundgesetzes dessen Gliederung. Kläre dir unbekannte Begriffe.
3. Vergleiche die Aussagen der „alten“ und der „neuen“ Präambel des Grundgesetzes zur Frage der deutschen Einheit (M 3).
4. Recherchiere im Internet zu einem Grundrechtsartikel dessen praktische Alltagsbedeutung und stelle diese in einem Kurzreferat vor.
5. Die Grundrechte lassen sich u. a. in sog. Freiheits- und Gleichheitsrechte gliedern. Finde zwei Freiheits- und zwei Gleichheitsrechte und begründe deine Wahl (M 4).
6. Stelle Situationen dar, in der die Menschenwürde verletzt wird (M 5).
7. Partnerarbeit: Dein Nachbar nennt ein Verfassungsorgan und du erklärst ihm, von wem es gewählt wird. Wechselt euch so lange ab, bis jeder die Wahl zweier Verfassungsorgane erklärt hat.
8. Beschreibe, wie alle Gesetze und jedes staatliche Handeln ihren Ursprung im Wählerwillen haben (M 7).

Demokratie und Republik

M 8 Was bedeutet Republik?

Republik ist die Bezeichnung für die Staatsform. In der Politikwissenschaft unterscheidet man zwei Staatsformen voneinander – Republik und Monarchie. Während die Monarchie über ein gekröntes oder fürstliches Staatsoberhaupt verfügt, sind alle Staaten ohne Kaiser, König oder Fürsten Republiken. Der Hinweis „Bundes-" gibt an, dass es in Deutschland einen föderalen Staatsaufbau gibt. Die Bezeichnung „Bundesrepublik Deutschland" steht also für einen föderalen Staat mit gewähltem Staatsoberhaupt.

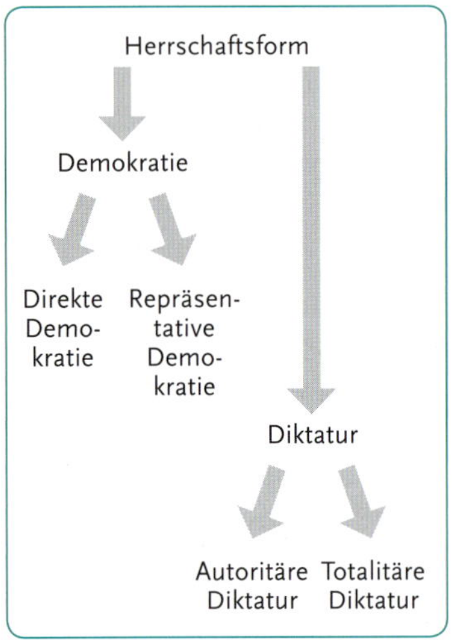

M 9 Was bedeutet Demokratie?

Der Begriff Demokratie kommt aus dem Griechischen und setzt sich aus den Wörtern *Demos* (Volk) und *Kratein* (Herrschaft) zusammen. Demokratie bedeutet also Herrschaft des Volkes bzw. Volksherrschaft. Die Demokratie hat zwei Ausformungen: In einer *direkten Demokratie* ist das Volk unmittelbar an politischen Entscheidungsprozessen beteiligt. In der äußersten Konsequenz stimmen also alle Bürger über jede einzelne politische Frage selbst ab. Da diese Herrschaftsform nur in kleineren politischen Einheiten zu verwirklichen ist, überträgt das Volk in der *mittelbaren* oder *repräsentativen Demokratie* seine Entscheidungsbefugnisse durch die Wahl von Abgeordneten an eine Volksvertretung. Im Gegensatz zur Demokratie unterliegt die Herrschaft in der Diktatur einer Person (Diktator) oder einer regierenden Gruppe mit unbeschränkter Macht.

M 10 Demokratie und Gewaltenteilung

Ein zentrales Merkmal der Demokratie ist die Gewaltenteilung. Sie gewährleistet die Trennung und gegenseitige Kontrolle der staatlichen Gewalten: der vollziehenden Gewalt (Regierung und Verwaltung = Exekutive), der gesetzgebenden Gewalt (Parlament = Legislative) und der richterlichen Gewalt (Gerichte = Judikative). Dies wird als horizontale Gewaltenteilung bezeichnet. Sie wird dadurch erreicht, dass die drei staatlichen Grundfunktionen verschiedenen Organen zugewiesen werden, so dass keines dieser Organe legal über die gesamte Staatsgewalt verfügen kann. Nur im parlamentarischen Regierungssystem (wie in Deutschland) besteht dabei eine Gewaltenverschränkung zwischen Legislative und Exekutive: Da auf Bundesebene nur der Bundestag direkt von der Bevölkerung gewählt wird und dann die Regierung aus der Parlamentsmehrheit hervorgeht (Wahl des Bundeskanzlers durch den Bundestag), besteht keine strikte personelle Trennung zwischen der Regierung und

den Bundestagsfraktionen der Regierungsparteien (zusammen „Regierungslager" genannt).
Bislang waren alle Bundeskanzler und meist auch alle Bundesminister zugleich Bundestagsabgeordnete. Die Trennlinie der Kontrolle verläuft also in Deutschland nicht strikt zwischen Exekutive und Legislative, sondern zwischen dem Regierungslager in Exekutive und Legislative einerseits und der parlamentarischen Opposition andererseits.

Nach: Dieter Hesselberger, Das Grundgesetz, Kommentar für die politische Bildung, Bonn 1999, S. 178 f.

Erklärfilm „Gewaltenteilung"

Mediencode: 71067-03

M 11 Die Gewaltenteilung im Grundgesetz

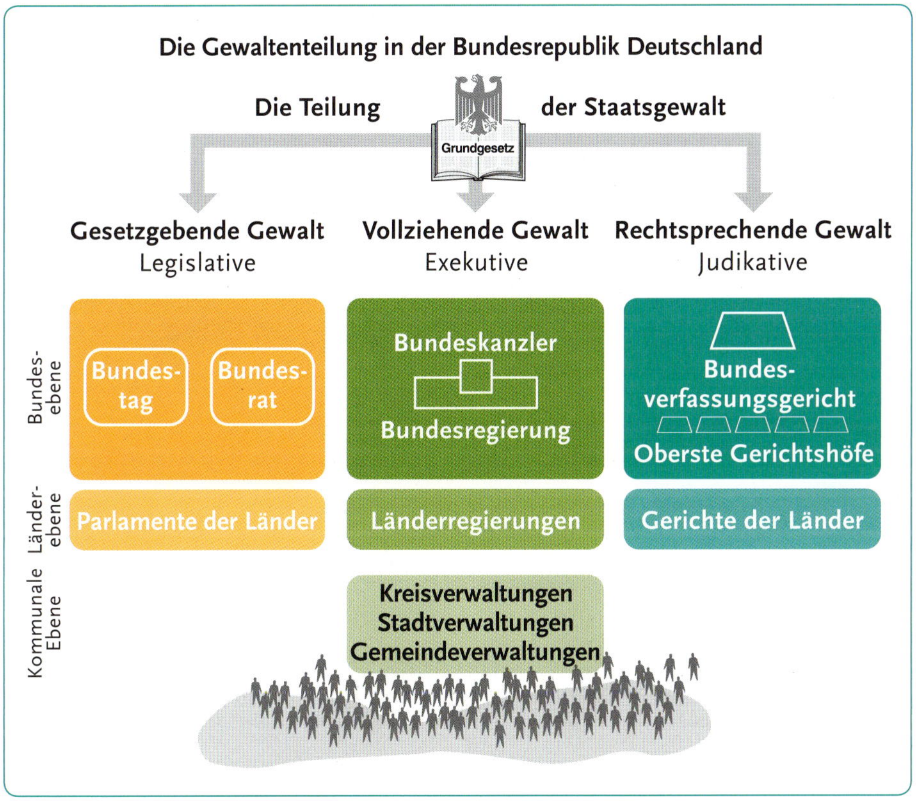

Bergmoser + Höller Verlag AG, Zahlenbilder 61 110

Vertikale Gewaltenteilung
In föderativen (bundesstaatlichen) politischen Systemen – wie in Deutschland – tritt zur horizontalen die vertikale Gewaltenteilung hinzu, so dass hier von einer „doppelten Gewaltenteilung" gesprochen wird. Bund und Länder besitzen jeweils eigene Staatsqualität, und einige Politikfelder (z. B. Kultur, Bildung, Polizei) sind ausschließlich Ländersache.

Aufgaben

1. Arbeite den Unterschied zwischen Demokratie und Republik heraus (M 8, M 9).
2. Großbritannien wird als „konstitutionelle Monarchie" bezeichnet. Damit ist aber noch nichts über die Herrschaftsform ausgesagt. Recherchiere, welche Herrschaftsform Großbritannien hat (M 8, M 9).
3. Erläutere das Prinzip der Gewaltenteilung im Grundgesetz. Unterscheide dabei horizontale und vertikale Gewaltenteilung (M 10, M 11).

Bundesstaat Deutschland

M 12 Von Bundesland zu Bundesland ...

Erklärfilm „Föderalismus“

Mediencode: 71067-04

Karikatur: Thomas Plaßmann / Baaske Cartoons

Der Föderalismus (lat. foedus: Bund) stellt eine politische Ordnung dar, bei der mehr oder weniger souveräne Einzelstaaten sich zu einem Gesamtstaat zusammengeschlossen haben. Die staatlichen Aufgaben sind zwischen Gesamt- und Gliedstaaten aufgeteilt, und zwar so, dass beide politischen Ebenen für bestimmte Aufgaben eigenverantwortlich zuständig sind. Der föderale (= bundesstaatliche) Aufbau des deutschen politischen Systems ist aus der Tradition der deutschen Kleinstaaterei (Partikularismus) historisch erwachsen und ermöglicht den Ländern durch ihre eigene Staatsqualität mehr identitätsstiftende kulturelle Eigenständigkeit, als dies in der Form reiner Verwaltungsuntergliederungen eines Zentralstaates möglich wäre. Durch den Bundesrat wirken die Länder maßgeblich bei der Gesetzgebung und der Verwaltung des Bundes mit. Das Grundgesetz legt zunächst in Art. 30 GG eine prinzipielle Allzuständigkeit der Länder zugrunde, „soweit dieses Grundgesetz keine andere Regelung trifft oder zulässt“. Aus dieser Formulierung folgt, dass der Bund nur diejenigen staatlichen Befugnisse für sich in Anspruch nehmen kann, die im Grundgesetz ausdrücklich genannt werden. Das Grundgesetz regelt daher in Art. 70 – 75 die Aufteilung der Zuständigkeit bei der Gesetzgebung. Ebenso werden in Art. 83 – 91d die Verwaltungsaufgaben jeweils zugeordnet.

Bundesrat und EU

Die Befugnisse des Bundesrates reichen aber noch über Gesetzgebung und Verwaltung hinaus. Er kann – soweit Regelungen der Europäischen Union die Bundesländer betreffen – auch Einfluss nehmen auf Angelegenheiten der EU (Art. 23, 50 GG).

M 13 Die Bundesstaatlichkeit im Grundgesetz

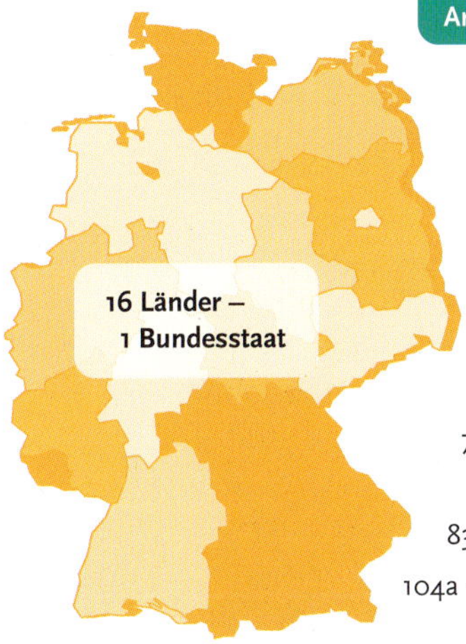

GG Artikel	Was dazu im Grundgesetz steht
20	„Die Bundesrepublik Deutschland ist ein demokratischer und sozialer Bundesstaat".
79	Das bundesstaatliche Prinzip darf nicht aufgehoben oder geändert werden.
30	Eigenstaatlichkeit der Länder
50 23	Mitwirkung der Länder an der Gesetzgebung des Bundes und in Angelegenheiten der Europäischen Union durch den Bundesrat
70 – 75	Gesetzgebung: Aufteilung der Zuständigkeiten zwischen Bund und Ländern
83 – 91d	Zuordnung der staatlichen Verwaltungsaufgaben
104a – 109a	Finanzhoheit: Verteilung des Steueraufkommens zwischen Bund und Ländern

Bergmoser + Höller Verlag AG, Zahlenbilder 60 060

M 14 Aufgabenverteilung zwischen Bund und Ländern – eine Auswahl

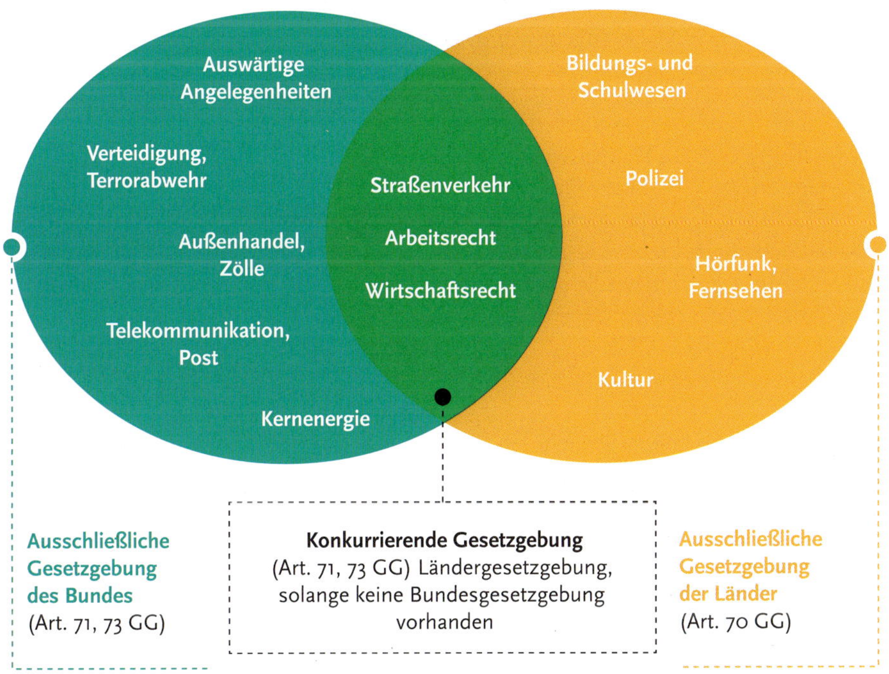

M 15 Föderalismus – Pro und Kontra

Die Gliederung des Bundes in Länder garantiert viele wirtschaftliche, politische und kulturelle Mittelpunkte. Die landsmannschaftlichen, geschichtlichen, wirtschaftlichen und kulturellen Eigenheiten können so besser erhalten und weiterentwickelt werden.

Chancen und Wettbewerb der politischen Parteien werden dadurch gefördert, dass sie trotz Minderheitsposition im Gesamtstaat die politische Verantwortung in Gliedstaaten übernehmen und so ihre Leistungs- und Führungsfähigkeit erproben und beweisen können.

Parlamente, Regierungen und Verwaltungen von Bund und Ländern müssen gegenseitig auf Anstöße, Entscheidungen oder Zustimmungen warten und langwierige Verhandlungen miteinander führen, um zu gemeinsamen Lösungen zu kommen. Darüber kann viel kostbare Zeit vergehen.

Wechselseitige Kontrolle, gegenseitige Rücksichtnahme und Kompromisszwang verhindern oder erschweren doch zumindest Extrempositionen. Der Föderalismus wirkt ausgleichend und damit auch stabilisierend.

Die Eigenständigkeit der Länder führt zwangsläufig zu Unterschieden. Vielfalt ist das Gegenteil von Einheitlichkeit. Dadurch können Schwierigkeiten entstehen, zum Beispiel für Schüler beim Wohnungswechsel in ein anderes Bundesland.

Zur klassischen horizontalen Trennung der Staatsgewalten (Legislative – Exekutive – Judikative) kommt im Bundesstaat die vertikale Gewaltenteilung zwischen dem Gesamtstaat und den Gliedstaaten hinzu. Machtverteilung bedeutet Machtkontrolle und Schutz vor Machtmissbrauch.

Die Gliedstaaten stehen zwangsläufig im Wettbewerb zueinander. Konkurrenz belebt. Erfahrungsaustausch fördert den Fortschritt und beugt bundesweiten Fehlentwicklungen vor.

Die staatlichen Organe sind regionalen Problemen im Bundesstaat näher als im Einheitsstaat. Vergessene „Provinzen" gibt es nicht.

Die Gliederung in kleinere staatliche Einheiten erleichtert die Überschaubarkeit und Verstehbarkeit staatlichen Handelns und fördert damit die aktive Anteilnahme und Mitbestimmung. Der Bürger kann außerdem sein Wahlrecht als das urdemokratische Entscheidungsrecht doppelt einsetzen, denn im Bundesstaat wird zum Parlament des Gesamtstaates und zu den Parlamenten der Gliedstaaten gewählt.

Viele Entscheidungszentren in der Bundesrepublik, die Machtverteilung zwischen Bund und Ländern bedeuten: Zusammenwirken, Rücksichtnahme, gegenseitige Kontrolle und wechselseitige Begrenzung. Die in dieser Weise verflochtene Staatstätigkeit ist also kompliziert und manchmal für den Bürger schwer zu überschauen.

Nach: Konrad Reuter, Bundesrat und Bundesstaat – Der Bundesrat der Bundesrepublik Deutschland, 13. Auflage, 2006, S. 7 ff.

Aufgaben

1. Befragt euch bekannte Schüler, die im Laufe ihrer Schulzeit das Bundesland wechseln mussten, nach ihren „Wechselerfahrungen" (M 12).
2. Gib den Statements in M 15 eine Überschrift und ordne sie nach Pro- und Kontra-Argumenten.
3. Kritiker des Föderalismus fordern die Abschaffung der Bundesländer und die Errichtung eines Zentralstaats. Spekuliere über die Auswirkungen auf das Schulwesen.

Rechtsstaat und Sozialstaat

M 16 Rechtsstaat und Sozialstaat im Spannungsverhältnis

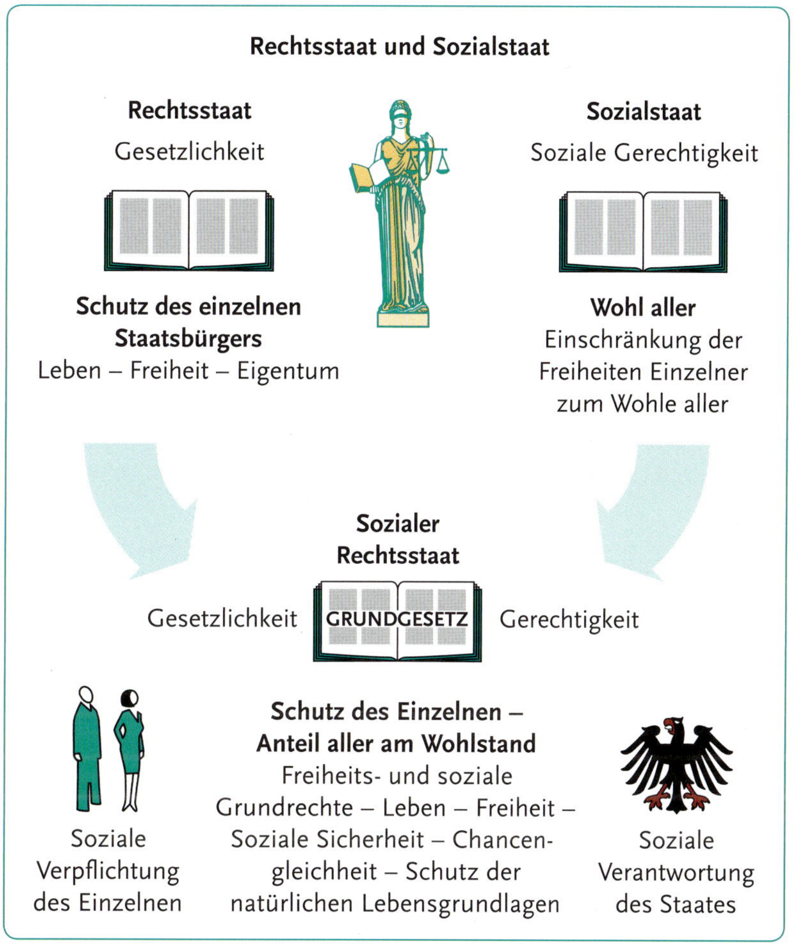

Die Bundesrepublik Deutschland ist ein Rechtsstaat und ein Sozialstaat. Beide Staatsstrukturprinzipien vereinigt der Begriff „sozialer Rechtsstaat" in Art. 28 GG [...]. Das Grundgesetz erläutert den Begriff nicht näher, es will jedoch dahingehend verstanden werden, dass die Zielsetzung des Rechtsstaates – Freiheit des Einzelnen – mit der des Sozialstaates – soziale Gerechtigkeit für alle – in Einklang gebracht wird. Wichtigste Bestandteile des Rechtsstaatsprinzips sind Rechtssicherheit und Gerechtigkeit. [...] Der Rechtsstaat wurde ursprünglich von der bürgerlichen Gesellschaft zum Schutz der persönlichen Freiheitsrechte ausgebildet. Der Sozialstaat entwickelte sich demgegenüber aus den Ausgleichs- und Hilfebedürfnissen der modernen Industriegesellschaft und aus dem wachsenden Bedarf an öffentlichen Leistungen. Er setzt deshalb die Pflicht zum Ausgleich sozialer Gegensätze und die Sorge für eine gerechte Sozialordnung vor das absolute (Eigentums-) Schutzinteresse des Einzelnen. Die soziale Gerechtigkeit orientiert sich am Gleichheitsprinzip, das zum Freiheitsprinzip des liberalen Rechtsstaats in einem gewissen Spannungsverhältnis steht. Der Grund liegt darin, dass der Rechtsstaat vor allem der Freiheit des Einzelnen und seiner Rechte dient, während der Sozialstaat ausgleichend und umverteilend in das Leben der Bürger eingreift.

Grafik und Text nach: Bergmoser + Höller Verlag AG, Zahlenbilder 60 050

Aufgabe

Erläutere am Beispiel von „Hartz IV" und der „Pflicht zur Entrichtung von Steuern", wie Rechtsstaat und Sozialstaat zueinander im Spannungsverhältnis stehen (M 16).

Was wir wissen

Grundgesetz
M 1 – M 3

Das Grundgesetz (GG) ist die Verfassung der Bundesrepublik Deutschland. Es enthält Aussagen über

- die grundlegenden Werte, auf denen die Verfassung insgesamt beruht: die Achtung der Menschenwürde und deren Konkretisierung in den Grund- bzw. Menschenrechten,
- die Strukturprinzipien unseres Staates,
- den Aufbau, die Aufgaben und das Zusammenwirken der staatlichen Organe.

Die Grundrechte
M 4, M 5

Die Grundrechte, die wegen ihrer Bedeutung als Schutzrechte, Freiheits- und Gleichheitsrechte am Beginn des Grundgesetzes stehen (Art. 1-19), leiten sich ihrerseits vom zentralen Grundrecht der unveräußerlichen Menschenwürde ab (Art. 1 GG).

Staatsstrukturprinzipien
M 6

Die Staatsstrukturprinzipien sind Republik, Demokratie, Bundesstaat, Sozial- und Rechtsstaat. Sie bilden zusammen die Grundsätze der Verfassung und sind in Art. 20 GG verankert, weshalb man diesen Artikel auch „Verfassung in Kurzform" nennt. Durch Art. 79 (Ewigkeitsklausel) sind die Verfassungsgrundsätze unveränderlich.

Demokratie
M 8

Demokratie ist im engeren Sinne eine Herrschaftsform und bedeutet übersetzt: Herrschaft des Volkes. Im weiteren Sinne steht die Demokratie aber auch für eine politische Ordnung, die von Freiheit, Gleichheit und Menschenwürde ausgeht und versucht, den Anspruch der „Regierung des Volkes durch das Volk und für das Volk" (Abraham Lincoln) nicht nur im staatlichen Bereich, sondern in allen gesellschaftlichen Bereichen zu verwirklichen. Zentrales Wesensmerkmal der Demokratie ist die Volkssouveränität. Das bedeutet, dass alle politische Herrschaft vom Volk ausgeht.

Föderalismus
M 12, M 15

Deutschland ist ein aus 16 Bundesländern bestehender Bundesstaat. Die Länder verfügen über eine eigene Staatsqualität, d. h. sie besitzen eigene Verfassungen, Regierungen und Verwaltungen, Parlamente und Gerichte. Zudem besteht eine finanzielle Selbstständigkeit von Bund und Ländern. Die Länder wirken über den Bundesrat an der Gesetzgebung des Bundes mit.

Doppelte Gewaltenteilung
M 10, M 13, M 14

Durch die Aufteilung staatlicher Macht zwischen Bund und Ländern wird die klassische horizontale Gewaltenteilung in Legislative, Exekutive und Judikative durch eine vertikale Gewaltenteilung ergänzt.

Rechtsstaat und Sozialstaat im Konflikt
M 16

Weil der Rechtsstaat vor allem der Freiheit des Einzelnen und seiner Rechte dient, während der Sozialstaat ausgleichend und umverteilend in das Leben der Bürger eingreift, besteht zwischen beiden Verfassungsprinzipien ein latenter Konflikt.

Verfassungsquiz

Ordnet die folgenden Überschriften den nachfolgenden Beschreibungen zu. Bei richtiger Zuordnung ergeben die Buchstaben in den Klammern den Begriff für das Verfahren, mit dem politische Macht übertragen wird.

Demokratie (A) – **Republik** (W) – **Sozialstaat** (E) – **Bundesstaat** (L) – **Rechtsstaat** (N) – **Gewaltenteilung** (H)

1. ______

bedeutet wörtlich übersetzt: „Sache der Allgemeinheit" und meint eine Staatsform, in der das Staatsoberhaupt gewählt wird – im Gegensatz zu einer Monarchie, in der das Amt des Staatsoberhauptes in der Regel von einer Königin oder einem König auf die Erben übergeht, also vererbt wird.

2. ______

heißt, dass die Staatsgewalt vom Volke ausgehen soll. Durch Wahlen und Abstimmungen wird diese Staatsgewalt ausgeübt bzw. Repräsentanten auf Zeit übertragen, die im Auftrag des Volkes politische Entscheidungen treffen sollen.

3. ______

bedeutet, dass die Gesetzgebung (Parlamente), die Ausführung der Gesetze (Regierung und Verwaltung) und Rechtsprechung (Gerichte) von verschiedenen, voneinander unabhängigen Personen und Personengruppen durchgeführt werden soll.

4. ______

bezeichnet allgemein die Vereinigung souveräner (selbstständiger) Staaten zu einem Bund, auf den bestimmte Rechte und Aufgaben übertragen werden. In der Bundesrepublik Deutschland haben deshalb die Bundesländer einerseits eigene Länderparlamente, -regierungen und -gerichte, andererseits wirken sie über den Bundesrat an der Bundespolitik mit. Man nennt dieses staatliche Organisationsprinzip auch Föderalismus.

5. ______

verpflichtet den Staat, die sozialen (gesellschaftlichen) Verhältnisse zu gestalten. Dazu gehören wirtschaftspolitische Aktivitäten, um z. B. die Entwicklung der Wirtschaft zu ermöglichen oder Arbeitslosigkeit abzubauen. Ebenso müssen soziale Maßnahmen ergriffen werden, um in Not geratenen Bürgerinnen und Bürgern das Existenzminimum zu sichern. Mit Vorsorgeeinrichtungen sollen die Menschen im Alter, bei Krankheit oder Unfällen geschützt werden (Sozialversicherung, Renten).

6. ______

besagt, dass die staatliche Gewalt an die Verfassung und die Rechtsprechung gebunden ist. Alle Maßnahmen der Staatsorgane können von unabhängigen Richtern überprüft werden. Voraussetzungen für dieses Prinzip sind die in der Verfassung zugesicherten Grundrechte (Freiheitsrechte), die Gewaltenteilung und die Gesetzmäßigkeit der Verwaltung.

Lösungswort: ☐ ☐ ☐ ☐ ☐ ☐

Nach: Lothar Scholz, Grundgesetz für Einsteiger und Fortgeschrittene, bpb, Thema: Unterricht, 2010, S. 10

3.2 Politische Beteiligung

Wählen – Partizipation von gestern?

M 1 „... eigentlich ist es logisch, wählen zu gehen“

Wählen oder nicht wählen? Ein Schlagabtausch unter Erst(nicht)wählern.

Luisa: Ich finde, es ist meine Pflicht, wählen zu gehen. Andere Menschen auf der Welt haben dieses Recht gar nicht. Dann kann ich doch dieses Recht nicht einfach so wegschmeißen, wenn Menschen in anderen Ländern sich darum schlagen, wählen zu dürfen.

Alex: Jede Stimme, die nicht abgegeben wird, ist eine Stimme für eine extreme Partei.

Christian: Die Wahl könnte für mich ein Weg sein für meine Ziele und Wünsche. Eine Partei zu wählen, die meine Vorstellungen in gewisser Weise bestmöglich vertreten kann. [...]

Luisa: Mir geht es beim Wählen darum, dass auf keinen Fall eine falsche Partei an die Macht kommen darf. Das möchte ich verhindern. [...] Wenn ich mal gucke, was in der Vergangenheit durch politische Fehlentscheidungen passiert ist, wenn ich nur ans Dritte Reich denke, dann wird mir schon klar, wen ich garantiert nicht wähle. Nämlich die rechte Partei, NPD und so. [...]

Doreen: Von dem Argument würde ich mich noch am ehesten überzeugen lassen, obwohl ich eigentlich mit den Bundestagswahlen nichts am Hut habe.

Wolfram: Na ja, vielleicht gibt es doch falsche Parteien. Aber wenn jetzt alle die falsche Partei wählen, dann regeln das sowieso die anderen Parteien untereinander durch eine Koalition. Jedenfalls, das Thema interessiert mich nicht, und es schlägt mir keiner den Kopf ab, wenn ich nicht wähle. Es ändert sich einfach nichts für mich durch die Wahlen.

Andrea: Eigentlich ist es logisch, dass man wählen gehen sollte, wenn man das Recht dazu hat. Aber bei mir ist einfach mein Desinteresse größer! Denn es wird sich nix ändern, egal ob ich wählen gehe oder nicht.

Anne-Katrin: Genau das ist es: Es ändert sich morgen nichts dadurch, dass ich heute nicht wählen gehe – das ist der Grund, warum die jungen Leute nicht so einen Bezug zur Politik haben oder nie hatten. Denn auf lange Sicht macht es schon einen Unterschied, ob eine Partei an der Macht ist, die viel für Sozialpolitik macht, wenn ich irgendwann mal eine Familie gründen will. Im Vergleich zu einer Partei, die alles in die Wirtschaft buttert oder in die Rüstung.

Alex: Ist doch egal, wohin die das buttern, weil nach vier Jahren die nächste Partei kommt und alles wieder ändert.

Fabian: Eure Argumente überzeugen mich überhaupt nicht! Ihr habt alle möglichen Gründe, warum ihr wählen geht, und kein einziger davon hat mich überzeugt. Ich kann doch wählen, wen ich will – es ver-

Drittes Reich
Bezeichnung für das Deutsche Reich unter der nationalsozialistischen Regierung Adolf Hitlers zwischen 1933 – 1945

sprechen alle dasselbe. Also ist meine Stimme doch komplett egal! Egal, in welche Partei ich sie reinstecke.

Wolfram: Toll wäre es, wenn mir die Partei 500 Euro rübergeben würde, dafür, dass ich sie wähle. Das wäre eine schöne Sache! Das wäre für mich persönlich ein Anreiz.

Das Interview führte Alexandra von Streit, Fluter Nr. 3/Juni 2002

M 2 Die Bedeutung von Wahlen

Aufgrund der regelmäßig stattfindenden freien Wahlen muss die Politik den Aspekt der Herrschaft auf Zeit stets mit einkalkulieren. Die Politikverantwortlichen müssen, wenn sie wieder gewählt werden wollen, die Meinungs- und die Willensbildung der Wählerschaft berücksichtigen. Das gilt unabhängig davon, ob sich durch Kreuze auf dem Wahlzettel die Machtverhältnisse ändern oder nicht. Die Einflussmöglichkeiten der Bürgerinnen und Bürger auf die Politik sind somit umfassender und längerfristiger, als es der kurze Wahlakt suggeriert – sofern faktisch unterschiedliche Personen, Parteien und Programme zu wählen sind. Parteien sowie Politikerinnen und Politiker reagieren auf Trends der öffentlichen Meinung und berücksichtigen die Erwartungen sowie die Reaktionen derjenigen, die sie gewählt haben, in ihren Entscheidungen. Karl R. Popper hat diesen Zusammenhang treffend beschrieben: „Jede Regierung, die man wieder loswerden kann, hat einen starken Anreiz, sich so zu verhalten, dass man mit ihr zufrieden ist. Und dieser Anreiz fällt weg, wenn die Regierung weiß, dass man sie nicht so leicht loswerden kann." Die Bürgerinnen und Bürger entscheiden nicht nur über die Verteilung der politischen Macht für eine bestimmte Zeit, sondern sie legitimieren sie auch. Regieren kann nur dann legitim sein, wenn es auf einer Form der Zustimmung der Regierten beruht. Wahlen legitimieren politische Herrschaft, kontrollieren die Regierenden und garantieren die Bindung der Politik an die Meinungen der Regierten. Die Regierung bleibt durch die Wahlen gegenüber der Wählerschaft politisch verantwortlich. Der Wahlakt ist eine aktive Teilhabe am politischen Entscheidungsprozess. Aber auch diejenigen, die nicht wählen, üben Einfluss aus. Die Höhe der Wahlbeteiligung hat Auswirkungen auf das Ergebnis. Je nach Wahltypus können die Wählenden über die Zusammensetzung der Parlamente, die Regierungsbildung und somit über die politischen Sachprogramme der kommenden Jahre entscheiden. Die Auswirkungen der Stimmabgabe sind vielfältig. Sie bedeutet weit mehr als die Entscheidung darüber, wer die zukünftige Regierung bilden wird.

Karl-Rudolf Korte, Wahlen in Deutschland, Bonn 2010, S. 9 f.

Bei Klassensprecherwahlen ist es selbstverständlich, dass sich alle Schülerinnen und Schüler an der Wahl beteiligen. Überlege, was es für das Amt bedeuten würde, wenn sich beispielsweise nur 50 % einer Klasse an der Wahl beteiligen.

Karl R. Popper
Karl Raimund Popper, 1902 – 1994, österreichisch-britischer Philosoph, begründete u. a. die empirische Methode.

Immer wieder wird die Einführung einer generellen Wahlpflicht in Deutschland gefordert. Diskutiert diese Forderung sowohl ausgehend vom Zitat „Ohne die Wahlpflicht entscheidet bald weniger als die Hälfte der Bürger über die Zukunft des Landes." als auch des Wahlgrundsatzes „frei" in der Klasse.

M 3 Wahlbeteiligung in Deutschland seit 1949

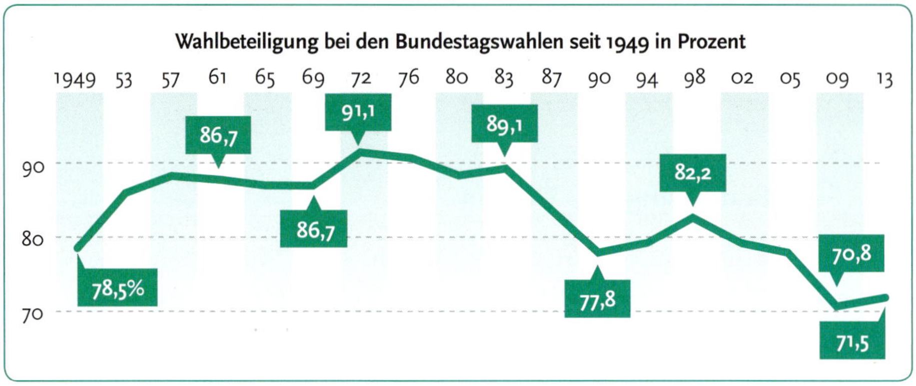

Quelle: Bundeswahlleiter, Stat. Bundesamt

M 4 Warum Nichtwähler nicht wählen

Im Interview mit heute.de informiert der Politikwissenschaftler Karl-Rudolf Korte über Gründe und Folgen der niedrigen Wahlbeteiligung vergangener Wahlen.

heute.de: Welche Auswirkungen hat es, wenn immer weniger Bürger wählen gehen?
Karl-Rudolf Korte: Immer weniger entscheiden über immer mehr. Denn auch die wenigen Stimmen, die abgegeben werden, führen am Ende zu einer Entscheidung. Außerdem sind auch die Chancen höher, dass extreme Parteien bei geringer Wahlbeteiligung aufgewertet werden. Geringe Wahlbeteiligung führt also immer mehr dazu, dass das Ergebnis am Ende nicht repräsentativ ist, dass nicht alle Bevölkerungsgruppen abgedeckt werden – und letztlich auch dazu, dass sich die Spaltung unserer Gesellschaft vergrößert. Geringe Wahlbeteiligung ist immer auch ein Indiz für nachlassende Integrationskraft einer Gesellschaft.

Liegt darin auf Dauer auch eine Gefahr für die Demokratie?
Wenn es Ausmaße annimmt, die die Legitimität der Wahlen generell unterhöhlen. Es gibt aus der Wahlforschung zwar keine Zahl, bei der man sagt: Jetzt wird es kritisch für die Demokratie. Bei Bundestagswahlen ist die Beteiligung noch relativ hoch. Dramatischer ist es bei all den Ebenen darunter. Es gab schon Landtagswahlen, bei denen der Anteil der Nichtwähler höher war als der Anteil der Wähler. Das verändert die Qualität der Demokratie, die sich ja durch Teilhabe ausdrückt.

Sehen Sie die Einführung einer Wahlpflicht als Möglichkeit, die Wahlbeteiligung zu erhöhen?
Nein! Oft existiert eine solche Wahlpflicht in Unrechtsregimen, die mit diesem einmaligen Zwang ihre Politik vier oder fünf Jahre lang rechtfertigen. Dort heißt es dann: Die Bürger haben ein Mal abgestimmt, jetzt müssen sie nicht mehr weiter beteiligt werden. Das passt nicht in unsere demokratische Kultur. Zur Systematik der Demokratie passt, wenn die Bür-

Karl-Rudolf Korte ist Professor für Politikwissenschaft und Leiter der School of Governance an der Universität Duisburg-Essen. Für das ZDF kommentiert und analysiert er Wahlergebnisse und politische Ereignisse.

ger aus freier Entscheidung wählen und nicht nur Vorschriften befolgen. Parteien und Politiker sollten attraktive Politikangebote machen, die auch Anreize setzen, wählen zu gehen.

Das misslingt gerade bei jungen Menschen. Besonders niedrig ist die Wahlbeteiligung bei denen, die zum ersten Mal wählen dürfen. Was lässt sich konkret dagegen tun?

Schulen können zum Beispiel spezielle Formate anbieten, in denen Wählen geübt wird. Solche simulierten Wahlen gibt es teilweise schon. Wer das einmal mitmacht, der kann sich auch dafür begeistern. Der weiß nämlich, was dahintersteckt und wird sich, wenn er endlich richtig wählen darf, darauf freuen. Außerdem müssen Parteien selbst Ideen entwickeln, um junge Menschen anzusprechen. Jugendliche haben ein großes Vertrauen gegenüber bestimmten Sängern und Musikern. Wenn man diese Idole dazu bringt, für eine Partei Farbe zu bekennen, erreicht man auch die Jüngeren.

Zum ersten Mal tritt bei der Bundestagswahl die „Partei der Nichtwähler" an. Was halten Sie davon?

Ich kann nicht erkennen, worin der Reiz liegen sollte, diese Partei zu wählen. Bei der Wahl geht es darum, eine Regierung abzuwählen oder Macht neu zu verteilen. Mir stellt sich die Frage, warum ich die Macht einer Partei geben sollte, die praktisch ohne Programm antritt. Sie erhält Aufmerksamkeit, weil das irgendwie originell klingt. Es gibt genügend Auswahl an unterschiedlichen Parteien, die ein inhaltliches Programm haben.

Das Interview führte Christine Haas, Warum Nichtwähler nicht wählen, www.heute.de, 20.9.2013

Typen von Nichtwählern

Der Unzufriedene
Der Unzufriedene ist ein Protestwähler, der dem politischen System kritisch gegenübersteht und sich bewusst für die Nichtwahl entscheidet.

Der Rationale
Der Rationale tendiert zu wechselhaftem Wahlverhalten und entscheidet sich je nach Bedeutung der Wahl kurzfristig auch für die Nichtwahl.

Der Gleichgültige
Der Gleichgültige ist desinteressiert und hat keinerlei Verbindung zur Politik.

Der Verhinderte
Der Verhinderte ist im Urlaub, krank oder kürzlich verstorben. Diese Gruppe ist in den meisten Fällen die geringste Gruppe der Nichtwähler.

Aufgaben

1. Analysiert in Kleingruppen die Meinungen der Jugendlichen in M 1 hinsichtlich einer positiven oder negativen Einstellung zu Wahlen.
   - Haltet auf einer Folie oder auf einer Wandzeitung positive und negative Einstellungen zu Wahlen fest.
   - Vergleicht und ergänzt eure Ergebnisse.
   - Diskutiert abschließend die Meinungen und beurteilt, welche Argumente euch überzeugen. Überlegt, ob ein Schüler oder eine Schülerin die Diskussionsleitung übernehmen kann.
2. Fasse zusammen, welche Einflussmöglichkeiten die Bürgerinnen und Bürger durch die Wahlen in unserem Staat haben (M 2).
3. Nimm Stellung zur These: „Wenn ein Abgeordneter erst einmal gewählt ist, kann er vier Jahre lang machen, was er will!"
4. Analysiere die Grafik M 3 und arbeite mögliche Gründe für die Entwicklung der Wahlbeteiligung heraus.
5. Gib wieder, wie der Politikwissenschaftler Korte die Entwicklung der Wahlbeteiligung beurteilt und welche Lösungsmöglichkeiten er für eine Erhöhung der Wahlbeteiligung für sinnvoll hält bzw. ablehnt (M 4).

zu Aufgaben 3 und 4
Recherchiere die Wahlbeteiligung in anderen Ländern der EU auf verschiedenen Ebenen (Bund, Land, Kommune). Welche Gründe werden von Experten für die Veränderung der Wahlbeteiligung genannt?

zu Aufgabe 4
Beziehe in deine Bewertung insbesondere die Repräsentationsfunktion von Wahlen mit ein.

Welches Wahlsystem soll es sein?

M 5 Wahlsysteme im Vergleich

Wenn wie in Deutschland ca. 60 Millionen Menschen wählen dürfen, dann muss es ein Verfahren geben, aus dem hervorgeht, wie die einzelnen Stimmen in Parlamentssitze umgewandelt werden. Dieses Verfahren wird als Wahlsystem bezeichnet.

Sperrklausel oder 5 %-Hürde
Die Parteien müssen 5 % der abgegebenen Zweitstimmen erhalten oder drei Direktmandate erreichen, um in den Deutschen Bundestag einziehen zu können.

Die Stimmen der Wählerinnen und Wähler müssen in Parlamentsmandate umgerechnet werden. Hierfür gibt es unterschiedliche Methoden mit Vor- und Nachteilen. Bei der Entscheidung für ein Verfahren gilt es abzuwägen: Das Wahlergebnis soll den politischen Willen der gesamten Wählerschaft im Parlament möglichst korrekt abbilden – es soll aber gleichzeitig eine regierungsfähige Mehrheit hervorbringen. Hier gibt es einen Zielkonflikt, denn beides ist nicht gleichzeitig in idealer Weise zu erreichen. Die meisten Wahlsysteme streben deshalb einen Kompromiss an.

Mehrheitswahl

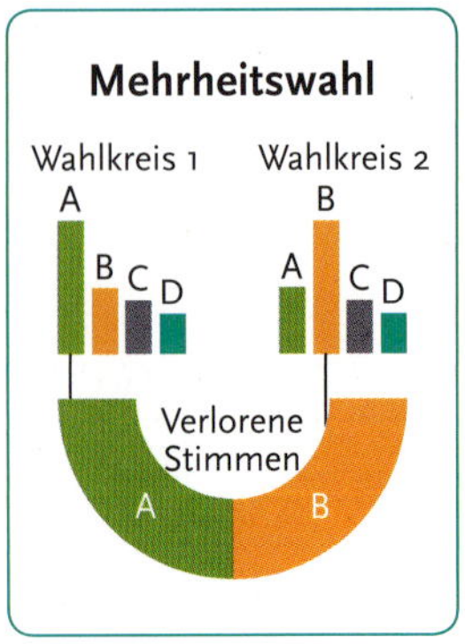

Zu klaren Mehrheiten führt es meistens, wenn alle Abgeordneten direkt in den Wahlkreisen gewählt werden. Hier spricht man von einem Mehrheitswahlsystem. Wer im Wahlkreis die meisten Stimmen auf sich vereinigen konnte, ist gewählt. Parteilisten gibt es nicht. Die Stimmen für alle nicht gewählten Kandidaten verfallen – sie wirken sich nicht auf die Zusammensetzung des Parlaments aus.
Die Mehrheitswahl begünstigt, wie das Beispiel Großbritannien zeigt, immer die großen Parteien. Kleinere politische Strömungen haben kaum eine Chance, ihre Ideen in die parlamentarische Debatte einzubringen. Die Folge ist, dass sich große Gruppen der Bevölkerung mit ihren Überzeugungen politisch überhaupt nicht vertreten fühlen. Der Vorteil für das politische System: Eine klare absolute Mehrheit für eine Partei ist die Regel. Die Regierungsbildung ist meist kein Problem.
Ein Mehrheitswahlsystem bringt auch ganz andere Parteien hervor: Die Parteien sind weniger mächtig, und die Abgeordneten spielen in ihnen eine wichtige Rolle. Diese sind sehr unabhängig und die Parteizentralen können ihnen kaum etwas vorschreiben.

Verhältniswahl

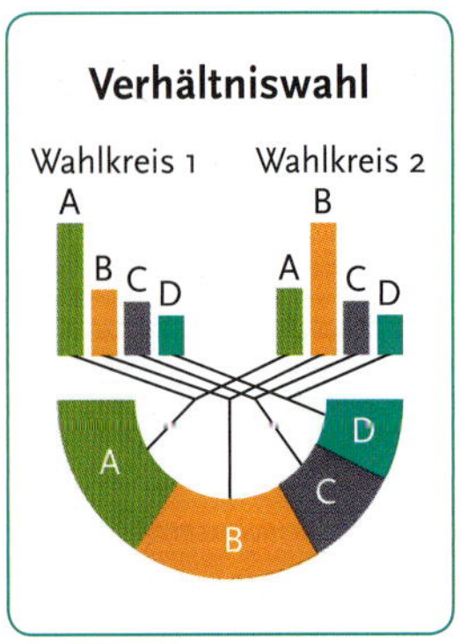

Das Verhältniswahlsystem dagegen kennt überhaupt keine direkt gewählten Wahlkreiskandidaten. Die Stimmberechtigten entscheiden sich für die Kandidatenlisten einer Partei. Jede Partei schickt so viele Abgeordnete ins Parlament, wie es ihrem Anteil an den abgegebenen Wahlstimmen entspricht. Im reinen Verhältniswahlsystem sind deshalb auch sehr kleine Parteien vertreten. Wenn es keine Sperrklausel gibt, entspricht die Zusammensetzung des Parlaments genau der Verteilung der Stimmen auf den Listen, die zur Wahl standen.
Ein reines Verhältniswahlsystem führt – wie es die Geschichte der Wei-

marer Republik gezeigt hat – leicht zur Zersplitterung der Parteienlandschaft. Ein in viele Fraktionen zerfallendes Parlament bringt schwache, wenig stabile Regierungen hervor, die sich auf Mehrparteienkoalitionen stützen müssen. Die Parteiapparate sind in einem solchen System übermächtig, denn die gewählten Abgeordneten sind von ihnen abhängig. Bei der nächsten Wahl wollen sie wieder auf einem aussichtsreichen Listenplatz aufgestellt werden.

Personalisierte Verhältniswahl

Der Bundestag wird auf vier Jahre gewählt, und zwar nach dem Verfahren der sogenannten personalisierten Verhältniswahl. Danach wird die Hälfte der Abgeordneten in einem Wahlkreis direkt gewählt, während die andere Hälfte über die Landeslisten der Parteien in den Bundestag einzieht. Jeder Wähler und jede Wählerin kann zu diesem Zweck zwei Stimmen vergeben. Die Erststimme ist der „personalisierte" Teil des Wahlsystems. Mit ihr wird der oder die Wahlkreisabgeordnete nach dem Prinzip der relativen Mehrheitswahl gewählt. Das bedeutet: Gewählt ist, wer die meisten Stimmen auf sich vereint.

Informationen zur politischen Bildung aktuell, Bundestagswahlen 2002, Bonn 2002, S. 3 f.

a) Simulation: Sitzverteilung im Bundestag nach der Bundestagswahl 2013

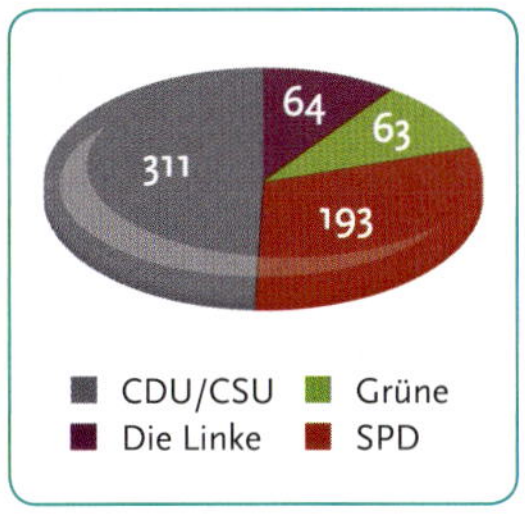

b) Simulation: Sitzverteilung nach Mehrheitswahl in Einer-Wahlkreisen

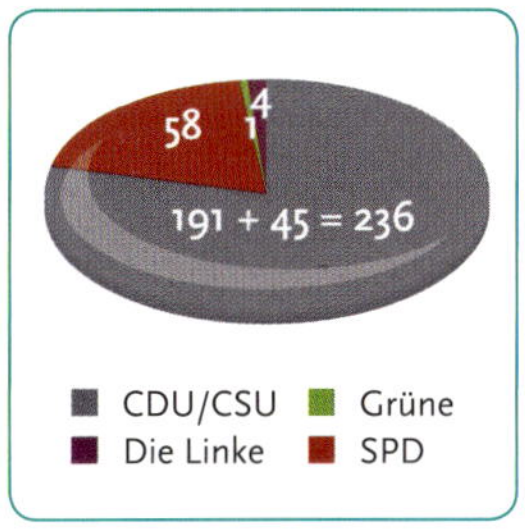

Um die Auswirkungen des Mehrheitswahlrechts auf die Zusammensetzung des Deutschen Bundestags zu simulieren, wird einfach angenommen, dass lediglich die in den 299 Wahlkreisen nach der relativen Mehrheitswahl direkt gewählten Abgeordneten einen Sitz im Parlament erhalten. Unberücksichtigt bleiben muss, dass auch das Wahlsystem die Wahlentscheidung der Wähler beeinflusst.

M 6 Ergebnisse der Bundestagswahlen

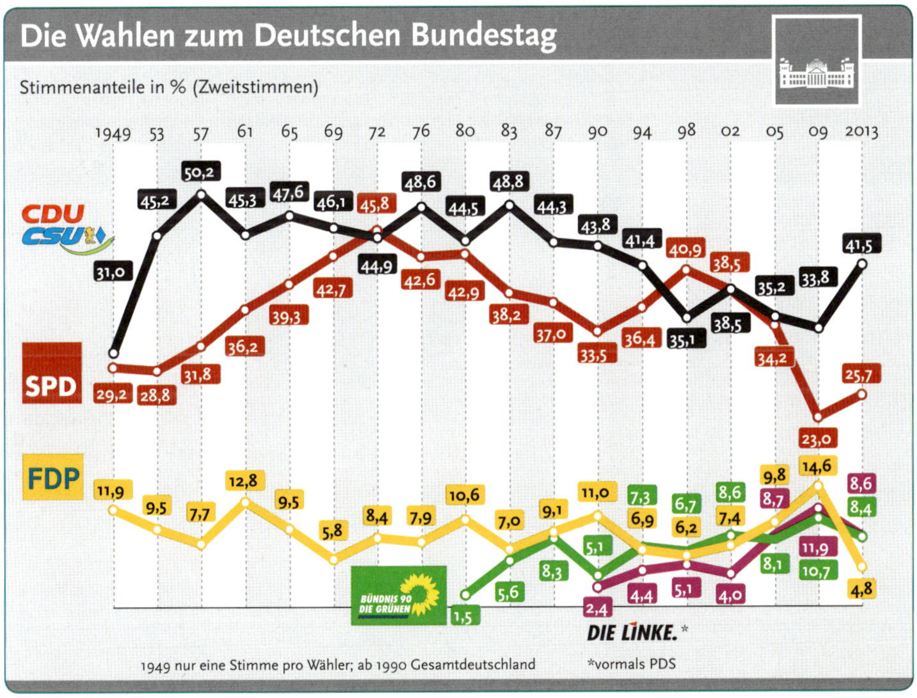

Globus-Grafik 5995; Quelle: Bundeswahlleiter

M 7 Das Wahlsystem zum Deutschen Bundestag

Die Erststimme und ihre Bedeutung

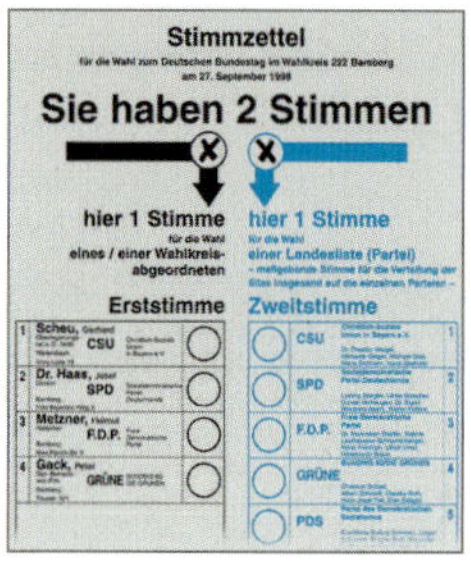

Das Gebiet der Bundesrepublik ist in 299 Wahlkreise eingeteilt. Jeder Wähler entscheidet sich für einen Kandidaten seines Wahlkreises. Gewählt ist, wer mindestens eine Stimme mehr hat als jeder andere Bewerber (*relative Mehrheitswahl*). Ein gewählter Direktkandidat kommt auf jeden Fall ins Parlament, auch wenn seine Partei die 5 %-Hürde nicht schafft.

Die Zweitstimme und ihre Bedeutung

Nach der Gesamtzahl der Zweitstimmen, die für eine Partei bei der Wahl abgegeben werden, richtet sich die Anzahl der Sitze, die diese Partei im Bundestag erhält (*Verhältniswahl*). Die Wähler geben ihre Stimme dabei der Landesliste einer Partei in ihrem Bundesland. 299 Abgeordnete ziehen bei der Sitzverteilung über diese Listen in den Bundestag ein.

Überhangmandate

Hat eine Partei in einem Bundesland mehr Direktmandate errungen als ihr – den Zweitstimmen nach – zustehen, erhält sie Überhangmandate.
Beispiel: Die Partei B hat im Bundesland Y 28 Direktmandate gewonnen. Nach Zweitstimmen stehen ihr nur 26 Mandate zu. Die zwei fehlenden Sitze erhält die Partei als Überhangmandate. Für die Überhangmandate einer Partei erhalten die anderen Parteien entsprechend der Mehrheitsverhältnisse **Ausgleichsmandate**. Die Gesamtzahl der Sitze nimmt zu.

• = Listenmandat • = Überhangmandat
• = Direktmandat

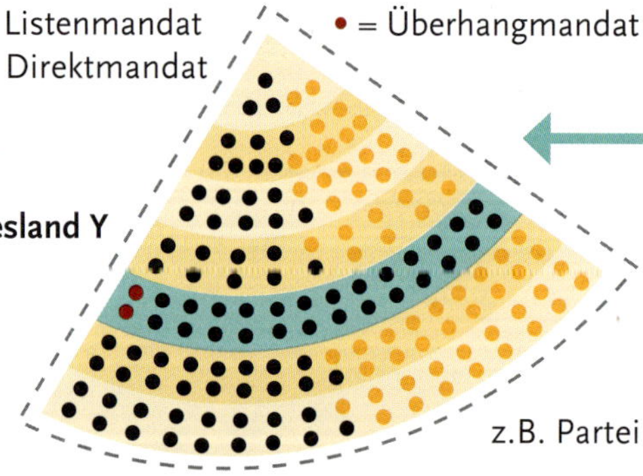

Verteilung der Sitze auf die Parteien

Bei der Vergabe der Sitze werden nur Parteien berücksichtigt, die bundesweit mindestens 5 % der Zweitstimmen oder drei Direktmandate errungen haben (*Sperrklausel*).
Wie viele Abgeordnetensitze den Parteien zustehen, wird mithilfe der *Divisormethode mit Standardrundung* (Sainte-Laguë/Schepers) berechnet. Die Stimmen der Parteien, die an der Stimmvergabe teilnehmen, werden dazu durch einen Divisor geteilt. Als Divisor eignet sich die Zahl der durchschnittlich auf einen Sitz entfallenen Stimmen. Die Ergebnisse der Division werden anschließend mit Standardrundung zu ganzen Zahlen auf- oder abgerundet. Die ganzen Zahlen entsprechen der Sitzverteilung. Ist die Summe der Sitze größer/kleiner als die zu vergebenden Sitze, so wird das Verfahren mit einem größeren/kleineren Divisor wiederholt. Beispielrechnung:

Partei	Zweitstimmen	Divisor	Ergebnis	Sitze
A	3.700.000	18.896	195,80	196
B	5.500.000	18.896	291,06	291
C	2.100.000	18.896	111,13	111
598 Sitze zu vergeben	gesamt: 11.300.000	Gesamtstimmenzahl / Gesamtzahl der Sitze	Stimmen für Partei X / Divisor	nach Standardrundung

Die Sitzverteilung nach Zweitstimmen

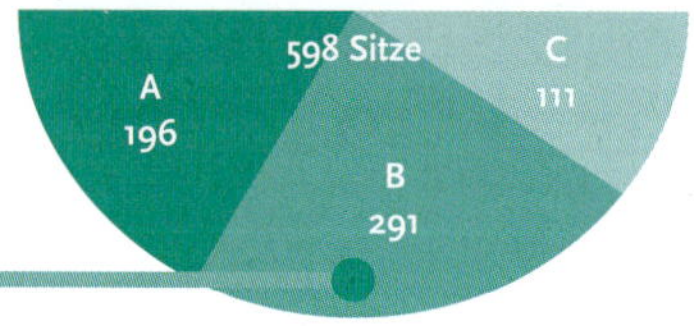

Verteilung der Sitze auf die Landeslisten der Parteien

Der Landesverband einer Partei erhält die Anzahl an Sitzen, die dem Anteil an Zweitstimmen entspricht, der auf seine Landesliste entfiel.

Partei	Sitze insgesamt	Zweitstimmen im Bundesland Y	Gesamtzahl der Zweitstimmen der Partei B		Sitze im Bundesland Y
B	291	x 500.000	: 5.500.000	= 26,45	26

Die Anzahl der errungenen Bundestagssitze wird dann zunächst mit den in dem Bundesland direkt gewählten Wahlkreiskandidaten dieser Partei besetzt (*Direktmandate*), die verbleibenden Sitze mit Kandidaten der Landesliste (*Listenmandate*).

Methode

M 8 Ein politisches Urteil fällen

In einem Land, in dem sehr viele Menschen wählen dürfen, muss es ein Verfahren geben, das bestimmt, wie die abgegebenen Stimmen der Wähler in Parlamentssitze umgewandelt werden. Dafür stehen unterschiedliche Wahlsysteme zur Verfügung, z. B. die Mehrheitswahl und die Verhältniswahl (vgl. M 5). Die Wahlsysteme haben natürlich jeweils ihre Stärken und Schwächen. Wie kann man nun die Stärken und Schwächen eines Wahlsystems beurteilen?
Wahlsysteme müssen u. a. zwei wesentliche Dinge leisten: Zum einen müssen sie für stabile Mehrheiten im Parlament sorgen, damit eine stabile Regierung gewählt werden kann. Zum anderen wünschen sich die Menschen, dass die abgegebenen Stimmen zu einer gerechten Verteilung der Sitze im Parlament führen.
Das Problem besteht nun darin, dass nicht immer beide Ziele erreicht werden können. Ein politisches Urteil fällen bedeutet nun abzuwägen und dann zu entscheiden, welches Ziel wichtiger ist und vornehmlich erreicht werden soll.
Experten haben für dieses Problem Fachbegriffe geprägt, um die verschiedenen Wege, zu einem Urteil zu kommen, zu verdeutlichen:

Sachurteil	**Werturteil**
Sachurteile fragen, ob politische Entscheidungen zur Lösung eines Problems beitragen. Man untersucht, ob eine politische Maßnahme effizient ist. *Frage: Gelingt es, eine stabile Regierungsmehrheit zu schaffen?*	Werturteile beurteilen politische Entscheidungen nach moralischen Maßstäben. Dabei ist entscheidend, welche Werte (z. B. Freiheit, Gleichheit, Gerechtigkeit, ...) die Menschen vertreten. *Frage: Sind die Wähler in einem gerechten Verhältnis im Parlament repräsentiert?*

Man berücksichtigt bei einem politischen Urteil beide Dimensionen und deshalb enthält ein Urteil immer Sach- und Wertaspekte – allerdings in unterschiedlicher Gewichtung. Häufig besteht zwischen den beiden Aspekten eines Urteils ein Spannungsverhältnis. Sach- und Wertaspekte lassen sich allerdings nicht immer vollständig und trennscharf voneinander abgrenzen.

Aufgaben

1. Vergleiche Mehrheits- und Verhältniswahlsystem miteinander (M 5).
2. Bewerte die unterschiedlichen Wahlsysteme. Berücksichtige dabei die Projektionen in M 5 und begründe dein Urteil. Nenne die Werte, die für dein Urteil entscheidend sind (M 5 – M 8).
3. Nimm an: Bei der nächsten Bundestagswahl liegt folgendes Wahlergebnis in Mio. Zweitstimmen vor: SPD 18,5; CDU/CSU 19,7; Grüne: 3,8; FDP: 2,9; Die Linke: 1,5.
   a) Berechne die Verteilung der Stimmen in Prozent und die Verteilung der Sitze nach dem Sainte-Laguë/Schepers-Verfahren, wenn 598 Sitze zu vergeben sind (M 7).
   b) Ermittle, welche Parteien (zusammen) eine absolute Mehrheit der Sitze erringen könnten (M 7).

zu Aufgabe 3
Erläutere, unter welchen Bedingungen die Parteien Überhangmandate bekommen würden (M 7).

Warum gibt es überhaupt Parteien?

M 9 Parteien – unbeliebt aber notwendig?

Karikatur: Gerhard Mester

Volkspartei
Als Volkspartei bezeichnet man eine Partei, die aufgrund ihres Programms für Wähler und Mitglieder aller gesellschaftlichen Schichten und unterschiedlicher Weltanschauungen offen ist.

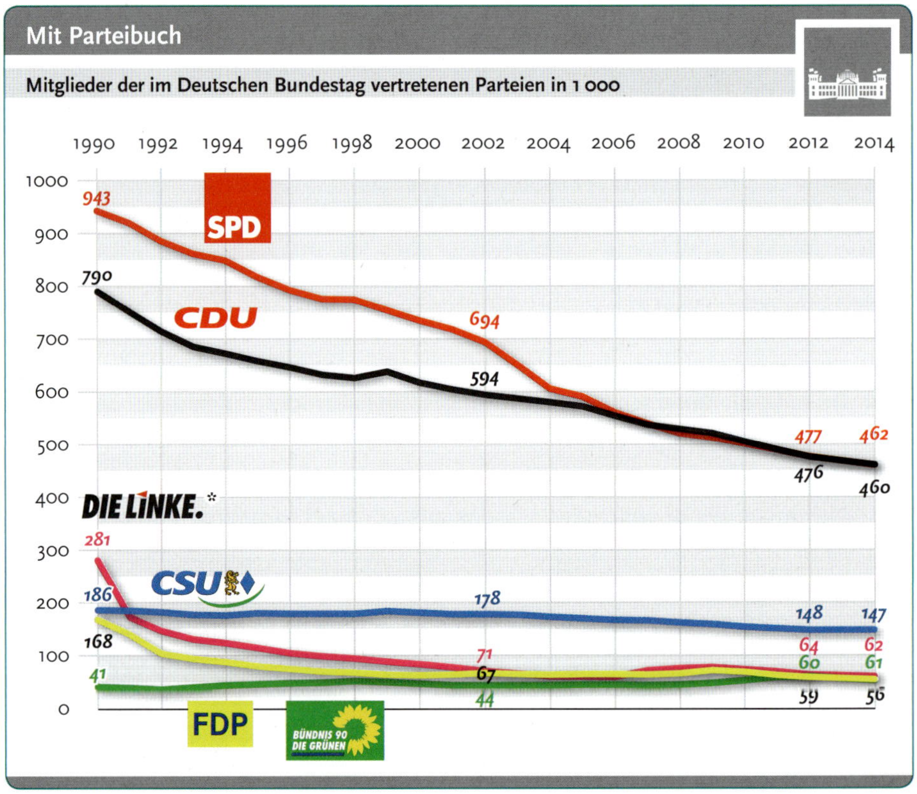

*Globus-Grafik 5884; Quelle: FU Berlin, O. Niedermayer; *2007 Vereinigung von PDS und WASG*

M 10 Die Demokratie – eine Dampfmaschine?

Stellt man sich die deutsche Demokratie als Dampfmaschine vor, dann sind Parteien der Keilriemen: Sie sorgen dafür, dass Bewegung von einem Teil der Maschine in den anderen kommt - und zurück. Parteien werden deshalb oft auch als demokratisches Bindeglied zwischen Staat und Gesellschaft bezeichnet. Es gibt kaum politische Entscheidungen in Deutschland, an denen sie nicht beteiligt sind. Fast alle Abgeordneten in den Parlamenten gehören einer Partei an - obwohl es die Möglichkeit gibt, direkt für ein Amt zu kandidieren. Die Bundesrepublik Deutschland wird daher häufig als Parteiendemokratie bezeichnet. [...]

Wozu gibt es Parteien?

Parteien sollen der Demokratie beim Funktionieren helfen: Sie sollen sicherstellen, dass die unterschiedlichen Interessen der Bevölkerung in politische Entscheidungen umgesetzt werden und dass umgekehrt die Ideen der Politiker bei den Bürgern ankommen. Zentrale Aufgabe der Parteien ist es, an Wahlen teilzunehmen, politische Ideen und Forderungen in Parteiprogrammen zu bündeln und Personal für politische Ämter bereitzustellen, wie etwa Bundestagsabgeordnete oder Stadträte. Außerdem sollen sie in der Gesellschaft für Akzeptanz der Politiker-Entscheidungen sorgen, die Menschen für Politik interessieren und zum Wählen bewegen. Im Wahlkampf werden Parteien daher besonders aktiv und betonen ihre inhaltlichen und personellen Unterschiede.

Sind Parteien nur gut?

Ob die Parteien diesen Aufgaben gerecht werden, ist umstritten. Derzeit wenden sich viele Menschen frustriert von der Politik ab: Es herrscht „Politikverdrossenheit". Andere kritisieren, dass Parteien auch dort Macht haben und ausüben, wo sie es gar nicht sollen. So reden Parteien bei der Besetzung von Posten mit, deren Vergabe gar nicht durch eine öffentliche Wahl entschieden wird. Das ist zum Beispiel bei Chefredakteuren im öffentlich-rechtlichen Fernsehen oder wichtigen Posten in Ministerien häufig der Fall.

Wie funktionieren Parteien?

Im Inneren sind Parteien Zusammenschlüsse von politisch interessierten Menschen, die nach demokratischen Grundsätzen organisiert sind - so schreibt es das deutsche Parteiengesetz vor. In Parteien wird laufend gewählt: Bevor ein politisches Amt zur öffentlichen Wahl steht, wurde schon parteiintern über die Bewerber abgestimmt. Auch die Parteiführung wird in demokratischen Parteien grundsätzlich gewählt. Jeder Bürger kann Mitglied einer Partei werden, aber er muss sich für eine Partei entscheiden: Mehrfachmitgliedschaften sind in den Parteisatzungen in der Regel untersagt. Insgesamt

Art. 21 GG

(1) Die Parteien wirken bei der politischen Willensbildung des Volkes mit. Ihre Gründung ist frei. Ihre innere Ordnung muss demokratischen Grundsätzen entsprechen. Sie müssen über die Herkunft und Verwendung ihrer Mittel sowie über ihr Vermögen öffentlich Rechenschaft geben.

Parteien in den Nachrichten

Die Parteien erweitern ihre Informationsangebote im Internet

Bundestagsabgeordneter diskutiert mit Schülern über den Syrien-Einsatz der Bundeswehr

Eine Umfrage alarmiert die Regierung. 2/3 der Befragten sind mit Steuererhöhungen unzufrieden

Politiker aller Parteien diskutieren in Talkshow über die Energiewende

Besuchergruppe im Deutschen Bundestag wird von ihrem Wahlkreisabgeordneten empfangen

Bürgersprechstunde des Landtagsabgeordneten am Freitag von 14-16 Uhr

Interview mit einem Parteivorsitzenden, der für die Regierungsarbeit wirbt

Bürger wählen Abgeordnete in den Bundestag

sind in Deutschland etwa 2,5 Millionen Menschen Mitglied einer Partei. Das sind etwa vier Prozent der Wahlberechtigten. Eine Gruppe von politisch interessierten Menschen gilt nach dem Grundgesetz und Parteiengesetz jedoch nur dann als Partei, wenn sie laufend und dauerhaft Politik machen und in ein Parlament auf Bundes- oder Landesebene gewählt werden will. Dies unterscheidet Parteien von Bürgerinitiativen oder Lobbyverbänden. Parteien werden vom Staat mit Steuergeldern unterstützt und finanzieren sich außerdem durch Mitgliedsbeiträge und Spenden. Die staatliche Teilfinanzierung richtet sich nach der Summe der Mitgliedsbeiträge und Spenden sowie der Anzahl der Wählerstimmen, die für eine Partei abgegeben wurden. 150,8 Millionen Euro Steuergelder wurden so im Jahr 2012 unter den Parteien verteilt. Seit 2013 wird die sog. „absolute Obergrenze" jährlich angepasst. Ohne Parteien liefe in der deutschen Demokratie also gar nichts und aus der Politik-Dampfmaschine käme nur heiße Luft.

Nach: Sebastian Gievert, www.bpb.de, 28.8.2009

M 11 Politiker dringend gesucht

Wenn die großen Parteien massiv an Rückhalt verlieren, bröckelt die Substanz des demokratischen Prozesses. [...]

Der Mitgliederschwund einer Volkspartei wie der CDU geht nicht nur die CDU an. So wie der Schwund der SPD nicht nur die SPD angeht. Dass die einstigen Riesen in der Parteienwelt verzwergen, stellt den gesetzlichen Auftrag von Parteien infrage, vor allem den der Rekrutierung von Personal.

Die großen Parteien haben manches dafür getan, dass ihr Niedergang auch Schadenfreude hervorruft. Aber man sollte nicht übersehen, dass hier die Substanz des demokratischen Prozesses bröckelt. Mehr partizipative Demokratie jenseits von Parlamenten und Parteien mag wünschenswert sein. Doch Volksabstimmungen allein machen noch keine Politik. Dazu braucht es auch künftig Politiker. Die Partizipation vor allem auch in den Parteien zu stärken, erscheint deshalb als das richtige Rezept, bei dem man allen etablierten Parteien nur Erfolg wünschen kann; auch denen, deren politische Ziele man nicht teilt.

Nico Fried, Süddeutsche Zeitung, 24.6.2014

zu Aufgabe 1
Schildere deine Vorstellung von und Haltung zu politischen Parteien. Vergleiche diese anschließend mit denen deiner Mitschülerinnen und Mitschüler.

zu Aufgabe 2
Das Interview mit dem Parteivorsitzenden müsste der Laufrichtung Institutionen → Bürger zugeordnet werden.

Aufgaben

1. Analysiere die beiden Materialien aus M 9 und arbeite das dargestellte politische Problem heraus.
2. „Wenn die Demokratie eine Dampfmaschine ist, dann sind die Parteien der Keilriemen." Übertrage das Bild vom „Keilriemen" in dein Heft, gib dem Keilriemen eine Laufrichtung und ordne die Überschriften der Randspalte der jeweils passenden Laufrichtung zu (M 10).
3. Erkläre hypothesenartig, was passiert, wenn die Parteien als Keilriemen der Demokratie geschwächt werden (M 10, M 11).

Methode

M 12 Parteien im Internet – einen Steckbrief erstellen

CDU: www.cdu.de

SPD: www.spd.de

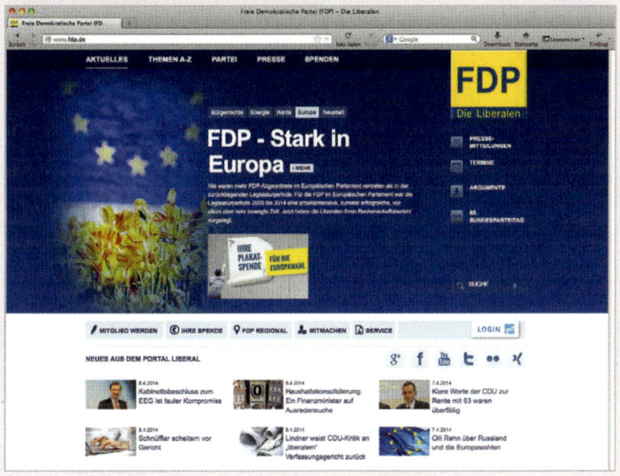

FDP: www.fdp.de

Bündnis 90/Die Grünen: www.gruene.de

Die Linke: www.die-linke.de

Aufgabe

Erstelle zu jeder Partei einen Steckbrief. Beachte dabei folgende Fragen:

- Wann wurde die Partei gegründet?
- Welche prominenten Mitglieder hat sie?
- Wann und wo war/ist die Partei an der Regierung beteiligt?
- Hat die Partei eine Jugendorganisation?
- Einigt euch auf ein aktuelles politisches Thema (z. B. Einführung von Ganztagsschulen) und recherchiert, was die Parteien dazu auf ihren Homepages sagen.
- Ihr könnt die Internetauftritte der Parteien auch nach verschiedenen Kriterien (z. B. Gestaltung, Navigation etc.) bewerten.

Wahlkampf – beflügelt er die Demokratie?

M 13 Wahlplakate

M 14 Die Bedeutung des Wahlkampfs

Wahlkampf bedeutet konkurrierende Werbung der Parteien um Wählerstimmen. Alle Ziele eines Wahlkampfes sind in der Regel auf drei Aspekte ausgerichtet, wobei natürlich der Wahlsieg das Hauptziel darstellt: das eigene Stammwählerpotenzial optimal zu mobilisieren, Wechselwähler zu binden und den Anteil von Nichtwählern bei der gegnerischen Stammwählerschaft zu erhöhen. Probleme, bei denen man in den Augen der Bürger am besten abschneidet, werden in Wahlkampfzeiten besonders in den Vordergrund gerückt und der Amtsbonus der Regierungschefs genutzt. Wahlkampf ist zunächst einmal besonders verdichtete politische Kommunikation. Sie stellt immer ein Beziehungsgeflecht zwischen dem politischen System, den Medien und der Öffentlichkeit als Publikum der Medien her.

Neben der Bewusstmachung von politischen Problemen lenken die Parteien – oft gleichzeitig und nebeneinander – auch absichtlich von den Problemen ab. Das Buhlen um den Wahlbürger ist seit den 1990er-Jahren für die Parteien schwieriger geworden.

Nach: Karl-Rudolf Korte, Wahlen in der Bundesrepublik Deutschland, 4. Aufl., Bonn 2003, S. 112 f.

M 15 Werden die Wahlkämpfe immer „amerikanischer"?

Werden die Wahlkämpfe immer „amerikanischer"? Gemeint ist damit dreierlei: eine Personalisierung, eine Professionalisierung und die Tatsache, dass die Medien im Wahlkampf immer wichtiger werden. Alle drei Komponenten sind nicht völlig neu für die Bundestagswahlkämpfe, doch ihre Bedeutung wächst seit den 1990er-Jahren dramatisch.

Personalisierung: Wahlkämpfe sind immer mehr auf den Spitzenkandidaten einer Partei ausgerichtet. Die Sachthemen treten immer mehr in den Hintergrund, der Spitzenkandidat verkörpert die Politik und die Zie-

le seiner Partei. Strategisch ist hier die Person des Amtsinhabers im Vorteil.
Personen repräsentieren politische Botschaften. Je größer das Potenzial an Wechselwählern ist, umso stärker ist der Drang zur Personalisierung. Die Spitzenkandidaten stecken dabei in einer Doppelrolle: Sie sind Hauptdarsteller und zugleich Inhalt der Kampagne. Zu den strategischen Vorbedingungen gehört, dass der Kandidat die geschlossene Unterstützung der Partei und der Anhängerschaft besitzt.

Die Rolle der Medien: Die meisten Bürger erleben Politik nur noch in den Medien. Direkte Parteiwerbung wird kaum beachtet, und Wahlversammlungen erreichen zumeist nur eine kleine, ohnehin überzeugte Minderheit.
Deshalb kommt dem Fernsehen eine besondere Bedeutung zu. Der Fernsehwahlkampf beschränkt sich nicht nur auf Nachrichtensendungen und politische Magazine, erst recht nicht auf Wahlspots der Parteien. Wirkungsvoller ist der Auftritt in Unterhaltungssendungen, dort gilt das Motto: mehr Infotainment als seriöse Information. Bislang wird jedoch diese in den US-Wahlkämpfen bewährte Methode nur zögernd von den politischen Parteien in ihr Konzept aufgenommen. Als vergleichsweise neues Wahlkampfmedium entpuppt sich das Internet. Auch dort errichten die Parteien seit 1998 eine Wahlkampfzentrale. Sie überlegen, wie sich das neue Medium strategisch in ihre Kampagnen einpassen lässt. Schwer zugängliche Wählergruppen scheinen so leichter erreichbar zu sein. Abrufen kann man neben Veranstaltungsterminen aktuelle Reden und Parteiprogramme. Die Mehrheit der Internetbesucher ist jedoch daran interessiert, selber etwas loszuwerden. Deshalb sind besonders die Diskussionsforen der Parteien erfolgreich.

Professionalisierung: Wahlkampf ist nicht mehr allein Sache der Partei oder der Parteizentralen, die eine Wahlkampfkommission einsetzen. Die Parteien ziehen Experten hinzu, die ihnen und ihren Kandidaten beratend zur Seite stehen. Neben den Demoskopen und Sozialwissenschaftlern kommen diese Fachleute zunehmend aus Werbung, Journalismus und Management. Die deutschen Parteien sind dazu übergegangen, PR-Agenturen zu beauftragen, um den Wahlkampf zu steuern, konkret, um das Image der Kandidaten und die Kontakte zu den Medien zu verbessern.

Karl-Rudolf Korte, www.wahlthemen.de (12.7.2005)

Stammwähler
sind stark auf eine Partei festgelegt und bleiben dieser über viele Jahre treu.

Wechselwähler
sind nicht an eine bestimmte Partei gebunden, sondern entscheiden von Wahl zu Wahl neu.

Protestwähler
sind Wähler, die unzufrieden sind mit ihrer Partei. Sie wählen dann oft extreme Parteien, um ihre Unzufriedenheit zu demonstrieren.

Image
(englisch: „Bild") bezeichnet das Ansehen bzw. die Ausstrahlung einer Person. Dieses Ansehen sucht man sich v. a. auf einer positiven Emotions- oder Sympathieebene.

M 16 Welche Rolle spielen die Spitzenkandidaten?

Mit den Spitzenkandidaten und ihrer werbewirksamen Vermarktung steht und fällt der Wahlkampf. Sie müssen Glaubwürdigkeit, Sachkompetenz und Vertrauen ausstrahlen.
Die Bewertung des „Images" gründet besonders auf dem Sympathie- und dem Leistungsbereich. Die Spitzenkandidaten sind eine Art Werbesymbol. Sie erhöhen die Mobilisierungschancen der Stammwähler und die Einsatzbereitschaft der Anhänger. Dennoch sollte nicht ausgeblendet werden, dass auch die Spitzenkandidaten den Wahlvorgang nicht allein entscheiden. Es geht immer noch

Die Kanzlerkandidaten der beiden großen Parteien für die Bundestagswahl 2013: Angela Merkel (CDU) und Peer Steinbrück (SPD)

um die Wahl einer politischen Partei. Nichts geht in Deutschland ohne die politischen Parteien, relativ wenig ohne ein dazugehöriges politisches Programm.

Neben dem Image der Kandidaten ist natürlich ihr Bekanntheitsgrad ein wichtiges Kriterium für die Auswahl der Spitzenkandidaten. Andererseits lässt sich die Bekanntheit eines Politikers heute innerhalb kürzester Zeit durch das Fernsehen herstellen. Wenn sich jemand zum Kandidaten küren lässt, beginnt die Medienoffensive. Die Redaktionen möchten im Wettlauf mit der Zeit möglichst vieles – politisch wie privat – über die Person publizieren.

In der „Schlussphasendramatisierung" des Wahlkampfes spielt auch das Duell der Spitzenkandidaten in der Öffentlichkeit eine besondere Rolle. Es bietet für die Wähler eine weitere Möglichkeit der Bewertung. Dazu wurde bei den zurückliegenden Bundestagswahlen häufig eine große Fernsehdiskussion mit den Spitzenkandidaten wenige Tage vor der Wahl durchgeführt.

Karl-Rudolf Korte, www.wahlthemen.de (12.7.2005)

Aufgaben

1. Vergleiche Aussage und Gestaltung der Wahlplakate in M 13.
2. Nenne die Gründe, weshalb die Parteien Wahlkampf betreiben (M 14).
3. „Wahlkampf ist Werbung". Recherchiere im Internet, wie sich die Spitzenpolitiker der Parteien präsentieren. Untersuche, welche Mittel sie anwenden und welches Image sie aufbauen (M 15, M 16).
4. Die Bundestagswahlen, Landtagswahlen, Kommunalwahlen und Europawahlen finden an unterschiedlichen Terminen statt und deshalb ist immer irgendwo eine Wahl in Deutschland. Diskutiert, inwieweit dieser „Dauerwahlkampf" die Arbeit der Bundesregierung erschwert und was man dagegen tun könnte.

zu Aufgabe 1
Beschreibe zunächst die Wahlplakate.

Was wir wissen

Freie Wahlen erfüllen verschiedene Funktionen:
- Repräsentation des Wählerwillens;
- Legitimation und Kontrolle der Regierenden;
- Integration der Wähler in das politische System;
- Konkurrenz personeller und programmatischer Alternativen.

Wahlen
M 1 – M 4

Durch das Grundgesetz wird die BRD als repräsentative Demokratie definiert, in der die Bürger nicht ständig selbst politische Entscheidungen treffen, sondern nach Art. 38 (1) GG Abgeordnete wählen, die dies in ihrem Auftrag tun.

Wählerstruktur
M 4

Die veränderten gesellschaftlichen Bedingungen lassen gegenwärtig einen Wandel im Wählerverhalten beobachten. Dennoch ist die Bindung an eine Partei immer noch wahlentscheidender als die Sympathie für einzelne Politiker oder aktuelle Themen. Zwar haben langfristige Parteibindungen, die durch soziostrukturelle Merkmale (Konfession, Beruf, ...) beeinflusst sind, tendenziell abgenommen. Ob aber zukünftig mit größeren Wählerwanderungen zu rechnen ist, bleibt abzuwarten.

Wahlsysteme
M 5

Grundsätzlich kann man zwischen Verhältniswahlsystem und Mehrheitswahlsystem unterscheiden. Bei der reinen Verhältniswahl erhalten die Vertreter der Parteien genauso viele Mandate im Parlament, wie es ihrem Anteil an den abgegebenen Stimmen entspricht. Beim reinen Mehrheitswahlsystem erhalten nur die Kandidaten ein Mandat, die in einem Wahlkreis die meisten Stimmen auf sich vereinigen konnten.

Wahlsystem in Deutschland
M 7

Das Wahlsystem der Bundesrepublik Deutschland ist im Bundeswahlgesetz festgelegt. Für die Wahl der 598 Abgeordneten des Bundestages haben die Wähler zwei Stimmen: Mit der Erststimme entscheidet der Wähler nach dem Prinzip der relativen Mehrheitswahl, welcher Wahlkreisabgeordnete einen Sitz im Parlament erhalten soll. Die Zweitstimme, die nach den Prinzipien der Verhältniswahl abgegeben wird, ist die wichtigere Stimme, denn durch sie wird die Zahl der Sitze festgelegt, die jeder Partei im Bundestag zustehen. Hat eine Partei die Sperrklausel (fünf Prozent der Zweitstimmen oder drei Direktmandate) überwunden, wird die Gesamtzahl der für sie abgegebenen Zweitstimmen in Mandate umgerechnet. Das Wahlsystem zum Deutschen Bundestag wird häufig als „personalisierte Verhältniswahl" bezeichnet. Dies verdeutlicht, dass das Stimmenergebnis auf der Verhältniswahl beruht, durch die Erststimme aber die Möglichkeit besteht, direkt einzelne Personen zu wählen (Personalisierung).

Was wir wissen

Aufgaben der Parteien
M 10

Zu den Aufgaben der Parteien gehören:

- Mitwirkung: Parteien ermöglichen den Bürgern als Wähler oder als Mitglieder die Teilnahme am politischen Geschehen. Als Parteimitglied kann der Bürger bei Programmformulierungen und bei der Auswahl der Kandidaten mitwirken.
- Meinungsbildung: Parteien nehmen – vor allem mithilfe der Medien – auf die öffentliche Meinung Einfluss und fördern die politische Bildung der Bürger.
- Ermöglichung von Wahlen: In den Parteien werden die Interessen und Meinungen der Bürger artikuliert, gebündelt und daraus programmatische Alternativen für Wahlen entwickelt. In der Parteiarbeit wird Führungspersonal ausgebildet, das bei Wahlen auch für die Kandidatur um politische Ämter bereitsteht.
- Integration: Parteien sorgen für eine kontinuierliche Verbindung zwischen Staat und Gesellschaft, indem sie einerseits die Bürgerinteressen gegenüber staatlichen Institutionen artikulieren und andererseits den Bürger über staatliche Entscheidungen aufklären und diese erläutern. Diese Funktion trägt wesentlich zur Stabilität des politischen Systems bei.

Wahlkampf
M 14 – M 16

Um den Wahlsieg zu erringen, müssen die Parteien v. a. die eigenen Stammwähler mobilisieren und potenzielle Wechselwähler und Nichtwähler gewinnen. Die Parteien versuchen, die Wähler von der Überlegenheit ihres Programms und ihres Personals zu überzeugen. Wahlkampf ist wichtig, weil er dem Wähler ermöglicht, sich über die Programme und das politische Personal der Parteien zu informieren. Zu beobachten ist auch in Deutschland, dass Wahlkämpfe immer stärker auf einzelne Personen zugeschnitten sind (Personalisierung), zunehmend von externen Unternehmen und Beratern gelenkt und geführt werden (Professionalisierung) und die Medien eine immer größere Rolle dabei spielen (Mediatisierung, Amerikanisierung).

Wahlen in der DDR

Am 7. Mai 1989 sind die DDR-Bürger wieder einmal aufgerufen, die „Kandidaten der Nationalen Front“ zu wählen. Das Wahlverfahren ist jedoch nur scheinbar frei: Auf einer von der SED abgesegneten Einheitsliste stehen die Kandidaten – die fast keinem der Wähler bekannt sind. Eine Abstimmung über einzelne Wahlvorschläge ist nicht möglich. Es gibt nur die Unterscheidung zwischen Ja-Stimme, Nein-Stimme und ungültiger Stimme für die gesamte Liste. Was nur wenige DDR-Bürger wissen: Eine Nein-Stimme, also eine Ablehnung des Vorschlags wird nur dann anerkannt, wenn der Wähler auf der Liste jeden einzelnen Namen säuberlich durchstreicht. Jede Abweichung von dieser äußeren Form macht den Stimmzettel ungültig. Zwar ist in jedem Wahlbüro eine Wahlkabine aufgebaut, doch werden die Bürger, welche die Kabine tatsächlich benutzen, von den gestellten, linientreuen Wahlhelfern registriert: In einem sozialistischen Staat hat in ihren Augen ein rechtschaffener Mensch nichts zu verbergen. In der Bevölkerung wird der Gang zur Wahlurne deshalb auch zutreffend als „Zettelfalten“ bezeichnet. Es gibt die ungeschriebene Verpflichtung, an der Wahl teilzunehmen, und die Wahlbeteiligung der DDR-Bevölkerung liegt auch ohne die unmittelbare Anwendung von Druckmitteln bei weit über 90 Prozent. Wer jedoch bis 16 Uhr nicht ins Wahllokal kommt, muss damit rechnen, dass ihn Wahlhelfer zu Hause aufsuchen, um die fehlende Stimme abzuholen. Die Wahlkreise konkurrieren untereinander um die höchste Zustimmungsrate. 99 Prozent sollten es am besten sein – und so muss hier und da manipuliert werden.

Aufgabe
International ist es mittlerweile üblich, dass Wahlbeobachter aus anderen Ländern die heimischen Wahlen überprüfen. Stell dir vor, du wärst einer dieser Wahlbeobachter und müsstest die Wahl vom 7. Mai 1989 in der DDR beobachten.
Beurteile anhand der Wahlgrundsätze in Art. 38 (1) GG, ob die Wahl in der DDR vom 7. Mai 1989 als frei bezeichnet werden kann und welche Rolle die Parteien bei dieser Wahl spielen.
Verfasse dazu einen Bericht, den du in einer Pressekonferenz der Öffentlichkeit vorstellen willst.

In einem Bericht vom 7. Mai 1989 über die Wahl im Ort Menz (Brandenburg) hält die Staatssicherheit fest, dass der ehemalige Parteivorsitzende der CDU (Name geschwärzt) alle Kandidaten auf dem Wahlzettel durchgestrichen hat.

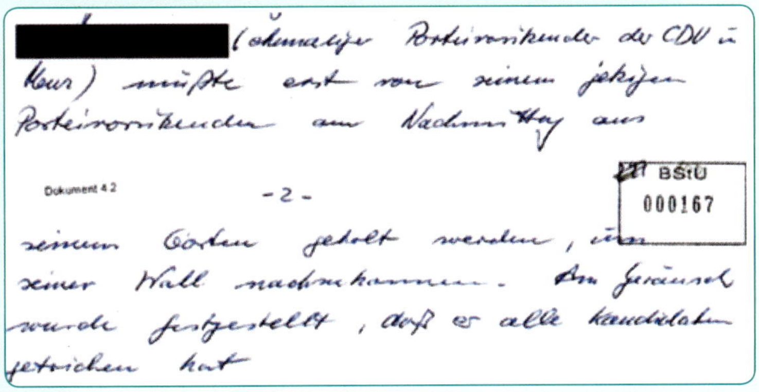
[redacted] (ehemaliger Parteivorsitzender der CDU in Menz) mußte erst von seinem jetzigen Parteivorsitzenden am Nachmittag aus

Dokument 4.2

-2-

BStU 000167

seinem Garten geholt werden, um seiner Wahl nachzukommen. Am Geräusch wurde festgestellt, daß er alle Kandidaten gestrichen hat

Bruno Zandonella, Thema im Unterricht, Wahlen für Einsteiger, Bundeszentrale für politische Bildung, Juli 2009

3.3 Mediendemokratie – braucht die Demokratie Medien?

Welche Rolle spielen die Medien in der Demokratie?

M 1 Pressetexte haben viele Funktionen

Das Wetter am Montag

Die Sparpolitik der Regierung ist unsozial
Die Zeche zahlen die Schwachen

Am Wochenende ist Tag der offenen Tür

Spendenskandal bei UNICEF aufgedeckt
FR-Redakteure Thieme und Schindler mit dem Wächterpreis ausgezeichnet – Vorbilder für guten Journalismus

Debatte
Die Boni mancher Banker sind unmoralisch

Fronten sind verhärtet
Noch keine Annäherung beim Streit um „Stuttgart 21"

Bankraub in der Frankfurter Straße
Täter erbeuten 250.000 Euro

Kuschel-Nachwuchs im Nürnberger Tiergarten

Aktuelles Lexikon
Gesundheitsfonds

Betrug am Patienten
Kritische Journalisten decken Skandal um falsche Arztabrechnungen auf

M 2 Funktionen der Massenmedien

Informationsfunktion

Die Massenmedien sollen so vollständig, sachlich und verständlich wie möglich informieren, damit ihre Nutzerinnen und Nutzer in der Lage sind, das öffentliche Geschehen zu verfolgen. Da unsere Gesellschaft viel zu großräumig geworden ist, kommen wir mit dem direkten Gespräch, der unmittelbaren Kommunikation, nicht mehr aus. Wir als Einzelne und die vielfältigen Gruppen, die in dieser Gesellschaft bestehen, sind darauf angewiesen, miteinander ins Gespräch gebracht zu werden – dafür sollen die Massenmedien sorgen. Dabei müssen wir uns der Tatsache bewusst sein, dass wir die Welt zum großen Teil nicht mehr unmittelbar erfahren; es handelt sich überwiegend um eine durch Medien vermittelte Welt.

Meinungsbildungsfunktion

Bei der Meinungsbildung fällt den Massenmedien ebenfalls eine bedeutsame Rolle zu. Dies ergibt sich aus der Überzeugung, in der Demokratie sei allen am meisten damit gedient, wenn Fragen von öffentlichem Interesse in freier und offener Diskussion erörtert werden. Es besteht dann die Hoffnung, dass im Kampf der Meinungen das Vernünftige die Chance hat, sich durchzusetzen. Da in einer modernen, differenziert strukturierten Gesellschaft eine Vielzahl von mehr oder weniger großen, zum Teil in Konkurrenz zueinander stehenden Interessengruppen existiert, gehört es auch zu den Aufgaben der Mas-

Der „Wächterpreis der Tagespresse" wird jährlich für kritische Berichterstattung vergeben. Recherchiere auf *www.waechterpreis.de*, welche Missstände von den Preisträgern aufgedeckt wurden. Wähle einen Fall aus, der dich besonders beeindruckt, und stelle den Fall z. B. auf einem Infoplakat vor.

senmedien, diesen Meinungspluralismus in einem angemessenen Verhältnis widerzuspiegeln.

Kritik- und Kontrollfunktion

[...] Ohne Presse, Hörfunk und Fernsehen, die Missstände aufspüren und durch ihre Berichte unter anderem parlamentarische Anfragen und Untersuchungsausschüsse anregen, liefe die Demokratie Gefahr, der Korruption oder der bürokratischen Willkür zu erliegen. Wie die Wirkungsforschung hervorhebt, haben viele Medien über die erwähnten Funktionen hinaus weitere übernommen, zum Beispiel die **Thematisierungsfunktion**. Diese „agenda setting function", wie sie in den USA heißt, bedeutet, dass diejenigen, die die unterschiedlichen Medien lesen, hören und sehen, genau die Themen für wichtig halten, die darin behandelt werden. Die Medien sind jedoch nicht nur entscheidend dafür verantwortlich, welche Themen auf der Tagesordnung stehen, sondern sie legen auch fest, in welcher Rangfolge der Dringlichkeit diese Themen behandelt werden.

Hanni Chill/Hermann Meyn, Informationen zur politischen Bildung Nr. 260, Massenmedien, hg. von der Bundeszentrale für politische Bildung, Bonn 3/1998

„Agenda-Setting"
Medien bestimmen, welche Themen besondere Bedeutung in der öffentlichen Debatte haben.

M 3 Mediendemokratie – was heißt das?

Der Begriff Mediendemokratie bezeichnet eine Form der Demokratie, in der sich die politische Meinungs- und Willensbildung im Wesentlichen über Massenmedien vollzieht. Deutlich wird dies v. a. in Wahlkampfzeiten: So nennen die Wähler in Deutschland und anderen europäischen Staaten nach mehreren Wahlen in den letzten Jahren das Fernsehen als die wichtigste Informationsquelle für ihre Wahlentscheidung. Meinungsbildung über Medien beinhaltet, dass die Medien durch die Auswahl und Ausgestaltung von Inhalten darüber bestimmen, was auf welche Weise zum öffentlichen Thema wird. [...]

Politikvermittlung durch Medien bedeutet darüber hinaus, dass sich die Politik bzw. die Politiker mediengerecht präsentieren, um Erfolg zu haben. Denn die Bevölkerung tendiert dazu, nur ihre Medienexistenz mit den dazugehörenden Images wahrzunehmen. Die Medien sind demnach nicht nur Beobachter, Kritiker und Kontrolleure politischer Ereignisse und staatlicher Macht („vierte Gewalt"). Sie stellen vielmehr einen Faktor dar, der politische Einstellungen und Stimmungen beeinflusst und ein bestimmtes Meinungsklima zugunsten oder zuungunsten einer Partei, einer Person oder einer politischen Forderung vermittelt. Medien bestimmen dadurch die Politik mit.

Hans Boldt, Schülerduden Politik und Gesellschaft, 5. Aufl., Mannheim 2005, S. 260

zu Aufgabe 2
Stelle mögliche Beziehungsmuster zwischen Medien, Bevölkerung / Wählern und Politikern in einem bzw. mehreren Schaubildern dar. Nutze dazu (beschriftete) Pfeile und ggf. andere anschauliche Symbole.

Aufgaben

1. Ordne die Schlagzeilen in M 1 den Funktionen der Massenmedien in M 2 zu und begründe deine Zuordnung.
2. „Die Politik und die Politiker brauchen die Medien – die Medien brauchen die Politik und die Politiker." – Erläutere diese Aussage (M 2, M 3).

Presse- und Meinungsfreiheit – ein hohes Gut

M 4 Die Säulen der Demokratie …

Karikatur: Ed Stein

M 5 Was wäre, wenn …

Art. 5 GG (Presse- und Meinungsfreiheit im Grundgesetz)
(1) Jeder hat das Recht, seine Meinung in Wort, Schrift und Bild frei zu äußern und zu verbreiten und sich aus allgemein zugänglichen Quellen ungehindert zu unterrichten. Die Pressefreiheit und die Freiheit der Berichterstattung durch Rundfunk und Film werden gewährleistet. Eine Zensur findet nicht statt.

Datscha
Garten- oder Wochenendhaus

Was wäre, wenn es nur noch einen staatlichen Fernsehkanal gäbe, in dem ausschließlich wiedergegeben würde, was die gerade jeweils Regierenden für gut und nützlich halten? Was wäre, wenn Journalisten alles, was sie schreiben, einem Zensor vorlegen müssten, der – mangels besseren Wissens – alles streicht, was er nicht versteht? Freie, vor allem auch kritische Medien, sind aus einer echten Demokratie nicht wegzudenken. Demokratie, das lehrt uns nicht nur die Theorie, sondern einfach auch die Erfahrung, braucht Kontrolle. Tagtäglich. Wenn in einer abgelegenen Region Russlands […] Sozialabgaben dazu benutzt werden, dem lokalen Machthaber eine neue Datscha zu bauen und ein mutiger Lokalreporter dem Skandal auf die Spur kommt, geschieht Folgendes: Der Journalist wird von seinem Chefredakteur gelobt – und erhält die Auskunft, dass man dies unmöglich veröffentlichen könne, er wisse schon, der lokale Machthaber habe so gute Verbindungen bis hinauf nach Moskau. Wenn der Journalist dann trotzdem darauf besteht, seine Rechercheergebnisse dem staunenden Leser zu vermitteln, wird er eines Abends vor seiner Wohnung auf brutale Schläger treffen – und im besten Fall lediglich im Spital landen. […] Journalismus ist ein schwieriges Handwerk – das steht außer Frage. Und ein sehr viel verantwortungsvolleres, als viele glauben. Ohne journalistische Kontrolle aber gerät die Demokratie erstaunlich schnell in Schieflage.

Susanne Scholl, www.mein.salzburg.com, 11.5.2010

M 6 Die rechtliche Stellung der Medien

Die rechtliche Stellung der Medien

Freiheit der Medien

Art. 5 (1) GG:
- Pressefreiheit, Freiheit der Berichterstattung durch Rundfunk und Film
- Meinungs- und Informationsfreiheit
- Zensurverbot

Zeugnisverweigerungsrecht für Journalisten

Gefährdung z.B. durch:
- Pressekonzentration
- Verflechtungen von Medien und Politik
- mangelnde Berufsethik von Journalisten

Einschränkungen

gesetzlich

Art. 5 (2) GG:
Schranken durch:
- allg. Gesetze
- gesetzl. Bestimmungen zum Schutz der Jugend
- Persönlichkeitsrechte

Gegendarstellungsrecht bei Tatsachenbehauptungen

freiwillige Selbstverpflichtung

Pressekodex des Deutschen Presserats

aber: keine rechtlichen Sanktionsmöglichkeiten

M 7 Pressefreiheit in Deutschland in Gefahr?

In Deutschland ist die Pressefreiheit weniger vom Staat bedroht; bei Verletzung des Redaktionsgeheimnisses durch Sicherheitsbehörden greift das Bundesverfassungsgericht ein und lehrt die Staatsbehörden den Wert der Pressefreiheit für die Demokratie. Die Bedrohung der Pressefreiheit besorgen die Medien heute in erster Linie selber. Die Qualität des Journalismus sinkt, weil Medienunternehmen mit den Medien mehr Geld verdienen wollen als früher. [...]

In Redaktionskonferenzen ist das diskussionsfreudige Klima verschwunden, offenbar haben die wirtschaftlichen Schwierigkeiten, in die viele Zeitungen geraten sind, und die Existenzängste nicht weniger Redakteure damit zu tun. [...] Zu beklagen ist die Verquickung von Journalismus, Politik und Wirtschaft, zu beklagen ist also die Tatsache, dass sich immer mehr Journalisten zu Büchsenspannern und Handlangern vor allem von Wirtschaftslobbys machen lassen. [...]

Gelegentlich werden Fälle bekannt, in denen die Staatsanwaltschaft und Polizei die Telefone von Journalisten überwacht haben. Schlimmer als diese staatlichen Lauscher sind Medien-Manager und Finanzinvestoren, für die Zeitungen nur Produkte zum Geldverdienen sind wie andere auch – und die Redaktionen immer billiger machen wollen.

Heribert Prantl, Pressefreiheit in Deutschland, www.goethe.de (10.11.2010)

Aufgaben

1. Arbeite die Kernaussage der Karikatur in M 4 heraus.
2. Nimm Stellung zur Aussage des Karikaturisten (M 4).
3. Stelle dar, ob und ggf. wodurch sich die Säulen ersetzen ließen (M 4).
4. Erläutere, warum die Pressefreiheit ein so hohes Gut ist (M 5).
5. Gib wieder, wodurch der Verfasser in M 7 die Pressefreiheit in Deutschland gefährdet sieht.

Medien zwischen Information und Sensation

M 8 Presserat rügt Satiremagazin Titanic

Presserat
Der Deutsche Presserat ist eine gemeinsame Organisation der großen deutschen Verleger- und Journalistenverbände. Er tritt für die Pressefreiheit und die Wahrung des Ansehens der deutschen Presse ein. Die schärfsten Maßnahmen sind Rügen, die der Presserat dann ausspricht, wenn eine Zeitung oder Zeitschrift gegen den Pressekodex verstößt. Rügen werden vom Presserat öffentlich gemacht und müssen auch in dem jeweiligen Medium veröffentlicht werden. Dazu haben sich die Medien selbst verpflichtet. Aber nicht immer halten sich die Medien auch an diese Selbstverpflichtung.

Der Deutsche Presserat hat gegen die Satirezeitschrift „Titanic" wegen des Papst-Titelbildes eine öffentliche Rüge ausgesprochen. Das teilte der Presserat am Donnerstag in Berlin mit. Die Darstellung von Papst Benedikt XVI. als inkontinent und mit Fäkalien beschmiert sei entwürdigend und ehrverletzend, urteilte der zuständige Beschwerdeausschuss. Gegen das Papst-Bild der „Titanic" waren 182 Beschwerden eingegangen. Das Cover vom Juli zeigte Papst Benedikt XVI. unter anderem mit einem gelben Fleck auf der Soutane. Auf dem Titel hieß es in Anspielung

auf den „Vatileaks"-Skandal um den Verrat von Interna: „Halleluja im Vatikan – Die undichte Stelle ist gefunden!" Die öffentliche Rüge ist die höchste Kategorie einer Unmutsäußerung durch den Presserat, faktisch bleibt sie jedoch – wie alle Sanktionen des Presserats – folgenlos.

Stefan Kuzmany, kuz/dapd, Der Spiegel, 27.9.2012

M 9 Aus dem Pressekodex

Nicht alles, was von Rechts wegen zulässig wäre, ist auch ethisch vertretbar. Deshalb hat der Presserat die Publizistischen Grundsätze, den sogenannten Pressekodex, aufgestellt. Darin finden sich Regeln für die tägliche Arbeit der Journalisten, die die Wahrung der journalistischen Berufsethik sicherstellen, so z. B.:

- Achtung vor der Wahrheit und Wahrung der Menschenwürde
- gründliche und faire Recherche
- klare Trennung von redaktionellem Text und Anzeigen
- Achtung von Privatleben und Intimsphäre
- Vermeidung unangemessen sensationeller Darstellung von Gewalt und Brutalität

www.presserat.info (17.2.2013)

M 10 Die Macht der Medien – der Fall Wulff und die Bild-Zeitung

Christian Wulff trat im Februar 2012 als Bundespräsident zurück, nachdem die Staatsanwaltschaft ein Ermittlungsverfahren gegen ihn eröffnet hatte und wochenlang in den Medien über den Verdacht auf Korruption berichtet wurde. Am 12. Dezember 2011 hatte Wulff durch einen Anruf bei der Bild-Zeitung versucht, einen Bericht über einen von ihm aufgenommenen Privatkredit zu verhindern. Über diesen Anruf berichtete „Bild". Ein Gespräch mit Medienforscher Lutz Hachmeister.

Haben die deutschen Medien in Deutschland überhaupt die Macht, einen Politiker zu Fall zu bringen?

Ja, sicher. [...] Wenn man einen Politiker zu Fall bringen will, muss er allerdings bestimmte [...] Schwächen zeigen und sich zu Fall bringen lassen. Außerdem muss der Affärencharakter für die Bevölkerung so eindeutig sein, also [...] Regeln müssen so stark verletzt werden, dass ein Meinungsklima entsteht, in dem sich am Schluss alle einig sind: Dieser Mann oder diese Frau muss gehen. Im Fall von Christian Wulff war das so. Interessant war, dass die meisten Deutschen die Vorwürfe gegen ihn anfangs läppisch fanden und dafür waren, dass er im Amt bleibt. Am Ende haben Umfragen dann ergeben, dass 70 Prozent ihm noch nicht mal den Ehrensold (= Pension als ehemaliger Bundespräsident) geben wollten. Das hat sich komplett gedreht. „Bild" hat dabei eine große Rolle gespielt, aber auch andere Medien wie die „Frankfurter Allgemeine Zeitung" und „Spiegel Online". Das ist übrigens ein dritter Faktor: Allein schafft es ein Blatt nicht. Auch nicht „Bild". Um eine hochrangige Person der Öffentlichkeit zu stürzen, müssen sich führende Medien einig sein.

Die „Bild"-Zeitung hat jahrelang sehr wohlwollend über Christian Wulff berichtet. [...] Warum hat sich „Bild" auf einmal gegen ihn gewendet?

Es gibt Hinweise darauf, dass Christian Wulff in der Zeit als Bundespräsident seine Rolle neu definierte und versucht hat, „Bild" klar zu machen, dass er und seine Frau nicht mehr exklusiv für Fotos und Interviews zur Verfügung stehen. Und wie in einer enttäuschten Liebesbeziehung hat sich daraus eine wechselseitige Entfremdung ergeben. Diese hatte schon über ein Jahr vor der Affäre angefangen und zu Reibereien mit dem Springer-Konzern geführt. [...]

War Christian Wulff also ein leichtes Opfer der Medien?

Er war auf alle Fälle sehr naiv, was die Medienwirkung und das Verhältnis zwischen Politikern und Journalisten angeht. [...] Die deutsche Gesellschaft ist mittlerweile erstaunlich offen und tolerant, aber das Publikum merkt schnell, ob ein Politiker komplett aus seiner Rolle fällt. Die Medien liefern natürlich die Vorlage, doch für einen Stimmungsumschwung muss auch das Publikum bereit sein, bestimmte Argumentationen mitzutragen.

Interview: Katja Hanke, Goethe-Institut e. V., Internet-Redaktion, Mai 2012

Am 17.2.2012 trat Bundespräsident Wulff nach einer wochenlangen Medienschlacht von seinem Amt zurück.

Aufgaben

1. Diskutiert, was im Fall des Titanic-Titels mehr Bedeutung hat, das Persönlichkeitsrecht des Papstes oder die Meinungsfreiheit der Zeitschrift (M 8).
2. Erörtere, ob die Rüge, die der Presserat als Mittel zur Bestrafung aussprechen kann, ausreichend ist, um den Pressekodex durchzusetzen (M 8, M 9).
3. Charakterisiere am Beispiel des Falls Wulff, wie die Medien Druck ausüben konnten (M 10).

Was wir wissen

Funktionen der Medien
M 2, M 3

Unsere Gesellschaft wird häufig als Informations- oder Wissensgesellschaft bezeichnet. Darin drückt sich die herausragende Bedeutung des Wissens bzw. der Übermittlung von Informationen für den Einzelnen und die Gesellschaft aus. Die Informationsgesellschaft gründet sich auf sich rasant entwickelnde, hoch technisierte Massenmedien, wie Fernsehen, Zeitungen oder das Internet. Sie führen zu einer Ausweitung und Beschleunigung der Kommunikation in allen Lebensbereichen.
In einer immer komplexer werdenden Welt sind wir auf die Informationen der Massenmedien angewiesen. Die Massenmedien sollten so vollständig, sachlich und verständlich wie möglich informieren, damit ihre Nutzer in die Lage versetzt werden, die Bedeutung von Ereignissen zu begreifen, die Funktionsweise des politischen Systems zu durchschauen und ihre eigenen Interessenlagen zu erkennen. Auch bei der Meinungsbildung fällt den Massenmedien eine bedeutsame Rolle zu. Die Medien sollen die Vielfalt der in der Bevölkerung bestehenden Überzeugungen widerspiegeln und sie in die öffentliche Diskussion einbringen. Ohne Medien wäre es schwierig, alternative Positionen und Meinungen einer breiten Öffentlichkeit zugänglich zu machen. Außerdem decken Journalisten durch eigene Recherchen immer wieder politische Missstände auf. Deshalb werden die Medien auch als „vierte (kontrollierende) Gewalt" bezeichnet.

Presse- und Meinungsfreiheit
M 5 – M 7, M 9

Voraussetzung für die ungehinderte Information durch die Medien ist die in Art. 5 GG verankerte Meinungs- und Pressefreiheit. Danach hat jeder das Recht, seine Meinung in Wort, Schrift und Bild frei zu äußern und zu verbreiten und sich aus allgemein zugänglichen Quellen ungehindert zu unterrichten. Dies gilt für die Medien als Institutionen sowie für jeden Einzelnen. Art. 5 GG wird als Fundament jeglicher freiheitlichen Demokratie betrachtet. Ohne freie Meinungs- und Willensbildung kann es keine freien Wahlen und keine demokratische Mitwirkung der Bürger geben. Gefährdungen für die freie Meinungsbildung ergeben sich vor allem aus der zunehmenden Pressekonzentration und engen personellen und wirtschaftlichen Verflechtungen von Medien und Politik. Der Presserat sorgt dafür, dass sich die Berichterstattung an rechtlichen und moralischen Prinzipien (Pressekodex) orientiert.

WikiLeaks

der BLOG

Dürfen wir alles wissen?

„We open governments" ist das Motto von WikiLeaks: „Wir machen Regierungen transparent". Die Organisation bietet eine Internetseite für sogenannte Whistleblower. Das sind Personen, die geheime Informationen an die Öffentlichkeit bringen. Eine wichtige Veröffentlichung auf WikiLeaks ist unter dem Namen Cablegate bekannt geworden: Im November 2010 hat WikiLeaks mit der Veröffentlichung von etwa 250.000 Berichten US-amerikanischer Diplomaten begonnen.

Frida Thurm, www.blog.zeit.de, 8.12.2010

Wie die NSA das Auswärtige Amt ausforschte

Bundesaußenminister Frank-Walter Steinmeier ist offenbar systematisch vom amerikanischen Nachrichtendienst NSA abgehört worden. In den neuesten von der Enthüllungsplattform WikiLeaks veröffentlichten Dokumenten finden sich 20 Nummern, die die NSA dem Auswärtigen Amt zuordnete. In den vergangenen Wochen hatte WikiLeaks bereits insgesamt 125 Spähziele der NSA im Kanzleramt und verschiedenen Bundesministerien veröffentlicht.

John Goetz/Hans Leyendecker, Süddeutsche Zeitung, 20.7.2015

Pro und Kontra WikiLeaks – Hat die Öffentlichkeit ein Recht auf alle Informationen?

Werner Weidenfeld, Jahrgang 1947, ist Professor für Politische Wissenschaften an der Ludwig-Maximilians-Universität München; Sascha Lobo, Jahrgang 1975, ist Blogger, Unternehmer und Berater.

Weidenfeld: Nein. Im Gegenteil. Sie müssen in Demokratien verschiedene Formen der Kommunikation zulassen. Die Regierung etwa muss die Möglichkeit haben, bestimmte Dokumente als geheim zu kennzeichnen. Sonst würde sich ja die Kommunikation der Politik darauf beschränken, was sie sowieso öffentlich sagen wollen in Fernsehauftritten oder in Interviews. Damit wäre die Politik reduziert auf einen ganz minimalen Prozentsatz ihrer Kommunikation. Und das würde alle beschädigen. [...] Im diplomatischen Dienst gehören solche durchaus subtilen, sensiblen Beurteilungen zum Kerngeschäft. Unter den Vorzeichen der Indiskretion sind die kaum mehr möglich.

Lobo: Die Öffentlichkeit hat ein Recht auf mehr Informationen, als sie im Moment bekommt. Regierungen neigen offenbar dazu, Dinge im Geheimen zu besprechen, obwohl sie eigentlich in Volkes Auftrag handeln sollten. Dinge werden als geheim klassifiziert, auf die die Öffentlichkeit durchaus ein Recht hat. Zu dieser Kontrolle ist ja die freie Presse da. WikiLeaks ist eine Art Verlängerung der freien Presse in das Internetzeitalter – als Quelle für investigativen Journalismus. Nicht umsonst arbeitet WikiLeaks mit den renommiertesten publizistischen Organen weltweit zusammen.

Sascha Lobo/Werner Weidenfeld/Claudia Witte, www.tagesschau.de, 29.3.2011

subtil
heikel

Indiskretion
Verrat

investigativ
enthüllend, nachforschend

Aufgabe

Hat die Öffentlichkeit ein Recht auf alle Informationen? Erörtere diese Frage.

DEM DEUTSCHEN VOLKE

BUNDESRAT

ES GEHT UM MEHR
8%
für mehr
Gerechtigke

4

Der politische Entscheidungsprozess

Die Verfassung gibt vor, wie ein Gesetz zu Stande kommt und welche Akteure daran beteiligt werden müssen. Wer darf in Deutschland Gesetze initiieren und beschließen? Wie können die unterschiedlichen Akteure ihre Interessen in den Entscheidungsprozess einbringen?

Kompetenzen

Am Ende dieses Kapitels solltest du Folgendes wissen und können:

- die Stellung des Bundeskanzlers im politischen System erläutern
- die Arbeitsweise und die Kontrollfunktion des Deutschen Bundestages sowie die Stellung der Abgeordneten des Deutschen Bundestages darstellen
- den Gang der Gesetzgebung an einem Beispiel erläutern
- den Politikzyklus auf ein politisches Problem anwenden

Was weißt du schon?

- Sammelt alle politischen Akteure, die euch einfallen, auf einem Blatt. Ihr könnt euch zu Beginn an den Bildern auf dieser Seite orientieren.
- Welche dieser politischen Akteure haben großen Einfluss auf die Politik und sind mächtig?
  Erstellt eine Hierarchie und beginnt mit dem eurer Ansicht nach mächtigsten Akteur. Begründet eure Entscheidung und übertragt eure Ergebnisse auf ein Plakat.

4.1 Herrschaft und Kontrolle: Regierung und Opposition

Wie wird die Regierung gebildet?

M 1 Nach der Wahl ist vor der Koalition – Schlagzeilen

Wahlergebnis: CDU stärkste Partei

CDU auf der Suche nach Regierungspartner – Sondierungsgespräche mit SPD und Grünen angekündigt

Die Bundesminister werden auf Vorschlag des Bundeskanzlers vom Bundespräsidenten ernannt

SPD lenkt im Streit um Ministerposten und Energiewende ein

Der Bundeskanzler und die Bundesminister leisten bei der Amtsübernahme vor dem Bundestag den Amtseid

Parteitag der SPD stimmt Koalitionsvertrag zu

Koalitionsvertrag unterzeichnet

SPD stellt Bedingungen für Koalitionsverhandlungen

Der Bundeskanzler wird auf Vorschlag des Bundespräsidenten vom Bundestag ohne Aussprache mit der Mehrheit seiner Mitglieder gewählt

Der Gewählte ist vom Bundespräsidenten zu ernennen

CDU nimmt Koalitionsverhandlungen mit SPD auf

M 2 Die Etappen der Regierungsbildung

Nach einer Bundestagswahl wählt der Deutsche Bundestag auf Vorschlag des Bundespräsidenten mit der Mehrheit seiner Mitglieder den Bundeskanzler oder die Bundeskanzlerin. Bis es so weit ist und die neue Bundesregierung ihre Arbeit aufnehmen kann, sind aber meist schon einige Wochen vergangen, in denen intensive Verhandlungen über die Bildung einer mehrheitsfähigen Koalition und das künftige Regierungsprogramm geführt wurden.

Meist stehen die Wunschpaarungen auf Grund fester Koalitionsaussagen schon vor der Wahl fest. Es gibt aber auch Beispiele dafür, dass die Koalitionsfrage bis nach der Wahl offengehalten wurde (so 1969, als sich die FDP in einer kühnen Wende zur Aufnahme von Koalitionsgesprächen mit der SPD entschloss) oder dass der Wahlausgang das angestrebte Bündnis vereitelte (so 2005, als CDU/CSU und FDP die schon sicher geglaubte gemeinsame Mehrheit verfehlten).

Haben sich nach klärenden Vorgesprächen die möglichen Partner gefunden, geht es für sie in den eigentlichen Koalitionsverhandlungen darum, den Vorrat an politischen Gemeinsamkeiten zu ergründen, die groben Züge der gemeinsamen Regierungsarbeit festzulegen und gegebenenfalls ein konkretes Sachprogramm für die einzelnen Politikbereiche zu entwickeln. Darüber hinaus müssen sie sich über personelle Fragen verständigen (insbesondere über die Besetzung der Regierungsposten) und gemeinsame Regeln und Prozeduren für die Zusammenarbeit im Bundestag und in der Regierung, zur Beilegung von Konfliktsituationen usw. vereinbaren.

Das Ergebnis der Verhandlungen wird - mehr oder weniger systematisch, mehr oder weniger ausführlich - in einem Koalitionsvertrag festgehalten, der abschließend durch die Entscheidungsgremien der beteiligten Parteien gebilligt werden muss. Eine solche förmliche Vereinbarung wurde erstmals 1961 zwischen CDU/CSU und FDP geschlossen. Es handelt sich dabei allerdings nicht um einen Geschäftsvertrag und auch nicht um objektives Recht. Der „Koalitionsvertrag" ist daher als Absichtserklärung zu verstehen, dessen Einhaltung mit rechtlichen Mitteln nicht erzwungen werden kann. In aller Regel setzen die Koalitionspartner einen Koalitionsausschuss ein, der die Umsetzung der Vereinbarungen laufend überwacht und gegebenenfalls klärend oder ändernd eingreift. Sind die Koalitionsvereinbarungen allgemein zugänglich, wie es heute meist der Fall ist, übt auch die Öffentlichkeit eine Kontrolle darüber aus, wie weit die Koalition ihren selbstgesetzten Versprechen nachkommt.

Die Regierungskoalitionen seit der Wiedervereinigung
CDU/CSU/FDP 1990-98
SPD/Bündnis 90/Die Grünen 1998-2005
CDU/CSU/SPD 2005-2009
CDU/CSU/FDP 2009-2013
CDU/CSU/SPD seit 2013

M 3 Der Weg zur neuen Regierung

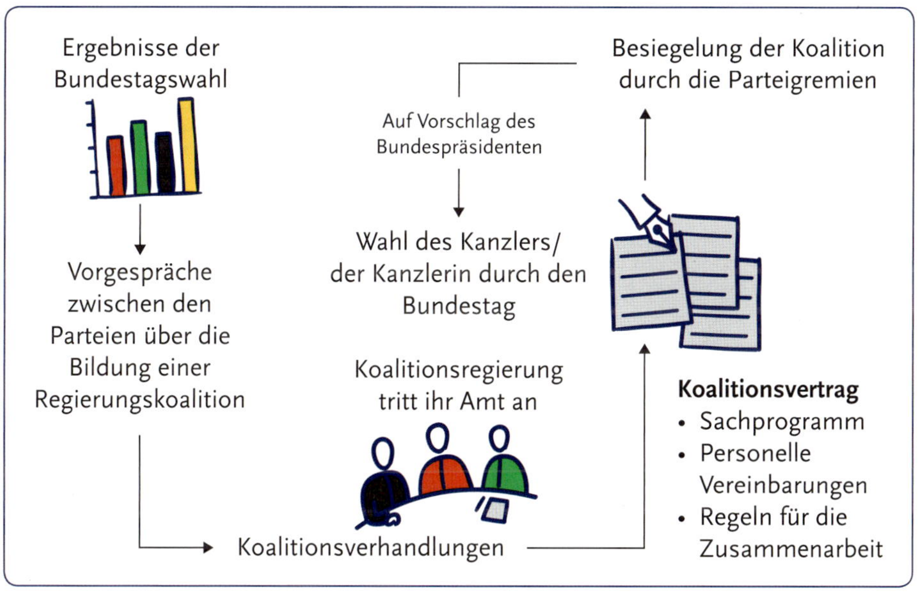

Bergmoser + Höller Verlag AG, Zahlenbilder 67 253

Aufgaben

1. Bringe die Schlagzeilen in M 1 in deinem Heft in die richtige chronologische Reihenfolge. Markiere in verschiedenen Farben die formellen (gesetzlich vorgegebenen) und informellen Aspekte der Regierungsbildung (M 1 – M 3).
2. Erläutere, welche Vor- und Nachteile der in Deutschland übliche Zwang zur Bildung von Koalitionen hat (M 2, M 3).

Was heißt es, zu regieren?

M 4 Was macht ein Bundeskanzler?

M 5 Regieren? Regieren!

Opposition
im Parlament die Gruppe von Abgeordneten, die der Regierungsmehrheit gegenübersteht

Der ehemalige SPD-Vorsitzende Franz Müntefering sagte einmal: „Opposition ist Mist. Lasst das die anderen machen - wir wollen regieren." Alle Politiker wollen regieren! Sie treten in Wahlkämpfen für ihre Parteien an, um eine Mehrheit zu erreichen und „an die Regierung zu kommen". Denn wer regiert, hat die Macht im Land und kann seine politischen Vorstellungen umsetzen. Die Regierung kann weitreichende Entscheidungen vorbereiten und beeinflussen: Sie kann (zusammen mit den Abgeordneten im Bundestag) entscheiden, ob Steuern erhöht werden, ob die Bundeswehr zu einem Einsatz ins Ausland geschickt wird, ob soziale Leistungen gekürzt werden oder ob man mehr Geld in Bildung investiert. Die Politiker, die nicht an der Regierung beteiligt sind, haben dagegen nur wenig Einfluss auf die Politik. Sie können meist nur in der Öffentlichkeit sagen, dass sie anderer Meinung sind. Allein die Regierung ist berechtigt, den Kurs des Landes zu bestimmen, und deswegen wollen Politiker regieren.

M 6 Aufbau und Arbeitsweise der Bundesregierung

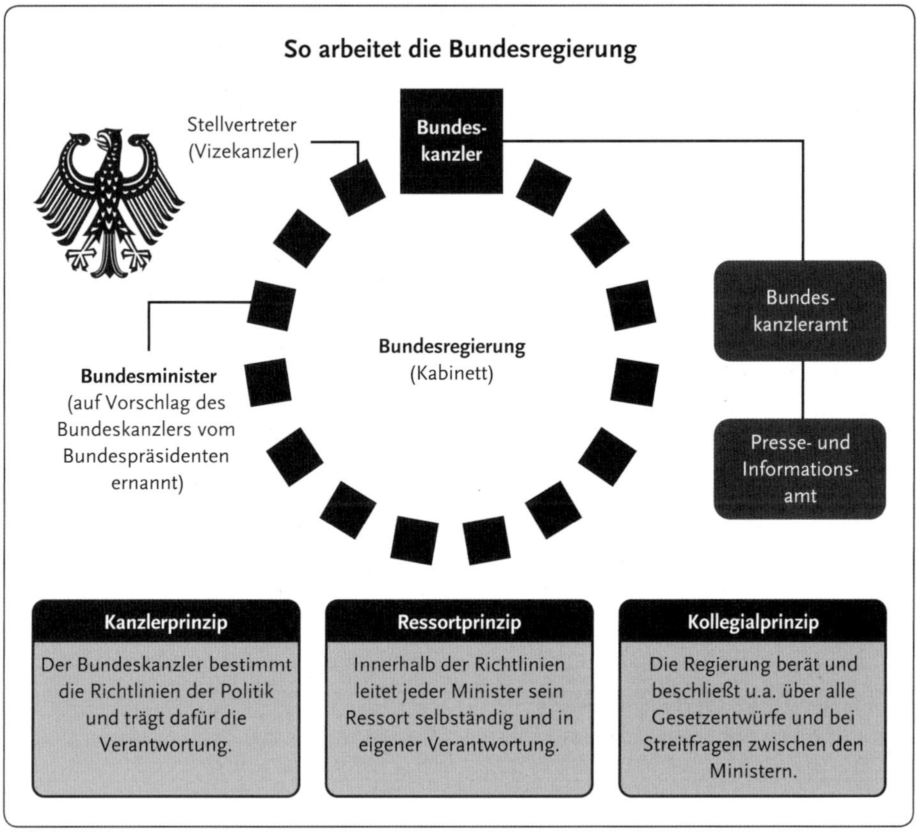

Bergmoser + Höller Verlag AG, Zahlenbilder 67 123

Art. 65 GG
Der Bundeskanzler bestimmt die Richtlinien der Politik und trägt dafür die Verantwortung. Innerhalb dieser Richtlinien leitet jeder Bundesminister seinen Geschäftsbereich selbständig und unter eigener Verantwortung. Über Meinungsverschiedenheiten zwischen den Bundesministern entscheidet die Bundesregierung. Der Bundeskanzler leitet ihre Geschäfte nach einer von der Bundesregierung beschlossenen und vom Bundespräsidenten genehmigten Geschäftsordnung.

M 7 Wie mächtig ist der Bundeskanzler?

Der Bundeskanzler wird häufig als mächtigster politischer Akteur in Deutschland bezeichnet. Dies liegt daran, dass er sowohl gegenüber dem Parlament eine besondere Rolle einnimmt als auch innerhalb der Bundesregierung über eine Sonderstellung verfügt. So wird innerhalb der Bundesregierung nur der Bundeskanzler direkt vom Bundestag gewählt. Alle anderen Mitglieder der Regierung werden auf seinen Vorschlag hin vom Bundespräsidenten ernannt. Damit verfügt er über eine besondere demokratische Legitimation. Innerhalb der Bundesregierung besitzt der Bundeskanzler die Richtlinienkompetenz. Das bedeutet, dass er die Grundlinien der Politik, also die allgemeine politische Ausrichtung der Regierungspolitik, bestimmen kann. Gegen den Willen des Kanzlers kann innerhalb der Regierung keine Entscheidung getroffen werden. Das Kabinett kann ihn nicht einfach überstimmen. Wie der Bundeskanzler diese Richtlinienkompetenz ausfüllen kann, hängt entscheidend von seiner Persönlichkeit, seiner Beliebtheit innerhalb der Bevölkerung und seinem Regierungsstil ab. Seine Macht ist natürlich dann beschränkt, wenn er mit einer Koalition

Kabinett
der Bundeskanzler und die Bundesminister

Legitimation
Rechtfertigung für die Ausübung staatlicher Gewalt
hier: durch eine Wahl

Kabinettsaal im Bundeskanzleramt. In den wöchentlichen Kabinettssitzungen werden Gesetzesvorlagen beraten und beschlossen sowie politische Probleme diskutiert.

aus verschiedenen Parteien regiert, da er auf andere Parteien einen geringeren Einfluss besitzt.

Auch gegenüber dem Parlament verfügt er über eine Sonderrolle. Wenn der Bundeskanzler den Eindruck hat, dass die Mehrheit der Abgeordneten im Parlament seine Politik nicht mehr unterstützt, dann kann er im Deutschen Bundestag die Vertrauensfrage stellen. Wird er nicht mehr von der Mehrheit der Abgeordneten unterstützt, so kann er Neuwahlen herbeiführen. Viele Abgeordnete fürchten bei Neuwahlen um ihre Wiederwahl und werden so den Kanzler eher unterstützen. Aber wehrlos ist das Parlament beileibe nicht. Das Parlament verfügt über ein starkes Machtmittel: das konstruktive Misstrauensvotum. Über das konstruktive Misstrauensvotum kann das Parlament den Kanzler und damit die gesamte Regierung abwählen. Das Parlament muss dazu allerdings einen neuer Kanzler wählen, weswegen das Misstrauensvotum „konstruktiv" - durch die Wahl eines Nachfolgers - und nicht „destruktiv" - durch die reine Abwahl eines Kanzlers - ist.

⊕ Benenne die derzeitigen Kabinettsmitglieder und deren Ressort.

⊕ Recherchiere im Grundgesetz, welche Artikel – neben Art. 65 – die Stellung des Bundeskanzlers beschreiben.

Aufgaben

1. Was heißt es, zu regieren? Sammelt Überschriften und Berichte aus aktuellen Zeitungen, die deutlich machen, welche politischen Probleme die Bundesregierung gerade bearbeitet (M 4, M 5).
2. Erkläre, welche Prinzipien die Regierungsarbeit leiten (M 6).
3. a) Der Bundeskanzler gilt als mächtiger politischer Akteur. Was kann er tun, um seine Vorstellungen durchzusetzen? Stelle eine Liste der Machtinstrumente des Bundeskanzlers zusammen.
   b) Beurteile, welches Machtinstrument am wirkungsvollsten ist? Erstelle eine Hierarchie (M 6, M 7).

Wer kontrolliert die Regierung?

M 8 Die Opposition – Gegenspielerin der Regierung

Die politische Grenzlinie verläuft in erster Linie nicht mehr zwischen dem Parlament auf der einen und der Regierung auf der anderen Seite, die entscheidende Trennungslinie liegt in einem parlamentarischen System zwischen der Regierungs- beziehungsweise Parlamentsmehrheit und der Regierung auf der einen sowie der Opposition auf der anderen Seite. Die Regierungsmehrheit, die heute einen Regierungschef wählt, kann morgen nicht so tun, als ob sie mit dessen Person und Regierung nichts verbinde. Durch eine Verweigerung der Zusammenarbeit mit dem von ihr gestellten Regierungschef würde sie sich selbst einen Fehler bescheinigen – nämlich denjenigen, den falschen Kanzler gewählt zu haben. Die Brücke, über die Parlamentsmehrheit und Regierung im heutigen parlamentarischen Regierungssystem verbunden sind, bilden die Parteien. Jedoch muss dies nicht unbedingt bedeuten, dass Regierung und Parlamentsmehrheit eine absolute Einheit darstellen. Die unterschiedliche Intensität der Beziehungen zwischen diesen beiden Organen hängt in erster Linie ab von der Anzahl der Parteien, die zur Bildung einer Regierung notwendig sind.

Emil Hübner, Informationen zur politischen Bildung Nr. 227, Parlamentarische Demokratie 1, Neudruck 1993, S. 26 f.

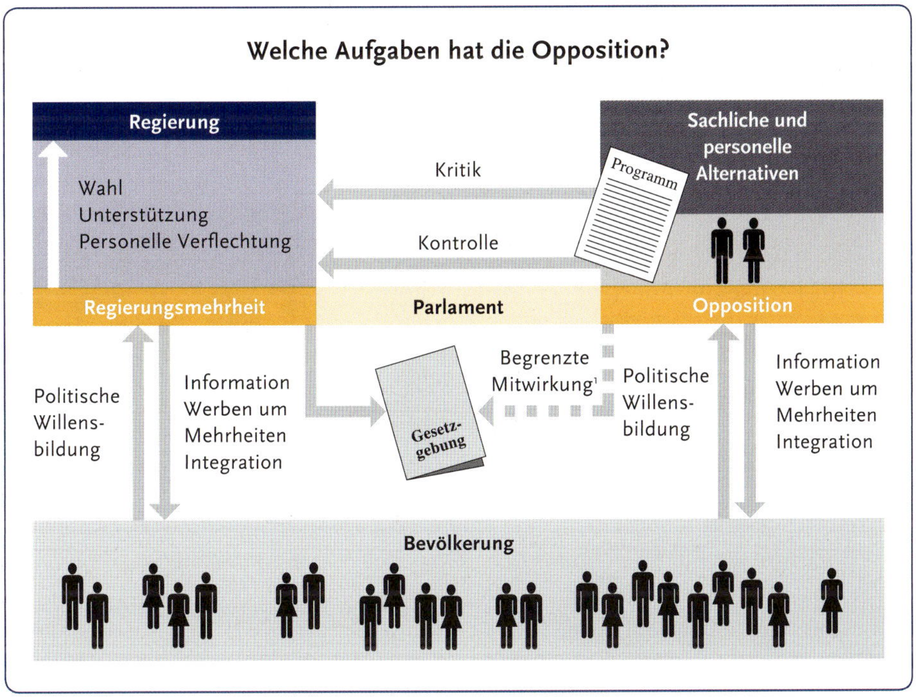

Nach: Bergmoser + Höller Verlag AG, Zahlenbilder 67 260, [1]über Ausschüsse, evtl. Bundesrat

M 9 Wie können Abgeordnete die Regierung kontrollieren?

Stelle dir folgende Situation vor: Die Regierung möchte die von der CSU geforderte allgemeine Maut für PKW einführen und bringt einen entsprechenden Gesetzesvorschlag in den Bundestag ein. Doch viele Abgeordnete, auch der Regierungsparteien, sind damit nicht einverstanden. Wie sollen sie ihre Kritik äußern?

Folgende Maßnahmen stehen den Abgeordneten zur Verfügung:

in einer nicht-öffentlichen Versammlung Bedenken gegenüber der Parteispitze äußern

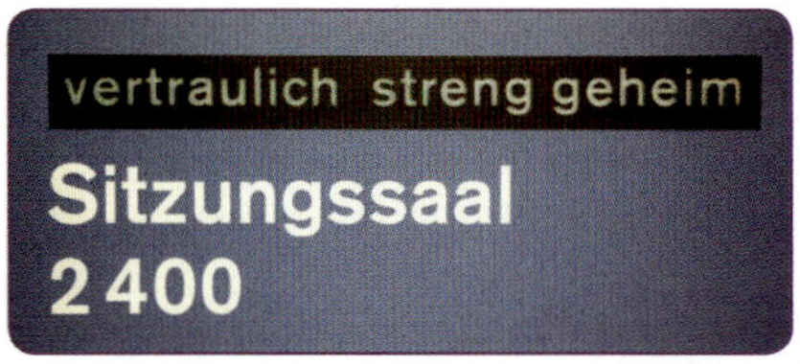

in einem Fachausschuss des Bundestages hinter verschlossenen Türen Kritik üben

in einer Fernsehtalkshow die Regierung offen und hart kritisieren

im Kreis aller Abgeordneten ihrer Partei (Fraktion) Bedenken äußern

eine Aktuelle Stunde im Bundestag beantragen, in der in aller Breite und öffentlich Mitglieder der Regierung Stellung nehmen müssen; die Debatte wird sogar im Fernsehen übertragen

auf einem Parteitag eine Rede halten, in der sie die Politik der Regierung geißeln

noch nicht veröffentlichte Informationen heimlich und anonym an die Presse geben

M 10 Interview mit dem Bundestagsabgeordneten Michael Donth

Michael Donth (CDU) ist Mitglied des Deutschen Bundestags und vertritt dort seit 2013 den Wahlkreis Reutlingen.

Herr Donth, wieso braucht die Regierung eine Kontrolle durch den Bundestag?
Macht an sich birgt die Gefahr in sich, dass sie missbraucht werden kann. Deshalb ist es wichtig, dass die Ausübung der Macht durch die Regierung eine Kontrolle durch das Parlament, die gewählten Vertreter des Volkes, erfährt. Dies geschieht üblicherweise und prinzipiell durch die Opposition, aber auch durch die die Regierung tragenden Parteien.

Kritiker sagen oft, dass eigentlich nur die Opposition die Regierung kontrollieren würde. Können Sie diesen Vorwurf aus der Sicht der Regierungsfraktionen entkräften?
Jeden dieser Kritiker würde ich gerne einmal zu einem Praktikum in den Bundestag einladen oder auch nur in eine Fraktionssitzung der CDU/CSU-Fraktion. Allein zu unserer Fraktion gehören schon zwei Parteien, dazu kommen Sitzungen der entsprechenden Landesgruppen jede Sitzungswoche. Diese diskutieren Themen sehr kontrovers und bringen sehr viele unterschiedliche Aspekte zur Sprache. Auch die Minister der eigenen Partei müssen sich gegenüber diesen Gremien für ihre Entscheidungen und Beschlüsse rechtfertigen. Letztlich gibt es für alle Abgeordneten im Bundestag die Bilanz; spätestens nach vier Jahren müssen sich alle wieder vor den Wählern verantworten und sich an ihren Taten und Aussagen messen lassen. Da werden die Regierung und deren Partei(en) natürlich auch kritischer beäugt, als die Opposition. Und da jeder meiner Kollegen sich dann in seinem Wahlkreis den Bürgern stellt, ist eine Kontrollfunktion auch hier durchaus erfüllt.

Die jetzige Regierung der Großen Koalition verfügt über eine überwältigende Mehrheit im Parlament. Wie wirkt sich dies auf die Kontrollaufgabe des Parlaments aus?
Ich würde behaupten, fast gar nicht. Natürlich waren den beiden Oppositionsparteien aufgrund ihres Wahlergebnisses von zusammen rund 20 % zunächst manche Kontrollrechte versagt. Dies betraf z. B. die Einsetzung von Untersuchungsausschüssen oder einer Enquete-Kommission, sowie die Durchsetzung einer öffentlichen Anhörung in einem Ausschuss. Deshalb haben wir die Geschäftsordnung so geregelt, dass dafür in dieser Wahlperiode nicht die sonst üblichen 25 % erforderlich sind, sondern 120 Oppositionsabgeordnete ausreichen. Außerdem wurde Grünen und Linken zusätzliche Redezeit zugestanden. Ich denke, die Regierungsfraktionen haben deutlich gemacht, dass sie bereit sind, der Opposition entgegen zu kommen, um eine Kontrolle der Regierung, auch durch Parlamentarier, die nicht in einer Regierungsfraktion sitzen, zu gewährleisten. Allerdings ist auch die Große Koalition, obgleich vor der Wahl von vielen Wählern durchaus gewünscht, keine Liebesheirat gewesen. Man kann also keineswegs sagen, dass die Parteien sich überall nur einig sind und nicht auch hier eine gewisse gegenseitige Kontrolle stattfindet. Kontrolle

Enquete-Kommissionen
überfraktionelle Arbeitsgruppen zur Vorbereitung von Entscheidungen über umfangreiche und bedeutsame Sachkomplexe

hat nicht nur mit Quantität, sondern vielmehr mit Qualität zu tun.

Dem Bundestag stehen verschiedene Kontrollinstrumente zur Verfügung. Welche dieser Instrumente halten Sie für besonders wirkungsvoll?

Ich denke, da muss man differenzieren: Das allerschärfste Schwert ist sicher das Misstrauensvotum, das zum Regierungswechsel führen kann. Außerdem ebenfalls sehr spektakulär und mit richterlichen Vollmachten ausgestattet: die Untersuchungsausschüsse. Am effizientesten sind in meinen Augen die Ausschüsse, in denen ein großer Teil aller geplanten Gesetzesentwürfe ausgearbeitet wird. Hier zeigt sich auch, dass alle Parlamentarier, ob mit oder ohne Regierungsbeteiligung, in der Regel sehr konstruktiv miteinander arbeiten. Obgleich naturgemäß die Ansichten divergieren, kann man hier in Ruhe Standpunkte austauschen und ein gutes Ergebnis erlangen. Die Kontrollfunktion auszuüben heißt in meinen Augen nicht, einfach nur den Finger auf Entscheidungen zu halten, die man nicht mittragen kann, sondern mit den eigenen Standpunkten zu einem guten Endergebnis beizutragen. Gerade in der Arbeit des Bundestages sollte eine Kontrolle weniger eine nachträgliche Überprüfung und dafür umso mehr eine vorgeschaltete Einflussnahme auf Entscheidungen und Beschlüsse der Bundesregierung sein. Auch in Berlin wird nicht nur schwarz/weiß gedacht.

Inwieweit wird die öffentliche Wirkung bei der Auswahl der Instrumente berücksichtigt?

Die öffentliche Wirkung ist natürlich insbesondere in einer aktuellen Stunde oder einem Untersuchungsausschuss sicher eines der entscheidenden Kriterien bei der Wahl des Mittels. Hier erzeugt man ein großes Medieninteresse und nimmt somit großen Einfluss auf die Wahrnehmung eines Themas in der Öffentlichkeit, also bei den Wählern. Denn die Öffentlichkeit und die veröffentlichte Meinung nehmen in unserem Staat ja zusätzlich zum Parlament eine wichtige Kontrollfunktion wahr. Man muss sich immer fragen: „Was will ich denn erreichen?" und das Mittel entsprechend wählen. Ein gutes Endergebnis habe ich in der regulären Ausschussarbeit, eine hohe öffentliche Wirkung erziele ich durch einen Untersuchungsausschuss.

Interview des Bearbeiters mit Michael Donth MdB über die Wahrnehmung der Kontrollrechte des Bundestags durch die Abgeordneten am 3.6.2014

M 11 Das konstruktive Misstrauensvotum

Weimarer Republik
Bezeichnung für erste deutsche Republik (9.11.1918 – 30.1.1933)

Der Bundestag kann nach Art. 67 Grundgesetz (GG) den Bundeskanzler abwählen, indem er mit der absoluten Mehrheit seiner Mitglieder einen Nachfolger wählt. Damit wird gesichert, dass der Bundeskanzler nur dann aus dem Amt entfernt werden kann, wenn sich im Bundestag eine neue Regierungsmehrheit zusammenfindet. Verhindert wird dadurch, dass wie in der Weimarer Republik negative Mehrheiten, die sich nur in der Ablehnung der Regierung einig sind, die Regierung stürzen können. Diese Bestimmung wird als „konstruktives Misstrauensvotum" bezeichnet. Ein konstruktives Misstrauensvotum hat es im Bundestag bisher zweimal gegeben, das gescheiterte gegen Bundeskanzler Willy Brandt 1972 und das erfolgreiche gegen Bundeskanzler Helmut Schmidt 1982.

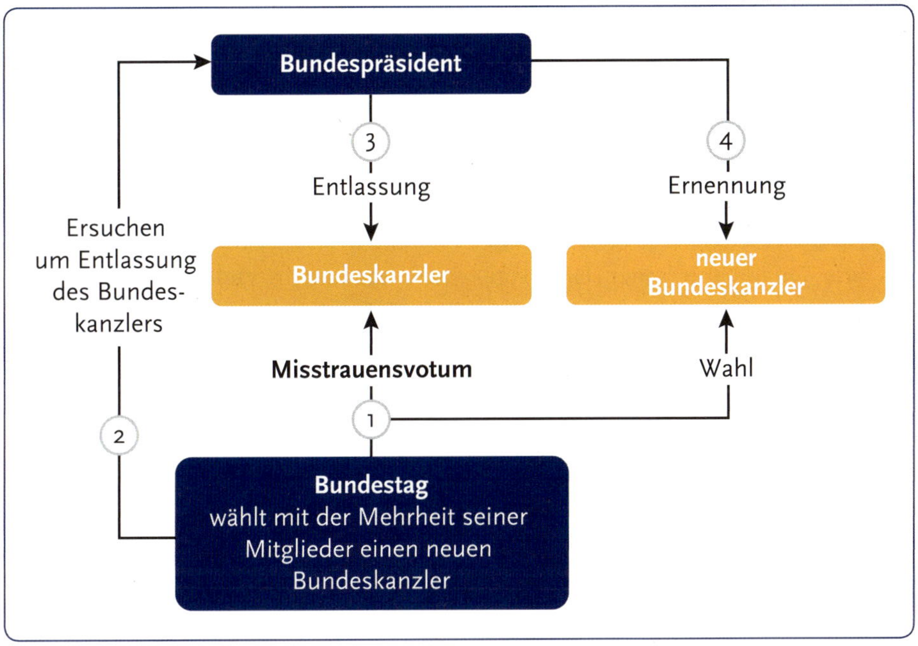

Horst Pötzsch, Die deutsche Demokratie, 5. Auflage, Bonn 2009, S. 73 f.

Art. 67 GG
(1) Der Bundestag kann dem Bundeskanzler das Misstrauen nur dadurch aussprechen, dass er mit der Mehrheit seiner Mitglieder einen Nachfolger wählt und den Bundespräsidenten ersucht, den Bundeskanzler zu entlassen. Der Bundespräsident muss dem Ersuchen entsprechen und den Gewählten ernennen.
(2) Zwischen dem Antrage und der Wahl müssen achtundvierzig Stunden liegen.

Aufgaben

1. Charakterisiere das jeweilige Verhältnis eines Abgeordneten der Regierungsfraktion und eines Abgeordneten der Oppositionsfraktion zur Bundesregierung (M 8).
2. Versetze dich in einen Abgeordneten der Regierungsfraktion und der Opposition. Beurteile aus deiner Perspektive und mithilfe von M 9, welche Maßnahmen die beiden treffen sollen, um Kritik an der Regierung zu üben. Wähle dazu die Maßnahmen aus, die dir am sinnvollsten erscheinen und begründe deine Auswahl.
3. Fasse die Aussagen Michael Donths zu den Kontrollmöglichkeiten der Regierung durch die Abgeordneten zusammen (M 10).
4. Überprüfe die folgenden Aussagen zur Kontrolle der Regierung. Stimmen sie? Begründe deine Entscheidungen (M 9 – M 11).
   - Hauptaufgabe des Bundestages ist die Kontrolle der Regierung.
   - Bei der Auswahl der Kontrollmöglichkeiten ist die öffentliche Wirkung von entscheidender Bedeutung.
   - Nur die Opposition kontrolliert die Regierung.
   - Regierung und Parlament sind nicht vollständig voneinander getrennt.

zu Aufgabe 4
Entwirf weitere Aussagen zur Kontrolle der Regierung und lasse sie von deinem Nachbarn überprüfen.

Wie frei ist ein Abgeordneter?

M 12 Die Streitfrage: Mopedfahren schon ab 15 Jahren?

In Sachsen, Sachsen-Anhalt und Thüringen startete zum 1. Mai 2013 ein Modellversuch, der vorsieht, dass bereits 15-Jährige einen Führerschein der Klasse M erwerben dürfen. Dieser erlaubt das Fahren von Mopeds und kleineren vierrädrigen Gefährten wie Quads mit einer Höchstgeschwindigkeit von bis zu 45 Stundenkilometern. In den übrigen dreizehn Bundesländern dürfen 15-Jährige nach wie vor nur auf 25 Stundenkilometer gedrosselte Mofas fahren. Die Verkehrsminister der drei Länder wollen durch den Modellversuch eine bessere Mobilität vor allem junger Leute auf dem Land erreichen. Die Entscheidung ist umstritten und in vielen Internet-Foren wird darüber diskutiert, ob Jugendliche mit schneller fahrenden Gefährten nicht überfordert sind.

Stephan (8.5.2013 16:04)
Na endlich ... Ich sehe das mal aus Sicht der schnelleren Verkehrsteilnehmer: Mofas sind extreme Verkehrsbehinderer (weil sie nicht mal auf den Fahrradweg dürfen!), da man sie bei unserer hohen Verkehrsdichte oft nur mit hohem Risiko oder längere Zeit gar nicht überholen kann. Gut, dass das bald ein Ende hat. Davon abgesehen reizt es die Jugendlichen dann auch sicher deutlich weniger, ihr Fahrzeug zu frisieren.

Heidi (7.5.2013 19:08)
Ich finde die Idee absolut super. Ich muss sonst meine Tochter noch ein Jahr lang zum Reiten fahren (12 Kilometer Landstraße). Mit dem Mofa ist es deutlich gefährlicher.

Gerd (7.5.2013 17:34)
Es ist doch unverantwortlich, dass die Jugend, die sich sonst auch kaum an Regeln hält, jetzt eine Lizenz zum Schnellfahren bekommt.

Anne (7.5.2013 16:56)
Sind unsere Politiker jetzt völlig verrückt geworden? Seit in Österreich 15-Jährige Moped fahren dürfen, steigt die Zahl der Moped-Unfälle dort sprunghaft. Und das wollen wir jetzt auch bei uns?

Ralf (8.5.2013 20:02)
Ich habe eine Schreinerei auf dem Land in einem kleinen Dorf. Busse gibt es nicht. Also habe ich Probleme, Azubis zu bekommen, weil diese oft nicht mobil sind. Wenn die in Zukunft Moped fahren dürfen, wäre mir damit sicher geholfen.

M 13 Der Abgeordnete – wie soll er entscheiden?

Der Deutsche Bundestag soll entscheiden, ob der Mopedführerschein bundesweit bereits für 15-Jährige eingeführt werden soll. Diese Entscheidung ist nicht unumstritten und die Abgeordneten werden von unterschiedlicher Seite beeinflusst. Irgendwann muss der Abgeordnete aber wissen, ob er dem Gesetz zustimmt oder nicht. Sein Problem ist dabei, dass er es nicht allen recht machen kann.

Elterngruppe
Du vertrittst eine Gruppe von Eltern aus dem Wahlkreis des Abgeordneten. Ihr habt euch zusammengeschlossen, da ihr davon überzeugt seid, dass es viel zu gefährlich ist, eure Kinder schnelle Mopeds fahren zu lassen. Erfahrungen aus Österreich haben gezeigt, dass es zu vielen schweren Unfällen kommt. Der Abgeordnete will kommendes Wochenende in den Wahlkreis kommen und ihr plant bereits eine Kundgebung auf dem Marktplatz, um auf eure Forderung aufmerksam zu machen.

Fraktionsführer der Regierungspartei
Die Mehrheit der Abgeordneten und auch die Regierung sind dafür, die Altersgrenze abzusenken. Innerhalb der Fraktion gibt es aber einige Abgeordnete, die sich nicht sicher sind, ob sie dem Vorschlag zustimmen. Der Bundeskanzler hat mit dir telefoniert und er wünscht sich, dass die Fraktion im Bundestag geschlossen zustimmt und das Thema damit endlich erledigt ist.

Einfacher Abgeordneter der Regierungsfraktion
Du bist Mitglied des Verkehrsausschusses und musst bald entscheiden, ob du für oder gegen den Gesetzentwurf stimmst. Im Vorfeld setzen sich verschiedene Menschen mit dir in Verbindung, um deine Entscheidung zu beeinflussen.

Azubi in einem Betrieb auf dem Land
Du bist 15 Jahre alt und um in die Berufsschule zu kommen, musst du sehr weit fahren. Mit dem Bus ist das fast nicht zu schaffen. Ein Moped würde dir sehr helfen. Du hast bereits mit den anderen Berufsschülern gesprochen und dabei gemerkt, dass es sehr vielen von ihnen auch so geht wie dir.

Vorsitzender der Handwerkskammer der ländlichen Region
Viele eurer Auszubildenden haben große Schwierigkeiten, den Ausbildungsbetrieb oder die Berufsschule mit öffentlichen Verkehrsmitteln zu erreichen. Deine Hoffnung ist, dass sich diese Situation entspannen würde, wenn 15-Jährige bereits Moped fahren dürften.

M 14 Die Vertreter des Volkes

Die Abgeordneten des Deutschen Bundestags sind stellvertretend für die Bürgerinnen und Bürger in Deutschland gewählt, um für das Volk die richtigen Entscheidungen zu treffen. Wir geben ihnen bei der Wahl mit unserer Stimme den Auftrag, die Interessen der ganzen Bevölkerung im Parlament zu vertreten. Mit unserem Votum für einen Abgeordneten ist aber keinesfalls ein konkreter Auftrag verbunden – etwa wie sich ein Abgeordneter bei einer bestimmten Abstimmung verhalten soll. Das ist das Prinzip des freien Mandats – und im Grundgesetz festgeschrieben.

Wenn wir die Abgeordneten für vier Jahre in den Bundestag wählen, dann treffen wir diese Entscheidung aber nicht nur wegen ihrer Person, sondern auch aufgrund ihrer Zugehörigkeit zu einer politischen Partei. Bei der Zweitstimme wird es besonders deutlich: Damit wählen wir eine Partei, keine Person. Das hat einen Grund: Parteien spielen in einer Demokratie eine wichtige Rolle. Wenn wir einen Politiker wählen, dann gibt uns seine Mitgliedschaft in einer Partei Aufschluss über seine politischen Überzeugungen und Ziele. Im besten Fall wissen wir also, für welches politische Programm der einzelne Kandidat steht. Um solche Interessen aber auch im Parlament durchzusetzen, bilden Abgeordnete Fraktionen.

Wenn es nun also um Abstimmungen geht, erwarten die Fraktionen in der Regel von ihren Mitgliedern, dass sie so votieren, wie es zuvor beschlossen wurde. Das bezeichnet man als Fraktionsdisziplin. Einen rechtlichen Zwang, im Sinne der eigenen Fraktion auftreten oder abstimmen zu müssen, gibt es jedoch nicht. Das freie Mandat sichert somit die individuelle Verantwortlichkeit der Abgeordneten und die Fraktionsdisziplin seine kollektive Verantwortlichkeit. Aber es gibt auch Abstimmungen – oft über Fragen, die besonders das Gewissen jedes einzelnen Abgeordneten berühren – bei denen die Fraktionsdisziplin bewusst aufgehoben ist.

dpa, www.bundestag.de (20.11.2010)

Aufgaben

1. Arbeite ausgehend von den Kommentaren in M 12 Argumente für bzw. gegen das Absenken der Altersgrenze für den Moped-Führerschein heraus.
2. Bildet Gruppen und teilt die fünf Rollen untereinander auf. Stellt euch vor, der Abgeordnete hat euch alle in seine Bürgersprechstunde eingeladen. Ihr müsst nun versuchen, ihn von eurer Position zu überzeugen. Im Anschluss an das Streitgespräch muss der Abgeordnete sich entscheiden und seine Entscheidung vor der Klasse begründen (M 13).
3. In Art. 38 (1) GG steht, dass die Abgeordneten des Deutschen Bundestages in ihren Entscheidungen frei und nur ihrem Gewissen unterworfen sind. Arbeite heraus, warum der Abgeordnete in der Praxis der Parlamentsarbeit auch die Wünsche seiner Fraktion berücksichtigen muss (M 14).

Überlege, wie sich die Stellung der Abgeordneten verändert, wenn die Regierung nur über eine knappe Mehrheit verfügt.

zu Aufgabe 3
Stelle das Spannungsverhältnis, in dem sich die Abgeordneten befinden, in einer Zeichnung oder Karikatur dar.

Wie arbeitet der Deutsche Bundestag?

M 15 Wo sind die Abgeordneten?

Bundestagsdebatten finden häufig vor leeren Rängen statt. Auch in der Öffentlichkeit werden sie kaum wahrgenommen. Politik-Talkshows erzielen dagegen regelmäßig hohe Einschaltquoten.

M 16 Der Deutsche Bundestag im Zentrum der Demokratie

Der Bundestag ist das einzige direkt vom Volk gewählte Verfassungsorgan des Bundes. Er steht damit im Zentrum der deutschen Demokratie. […] Der Bundestag ist eine Mischform aus Arbeitsparlament und Redeparlament. Im Plenum finden richtungweisende politische Debatten statt. Und „hinter den Kulissen" arbeiten die Ausschüsse.

In den Plenarsitzungen finden die öffentlichkeitswirksamen Auseinandersetzungen statt. Diese Parlamentsdebatten dienen vor allem dazu, die Wähler über die verschiedenen Positionen der im Bundestag vertretenen Parteien zu informieren. Rederecht haben alle Abgeordneten sowie Mitglieder der Bundesregierung und des Bundesrates. Zu besonderen Anlässen dürfen auch hohe Staatsgäste im Plenarsaal sprechen.

Das Plenum nimmt wichtige **Kontrollrechte** des Parlaments wahr: In Aktuellen Stunden, Großen Anfragen, Regierungsbefragungen und Fragestunden befassen sich die Abgeordneten mit aktuellen Themen oder fordern mündliche Stellungnahmen der Bundesregierung ein.

Im Plenum wird schließlich auch über Gesetzesvorlagen abgestimmt. Der Bundestag ist beschlussfähig, wenn mindestens die Hälfte der Abgeordneten anwesend ist.

In den **Ausschüssen** können die Abgeordneten in kleinerer Runde die Gesetzesvorlagen diskutieren und den hinzugezogenen externen Sachverständigen zuhören. Die Fraktionen entsenden die Experten unter ihren Abgeordneten in die Ausschüsse. Dieses geschieht entsprechend ihren Kräfteverhältnissen im Parlament. Die Ausschüsse erarbeiten die Vorlagen, die anschließend dem Plenum zur Abstimmung vorgelegt werden. Die anderen Fraktionsmitglieder werden durch ihre Vertreter in den Ausschüssen über die Vorlagen informiert und übernehmen häufig deren Rat.

Verfassungsorgan
vgl. S. 57

Petitionsausschuss
Befasst sich mit Eingaben von Bürgern, die sich bspw. von einer Bundesbehörde ungerecht behandelt fühlen oder Anregungen für Änderungen bestehender Gesetze haben.

Man unterscheidet zwischen den ständigen Ausschüssen und einer Anzahl von Ausschüssen, die nur im Bedarfsfall eine Rolle spielen. Diese werden wieder aufgelöst, nachdem sie ihre Aufgabe bewältigt haben. Im Grundgesetz sind nur die Bildung von Ausschüssen für Angelegenheiten der Europäischen Union, Auswärtige Angelegenheiten, für Verteidigung und ein Petitionsausschuss festgeschrieben. Die Anzahl der ständigen Ausschüsse des Bundestages lag in der Legislaturperiode 2009-2013 bei 22. Oft entsprechen die Ausschüsse den in der Regierung vertretenen Fachministerien.

Das Parlament ist ebenfalls für die Gesetzgebung, die Verabschiedung des Haushalts und die Schaffung einer Regierung durch die Wahl des Bundeskanzlers zuständig. Eine weitere Hauptaufgabe ist die Kontrolle der Exekutive. Hierzu dienen nicht zuletzt **Untersuchungsausschüsse**.

Nach: Martin Hetterich/Stephan Trinius, www.bpb.de, Aufgaben des Bundestags, 28.8.2013

M 17 Die Organisation des Deutschen Bundestags

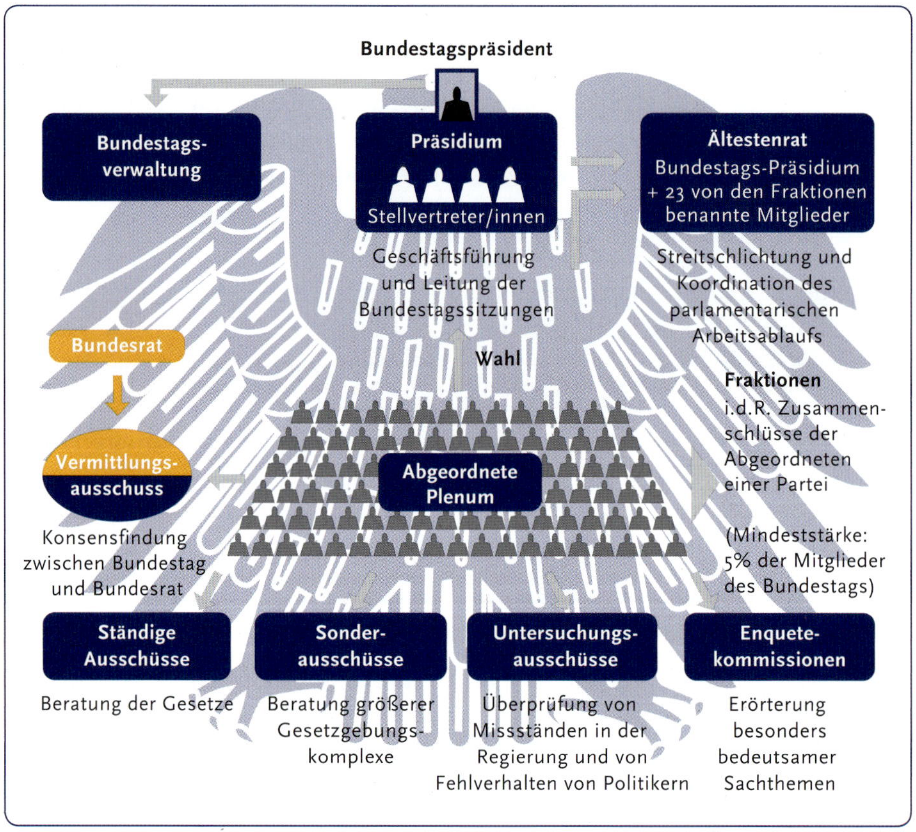

Nach: Bergmoser + Höller Verlag AG, Zahlenbilder 64 110

M 18 Ist die Kritik am Parlament berechtigt?

Abgeordnete sind verpflichtet, an Ausschusssitzungen zu den Gesetzen teilzunehmen, die ihr Ausschuss (z. B. der Verteidigungsausschuss) gerade bearbeitet. Sie müssen Fachleute hören und umfangreiches Informationsmaterial durcharbeiten, das ihr Mitarbeiterstab oder der wissenschaftliche Dienst des Bundestages zusammengetragen haben; es kostet sie Zeit, etwa im Arbeitskreis ihrer Fraktion eine kritische Anfrage an die Bundesregierung zu formulieren oder sich um Kontakte zu den Medien zu kümmern, ohne die sie ihre Anliegen nicht wirksam vertreten können. Auch für die Einzelinteressen und Probleme der Bürgerinnen und Bürger setzen sich die Abgeordneten oft in mühsamer Kleinarbeit ein. Die Arbeit im Wahlkreis erfordert zusätzlichen Zeitaufwand.

Da muss die Plenumsdebatte oft zurückstehen. Dort werden nach getaner Ausschussarbeit häufig die allen Abgeordneten bereits bekannten Argumente ausgetauscht, die niemanden, der sich monate-, manchmal jahrelang mit einer Frage auseinandergesetzt hat, noch zu einem Meinungswandel veranlassen können. Trotzdem sind diese Debatten kein überflüssiges Ritual: Die Sprecherinnen und Sprecher der Fraktionen reden bewusst „zum Fenster hinaus", um der Öffentlichkeit die Gründe für ihre Sachentscheidungen zu vermitteln und so die in der Demokratie wichtige Transparenz zu ermöglichen.

Ein weiteres Stereotyp der Parlamentskritik behauptet, dass die Parlamentarierinnen und Parlamentarier zu viel streiten und zu wenig Einigkeit beweisen. Wie wenig das mit der Realität zu tun hat, zeigt schon die Statistik der Bundestagsgesetzgebung. Die meisten Gesetze werden nämlich im Einvernehmen von den [...] Fraktionen verabschiedet. In den Augen der Öffentlichkeit decken freilich die Meinungsverschiedenheiten über die Steuerpolitik, die Rentenreform, die Arbeitsförderung, die Gesundheitspolitik oder die Zuwanderung die Gemeinsamkeiten auf anderen Gebieten zu. Solche Themen erfordern weitreichende Weichenstellungen und die Abstimmung mit den Interessen großer gesellschaftlicher Gruppen. [...]

Die Präsentation der Politik in den Medien trägt ein Übriges zur kritischen Haltung der Bevölkerung gegenüber der (Partei-)Politik bei: Im Kampf um Einschaltquoten und Verkaufszahlen am Kiosk geben die Medien dem Zwang zu Verknappung, zu Dramatisierung und Zuspitzung immer stärker nach.

Ursula Münch, Information zur politischen Bildung aktuell, Bundestagswahlen 2002, Bonn 2002, S. 7

Dramatisierung
Vorentscheidung
Ausschusssitzungen
Zuspitzung
Ritual
Fachleute
Gesetze
Einschaltquoten
Wahlkreisarbeit
Plenumsdebatte
Medien

Transparenz
Durchsichtigkeit, hier: Nachvollziehbarkeit einer Entscheidung

Stereotyp
Vorurteil

zu Aufgabe 3
Verwende die in der Randspalte genannten Begriffe als Hilfestellung.

Aufgaben

1. Die beiden Bilder aus M 15 können auch als Vorwurf an die Abgeordneten verstanden werden. Formuliere, welcher Vorwurf hier erhoben wird.
2. Erläutere, warum man den Bundestag als Mischung aus Rede- und Arbeitsparlament bezeichnen kann (M 16).
3. Entwirf eine kurze Rede aus der Sicht eines Abgeordneten, in der er sich gegen die Parlamentskritik zur Wehr setzt (M 16 – M 18).

Was wir wissen

Regieren
M 2, M 5

Die Bundesregierung mit dem Kanzler an der Spitze hat die zentrale Aufgabe der politischen Führung. Einerseits soll der Wille der Parlamentsmehrheit von der Regierung in praktische Politik umgesetzt werden. Andererseits formt die Regierung den Mehrheitswillen des Parlaments auch durch politische Initiativen entscheidend mit.

Stellung des Bundeskanzlers
M 6, M 7

In der Regierung hat der Bundeskanzler eine hervorgehobene Stellung. Er bestimmt nach Art. 65 GG „die Richtlinien der Politik und trägt dafür die Verantwortung" (Kanzlerprinzip), d. h. er legt umfassende Ziele fest (wie z. B. große Reformvorhaben). Darüber hinaus macht er dem Bundespräsidenten Vorschläge zur Ernennung und Entlassung von Kabinettsmitgliedern. Innerhalb der Richtlinien leiten die Minister ihr Ministerium selbständig (Ressortprinzip). Abgeschwächt wird das Kanzlerprinzip auch durch das Kabinettsprinzip. So berät und beschließt das Kabinett als Ganzes über alle Gesetzesentwürfe und entscheidet bei Streitfragen über die Zuständigkeit zwischen einzelnen Ministerien.

Kontrolle der Regierung

Gewaltenverschränkung
M 8, M 10

Eine wichtige Aufgabe des Bundestags ist die Kontrolle der Regierung. Dies ist die Hauptaufgabe der Opposition. In der Praxis der Parteiendemokratie bilden nämlich die Regierung mit dem Bundeskanzler und die Regierungsparteien, die ja die Mehrheit im Parlament haben, eine Handlungseinheit. Man spricht in diesem Zusammenhang auch von Gewaltenverschränkung. Zwar üben auch die eigenen Abgeordneten Kritik an der Regierung, doch tun sie dies meist nicht öffentlich. So werden die Kontrollinstrumente des Bundestages wie Kleine und Große Anfrage, Aktuelle Stunden, Fragestunden, Untersuchungsausschüsse etc. hauptsächlich von der Opposition in Anspruch genommen. Außerdem kann die Opposition ihre Kritik wirksam über die Medien äußern und sich dort als die bessere Alternative präsentieren.

Stellung der Abgeordneten
M 14

Abgeordnete, die derselben Partei angehören, schließen sich im Bundestag zu einer Fraktion zusammen. Die Fraktionen sind die politische Heimat für die Abgeordneten und bilden den organisatorischen Rahmen der Arbeit im Bundestag, denn anders wäre der Bundestag wohl kaum entscheidungsfähig. Bei Abstimmungen folgen die Abgeordneten in der Regel der von der Fraktion festgelegten Linie (Fraktionsdisziplin), obwohl sie eigentlich nach Art. 38 GG in ihren Entscheidungen frei sind (freies Mandat).

Arbeitsweise des Bundestages
M 16 – M 18

Der Bundestag ist eine Mischform aus Arbeits- und Redeparlament. Neben den Reden und Abstimmungen im Plenum findet die Hauptarbeit der Abgeordneten aber vor allem in Fachausschüssen, die sich mit der Ausarbeitung von Gesetzen beschäftigen, statt. Dort beraten die Abgeordneten, hören Fachleute an, diskutieren die Gesetzesentwürfe und verändern diese.

Was wir können

Insgesamt 3.592 Kleine Anfragen an die Bundesregierung

In der 17. Wahlperiode (2009-2013) regierte eine schwarz-gelbe Koalition unter Kanzlerin Angela Merkel. SPD, Bündnis 90/Grüne und DIE LINKE bildeten die Opposition. Insgesamt stellten die Fraktionen des Deutschen Bundestags in dieser Wahlperiode 3.592 Kleine Anfragen, davon die SPD 457, die Grünen 1.434 und DIE LINKE 1.659. Große Anfragen gab es insgesamt 54, davon 24 von der SPD, 14 von DIE LINKE und 13 von Bündnis 90/Die Grünen.

Deutscher Bundestag, Referat Parlamentsdokumentation, 1.9.2013

Fragerechte des Bundestags

Große Anfrage

Schriftliche Anfrage zu einem größeren politischen Themenkomplex durch eine Fraktion bzw. mindestens 5 % der Abgeordneten

An die Beantwortung durch die Bundesregierung schließt sich in der Regel eine Debatte vor dem Bundestag an.

Kleine Anfrage

Schriftliche Anfrage zu konkreten Einzelthemen durch eine Fraktion bzw. mindestens 5 % der Abgeordneten

Die Antwort erfolgt schriftlich durch das jeweils zuständige Bundesministerium.

Fragestunde

Einzelfragen zur mündlichen oder schriftlichen Beantwortung, von einzelnen Abgeordneten eingebracht

Mündliche Beantwortung in den beiden wöchentlichen Fragestunden des Bundestags

Möglichkeit für die Abgeordneten, mit Zusatzfragen nachzuhaken

Haupfunktionen:

- ▶ Beschaffung von Informationen
- ▶ öffentliche Herausforderung der Regierung durch die Opposition
- ▶ Gelegenheit, die Haltung der Opposition darzulegen

Aktuelle Stunde

Politische Debatte mit Kurzbeiträgen zu einem aktuellen Thema auf Verlangen einer Fraktion bzw. von mindestens 5 % der Abgeordneten oder nach Vereinbarung

Redezeit für die Abgeordneten: 5 min; Gesamtdauer: 1 Stunde + Redezeit der Regierung

Nach: Bergmoser + Höller Verlag AG, Zahlenbilder 66 250

Aufgabe

Erkläre, weshalb die Fraktionen die parlamentarischen Fragerechte so unterschiedlich stark einsetzen. Wähle für deine Erklärung Begriffe aus dieser Begriffswolke aus:

Abgeordnete | Bundestag | Öffentlichkeit | Legislative | Gewaltenverschränkung | Gewaltenteilung | Opposition | Wahlen | Kontrollrechte | Kontrolle | Exekutive

4.2 Wie entsteht ein Gesetz?

Das Problem: Energiesicherheit in Deutschland

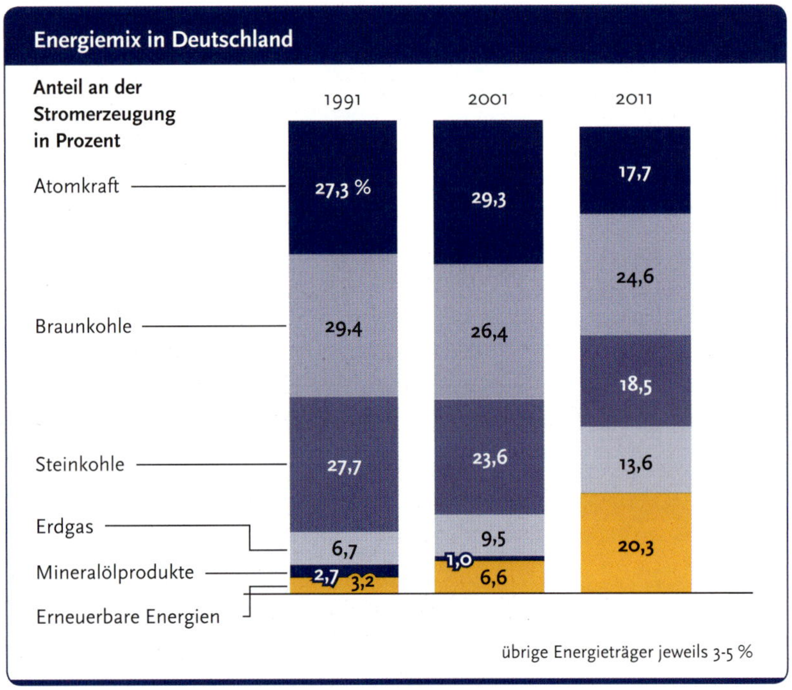

dpa-Grafik 17959; Quelle: Arbeitsgemeinschaft Energiebilanzen (AGEB)

Gesetzentwurf zur Änderung des Atomgesetzes

A. Problem und Ziel: Die nuklearen Folgen der Erdbebenkatastrophe in Japan bedeuten einen Einschnitt für die friedliche Nutzung der Kernenergie auch in Deutschland. Im Lichte dieser Ereignisse hat die Bundesregierung mit den Ministerpräsidenten der Länder, in denen Kernkraftwerke betrieben werden, die Sicherheit aller deutschen Kernkraftwerke durch die Reaktor-Sicherheitskommission [...] überprüfen lassen und zudem durch eine Ethikkommission „Sichere Energieversorgung" einen gesellschaftlichen Dialog zu den Risiken der Nutzung der Kernkraft und zu der Möglichkeit eines beschleunigten Übergangs in das Zeitalter der erneuerbaren Energien angestoßen. Die Bundesregierung hat unter Einbeziehung der Ergebnisse der Reaktor-Sicherheitskommission und der Ethikkommission „Sichere Energieversorgung" sowie des absoluten Vorrangs der nuklearen Sicherheit beschlossen, die Nutzung der Kernenergie zum frühestmöglichen Zeitpunkt zu beenden.

Bundestag, Drucksache 17/6070, Gesetzentwurf der Fraktionen der CDU/CSU und FDP

M 1 Der Streit um die Atomenergie

Die rot-grüne Bundesregierung unter Bundeskanzler Gerhard Schröder hatte nach ihrem Wahlsieg 1998 die Atomkraft neu bewertet und war zu dem Ergebnis gekommen, dass die Risiken der kommerziellen Nutzung zu hoch sind. 2002 wurde der geordnete Ausstieg aus der Atomkraft beschlossen. Die Laufzeit der bestehenden Atomkraftwerke wurde auf durchschnittlich 32 Jahre seit ihrer Inbetriebnahme festgelegt.

Nach dem Wahlsieg der CDU/CSU und FDP im Jahr 2009 einigten sich die neuen Regierungsparteien im Koalitionsvertrag auf eine Neuausrichtung der Atompolitik. Im Herbst 2010 verabschiedete die Regierungskoalition im Rahmen ihres „Energiekonzeptes" ein äußert umstrittenes Gesetz, das die Atomenergie als „Brückentechnologie" sah und eine Verlängerung der Laufzeiten für Atomkraftwerke beinhaltete.

Infolge der Reaktorkatastrophe von Fukushima in Japan im Frühjahr 2011 vollzog die Regierung jedoch eine erneute Kehrtwende. Die beschlossene Laufzeitverlängerung für Atomkraftwerke wurde wieder zurückgenommen. Stattdessen brachten die Regierungsparteien unter Angela Merkel ein Gesetz für den beschleunigten Ausstieg aus der Atomkraft auf den Weg.

M 2 Abschied vom Kern: Strittig sind nur noch Details

Fast ein halbes Jahrhundert hat die Atomenergie Politik und Nation gespalten. Unzählige teils leidenschaftlich, teils verbitterte Debatten wurden im Bundestag geführt. Doch jetzt ist alles anders. Noch nie waren sich die Fraktionen so einig. Diese Einigkeit über den Atomausstieg kam so plötzlich, dass die Redner versuchten, Unterschiede zu finden, wo es längst keine mehr gab. SPD-Fraktionschef Frank-Walter Steinmeier warf lediglich der Kanzlerin „Unaufrichtigkeit und falsches Pathos" vor. Um dann aber zu betonen, dass sie einer Meinung seien: Sie sei „genau dort jetzt angekommen, wo Rot-Grün die Dinge schon gestaltet" habe.

[...] Was Tschernobyl nicht vermochte, das machte Fukushima nun mehr als deutlich: „Die Risiken der Kernenergie sind nicht beherrschbar", brachte es Bundeskanzlerin Angela Merkel (CDU) auf den Punkt. „Wer das erkennt, muss eine neue Bewertung vornehmen. Ich habe eine neue Bewertung vorgenommen", sprach Merkel vergangenen Donnerstag in ihrer Regierungserklärung „Der Weg zur Energie der Zukunft" vor dem Bundestag. [...]

Das Tempo, in dem die Bundesregierung aus der Kernenergie aussteigen will, ist (Gregor Gysi) hingegen zu gering: Die letzten Atomkraftwerke sollen laut Merkel bis 2022 vom Netz genommen werden. Für den Chef der Linksfraktion bedeutet diese Tatsache „elf weitere Jahre Fukushima-Risiko". Ein kompletter Ausstieg sei bereits bis 2014 möglich. Seine Fraktion stellte einen entsprechenden Antrag. Jürgen Trittin, Fraktionschef von Bündnis 90/Die Grünen, kritisierte Details der Kabinettsbeschlüsse: „Bei all diesen Gesetzen gibt es massiven Änderungsbedarf." Seine Fraktion will die Kernkraftwerke bis 2017 abschalten. In einem weiteren Antrag verlangt sie, auf eine sogenannte Kaltreserve zu verzichten. Als Zugeständnis an die Bundesnetzagentur will die Regierung ein Atomkraftwerk, das zeitnah abgeschaltet werden soll, nur auf Stand-by-Modus herunterfahren.

Wirtschaftsminister Philipp Rösler (FDP) entgegnete auf Steinmeiers Kritik, dass die Berücksichtigung der Versorgungssicherheit im Konzept von „Rot-Grün" komplett gefehlt hätte, aber „im Sinne von Netzstabilität" notwendig sei. „Ein Blackout wäre volkswirtschaftlich nicht zu verantworten", betonte auch Gerda Hasselfeldt, Vorsitzende der CSU-Landesgruppe: „Der Strom darf nicht ausfallen." Und aller gegenseitiger Kritik zum Trotz setzte sich, fast am Ende einer turbulenten Woche, Einigkeit durch.

Verena Renneberg, Das Parlament, 14.6.2011

Abgeordnete stimmen am 30.6.2011 im Deutschen Bundestag über den Ausstieg aus der Atomenergie ab.

Fast ein halbes Jahrhundert hat die Atomenergie Politik und Nation gespalten. Erstellt in Zusammenarbeit mit dem Fach Geschichte eine Ausstellung/Wandzeitung über den Atomstreit in der Bundesrepublik Deutschland.

Recherchiere den Ablauf der Atomkatastrophe von Fukushima und beschreibe, welche Folgen der Reaktorunfall für Mensch und Umwelt hatte.

Aufgaben

1. Erstelle eine kurze Chronologie zur Atomgesetzgebung und nenne jeweils stichwortartig den Grund für die Gesetzesvorhaben (M 1).
2. Vergleiche die Positionen der jeweiligen Bundestagsfraktionen zum neuen Atomgesetz. Worin waren sie sich einig, worüber wurde gestritten (M 2)?

Das neue Atomgesetz in der Diskussion

M 3 Stellungnahmen zum Gesetz

„Ich bin gegen die Nutzung der Kernenergie, da immer noch ungeklärt ist, was mit dem Atommüll geschehen soll."

„Die Atomkraft ist im Betrieb eine saubere Technologie. So kann klimafreundlich Energie erzeugt werden."

„Atomkraft ist nicht sicher und deshalb nicht zu verantworten. Das wissen wir seit den Katastrophen von Tschernobyl und Fukushima."

„Atomkraftwerke können billig Strom produzieren. Davon profitiere ich als Konsument."

„Solange die regenerativen Energien noch nicht so weit sind, brauchen wir die Atomkraft. Stromausfälle kann sich ein Industrieland wie Deutschland nicht leisten."

M 4 Kontrovers diskutiert: der Ausstieg aus der Atomkraft

a) Sicher ist sicher

Die Briten haben einen wunderbaren Ausdruck: „elephant in the room". Ein Elefant, den keiner sieht, der aber dennoch Debatten bestimmt – meist als unsichtbarer Bremser. Die Kernkraft war so ein „elephant in the room" in Deutschland: Sie dominierte über Jahre hinweg den Diskurs, sie machte Energiepolitik zur Frage von Macht und Prinzipien. Entscheidungen über Atompolitik hatten dadurch eine Halbwertzeit von allerhöchstens zwei Legislaturperioden; sicher war in dieser Frage nur die Unsicherheit. Diese Zeit ist nun vorbei, zum Glück. Mit dem schwarz-gelben Ausstieg könnte es bald erstmals eine Atomentscheidung mit Aussicht auf Bestand geben. Erstmals ist Investoren damit ein Mindestmaß an Kalkulierbarkeit gegeben. Für den deutschen Strommarkt ist dies das wichtigste Signal: Wer hier investieren will, weiß wieder, woran er ist. Daneben tritt eine andere Sicherheit, deren Bedeutung sich in der Katastrophe in Fukushima aufs Neue manifestiert hat. Die deutschen Kernkraftwerke mögen gut gepflegt gewesen sein doch die Abschaltung der sieben ältesten Anlagen plus Krümmel macht das Leben in diesem Land objektiv sicherer. Ob die anderen Reaktoren teils noch bis 2022 hätten laufen müssen, mag umstritten sein. Dass es fixe Enddaten für sie gibt, ist gut.

Der Kampf für und gegen Kernkraft hat viele Kräfte gebunden in diesem Land; er hat die energiepolitische Debatte in einem Maße bestimmt, das zur Bedeutung dieser Energieform in

Krümmel
Am Geesthachter Ortsteil Krümmel gelegenes Kernkraftwerk, das von 1984 bis 2011 in Betrieb war.

keinem Verhältnis mehr stand. Der Ausstieg setzt diese Kräfte nun frei. Sie werden gebraucht werden: für eine Energieversorgung ohne unüberschaubare Risiken und Müll für Generationen, ohne Raubbau an fossilen Ressourcen. Der Weg ist steinig, aber das Ziel stimmt.

Zeitgleich zur Debatte im Bundestag fordern Menschen vor dem Brandenburger Tor den Ausstieg aus der Kernenergie.

b) Ein Bärendienst

Die Wende von der Wende in der Energiepolitik ist und bleibt ein populistisches Manöver. So schrecklich die Bilder vom Unglück in Fukushima auch waren – die Sicherheit der 17 deutschen Kernkraftwerke wurde dadurch nicht berührt. Wir leben weder auf einer Erdbebenspalte, noch müssen wir mit Tsunamis rechnen. Es geht einzig und alleine um unsere veränderte Wahrnehmung. Rund 70 Prozent der Deutschen sprechen sich inzwischen gegen Kernenergie aus, ohne dass sich an den objektiven Bedingungen für die Reaktorsicherheit hierzulande etwas verändert hätte. Die Physikerin Merkel weiß das. Aber die Politikerin Merkel fürchtet sich.

Die Bundesregierung folgt dem Meinungsumschwung in fast panischer Weise. Wissenschaftlich sorgfältig erarbeitete Energieszenarien für die nächsten 40 Jahre werden über den Haufen geworfen. Acht Kraftwerke gehen von heute auf morgen vom Netz und werden ohne weitere Prüfung stillgelegt. Die anderen Anlagen folgen im Abstand weniger Jahre. Klagen die Konzerne erfolgreich gegen diese Enteignung, kann das den Steuerzahler Milliarden kosten. Zugleich importieren wir Atomstrom aus Frankreich, damit unser Netz stabil bleibt.

Merkel hat vor der aktuellen Angst einer Mehrheit kapituliert. Doch der Union wird dieses Einknicken nichts nutzen, weil Gegner wie Anhänger das hastige Wendemanöver als solches durchschauen. Auch der Sache selbst, nämlich einer klimafreundlichen, sicheren und bezahlbaren Energieversorgung, hat die Kanzlerin mit ihrer Atomwende einen Bärendienst erwiesen. Es wird Jahrzehnte dauern, bis die Kernenergie durch erneuerbare Energie ersetzt wird. So lange steigen der CO_2-Ausstoß ebenso wie die Strompreise. Die Rechnung kommt noch.

Michael Bauchmüller (a), Daniel Goffart (b), Das Parlament 14.6.2011

Aufgaben

1. Nimm Stellung zu den Aussagen aus M 3. Welche leuchten dir ein und welche nicht? Überprüfe die Aussagen mithilfe einer Internetrecherche. Teilt euch dazu in Gruppen und präsentiert eure Ergebnisse im Plenum.
2. a) Stelle die Argumente aus M 3 und M 4 gegenüber.
   b) Ist der Ausstieg aus der Atomkraft die richtige Entscheidung? Nimm in Form eines Leserbriefs begründet Stellung.

Wie verläuft der Gesetzgebungsprozess?

M 5 Etappen der Gesetzgebung

Mit Gesetzen versucht die Politik das gesellschaftliche Leben zu regeln und Probleme zu lösen. Das Gesetzgebungsverfahren verläuft immer nach einem strengen Muster. Wie dieses Verfahren abläuft und wer daran beteiligt ist, zeigt folgendes Schaubild.

Die meisten Gesetze, die in den Bundestag eingebracht werden, sind Vorlagen der Regierung. Die Entwürfe werden in den zuständigen Fachministerien erarbeitet.

Generell können Gesetzentwürfe von der Bundesregierung, aus dem Bundestag oder vom Bundesrat eingebracht werden.

Die erste Beratung im Plenum des Bundestages dient der Begründung des Gesetzesvorhabens und der Erörterung der Grundsätze der Vorlage. Es erfolgt noch kein Beschluss.

Der Gesetzentwurf wird anschließend an die fachlich zuständigen Ausschüsse überwiesen und dort intensiv beraten. Dort können in sogenannten „hearings" auch Experten von außerhalb zu einem Gesetz gehört werden. Der Ausschuss kann dann dem Plenum eine Abänderung, Annahme oder Ablehnung des Entwurfs empfehlen.

Die zweite Lesung (Beratung) des Entwurfs erfolgt auf der Grundlage der Ausschussempfehlung. Über die einzelnen Bestimmungen wird dann abgestimmt.

Die dritte Lesung schließt sich unmittelbar an. Anschließend erfolgt die Schlussabstimmung.

Das im Bundestag beschlossene Gesetz wird dann dem Bundesrat zugeleitet. Die Zustimmung des Bundesrats ist erforderlich, wenn es sich um ein Zustimmungsgesetz handelt, in der Sache also Bund und Länder zuständig sind. Bei einem Einspruchsgesetz kann der Bundestag einen Einspruch des Bundesrats in einer weiteren Abstimmung überstimmen.

Bei Uneinigkeit über ein Zustimmungsgesetz und einer drohenden Ablehnung kann der Vermittlungsausschuss angerufen werden, der einen Kompromissvorschlag erarbeitet, über den Bundestag und Bundesrat erneut abstimmen. Bundestag und Bundesrat entsenden je 16 ihrer Mitglieder in den Vermittlungsausschuss. Können sich die Vertreter dabei nicht einigen, ist das Gesetz – wenn es sich um ein zustimmungspflichtiges Gesetz handelt – gescheitert.

Nach der Verabschiedung des Gesetzes wird es dem zuständigen Minister und dem Bundeskanzler zur Unterzeichnung vorgelegt.

Anschließend muss noch der Bundespräsident das Gesetz unterzeichnen. Er kann seine Unterschrift nur verweigern, wenn er der Auffassung ist, dass das Gesetz gegen die Verfassung verstößt.

Das Gesetz wird im Bundesgesetzblatt verkündet und tritt in Kraft.

M 6 Auf den Weg gebracht – das neue Atomgesetz

Einigung im Kanzleramt: Die schwarz-gelbe Regierungskoalition hat ein neues Konzept für den Ausstieg aus der Kernenergie bis zum Jahr 2022 vorgelegt.

Nun hat auch der Bundespräsident das Gesetz unterschrieben. Das teilte das Bundespräsidialamt in Berlin mit. Damit kann die Regelung in Kraft treten.

Kabinett beschließt Atom-Ausstieg: Atommeiler laufen nur noch bis ins Jahr 2022. Ausbau erneuerbarer Energie und des Stromnetzes sollen in dem Gesetzentwurf gefördert werden.

Der Bundestag berät in zweiter und dritter Lesung über das Atomgesetz und stimmt darüber ab.

Die Bundeskanzlerin begründet in einer Regierungserklärung vor dem Bundestag, warum das Atomgesetz erneut geändert werden soll. Der Bundestag berät in erster Lesung darüber.

Der Bundesrat stimmt dem Atomausstieg zu.

Das Gesetz zum Automausstieg wird an die zuständigen Ausschüsse überwiesen.

Vor der zweiten und dritten Lesung des von den Koalitionsfraktionen CDU/CSU und FDP in den Bundestag eingebrachten Entwurfs eines dreizehnten Gesetzes zur Änderung des Atomgesetzes hat der Ausschuss für Umwelt, Naturschutz und Reaktorsicherheit über den Entwurf diskutiert und Experten angehört.

Erklärfilm „Gesetzgebung“

Mediencode: 71067-05

Aufgaben

1. Ordne die Meldungen den Stationen des Gesetzgebungsverfahrens zu und begründe deine Entscheidung (M 5, M 6).
2. Stelle dir vor, du würdest einen Interessenverband (z. B. Greenpeace oder den Bundesverband Energie- und Wasserwirtschaft) vertreten. An welcher Stelle des Gesetzgebungsprozesses würdest du versuchen, Einfluss zu nehmen? Begründe deine Entscheidung (M 5, M 6).

Methode

M 7 Wie man politische Prozesse analysieren kann – der Politikzyklus

Modelle sind wichtige Instrumente, mit denen wir die politische Wirklichkeit vereinfacht abbilden können, um sie besser zu verstehen. Im Modell wird nur das Wichtigste dargestellt. Der Politikzyklus ist ein solches Modell und ihm liegt ein gewisses Verständnis von Politik zugrunde: Politik wird hier als eine (endlose) Kette von Versuchen zur Bewältigung gesellschaftlicher Probleme verstanden.
Viele Probleme werden von der Politik gelöst. Es gibt aber auch Probleme, die die Politik dauerhaft beschäftigen, wie z. B. die Energiepolitik.

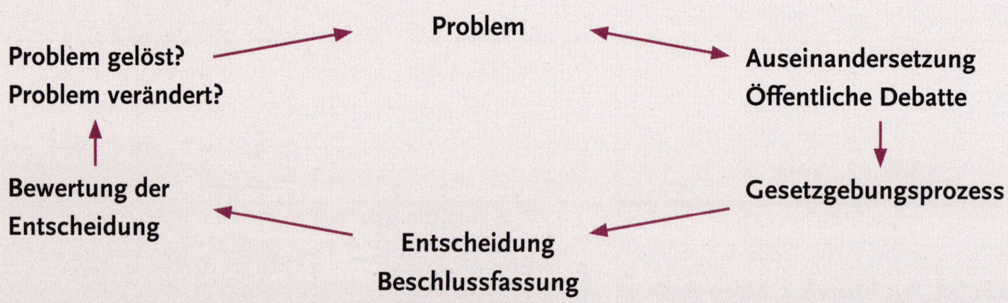

Am Beginn des Politikzyklus steht ein Problem, mit dem sich die Politik beschäftigen muss. Es wird öffentlich darüber gestritten, was man tun soll. Dabei spielen auch die Medien eine ganz wichtige Rolle. Es folgt das Gesetzgebungsverfahren in Bundestag und Bundesrat. Ist eine Entscheidung getroffen, dann wird diese wieder in der Öffentlichkeit diskutiert und bewertet. Wenn das Problem damit beseitigt werden kann, dann wird der Politikzyklus nur einmal durchlaufen. Verändert sich das Problem oder sind die getroffenen Maßnahmen nicht wirksam, dann beginnt der Zyklus von vorn. Deshalb spricht man davon, dass Politik eine (endlose) Kette von Versuchen ist, gesellschaftliche Probleme zu lösen.

Kategorien	**Schlüsselfragen**
Problem	Worin besteht das Problem? Welche Aufgabe hat die Politik zu lösen?
Auseinandersetzung Öffentliche Debatte	Was wirkt auf die Auseinandersetzung ein? Welche Interessen haben die Akteure? Welche Interessenkonflikte und Interessenkonstellationen gibt es? Welche Ziele verfolgen die beteiligten Akteure? Welche Lösungsmöglichkeiten werden diskutiert? Wie sind die Machtkonstellationen?
Gesetzgebungs- prozess	Greift der Gesetzgeber das Problem auf? Wie versuchen die Akteure Einfluss auf den Gesetzgebungsprozess zu nehmen?
Entscheidung Beschlussfassung	Zu welchen Ergebnissen hat die Auseinandersetzung geführt? Welche Akteure/Interessen konnten sich durchsetzen?
Bewertung der Entscheidung	Welche Akteure bewerten das Ergebnis positiv? Welche negativ? Welche Interessen und Wertvorstellungen beeinflussen die Bewertung?
Problem gelöst? Problem verändert?	Ist das Problem gelöst oder ist nur die Problemlage verändert? Greift der Vollzug der Entscheidung an den Ursachen an oder werden nur die Folgen bekämpft? Muss das Problem erneut auf die politische Agenda?

Der Bundesrat im Gesetzgebungsverfahren

M 8 Warum gibt es den Bundesrat?

In einem föderalen Staat schließen sich mehrere Gliedstaaten zu einem Bündnis zusammen. So bilden die 16 deutschen Länder gemeinsam einen Bundesstaat, die Bundesrepublik Deutschland. In einem Bundesstaat ist der Gesamtstaat für alles zuständig, was einheitlich geordnet werden muss. Darauf sollte er sich aber auch beschränken, denn die übrigen Angelegenheiten sollen die Gliedstaaten selbst regeln. In Deutschland ist der Bundesrat das Bindeglied zwischen Bund und Ländern. Er ist die Interessenvertretung der Länder auf Bundesebene. Er ist ein Verfassungsorgan des Bundes, besteht aber aus Vertretern der Länder. Über den Bundesrat können die Länder in vielen Fällen die Gesetzgebung des Bundes beeinflussen. Auch in Angelegenheiten der Europäischen Union können die Länder mitwirken. Ihre Mitwirkungsrechte sind dabei genau festgelegt. Der Bundesrat kann keine Änderungen an einem vom Bundestag beschlossenen Gesetz vornehmen. Stimmt er dem Gesetz aber nicht zu, so kann er den Vermittlungsausschuss anrufen. Bei Zustimmungsgesetzen ist die Zustimmung des Bundesrates zwingend erforderlich. Zustimmungsbedürftig sind insbesondere verfassungsändernde Gesetze, aber auch alle Gesetze, die die Finanzen und Verwaltungszuständigkeit der Länder betreffen.

Stimmenverteilung im Bundesrat	
Nordrhein-Westfalen	6
Bayern	6
Baden-Württemberg	6
Niedersachsen	6
Hessen	5
Sachsen	4
Rheinland-Pfalz	4
Berlin	4
Sachsen-Anhalt	4
Thüringen	4
Brandenburg	4
Schleswig-Holstein	4
Mecklenburg-Vorpommern	3
Hamburg	3
Saarland	3
Bremen	3

Die Länder der Bundesrepublik Deutschland

Aufgaben

1. Wende den Politikzyklus (M 7) auf das Problem der Atompolitik an (M 1 – M 8) und beantworte die Schlüsselfragen. Achte dabei besonders darauf, wie die Reaktorkatastrophe von Fukushima die Wahrnehmung des Problems verändert hat.
2. Der Gesetzgebungsprozess in Deutschland ist vergleichsweise kompliziert. Erörtere Vor- und Nachteile des Verfahrens (M 5 – M 8).
3. Recherchiere im Internet, welche aktuellen Mehrheitsverhältnisse im Bundesrat gegeben sind. Prüfe, ob der Bundesrat in seiner derzeitigen Zusammensetzung einen Gesetzentwurf des Bundestags eher blockieren würde oder eher nicht (M 8).

Der Bundespräsident – Makler oder Mahner in der Politik?

M 9 Die verfassungsrechtliche Stellung des Bundespräsidenten

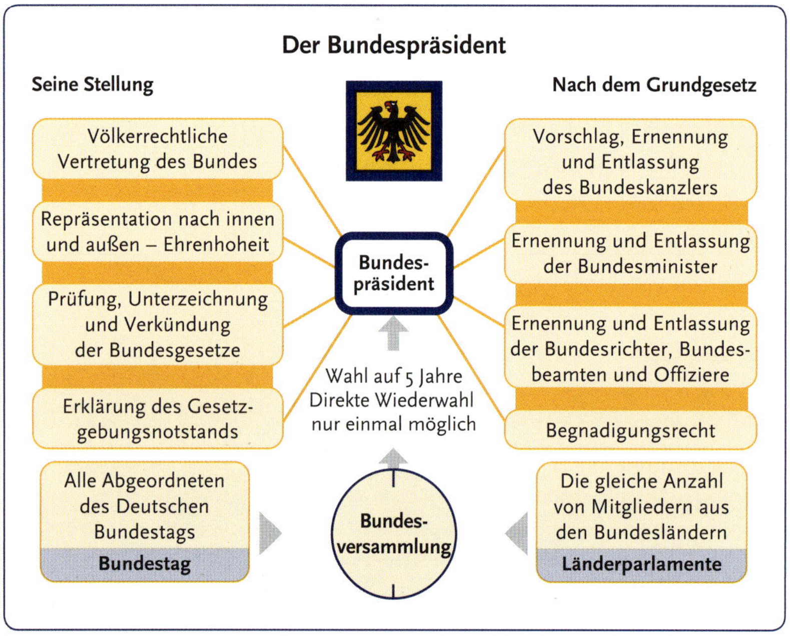

Erklärfilm „Wahl des Bundespräsidenten“

Mediencode: 71067-06

Trotz seiner geringeren Machtfülle verfügt der Bundespräsident über vielfältige Wirkungsmöglichkeiten, die sich aus seinen grundsätzlichen Aufgaben wie aus seiner persönlichen Autorität herleiten. Der Bundespräsident vertritt den Bund völkerrechtlich und schließt im Namen des Bundes Verträge mit anderen Staaten ab. Nach einem entsprechenden Beschluss des Bundestages ruft er den Verteidigungsfall aus. Im Gesetzgebungsverfahren fällt ihm die Aufgabe zu, die Bundesgesetze auszufertigen und zu verkünden. Dabei hat er das Recht, sie auf ihre Übereinstimmung mit dem Grundgesetz zu überprüfen. Im Falle des Gesetzgebungsnotstands (Art. 81 GG) kann er zur Lösung des zwischen Regierung und Bundestag entstandenen Konflikts beitragen. Weitgehend eingeschränkt ist aber das Recht des Bundespräsidenten zur Auflösung des Bundestags (Art. 63 GG, 68 GG).

Auf Vorschlag des Bundespräsidenten wählt der Bundestag den Bundeskanzler. Nach der Wahl nimmt der Bundespräsident die Ernennung des Kanzlers vor und ernennt auf dessen Vorschlag auch die Bundesminister. Nicht zu unterschätzen ist die Rolle, die der Bundespräsident als oberster Repräsentant des Staates spielt. Durch Gespräche und Gesten, Empfänge und Ehrungen, Reisen und Reden trägt er maßgeblich zu dem Bild bei, das man sich im In- und Ausland von der Bundesrepublik macht.

Bergmoser + Höller Verlag AG, Zahlenbilder 67 100

M 10 Der Bundespräsident – ein politisches Amt?

Ernst Benda (1925 – 2009) war von 1968 bis 1969 Bundesinnenminister und von 1971 bis 1983 Präsident des Bundesverfassungsgerichts.

SZ: Welchen politischen Handlungsspielraum gibt das Grundgesetz dem Bundespräsidenten?

Benda: Er kann die notwendigen politischen Entscheidungen selbst nicht fällen. Die sind Sache des Gesetzgebers. Der Bundespräsident kann politische Tätigkeiten anregen und unterstützen. Er kann als ehrlicher Makler zwischen den politischen Parteien vermitteln und sie veranlassen, sich den gemeinsamen Fragen zu stellen.

SZ: Wie weit kann und darf der Makler auch als Mahner auftreten?

Benda: Der Makler ist immer auch ein Mahner. Selbstverständlich kann und soll er mahnen. Es gehört gerade zu den wichtigsten Aufgaben des Bundespräsidenten, die politisch Handelnden auf die großen Probleme des Landes hinzuweisen.

SZ: Wie konkret kann der Mahner werden?

Benda: Der Bundespräsident kann auch Anregungen geben, wie die großen Probleme gelöst werden können.

SZ: Haben die bisherigen Bundespräsidenten diese Mahner-Rolle ausgefüllt?

Benda: Dies hängt natürlich sehr von den einzelnen Persönlichkeiten ab. Unvergessen ist die sogenannte Ruck-Rede des Bundespräsidenten Herzog im Jahr 1997. Sie hat bisher keine unmittelbaren Aktionen ausgelöst, obwohl sie der Sache nach eine dringende Mahnung an alle politisch Aktiven gewesen ist, tätig zu werden.

Interview: Helmut Kerscher, Süddeutsche Zeitung, 15.3.2005

M 11 Soll der Bundespräsident vom Volk gewählt werden?

Sollte der Bundespräsident direkt vom Volk gewählt werden? Darüber streiten die Politiker Dieter Wiefelspütz (SPD) und Jörg van Essen (FDP).

Blickpunkt: Herr van Essen, warum will die FDP eine Direktwahl des Präsidenten? Sind wir mit dem bisherigen Verfahren nicht gut gefahren?

van Essen: Durchaus. Es war ja auch nach den Erfahrungen der Weimarer Republik, in der der Reichspräsident fast so etwas wie ein Ersatzkaiser mit weitgehenden Befugnissen war, eine sehr bewusste Entscheidung unserer Verfassungsmütter und -väter. Sie wollten eine repräsentative Figur mit eingeschränkten Rechten. Daran wollen wir auch keine Änderungen vornehmen. Aber wir glauben, nach fünfzig Jahren stabiler Demokratie sollten wir darüber nachdenken, wie wir die Menschen stärker in die politischen Entscheidungen einbeziehen können. Wir halten die Wahl des Bundespräsidenten für ein solches Feld. [...]

Wiefelspütz: [...] Wir haben mit dem bisherigen Verfahren immer sehr überzeugende Personen in das Amt des Bundespräsidenten gewählt. Sie waren immer Persönlichkeiten, die das ganze Volk repräsentiert haben. [...] [E]ine Direktwahl des Bundespräsidenten passt nicht in unser Staatsgefüge, weil es dann Spitzenpolitiker unterschiedlicher Legitimation gäbe: der eine, der Bundespräsident, vom Volk gewählt, der andere, der eigentlich politisch mächtigere Bundeskanzler, indirekt vom Parlament gewählt. Das passt nicht zusammen.

Deutscher Bundestag, www.bundestag.de, 19.12.2007

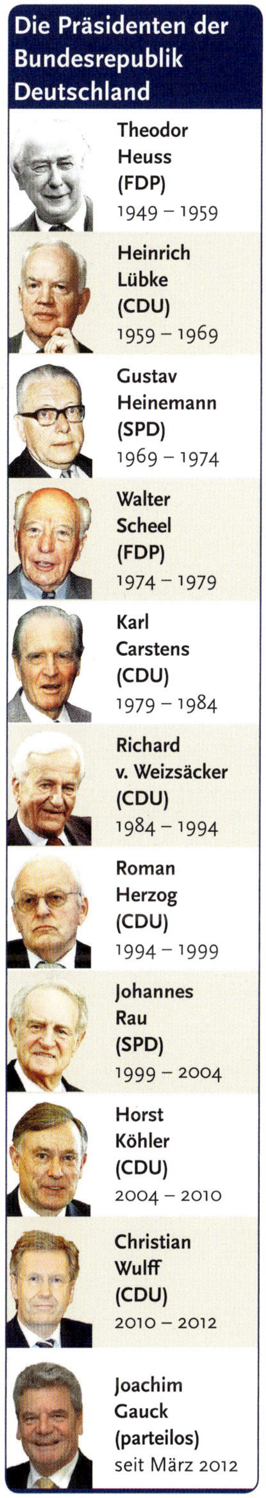

dpa-Grafik 16197

Aufgaben

1. Der Bundespräsident – ein politisches Amt? Erläutere, wie der Bundespräsident die Politik beeinflussen kann (M 9, M 10).
2. Beurteile, ob der Bundespräsident direkt gewählt werden sollte (M 11).

Das Bundesverfassungsgericht – Hüter der Verfassung oder Ersatzgesetzgeber?

M 12 Das Bundesverfassungsgericht als Gesetzgeber?

BVerfG billigt den europäischen Rettungsschirm ESM

Das Bundesverfassungsgericht entscheidet: Hartz-IV-Sätze sind verfassungswidrig, weil sie Grundrechte verletzen

Das Bundesverfassungsgericht hat das reformierte Bundeswahlgesetz in zentralen Punkten für verfassungswidrig erklärt

M 13 Die Aufgaben des Verfassungsgerichts

Das Bundesverfassungsgericht wird nur auf Antrag tätig. Ein Katalog von Verfahrensarten schreibt vor, wann das Gericht angerufen werden kann. Die Einzelheiten sind im Grundgesetz und im „Gesetz über das Bundesverfassungsgericht" geregelt. Die wichtigsten Verfahren im Überblick:

Die Verfassungsbeschwerde

Jeder, der sich durch die öffentliche Gewalt in seinen Grundrechten verletzt fühlt, kann eine Verfassungsbeschwerde erheben. Sie kann sich gegen die Maßnahme einer Behörde, gegen das Urteil eines Gerichts oder gegen ein Gesetz richten.

Die Verfassungsbeschwerde bedarf der Annahme zur Entscheidung. Sie ist anzunehmen, wenn ihr grundsätzliche verfassungsrechtliche Bedeutung zukommt, wenn die geltend gemachte Grundrechtsverletzung besonderes Gewicht hat oder wenn der Beschwerdeführerin oder dem Beschwerdeführer durch die Versagung der Entscheidung zur Sache ein besonders schwerer Nachteil entsteht. Über diese Annahmevoraussetzungen hat das Bundesverfassungsgericht vor einer Entscheidung über die Verfassungsbeschwerde selbst zu befinden. Die Verfassungsbeschwerde ist in der Regel erst zulässig, nachdem die Beschwerdeführerin oder der Beschwerdeführer die sonst zuständigen Gerichte erfolglos angerufen hat. Verschiedene Einlegungsfristen sind zu beachten. Die Verfassungsbeschwerde muss schriftlich eingereicht und begründet werden.

Das Normenkontrollverfahren

Nur das Bundesverfassungsgericht darf feststellen, dass ein Gesetz mit dem Grundgesetz nicht vereinbar ist. Wenn ein anderes Gericht ein Gesetz für verfassungswidrig hält und es deshalb nicht anwenden will, muss es zuvor die Entscheidung des Bundesverfassungsgerichte einholen (konkrete Normenkontrolle). Darüber hinaus können die Bundesregierung, eine Landesregierung oder ein Viertel der Mitglieder des Bundestages die Verfassungsmäßigkeit einer Rechtsnorm überprüfen lassen (abstrakte Normenkontrolle).

Der Verfassungsstreit
Das Bundesverfassungsgericht kann auch dann angerufen werden, wenn zwischen Verfassungsorganen oder zwischen Bund und Ländern Meinungsverschiedenheiten über die gegenseitigen verfassungsmäßigen Rechte und Pflichten bestehen (Organstreit, Bund-Länder-Streit). Gegenstand eines Organstreits können beispielsweise Fragen des Parteien-, Wahl- oder Parlamentsrechts sein. Im Bund-Länder-Streit geht es häufig um Kompetenzprobleme. Ferner ist das Gericht unter anderem auch für Wahlprüfungsbeschwerden, Parteiverbote und Verfassungsbeschwerden von Gemeinden zuständig.

www.bundesverfassungsgericht.de (12.4.2013)

M 14 Das Bundesverfassungsgericht mischt mit

Karikatur: Klaus Stuttmann

M 15 Hat das Gericht zu viel Macht?

Warum bestimmt eigentlich Karlsruhe über die Gleichstellung von Homosexuellen, die Familienpolitik oder das Steuerrecht? [...] Und überhaupt: Wie politisch darf das Verfassungsgericht sein?
Die Kritik am Bundesverfassungsgericht ist nicht neu. Im Gegenteil: Sie ist so alt wie das Bundesverfassungsgericht selbst. Doch der Kritik liegt ein Missverständnis zugrunde. Das Bundesverfassungsgericht war nie unpolitisch. Schon seit seiner Gründung im Jahr 1951 lag es immer wie-

Wegweisende Urteile

Menschenwürde
Keine Abwägung Leben gegen Leben: Diesem Grundsatz fiel am 4. Mai 2010 das Luftsicherheitsgesetz, das den Abschuss gekaperter Passagierflugzeuge erlaubte, zum Opfer.

Privatsphäre
Meine Daten gehören mir. Dieses „Grundrecht auf informationelle Selbstbestimmung" entwickelte das Gericht im „Volkszählungsurteil" vom 15. Dezember 1983. Es wurde grundlegend für den Datenschutz. Am 3. März 2004 kassierten die Richter teilweise den „großen Lauschangriff", das Abhören von Wohnungen. Es gebe einen unantastbaren „Kernbereich privater Lebensgestaltung".

Religion
Das Kruzifix muss raus: Am 16. Mai 1995 fiel das bayerische Schulgesetz, das Kruzifixe im Klassenzimmer vorschrieb.

Meinung
Polemik darf sein: Am 10. Oktober 1995 hob das Gericht den Rang der Meinungsfreiheit hervor. Anlass war das Tucholsky-Zitat „Soldaten sind Mörder".

der im Streit mit der Legislative und der Exekutive. Seit mehr als sechs Jahrzehnten steht das Gericht deshalb unter Generalverdacht der Einmischung in die Politik sowie der verfassungsrechtlichen Knebelung des Gesetzgebers. […]

In der Theorie heißt es, „das Bundesverfassungsgericht wacht über die Einhaltung des Grundgesetzes". Doch die Praxis sieht ganz anders aus. Das Bundesverfassungsgericht ist eben nicht nur Garant für die Menschenwürde und die Grundrechte. Die Verfassungsrichter wachen nicht nur darüber, dass in der Politik die demokratischen Spielregeln eingehalten werden, etwa im Wahlrecht oder bei den Kontrollrechten des Parlaments gegenüber der Regierung.

Vielmehr ist das Bundesverfassungsgericht ein politisches Gericht, es urteilt nicht nur über politische Entscheidungen, sondern macht auch Politik. […]

Der politische Einfluss des Gerichts ist groß, schließlich gibt es kaum noch eine politische Entscheidung, die ohne Zutun des Bundesverfassungsgerichts gefällt wird. Schon im Gesetzgebungsverfahren wissen alle Beteiligten, ein Kläger findet sich nach der Verabschiedung eines Gesetzes immer. […] Doch die Parteien sind vor allem auch selber schuld daran, dass das Bundesverfassungsgericht so viel Macht hat und ihnen deshalb immer wieder vorschreibt, welche Politik sie zu machen haben.

Einerseits neigt die Politik dazu, unpopuläre Entscheidungen nach Karlsruhe zu delegieren, etwa bei der europäischen Integration. Immer wieder werden politische Streitfragen nach Karlsruhe getragen, weil sich die Politik nicht traut, den Wählern reinen Wein einzuschenken. Anderseits ist das Bundesverfassungsgericht zu einem Kampfplatz der Opposition verkommen. Wann immer diese politische Mehrheitsentscheidungen nicht akzeptieren will, wie zuletzt bei der Einführung des Betreuungsgeldes, ruft sie nach einem Urteil aus Karlsruhe, um so die verlorene politische Auseinandersetzung zu verlängern.

Christoph Seils, Cicero, März 2013

Recherchiere nach weiteren wegweisenden Urteilen des Bundesverfassungsgerichts (wie z. B. die Parteienverbote in den 1950er-Jahren oder das „Out-of-area"-Urteil 1994) und stelle die Hintergründe zu einem Urteil dar.

Aufgaben

1. Fasse die Aufgaben und die Befugnisse des Bundesverfassungsgerichts zusammen (M 13).
2. Erläutere, welche Aufgaben das Bundesverfassungsgericht im politischen System der BRD erfüllt (M 13).
3. Ordne die Beispiele in M 12 den einzelnen Verfahren des Bundesverfassungsgerichts zu. Begründe deine Entscheidung.
4. „Das Bundesverfassungsgericht mischt sich zu sehr in die Politik ein!" „Erst die Politik verleiht Karlsruhe seine Macht!" Diskutiert die beiden Thesen. Entscheide dich abschließend für eine Position.

zu Aufgabe 4
Suche Argumente für die beiden Thesen und stelle sie in einer Tabelle gegenüber.

Was wir wissen

Gesetze

Politik beschäftigt sich mit der Lösung von Problemen und Konflikten, die für die Gesellschaft von Bedeutung sind. Damit die Lösung für alle Gesellschaftsmitglieder verbindlich ist, wird sie häufig in Form von Gesetzen herbeigeführt. Gesetze enthalten Regeln, denen sich die Betroffenen nicht entziehen können. Sie schützen die Menschen (z. B. Lebensmittelgesetz), ordnen das gesellschaftliche Zusammenleben (z. B. im Bereich des Luft- und Straßenverkehrs) und steuern das Verhalten der Menschen (z. B. Gesetz zur Besteuerung von Zigaretten).

Gang der Gesetzgebung
M 5, M 8

Die Gesetzgebung ist ein langwieriger Prozess, an dem Bundesregierung, Bundestag und Bundesrat mitwirken. Aber auch einzelne Interessengruppen versuchen, über ihre Interessenorganisationen oder die öffentliche Meinung Einfluss zu nehmen. Das Initiativrecht haben Bundesregierung, Bundesrat und Bundestag (mindestens fünf Prozent der Abgeordneten). Die meisten Initiativen kommen von der Bundesregierung. Die Entwürfe werden von den Fachministerien ausgearbeitet, vom Kabinett abgesegnet und in den Bundestag eingebracht. Nach den Beratungen im Plenum (1. Lesung) wird der Entwurf an die Ausschüsse verwiesen. Dort findet eine intensive Beratung statt. Experten können befragt, strittige Themen ausdiskutiert und Kompromisse gefunden werden. Unter anderem hier versuchen Interessenverbände, Gesetze in ihrem Sinne zu beeinflussen. Der überarbeitete Entwurf kommt zur 2. und 3. Lesung und zur Beschlussfassung ins Plenum zurück. Anschließend wird im Bundesrat beraten und abgestimmt. Am Ende muss der Bundespräsident das Gesetz unterzeichnen, damit es in Kraft treten kann. Im Bundesanzeiger wird es veröffentlicht.

Politikzyklus
M 7

Politik kann als (endloser) Versuch zur verbindlichen Lösung gesellschaftlicher Probleme oder Konflikte gesehen werden. Am Anfang steht dabei ein ungelöstes Problem. Ob es sich tatsächlich um ein politisches Problem handelt und wie dieses zu lösen ist, darüber wird öffentlich diskutiert. Es folgt der formale Gesetzgebungsprozess. Die parlamentarische Mehrheit macht einen Vorschlag, wie das Problem allgemeinverbindlich gelöst werden soll. Ist das Gesetz vom Bundestag (und Bundesrat) verabschiedet, so muss es umgesetzt werden. Dabei wird es diskutiert und bewertet. Ist das Problem gelöst, so endet der Politikzyklus. Erfolgt eine Neubewertung des Problems, dann beginnt der Zyklus von Neuem.

Der Bundespräsident
M 9

Der Bundespräsident wird von der Bundesversammlung (durch Vertreter des Bundestags und der Länder) auf fünf Jahre gewählt. Um seine überparteiliche Stellung nicht zu gefährden, lässt er eine Parteimitgliedschaft oder berufliche Verpflichtungen für die Dauer seiner Amtszeit ruhen. Zu seinen Aufgaben gehören:

- völkerrechtliche Vertretung des Bundes und Abschluss von Verträgen mit anderen Staaten im Namen des Bundes
- Prüfung, Unterzeichnung und Verkündung von Gesetzen

Was wir wissen

- Vorschlag, Ernennung und Entlassung des Bundeskanzlers
- Ernennung und Entlassung der Bundesminister
- Begnadigungsrecht

Bedeutung des Amtes
M 10, M 11

Bei diesen Aufgaben handelt es sich weitestgehend um formale Kompetenzen, denn der Bundespräsident hat dabei nur einen geringen Entscheidungsspielraum, es sei denn, er hat begründete Zweifel an der Verfassungsmäßigkeit eines Vorgangs oder eines Gesetzes. Dann kann er seine Unterschrift verweigern. Der tatsächliche Einfluss des Bundespräsidenten beruht auf seiner Überzeugungskraft und seinem Ansehen in der Öffentlichkeit. Gelegentlich wird die Frage nach einer Direktwahl des Bundespräsidenten aufgeworfen.

Das Bundesverfassungsgericht
M 13, M 15

Das Bundesverfassungsgericht ist oberster Hüter der Verfassung. Es ist allen anderen Verfassungsorganen (Bundestag, Bundesregierung, Bundesrat, Bundespräsident) gegenüber selbstständig, unabhängig und diesen gleichgeordnet.
Ihm kommen wichtige Aufgaben zu:

- Es entscheidet bei Streitigkeiten zwischen Verfassungsorganen (Organstreit);
- es entscheidet, ob Bürger in ihren Grundrechten verletzt wurden (Verfassungsbeschwerden);
- es kontrolliert bestehende Gesetze hinsichtlich ihrer Übereinstimmung mit der Verfassung (konkrete und abstrakte Normenkontrolle);
- und es entscheidet, ob eine Partei verboten werden soll (Parteiverbot).

Durch seine Rechtsprechung konkretisiert das höchste Gericht die Bestimmungen des Grundgesetzes und entwickelt sie weiter. Kritik erfährt das Gericht, wenn es dem Gesetzgeber detaillierte Lösungsvorschläge unterbreitet („Ersatzgesetzgeber“) oder der Verdacht entsteht, die Opposition benutze das Gericht, um unliebsame politische Mehrheitsentscheidungen zu blockieren (Justizialisierung von Politik). Doch genießt das Bundesverfassungsgericht nach wie vor sehr hohes Ansehen. Der Sitz des 1951 gegründeten Gerichts ist Karlsruhe.

Schlagzeilen zuordnen

Täglich finden sich in den Medien zahlreiche Meldungen zur Bearbeitung von politischen Problemen. Sie lassen sich alle in das Modell des Politikzyklus einordnen.

Mehrwertsteuer für Hoteliers
Abgeordnete der CDU fordern, dass die Entscheidung, Hoteliers nur mit dem ermäßigten Mehrwertsteuersatz zu belasten, zurückgenommen wird.

Bürgerproteste gegen neues Industriegebiet
Die Ankündigung der Stadtverwaltung, ein neues Industriegebiet auszuweisen, löst eine Flut an Leserbriefen aus.

Autofahren zukünftig mit 17
Bundesregierung macht den Weg frei für das „begleitete Autofahren mit 17". Von der Neuregelung, der Bundestag und Bundesrat noch zustimmen müssen, erhofft sich das Kabinett insgesamt weniger Verkehrsunfälle.

Entscheidung des höchsten Gerichts
Das Rauchverbot in Bayern verstößt nicht gegen das Grundgesetz. Das Bundesverfassungsgericht verwarf eine Verfassungsbeschwerde gegen die per Volksentscheid beschlossene Regelung.

Bundesaußenminister fordert eine Welt ohne Atomwaffen
Staaten sollen abrüsten.

Atomkraftwerke sollen länger laufen
Der Bundestag berät darüber, ob die Laufzeiten für Atomkraftwerke verlängert werden sollen.

Volksentscheid in Bayern
Die Bürger Bayerns stimmen per Volksentscheid für ein strengeres Rauchverbot.

Viele Schulgebäude in schlechtem Zustand
Zur Sanierung fehlt jedoch in vielen Gemeinden das Geld.

45.000 Lehrer fehlen
Jetzt sollen Pensionäre unterrichten.

Alterung der Gesellschaft
In Ostdeutschland mehr offene Lehrstellen als Bewerber.

Aufgabe
Ordne die Meldungen den einzelnen Phasen des Politikzyklus zu und begründe deine Entscheidung.

FEN!
VOLUTION

PSO
غلامی رسول میں موت بھی قبول ہے

5

Extremismus und wehrhafte Demokratie

Obgleich unsere parlamentarische Demokratie in Deutschland vielen selbstverständlich erscheint, hat sie dennoch Feinde. Verschiedene extremistische Gruppen versuchen, die politische Ordnung Deutschlands zu beseitigen und durch fundamentalistische Strukturen zu ersetzen. Im Fokus der Medien stehen hierbei in den letzten Jahren insbesondere rechts- und linksextremistische sowie islamistische Gruppen. Inwieweit sie wirklich eine Gefahr für unseren demokratischen Verfassungsstaat sind und wie sich letzterer zur Wehr setzen kann, ohne seine Grundüberzeugungen zu verletzten, erfahrt ihr in diesem Kapitel.

Kompetenzen

Am Ende dieses Kapitels solltest du Folgendes wissen und können:

- Elemente der wehrhaften Demokratie erklären
- Gefahren von links- und rechtsextremistischen sowie islamistischen Gruppen einschätzen
- Merkmale politischen Extremismus erkennen
- das Bundesverfassungsgericht als Hüter der Verfassung beurteilen

Was weißt du schon?

- Berichte in der Klasse über persönliche Erfahrungen mit Extremisten.
- Vergleiche die Bilder miteinander und nenne Gemeinsamkeiten und Unterschiede.

Rechtsextremismus in Deutschland – ein Problem?

M 1 Einstellungen zur Diktatur

	lehne völlig ab	lehne überwiegend ab	stimme teils zu, teils nicht	stimme überwiegend zu	stimme voll und ganz zu	= ergibt Zustimmung gesamt	Zustimmung im Westen	Zustimmung im Osten
Wir sollten einen Führer haben, der Deutschland zum Wohle aller mit starker Hand regiert.	61,9%	15,1%	13,8%	6,9%	2,4%	9,2%	8,4%	12,4%
Was Deutschland jetzt braucht, ist eine einzige starke Partei, die die Volksgemeinschaft insgesamt verkörpert.	47,2%	17,11%	20,1%	10,7%	4,9%	15,6%	15,4%	17,2%

Oliver Decker/Johannes Kiess/Elmar Brähler, Die „Mitte"-Studien der Universität Leipzig – Die stabilisierte Mitte: Rechtsextreme Einstellung in Deutschland 2014, S. 32 f.

M 2 Wie rechtsextrem ist Deutschland?

„Wir haben wieder eine rechtsextreme Massenbewegung in Deutschland", sagt Extremismusforscher Hajo Funke.

Was ist los in Deutschland? Mit den Deutschen? Die Hälfte aller deutschen Studenten glaubt, dass Deutschland die Grenze seiner Integrationsfähigkeit von Ausländern bereits überschritten habe. Etwa genauso viele finden, dass Deutschland keine weiteren Fachkräfte aus dem Ausland braucht.

Das Bild der Studenten lässt sich auf die ganze Gesellschaft übertragen: 23 Prozent der Deutschen beobachten bei ihren Landsleuten ein ablehnendes Verhalten gegenüber Flüchtlingen. 43 Prozent haben Angst vor Spannungen durch Ausländer.

Dazu kommt eine Mischung aus Hass auf den Islam und Angst vor einer Übervölkerung durch Muslime. Auf 25 Prozent schätzen die Deutschen den Anteil der Muslime an der Bevölkerung. Tatsächlich sind es nur 6 Prozent.

Eine Entwicklung, die uns Sorgen bereiten sollte. Ernste Sorgen. „Wir haben erstmals wieder eine rechtsextreme, rechtspopulistische und rechtsnational motivierte Massenbewegung in Deutschland", sagte der Berliner Politologe Hajo Funke der „Welt am Sonntag".

Die Bewegung, die Funke beschreibt, besteht nicht mehr nur aus erkennbar Rechten. Sondern auch aus ganz gewöhnlichen Deutschen. Aus der Mitte der Gesellschaft, die sich nach rechts bewegt.

Funkes Ansicht nach mischen sich gerade „verstehbare Ängste" im Zusammenhang mit der Flüchtlingsunterbringung und Terrorismus mit „Rechtspopulismus und weiterreichendem Rassismus. Angst wird in das Ressentiment gegen Ausländer und den Islam gerührt", sagt Funke.

Politiker schaffen es nicht, Flüchtlinge als Chance zu vermitteln

Deutschland nimmt so viele Flüchtlinge auf wie kein anderes Land in Europa. Im vergangenen Jahr gingen bei den EU-Südländern gemeinsam etwa genauso viele Asylanträge ein wie in den bevölkerungsreichsten Bundesländern Nordrhein-Westfalen und Bayern.

Und es werden immer mehr. Aber viele Lokalpolitiker sind zu ängstlich, um ihren Bürgern die notwendige Aufnahme von Asylbewerbern zu vermitteln.

Ursache für das Entstehen rechtsextremer Bewegungen seien Defizite in der politischen Kommunikation. „Zu viele Probleme auf einmal werden politisch nicht erklärt und damit nicht begreifbar", sagt Funke.

Funkes Dresdner Kollege Werner Patzelt erwartet „in den nächsten Monaten eine gigantische Verschärfung der Zuwanderungs- und Flüchtlingsproblematik" mit erheblichen Folgen für das politische System. Wenn es den etablierten Parteien weiterhin nicht gelinge, darüber eine vernünftige Diskussion hinzubekommen, seien weitere Stimmengewinne für rechte Parteien möglich, sagte er der „Welt am Sonntag".

Patzelt fragt sich in dem Zusammenhang auch, ob es der Alternative für Deutschland (AfD) dauerhaft gelingen werde, sich vom extremen rechten Rand zu distanzieren. „Denn je tiefer man an die Basis geht, desto größer wird der Anteil an rechten Spinnern."

Genau das mache die AfD so gefährlich, sagt wiederum Funke, und erinnert an den Aufstieg Hitlers. „Auch die Nazis haben das deutsch-nationale Milieu gebraucht, um stark zu werden", sagt er.

Die AfD wäre in der Überlegung also nur Wegbereiter. Für den Aufstieg einer wirklich rechtsextremen Partei.

Jan David Sutthoff, Huffington Post, 30.11.2014

Alternative für Deutschland (AfD)
Am 6. Februar 2013 gegründete Partei. Politikwissenschaftler bezeichnen sie überwiegend als rechtspopulistisch oder rechtspopulistisch beeinflusst.

Wahlergebnisse der AfD

Landtag Baden-Württemberg	2016	15,1 %
Landtag Brandenburg	2014	12,2 %
Bremische Bürgerschaft	2015	6,5 %
Hamburgische Bürgerschaft	2015	8,1 %
Landtag Rheinland-Pfalz	2016	12,6 %
Landtag Sachsen	2014	9,7 %
Landtag Sachsen-Anhalt	2016	24,3 %
Landtag Thüringen	2014	10,6 %
EU-Parlament	2014	7,1 %

(Stand: 21.4.2016)

Ressentiment
hier: Wut, Zorn

Aufgaben

1. Analysiere die Statistik zu den Einstellungen zur Diktatur und nimm Stellung zu den Ergebnissen in M 1.
2. Erläutere ausgehend von M 2 Ursachen für Rechtsextremismus in Deutschland.
3. Entwickelt in Gruppen Lösungsvorschläge, wie man gegen rechtsextreme Einstellungen vorgehen könnte. Erstellt dann eine Rangliste der Vorschläge und erklärt, welchen Vorschlag ihr persönlich unterstützen würdet.

Linksextremismus in Deutschland – ein Problem?

M 3 Warum die Gefahr von links genauso groß ist wie die von rechts

Ausschreitungen linker Extremisten bei einer 1. Mai-Kundgebung in Berlin

Wenn es um politischen Extremismus geht, denken viele Menschen zunächst an Rechtsradikale. Und das nicht ohne Grund: In vielen Ländern steigt die Zahl der Anhänger von radikal rechten Gruppierungen. Doch das ist nicht das ganze Bild. Denn auch das radikale linke Lager wächst immer schneller, wie eine Studie der Freien Universität Berlin zeigt. Und damit nimmt auch die Zahl der von Linkscxtremisten verursachten Gewalttaten zu.

„Es wäre doch eine schöne Vorstellung, wenn eine Gruppe von Bereitschaftspolizisten bei einer Demonstration durch eine Benzinlache läuft und dann einen Molli, also einen Brandsatz fängt." Solche und ähnliche Sätze waren 2013 in linken Netz-Foren zu lesen, unmittelbar nach eskalierten Demonstrationen in Hamburg.

So wichtig es ist, über Rechtsextremismus zu sprechen: Solche Beispiele zeigen, dass wir auch die immer extremeren Gruppen am anderen Ende des politischen Spektrums nicht übersehen dürfen. Und das hat vor allem fünf Gründe:

1. Die Zahl linksmotivierter Straf- und Gewalttaten steigt

Die Zahl linksextremistischer Straftaten ist laut der FU-Studie allein zwischen 2012 und 2013 um 2.500 auf insgesamt 8.637 gestiegen. Damit nahm auch die Zahl der linksextremistisch motivierten Gewalttaten zu – und zwar um 26,7 Prozent. In der öffentlichen Wahrnehmung würden diese Gewalttaten quantitativ unterschätzt, da der Verfassungsschutz zwischen links und linksextrem motivierten Straf- und Gewalttaten unterscheide und links-motivierte Taten in der Statistik außen vor ließe, heißt es in der Berliner Studie.

2. Es gibt mehr linksextreme als rechtsextremistische Anhänger

Der Verfassungsschutz stuft der Studie zufolge 27.700 Menschen in Deutschland als potentiell linksextrem ein. Diese Zahl liegt weit über der Zahl der offiziell ermittelten Anhänger rechtsextremistischer Gruppierungen – denen stehen 21.700 nahe. Bei einem Drittel der als linksextrem eingestuften Personen sehen die Verfassungsschützer Gewaltbereitschaft.

3. Linksextremisten stehen unter dem Schutz des gesamten linken Milieus

Die mediale Aufmerksamkeit richtet sich eher auf den rechten und islamistischen Extremismus. Linksextreme Aktivitäten rücken eher in den Hintergrund. Darüber hinaus verschwimmen die Grenzen „zwischen extremen, aber demokratischen Linken, so dass alle Linksextremisten unter dem Schutz des gesamten linken Milieus stehen", schreiben die FU-Forscher.

4. Viele Inhalte linksextremen Denkens sind in der Mehrheitsbevölkerung angekommen

Linksextreme Einstellungen beschränken sich nicht auf die linke Szene, sondern haben zum Teil längst Eingang in die „Mehrheitsgesellschaft" gefunden, warnen die Forscher weiter. Viele Versatzstücke linksextremen Denkens finden sich im politischen Mainstream, ohne dass diese gleich als linksextrem assoziiert werden, erklärt der Mitautor der Studie, Klaus Schröder, in einem Interview mit der „Zeit". 13 Prozent der insgesamt 1.362 Befragten können sich prinzipiell vorstellen, bei einer Bundestagswahl eine Partei links von der Partei Die Linke zu wählen. Eine breite absolute Mehrheit hält die praktizierte Demokratie nicht für eine echte Demokratie, weil der Einfluss der Wirtschaft zu groß sei; eine Minderheit von knapp 30 Prozent glaubt sogar, eine wirkliche Demokratie sei nur ohne Kapitalismus möglich. Knapp ein Fünftel der Westdeutschen und knapp ein Viertel der Ostdeutschen plädieren für eine Revolution zur Verbesserung der Lebensbedingungen, da man diese nicht mit Reformen erreichen könne. Die höchste Zustimmung mit 60 Prozent, kommt dabei von denen als linksextremistisch eingestuften Befragten.

5. Linksextremismus birgt demokratiegefährdendes Potenzial

Linksextreme Gruppen und Personen propagieren offen ihr Ziel, die bürgerliche Gesellschaft und den bürgerlichen Staat zu zerschlagen und an seine Stelle eine „neue, anarchistische oder kommunistische Gesellschaftsordnung" errichten zu wollen. Sie sind also nicht nur „antikapitalistisch, sondern auch demokratiefeindlich eingestellt", heißt es in der FU-Studie. Laut der Berliner Studie liegt das linksextreme Personenpotenzial bei 17 Prozent und ein Sechstel der Gesamtbevölkerung hat eine linksradikale beziehungsweise linksextreme Grundhaltung. Dadurch hat der Linksextremismus ein durchaus demokratiegefährdendes Potenzial, das man ernst nehmen sollte.

Kathrin Witsch, Huffington Post, 26.2.2015

Kapitalismus
Wirtschafts- und Gesellschaftsordnung, die auf Privateigentum an Produktionsmitteln sowie einer Steuerung von Produktion und Konsum über den Markt beruht.

Aufgaben

1. Erkläre deinem Nachbarn ausgehend von M 3, welche Ziele Linksextreme in Deutschland mit welchen Mitteln verfolgen.
2. Entwickelt in Gruppen Lösungsvorschläge, wie man gegen linksextreme Einstellungen vorgehen könnte. Erstellt dann eine Rangliste der Vorschläge und erklärt, welchen Vorschlag ihr persönlich unterstützen würdet.

Islamismus in Deutschland – ein Problem?

M 4 Verfassungsschutz schlägt Alarm

Hans-Georg Maaßen, seit August 2012 Präsident des Bundesamts für Verfassungsschutz (BfV)

Präsident [des Bundesamts für Verfassungsschutz] Hans-Georg Maaßen hält radikale Islamisten für „die größte Gefahr für Deutschland". Gemeinsam mit Bundesinnenminister Thomas de Maizière (CDU) hat er heute die Ergebnisse des „Verfassungsschutzberichts 2014" vorgestellt und warnte: „Es ist nicht auszuschließen, dass auch Deutschland zum Ziel von islamistischen Anschlägen werden kann." [...]

Das Bundesamt für Verfassungsschutz (BfV) schätzt die Zahl der Islamisten im Deutschland („islamistisches Personenpotenzial") auf 43.890 (2013: 43.190). Vor zwei Jahren lag die Zahl noch bei 42.550 Islamisten in Deutschland.

Ende 2013 gab es laut Verfassungsschutz zudem bundesweit mehr als 30 aktive islamistische Organisationen. Vor allem salafistische Gruppierungen erhalten dabei weiter starken Zulauf: Ende 2014 lag deren Zahl bei 7.000 (2013: 5.500). Inzwischen ist die Zahl der Salafisten in Deutschland aber auf 7.500 Personen angestiegen.

Gleichzeitig kämpfen immer mehr Muslime aus Deutschland als „Heilige Krieger" oder Dschihadisten im Nahen Osten! Sie stammen meistens aus der salafistischen Szene in Deutschland: Die Zahl der Syrien-Kämpfer aus Deutschland liegt inzwischen bei mehr als 700. Die meisten davon haben einen ISIS-Bezug. Von ihnen geht dabei nach Einschätzung von Experten auch die größte Gefahr für die innere Sicherheit Deutschlands aus. [...]

In einem Geheimbericht („Verschlusssache – Nur für den Dienstgebrauch") zur „Sicherheitslage in Deutschland" (Stand: Mai 2015) heißt es: „Deutschland ist erklärtes und tatsächliches Ziel dschihadistisch motivierter Gewalt." Es bestehe „sowohl im Bundesgebiet als auch für deutsche Einrichtungen und Interessen im Ausland eine hohe abstrakte Gefahr".

Diese Gefährdung könne sich „jederzeit in Form von terroristischen Anschlägen und Entführungen konkretisieren". Eine besondere Gefahr geht dabei von Syrien-Kämpfern aus, die „mit einem Anschlagsauftrag oder einer Anschlagsabsicht" zurückkehren könnten. 200 der 700 Syrien-Krieger sind schon zurückgekehrt.

Eine „kaum kalkulierbare Gefahr" stellen dabei „selbstradikalisierte Personen oder autonom handelnde Gruppen" dar, die Kontakt zu ISIS halten. Sie könnten sich mit ISIS-Propaganda „weiter radikalisieren und nahezu beliebige Anlässe als Tatauslöser missbrauchen". Die Täter könnten dann „mit allgemein zugänglichen oder leicht zu beschaffenden Tatwaffen gegen nahezu willkürlich gewählte Ziele" vorgehen.

Die Polizei warnt angesichts der Terror-Gefahr bereits, dass ein hundertprozentiger Schutz der Bürger in Deutschland vor vergleichbaren Anschlägen

Salafisten
Salafisten, die Anhänger der Ideologie des Salafismus, sehen sich als Verfechter eines aus ihrer Sicht ursprünglichen und unverfälschten Islams [...]. Salafisten sehen ausschließlich die Bestimmungen des Korans und der Sunna (= Prophetentradition) als verbindlich an.
www.bmi.bund.de (4.5.2016)

Islamischer Staat im Irak und in Syrien (ISIS)
Terroristisch agierende Miliz, die größere Gebiete im Irak und in Syrien sowie kleinere Gebiete in Libyen beherrscht.

[wie 2015 in Paris*] in Deutschland kaum möglich ist. Rainer Wendt (58), Bundesvorsitzender der Deutschen Polizeigewerkschaft (DPolG), sagte zu BILD: „So ein Anschlag kann jederzeit bei uns passieren und ist kaum zu verhindern. Wir haben Hunderte Syrien-Rückkehrer und Tausende Zuwanderer, die jede Woche völlig unkontrolliert zu uns kommen. Darunter können immer zu allem entschlossene Terroristen sein, die hier Anschläge verüben wollen. Alles, was sie dazu brauchen, können Sie im Baumarkt oder Internet kaufen."

Franz Solms-Laubach, www.bild.de, 30.6.2015

* *vgl. S. 238*

M 5 Was genau ist „Islamismus"?

Islamismus als extremistische Bestrebung ist gegen den demokratischen Verfassungsstaat und seine fundamentalen Werte, seine Normen und Regeln gerichtet.
Ziel dieser Ideologie ist es, die freiheitlich demokratische Grundordnung abzuschaffen und sie durch eine nach den jeweiligen Vorstellungen formierte Ordnung zu ersetzen. Dabei wird Gewalt von einem Teil des Spektrums als ein geeignetes Mittel zur Durchsetzung der eigenen Ziele gutgeheißen, propagiert oder sogar praktiziert.
In Abgrenzung zur Religion „Islam" bezeichnet der Begriff „Islamismus" eine religiös verbrämte Form des politischen Extremismus. Zentraler Bestandteil dieser Ideologie ist der propagierte allumfassende Geltungsanspruch des islamischen Rechts, der Scharia, in einer totalitären, sämtliche Lebensbereiche betreffenden Auslegung. Die islamistische Ideologie versteht die Scharia als eine von Gott gesetzte verbindliche, unantastbare und unabänderliche Ordnung des menschlichen Lebens in allen Bereichen von Staat, Recht und Gesellschaft.
Weil die Scharia nach islamistischer Vorstellung sämtliche Lebensbereiche umfassend und abschließend regelt, ist kein Platz für demokratische Mehrheitsentscheidungen und wenig Raum für selbstbestimmtes Handeln. Eine Ordnung in diesem Sinne ist insbesondere mit zentralen Verfassungsprinzipien wie vor allem der Volkssouveränität, der Gewaltenteilung und den im Grundgesetz konkretisierten Menschenrechten unvereinbar.
Die durchaus vielfältigen Formen des Islamismus stellen nicht erst in ihren gewaltbereiten oder terroristischen Handlungsformen eine Bedrohung dar. Vielmehr kann bereits die zugrunde liegende politische Ideologie eine Gefahr für die freiheitlich demokratische Grundordnung bedeuten.

Bundesministerium des Innern, www.bmi.bund.de (21.4.2016)

Thomas de Maizière (CDU), seit Dezember 2013 Bundesminister des Innern

Aufgabe

Formuliere deinen persönlichen Standpunkt. Wie beurteilst du die Anschlagsgefahr durch islamistische Terroristen in Deutschland (M 4, M 5)?

Extremismus in Thüringen

M 6 Neonazis in Thüringen: diese Brutalität

Carsten Schneider (SPD), der am 1. Mai 2015 von Neonazis bedrängt wurde.

Chuzpe
Dreistigkeit, Unverschämtheit

[Dieser] Fall ist anders, dieser Fall wiegt schwerer, das spürt man schon an Carsten Schneiders Sprache. Und das spürt man daran, dass jetzt sogar Bodo Ramelow (Linke), Thüringens Ministerpräsident, von Angst spricht, die Politiker und Bürger empfänden. Davon, dass Rechtsextreme in neuer Dreistigkeit, in ungekannter Schamlosigkeit die Demokratie und ihre Vertreter angreifen.

Diejenigen, die an diesem 1. Mai – wie Schneider – vor Ort waren, erzählen eine Geschichte von unheimlicher Chuzpe. Dabei beginnt der Tag so friedlich. Zur Kundgebung hat der DGB, wie jedes Jahr, eine Bühne aufgebaut, [...] 150 Gäste, heißt es, sind gekommen. Neben dem SPD-Oberbürgermeister einige Landespolitiker von Linken und SPD. Ein Gewerkschafter hat gerade seine Rede gehalten, nun tritt Carsten Schneider gleich ans Mikrofon. [...]

Doch dann, plötzlich [...] sind Parolen zu hören, zunächst aus der Ferne. Eine Demo? Das Geschrei wird lauter. Schließlich, sagt Schneider, marschieren etwa 40 Neonazis auf dem Markt ein. Sie hätten totale Entschlossenheit ausgestrahlt, sagt einer, der dabei war. „Eine militante Marschformation, es war die pure Einschüchterungstaktik", berichtet der Weimarer Linken-Landtagsabgeordnete Steffen Dittes, der ebenfalls anwesend war. Die Eindringlinge: alle junge Typen, kaum einer von ihnen ist älter als 30 Jahre, manche tragen Sonnenbrille, vermummt ist niemand, einige haben Markenklamotten an. [...]

„Sie hatten das minutiös geplant", sagt Schneider, „das war ein professionelles braunes Überfallkommando." [...] Er [...] habe erkannt, „dass sie sich das Mikrofon holen wollten" – und habe deshalb selbst versucht, es in die Hand zu bekommen. Daraufhin sei er von Neonazis abgedrängt worden. „Dann gab der Anführer so lange seine Parolen von sich, bis wir ihm den Strom abstellten", sagt Schneider. Die Rechtsextremisten hätten sogar zugeschlagen. Der Schatzmeister des Weimarer Linken-Kreisverbandes, Alexander Bierbach, 63, musste mehrere Faustschläge einstecken, seine Prellungen im Krankenhaus behandeln lassen. Mit einer der Holzstangen, an denen die Plakate befestigt waren, hätten die Angreifer ihm außerdem in den Bauch gestoßen, sagt Bierbach. Nach fünf, sechs Minuten sei der Trupp von selbst wieder abgezogen. Fünf Minuten wie eine Ewigkeit. [...]

Ramelow ist in den vergangenen Monaten immer wieder bedroht worden, fährt zeitweise im besonders gepanzerten Dienstwagen. „Ich erlebe Bedrohungen in Wellen. Mal schlimmer, mal weniger schlimm. Viele Politiker müssen das inzwischen wegstecken, aber damit will ich nichts herunterspielen", sagt Ramelow.

„Mein LKA hat mir empfohlen, lieber nicht mehr so oft über dieses Thema zu sprechen, um mich nicht selbst zusätzlich zu gefährden." Post von Neonazis hat er fast täglich im Mail-Fach, auf seiner Facebook-Seite. „Diese Verrohung, diese Härte im Umgang auch mit Politikern macht mir Sorgen. [...] Viele Bürger haben Angst. Wir Politiker haben Angst."

Martin Machowecz, www.zeit.de, 7.5.2015

LKA
Landeskriminalamt

M 7 Gegen Rechtsextremismus – Thüringen will Demokratie-Programm erneuern

„Die Gefahr von rechts ist größer als die von links." Zu dieser Bewertung [...] kommen die Forscher des „Kompetenzzentrums Rechtsextremismus" an der Universität Jena. [...] Das Spektrum rechts der CDU hat sich sehr stark nach rechts verlagert, indem rassistische Positionen und „Wir-gegen-Die"-Mentalitäten salonfähig geworden sind. Damit einher geht auch eine Radikalisierung des gewalttätigen Rechtsextremismus. [...]
Die Studie soll die Grundlage für das erweiterte Landesprogramm für Demokratie in Thüringen werden. Dazu soll auch mehr Geld fließen: Waren es 2012 noch 1,5 Millionen Euro, werden es in diesem Jahr vier Millionen Euro sein, sagt Bildungsstaatssekretärin Gabi Ohler. Sie erklärt, was damit passieren soll: „Wir werden auf jeden Fall die Strukturen vor Ort stärken und wir werden eine Forschungs- und Dokumentationsstelle gründen, die den Austausch zwischen Forschung und Praxis stärker in den Blickpunkt nimmt." Die Jenaer Wissenschaftler raten vor allem zu präventiven Maßnahmen, speziell bei jüngeren Menschen. Aber auch das Thema Integration sollte in das Landesprogramm einfließen, um Demokratie zu fördern und die Gesellschaft zu kitten, sagt Franziska Schmidtke von der Universität Jena: „Das Landesprogramm soll ganz explizit und umfänglich da angreifen, wo es rechtsextreme Einstellungen gibt – verbunden mit wissenschaftlichen Ergebnissen, um zu sehen, was besonders gut wirkt. Dann kann man hoffen, dass rechtsextreme Einstellungen und Verhaltensweisen zurückgehen."

Stefanie Gerressen, www.mdr.de, 9.2.2016

Aufgaben

1. Arbeite aus M 6 heraus, was beim Neonazi-Überfall in Weimar am 7.5.2015 laut den beiden Politikern Carsten Schneider (SPD) und Bodo Ramelow (DIE LINKE) „anders" als bei anderen rechtsextremistischen Ausschreitungen war.
2. Diskutiert die in M 7 genannten Maßnahmen und wie man diese vor Ort konkretisieren könnte.

Die wehrhafte Demokratie – wie werden unsere Grundrechte geschützt?

Zitate von NPD-Funktionären

„Unser Augenmerk hat den Gesunden und Starken zu gelten. Dieses ist zuallererst zu fördern und zu unterstützen. Dies ist keine Selektion, sondern einfache Logik, damit wir auch morgen den Schwachen und Kranken überhaupt noch helfen können."

Udo Pastörs, NPD-Fraktionsvorsitzender in Mecklenburg-Vorpommern

„Innerhalb des Systems gibt es keine Hoffnung auf Erneuerung. Erst die rücksichtslose und restlose Beseitigung des korrupten liberal-kapitalistischen Systems kann den Weg freimachen für einen nationalen und sozialen Neuanfang in Frieden und Freiheit für unser Volk."

Winfried Petzold (1943 – 2011), ehemaliger NPD-Landesvorsitzender in Sachsen

M 8 Aus!

Karikatur: Burkhard Mohr

M 9 Wie der Staat die Demokratie schützt

Die „wehrhafte Demokratie" der Bundesrepublik Deutschland kann als eine Reaktion auf das Scheitern der Weimarer Republik verstanden werden. Der Aufstieg der Nationalsozialisten, deren erklärtes Ziel die Abschaffung der Demokratie war, warf die Frage auf, wie sich ein demokratischer Staat gegen politischen Extremismus wehren kann, ohne die Freiheitsrechte seiner Bürger zu sehr einzuschränken.

Im Zentrum der wehrhaften Demokratie steht die sogenannte Ewigkeitsgarantie des Art. 79 Abs. 3. Darin heißt es: „Eine Änderung dieses Grundgesetzes, durch welche die Gliederung des Bundes in Länder, die grundsätzliche Mitwirkung der Länder bei der Gesetzgebung oder die in den Artikeln 1 und 20 niedergelegten Grundsätze berührt werden, ist unzulässig." Zu den Grundsätzen gehören u. a. die Menschenwürde, die Rechts-, Sozial- und Bundesstaatlichkeit sowie das Demokratieprinzip.

wehrhafte Demokratie
In einer wehrhaften bzw. streitbaren Demokratie wird die freiheitliche Ordnung vom Staat geschützt und kann nicht auf legalem Weg oder mithilfe legaler Mittel aufgehoben werden.

M 10 Die wehrhafte Demokratie im Grundgesetz

Artikel 5

(1) Jeder hat das Recht, seine Meinung in Wort, Schrift und Bild frei zu äußern und zu verbreiten und sich aus allgemein zugänglichen Quellen ungehindert zu unterrichten. Die Pressefreiheit und die Freiheit der Berichterstattung durch Rundfunk und Film werden gewährleistet. Eine Zensur findet nicht statt. [...]

(3) Kunst und Wissenschaft, Forschung und Lehre sind frei. Die Freiheit der Lehre entbindet nicht von der Treue zur Verfassung.

Artikel 9

(1) Alle Deutschen haben das Recht, Vereine und Gesellschaften zu bilden.

(2) Vereinigungen, deren Zwecke oder deren Tätigkeit den Strafgesetzen zuwiderlaufen oder die sich gegen die verfassungsmäßige Ordnung oder gegen den Gedanken der Völkerverständigung richten, sind verboten. [...]

Artikel 18

Wer die Freiheit der Meinungsäußerung, insbesondere die Pressefreiheit (Artikel 5 Abs. 1), die Lehrfreiheit (Artikel 5 Abs. 3), die Versammlungsfreiheit (Artikel 8), die Vereinigungsfreiheit (Artikel 9), das Brief-, Post- und Fernmeldegeheimnis (Artikel 10), das Eigentum (Artikel 14) oder das Asylrecht (Artikel 16a) zum Kampfe gegen die freiheitliche demokratische Grundordnung missbraucht, verwirkt diese Grundrechte. Die Verwirkung und ihr Ausmaß werden durch das Bundesverfassungsgericht ausgesprochen.

Artikel 20

(1) Die Bundesrepublik Deutschland ist ein demokratischer und sozialer Bundesstaat.

(2) Alle Staatsgewalt geht vom Volke aus. Sie wird vom Volke in Wahlen und Abstimmungen und durch besondere Organe der Gesetzgebung, der vollziehenden Gewalt und der Rechtsprechung ausgeübt.

(3) Die Gesetzgebung ist an die verfassungsmäßige Ordnung, die vollziehende Gewalt und die Rechtsprechung sind an Gesetz und Recht gebunden.

(4) Gegen jeden, der es unternimmt, diese Ordnung zu beseitigen, haben alle Deutschen das Recht zum Widerstand, wenn andere Abhilfe nicht möglich ist.

Artikel 21

(1) Die Parteien wirken bei der politischen Willensbildung des Volkes mit. Ihre Gründung ist frei. Ihre innere Ordnung muss demokratischen Grundsätzen entsprechen. [...]

(2) Parteien, die nach ihren Zielen oder nach dem Verhalten ihrer Anhänger darauf ausgehen, die freiheitliche demokratische Grundordnung zu beeinträchtigen oder zu beseitigen oder den Bestand der Bundesrepublik Deutschland zu gefährden, sind verfassungswidrig. Über die Frage der Verfassungswidrigkeit entscheidet das Bundesverfassungsgericht. [...]

Artikel 79

(3) Eine Änderung dieses Grundgesetzes, durch welche die Gliederung des Bundes in Länder, die grundsätzliche Mitwirkung der Länder bei der Gesetzgebung oder die in den Artikeln 1 und 20 niedergelegten Grundsätze berührt werden, ist unzulässig.

Aufgaben

1. Analysiere die Karikatur M 8.
2. Arbeite aus M 9 und M 10 die Mittel heraus, die die wehrhafte Demokratie bereithält, um die Grundwerte unserer Demokratie zu schützen.
3. Überprüfe, ob die NPD eine Partei ist, die die Grundsätze unserer Demokratie akzeptiert. Untersuche dazu die Aussagen der NPD-Funktionäre (Randspalte).

Hilft ein Verbot der NPD?

M 11 Kontrovers diskutiert: Soll die NPD verboten werden?

a) Warum die NPD nicht verboten werden darf

Plakat der NPD gegen den Antrag auf Verbot der Partei beim Bundesverfassungsgericht

V-Leute
Verbindungspersonen, die als Informanten der Polizei oder des Geheimdienstes arbeiten, v. a. in kriminellen Organisationen, z. B. in der Drogenszene.

Plazet
Billigung

Sämtliche Versuche, die NPD zu verbieten, mündeten in juristischen Siegen der Neonazis. Denn die Partei ist nicht das Zentrum des deutschen Rechtsextremismus – vielmehr ist sie eine Randerscheinung.

Die NPD ist eine rechtsextreme Partei, die im Trüben fischt und die sich mit Absicht am äußersten Rande der Legalität bewegt. Ihr Medium ist das Vorurteil, ihr Programm ist völkisch, ihre Rede hasserfüllt. Sie ist alles andere als eine Zierde eines demokratischen Gemeinwesens. Soll oder muss man sie deswegen verbieten? Nein.

Als in den ersten Jahren des vergangenen Jahrzehnts in Gestalt von Bundesregierung, Bundesrat und Bundestag gleich drei Verfassungsorgane einen Antrag zum Verbot der NPD in demonstrativer Geschlossenheit unterstützten, fielen alle drei auf die Nase. Das Bundesverfassungsgericht stellte das Verfahren ein, weil sich gezeigt hatte, dass V-Leute des Verfassungsschutzes sogar in der Parteispitze tätig gewesen waren. In der Sache entschied Karlsruhe nicht. Aus dem Versuch, die NPD abzuschaffen, war ein kleiner Triumph der NPD geworden.

Es ist gut, dass es beim neuerlichen Versuch*, die Partei aus dem politischen Verkehr zu ziehen, nicht zur breiten Front der Verfassungsorgane gekommen ist. [...]

Die Gegner einer vollmundigen, in der liberalen Öffentlichkeit sicher gut ankommenden Verbotsinitiative haben klugerweise Lehren aus dem Scheitern von 2003 gezogen: ein Verbotsverfahren nur dann, wenn ein Erfolg wirklich sicher ist. Denn die Ablehnung eines solchen Antrags in der Sache wäre eine Katastrophe und ein großer Triumph der kleinen NPD. Ihr wäre ein höchstrichterliches Plazet zuteil geworden. Das muss auf alle Fälle verhindert werden.

Auch gilt ein anderes Argument nach wie vor: Es wäre ganz falsch, mit einem solchen Verfahren den trügerischen Glauben zu erwecken, mit dem Verbot der NPD wäre der Rechtsradikalismus besiegt.

Auch wenn die NPD bei vielen Übergriffen beteiligt war und die Grenze zwischen ihr und dem rechtsradikalen Terrorismus fließend ist – sie stellt nicht das Herz des Rechtsradikalismus dar. Dieses schlägt anderswo: im Geheimen, in Kameradschaften, in all jenen Zusammenrottungen, die nationalistische und antisemitische Rowdys anziehen. Ein NPD-Verbot rodet dieses Unterholz nicht.

Es ist gut, dass das Erschrecken über die Untaten des NSU viele Politiker nicht mehr zu dem Kurzschluss verleitet, mit Verbotsaktionismus könne man vorankommen.

Die unbedeutende NPD muss beobachtet werden, dem NSU muss der Prozess gemacht werden, und Politik wie Gesellschaft sind aufgerufen, dem Rechtsradikalismus laut und deutlich entgegenzutreten. Schön, dass diese Einsicht über den Hang zu obsiegen scheint, pathetische, aber selbstbezügliche Zeichen zu setzen.

** Am 3.12.2013 reichte der Bundesrat ohne die Unterstützung der Bundesregierung und des Bundestages beim Bundesverfassungsgericht einen Antrag auf Verbot der NPD nach Art. 21 GG ein. Am 7.12.2015 gab das Bundesverfassungsgericht bekannt, das Verbotsverfahren im März 2016 offiziell zu eröffnen.*

Thomas Schmid, www.welt.de, 25.4.2013

Nationalsozialistischer Untergrund (NSU)
Bezeichnung für eine im November 2011 öffentlich bekannt gewordene rechtsextreme terroristische Vereinigung in Deutschland, der unter anderem eine Mordserie in den Jahren 2000 bis 2006, das Nagelbomben-Attentat in Köln 2004, ein Sprengstoffanschlag in Nürnberg 1999, der Anschlag auf die Saarbrücker Wehrmachts-Ausstellung 1999, der Sprengstoffanschlag in einer Düsseldorfer S-Bahnstation 2000, ein Sprengstoffanschlag in der Kölner Probsteigasse 2001 sowie der Polizistenmord von Heilbronn 2007 zur Last gelegt wird.

b) Argumente für ein NPD-Verbot

Der Kampf gegen den Rechtsextremismus ist eine gesellschaftliche Aufgabe. Für die SPD-Bundestagsabgeordnete Eva Högl gehört dazu auch ein Verbot der NPD, unter anderem, weil die Partei damit ihren Zugriff auf öffentliche Gelder verlöre. Ein Verbot, so Högl, würde auch klarstellen, dass es sich bei der NPD nicht um eine demokratische Partei handelt. […]

Die NPD ist nicht nur verfassungsfeindlich, sondern meiner Meinung nach verfassungswidrig. Ihr menschenverachtendes Programm wendet sich in radikal-kämpferischer Weise gegen unser Grundgesetz und ganz explizit gegen die in Artikel 1 verankerte Menschenwürde: Die NPD kategorisiert Menschen, würdigt sie herab und spricht ihnen in bestimmten Bereichen das Aufenthaltsrecht und das Recht auf Leben ab. Sie hat das erklärte Ziel, unsere Demokratie und unseren Rechtsstaat abzuschaffen – auch das mit kämpferischen Mitteln.

Es ist unerträglich, dass eine Partei mit diesen Zielen ihre politischen Aktivitäten mit Steuergeldern finanziert. Etwa 40 Prozent der NPD-Einnahmen stammen aus staatlichen Töpfen, mit diesem Geld bezahlt sie unter anderem ihre menschenverachtenden Plakate. Mit einem Parteiverbot würden der NPD öffentliche Gelder entzogen, die sie für verfassungsfeindliche Aktionen und zur Stärkung der rechtsextremen Szene insgesamt benutzt. Zudem verlöre sie geldwerte Leistungen wie Zugang zu Infrastruktur, Arbeitsmittel und Dienstfahrzeuge, die sie über öffentliche Ämter erhält: Gegenwärtig hat die NPD das Recht, unsere öffentlichen Plätze zu besetzen. Sie darf in

Protestfahne gegen einen NPD-Aufmarsch in Cottbus

Rathäusern tagen, sie kann Aufmärsche organisieren und muss dabei sogar von der Polizei geschützt werden. Auch hier in Berlin gehen Rechtsextreme auf die Straße und bedrohen die Menschen, wie zum Beispiel am 1. Mai in Schöneweide. Mit einem Verbot können wir die NPD daran hindern, dass sie unsere öffentlichen Plätze weiter vereinnahmt.

Ein Parteiverbot hat – zurecht – sehr hohe Hürden zu überstehen und ist auch nicht die schnelle Lösung gegen Rechtsextremismus. Es ist dennoch unsere Aufgabe, die NPD mit allen rechtsstaatlichen Mitteln zu bekämpfen und damit zu verhindern, dass sie unsere Demokratie weiter für die Verwirklichung ihrer verfassungsfeindlichen Ziele instrumentalisiert.

Eva Högl, Bundeszentrale für politische Bildung, Dossier Rechtsextremismus, 16.10.2013

Methode

M 12 Ein Streitgespräch führen

Politische Probleme betreffen oftmals die gesamte Bevölkerung eines Landes. Da dabei sehr viele verschiedene Interessen und Gruppen in der Gesellschaft betroffen sind, kann es meist keine Lösung geben, die für alle gleich gut ist. Deshalb sind Konflikte unausweichlich und Lösungen immer umstritten. Der Streit um die richtige Lösung politischer Konflikte gehört somit zum Kern der Politik. Die öffentliche Debatte, die in den Medien, in den Parteien und Parlamenten, aber auch in den Familien und in der Schule geführt wird, ist eine wichtige Vorstufe zur Entscheidungsfindung. Wer sich in dieser Debatte durchsetzen kann, der kann großen Einfluss auf die politische Entscheidung nehmen.

Eine Möglichkeit, eine geordnete Debatte zu führen, ist die „Eishockey-Debatte“. Sie erlaubt es, eine Diskussion zu führen, ohne dass ein Einzelner dabei im Mittelpunkt steht, da sich die Diskussionsmannschaften gegenüberstehen. Kein Spieler kann ein gesamtes Eishockeyspiel absolvieren, denn das Tempo des Spiels ist viel zu hoch. Deshalb wechseln sich die Spieler immer ab und sobald sie sich wieder stark fühlen, können sie wieder auf das Eis.

Je mehr Leute mitstreiten, desto mehr Argumente und Ideen gibt es. In der „Eishockey-Debatte“ diskutieren immer nur vier Schülerinnen und Schüler miteinander: zwei aus der Pro- und zwei aus der Kontra-Gruppe. Das gesamte Team steht aber jederzeit bereit, in die Diskussion einzugreifen. Hat ein Mitglied aus dem Diskussionsteam eine gute Idee oder ein schlagkräftiges Argument, dann wird er „eingewechselt“: Der bisherige Diskutant geht zurück ins Publikum und der andere nimmt auf einem der Diskussionsstühle Platz – nun geht die Debatte weiter. Die Debatte ist zu Ende, wenn keine neuen Argumente genannt werden bzw. wenn sich niemand mehr einwechseln lassen will.

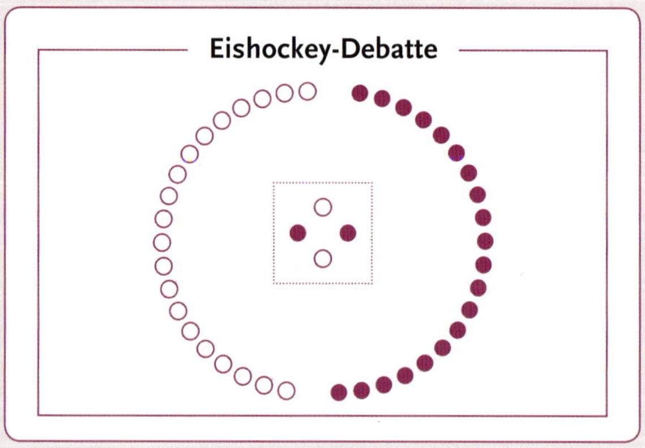

M 13 Das Bundesverfassungsgericht – Hüter der Verfassung

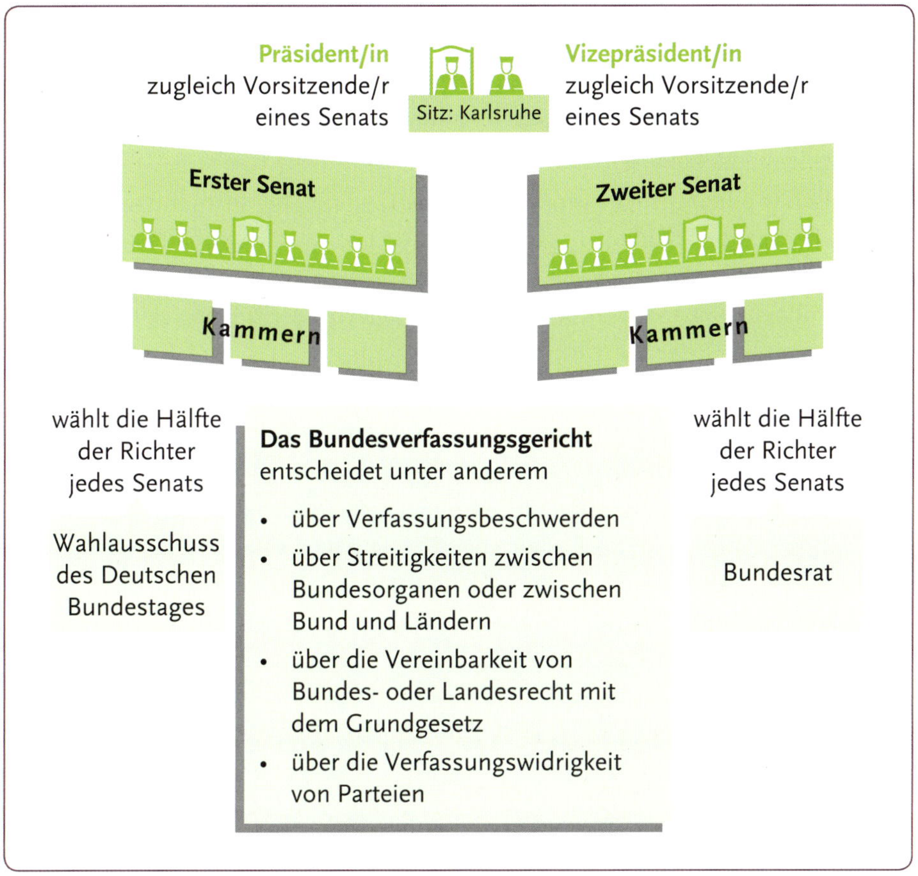

Bergmoser + Höller Verlag AG, Zahlenbilder 129 015

Verfassungsbeschwerde
vgl. S. 122

Aufgaben

1. Führt eine Eishockey-Debatte zur Frage durch, ob die NPD verboten werden soll. Teilt euch dazu in zwei Gruppen – eine Pro- und eine Kontra-Gruppe – und bearbeitet die Materialien M 11 a) und M 11 b). Recherchiert zusätzlich im Internet und sammelt weitere Argumente, um eure Position zu stärken. Tretet dann gegeneinander an (M 12).
2. Formuliere deinen persönlichen Standpunkt. Wie beurteilst du ganz persönlich die Frage, ob die NPD verboten werden soll? Schreibe dazu alle Pro- und Kontra-Argumente auf, die dich überzeugt haben. Markiere jeweils das stärkste Argument und triff dann eine Entscheidung (M 11).
3. Erkläre, warum das Bundesverfassungsgericht als „Hüter der Verfassung“ bezeichnet wird (M 10, M 13).

Tipp
www.mut-gegen-rechte-gewalt.de
www.exit-deutschland.de

Was wir wissen

Rechtsextremismus
M 1, M 2

Typische Merkmale rechtsextremistischer Gruppen und Ideologien sind Intoleranz, Rassismus, Antisemitismus und Fremdenfeindlichkeit. Rechtsextremistische Bewegungen verfolgen das Ziel eines autoritären, antipluralistischen und antidemokratischen Gesellschaftssystems und bedrohen damit die freiheitlich demokratische Grundordnung Deutschlands.

Linksextremismus
M 3

Innerhalb der politischen Linken werden jene Gruppen linksextremistisch eingestuft, die die parlamentarische Demokratie und vor allem den Kapitalismus als Wirtschafts- und Gesellschaftssystem verneinen. Linksextremistische Gruppen streben – teils unter Verwendung von Gewalt – nach einem egalitären, klassenlosen Gesellschaftssystem.

Islamismus
M 4, M 5

Verschiedene extremistische politische Ideologien und Bewegungen, die den Islam zum Fundament haben, werden mit dem Begriff „Islamismus“ beschrieben. Allen Strömungen innerhalb des Islamismus liegen u. a. folgende Ansichten zugrunde: Islam als einzige Quelle für das politische System, politische und religiöse Einheit aller Muslime der Welt (Umma), Abschaffung des weltlichen Staats und Einführung der Staatsreligion sowie Widerstand gegenüber fremder, nicht-muslimischer Einmischung.

Wehrhafte Demokratie
M 9, M 10

Die freiheitliche demokratische Grundordnung darf nicht gefährdet oder abgeschafft werden. Deshalb wird unsere Demokratie als wehrhafte oder streitbare Demokratie bezeichnet. Zu den Mitteln der wehrhaften Demokratie gehören:

- Auf Antrag können verfassungswidrige Parteien vom Bundesverfassungsgericht verboten werden.
- Vereinigungen, die sich gegen die verfassungsmäßige Ordnung richten, können vom Innenminister verboten werden.
- Die Grundrechte einzelner Personen können vom Bundesverfassungsgericht verwirkt werden, wenn sie diese zum Kampf gegen die Demokratie missbrauchen.
- Bedienstete im öffentlichen Dienst können auf ihre Verfassungstreue verpflichtet werden.
- Als letztes Mittel räumt das Grundgesetz den Deutschen ein Recht zum Widerstand gegen jeden ein, der es unternimmt, die verfassungsmäßige Ordnung zu beseitigen, wenn keine andere Abhilfe möglich ist.

Bundesverfassungsgericht
M 13

Um einen Missbrauch der Instrumente der wehrhaften Demokratie zu verhindern, wurden diese überwiegend dem Bundesverfassungsgericht übertragen. Das Bundesverfasssungsgericht ist das höchste deutsche Gericht. Es entscheidet verbindlich über die Auslegung des Grundgesetzes. Außerdem kann sich jeder Bürger an das Gericht wenden, wenn er seine Grundrechte durch staatliches Handeln verletzt sieht. Deshalb wird das Bundesverfassungsgericht auch als „Hüter der Verfassung“ bezeichnet.

Rechts- und Linksextremismus, Islamismus – Gemeinsamkeiten

Bei allen Differenzen gibt es eine Reihe gemeinsamer Merkmale des modernen politischen Extremismus. Hierzu gehören der Absolutheitsanspruch der eigenen Auffassungen, Dogmatismus, die Unterteilung der Welt in Freund und Feind, aber auch Verschwörungstheorien und Fanatismus (Backes 1989: 298 ff.). Extremistische Ideologien sind geschlossene Denkgebäude, die von ihren Anhängern angewandt oder ausgelegt, nicht aber reflektiert und fortentwickelt werden. Sie haben einen quasi-religiösen Status, sie werden nicht diskutiert, sondern geglaubt. Politik besteht nicht aus einer Programmatik, Politik ist vielmehr Weltanschauung, die alle Lebensbereiche regelt.
Sie gilt als ewiggültig oder von Natur aus wahr. Der Glaube an Volksgemeinschaft und Nation oder an die historische Mission der Arbeiterklasse und die Diktatur des Proletariats oder an die Vorschriften des Korans und den islamischen Gottesstaat treten an die Stelle politischer Programmatiken, denen es um die Diskussion und Durchsetzung von rationalen Zielen geht. Der ewige Überlebenskampf – gegen die „Verräter" und „Ungläubigen" oder die „jüdisch-bolschewistische Weltverschwörung" oder die „kapitalistische Ausbeutung" und den „Imperialismus" – und die Utopie einer „homogenen Volksgemeinschaft", einer „klassenlosen Gesellschaft" oder eines „Gottesstaates" gelten nicht als diskussionswürdige Programme, sondern als substanzielle und unverrückbare Grundfesten des politischen Glaubensbekenntnisses.
Die demokratische Idee der Herrschaft auf Zeit und der beständigen Legitimation und Kontrolle der politischen Führung durch ein institutionelles System von checks and balances ist dem politischen Extremismus fremd, denn sie unterläuft das Bild eines starken Staates. [...] Trotz dieser Gemeinsamkeiten gibt es im Hinblick auf Entstehungsgeschichte, Ziele und Mittel erhebliche Unterschiede. Sie zeigen sich besonders deutlich in ihrer historischen Stellung zum Anfangspunkt der modernen demokratischen Gesellschaft, der Französischen Revolution und der von ihr ausgehenden modernen europäischen Verfassungsgeschichte.

checks an balances
hier: gegenseitige Kontrolle der Verfassungsorgane

Nach: Hans-Gerd Jaschke: Politischer Extremismus, Wiesbaden, 2006, VS Verlag für Sozialwissenschaften

Aufgaben

1. Erstellt in Gruppen zu jeder Form von politischem Extremismus eine Mindmap. Wo liegen die Gemeinsamkeiten, wo sind die Unterschiede? Stellt eure Ergebnisse der Klasse vor.
2. Recherchiert die im Text angedeuteten Unterschiede der verschiedenen Richtungen von politischem Extremismus. Untersucht dabei folgende Punkte: Entstehungsgeschichte, Mittel, Ziele, Menschenbild.

Helmut Pöhl (35), Bankierssohn

Famile Maier (v. l.): Bastian (9), Bärbel (Studentin, 31), Tim (2), Julia (12)

(Presse-)Beobachter

Spielanleitung:

Ein Betrag von 5.000 (fiktiven) Euro soll unter zwei Parteien aufgeteilt werden. Beide Parteien argumentieren miteinander öffentlich vor der Klasse um die Aufteilung des Betrags. Dieser Aushandlungsprozess ist zeitlich begrenzt: maximal 10 Minuten. Kommt es in dieser Zeit nicht zu einer einvernehmlichen Aufteilung des Betrags, verfällt der Betrag. Gelingt die einvernehmliche Aufteilung, wird zur Besiegelung darüber ein Vertrag geschlossen. Schülerinnen und Schüler, die nicht einer der beiden Parteien angehören, nehmen die Rolle von (Presse-)Beobachtern ein, die die ausgetauschten Argumente protokollieren.

Vertragliche Regelung, Erfurt, den ...

Herr Helmut Pöhl (Sohn des Bankier Th. Pöhl) und die Familie Maier, die für die Verhandlung durch die alleinerziehende Mutter Bärbel Maier (Studentin) mit Vollmacht vertreten wird, kommen überein, den Betrag von 5.000 Euro wie folgt aufzuteilen:

Herr Helmut Pöhl erhält .... €,

Familie Maier, vertreten durch Frau B. Maier, erhält .... €.

(Achten Sie darauf, dass die Summe der von Ihnen eingetragenen Beträge die angebotenen 5.000 € nicht übersteigt, da sonst der Vertrag seine Gültigkeit verliert.)

Durch die Unterschrift bestätigen die Vertragspartner die Richtigkeit der aus freien Stücken getroffenen Vereinbarung.

____

(Herr H. Pöhl)

____

(Frau B. Maier, Vertreterin der Familie Maier)

____

(durch den Pressebeobachter bestätigt)

6

Wandel und Herausforderungen in der modernen Gesellschaft

Unsere moderne Gesellschaft befindet sich in einem steten Wandel. Die Verteilung von Chancen und Einkommen, Aufbau und Altersdurchschnitt der Bevölkerung, Herkunft und Bildung der Menschen verändern sich. Wie kann der Wandel positiv gestaltet werden?

Kompetenzen

Am Ende dieses Kapitels solltest du Folgendes wissen und können:

- soziale Ungleichheit als Merkmal von Gesellschaften beschreiben
- verschiedene Dimensionen sozialer Ungleichheit analysieren
- Bedeutung sozialer Ungleichheit für den Zusammenhalt und die Entwicklung einer Gesellschaft problematisieren und diskutieren
- Erscheinungsformen des demografischen Wandels in modernen Gesellschaften beschreiben
- Folgen des demografischen Wandels für die Gesellschaft erläutern und beurteilen

Was weißt du schon?
Spielt das Rollenspiel wie in der Spielanleitung vorgegeben möglichst mit unterschiedlichen Gruppen. Vergleicht die Ergebnisse. Definiert für euch den Begriff Gerechtigkeit.

6.1 Soziale Ungleichheit

Ungleich gleich ungerecht?

M 1 Arm und Reich in Deutschland

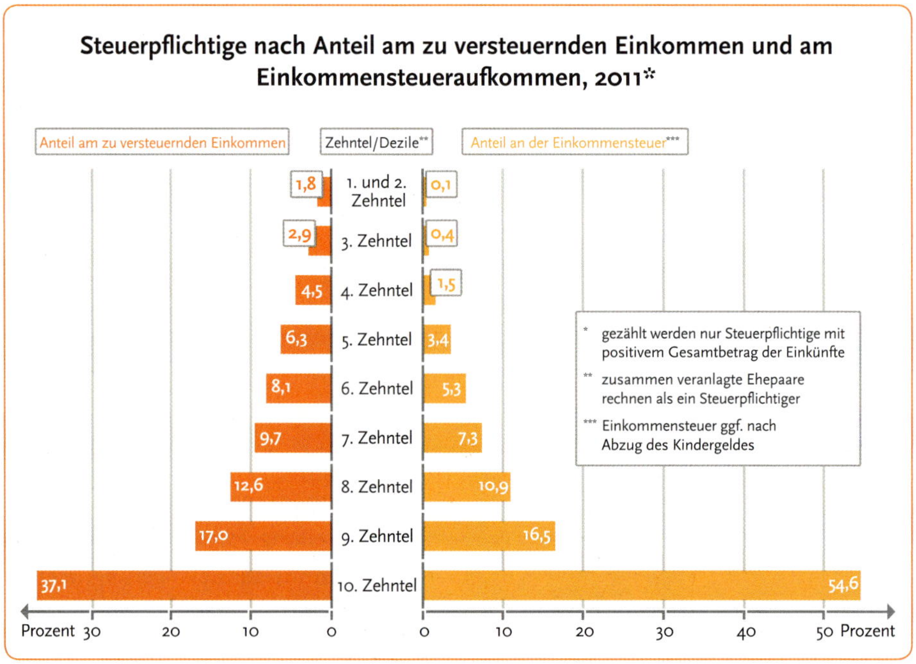

Quelle: Bundesministerium der Finanzen (BMF): Datensammlung zur Steuerpolitik 2012; Bundeszentrale für politische Bildung, 2013, www.bpb.de

Einkommensteuerpflichtige und Einkommensteuer
Für die Berechnung der Anteile am Einkommensteueraufkommen werden zunächst alle Einkommensteuerpflichtigen aufsteigend nach der Höhe der Einkünfte sortiert. Dann wird die Verteilung in zehn gleich große Teile zerlegt und für jedes Zehntel (Dezil) die Summe der Einkommensteuerleistungen berechnet. Anschließend wird der Anteil der Einkommensteuerleistung der einzelnen Dezile am gesamten Einkommensteueraufkommen berechnet.
Lesehilfe:
Die – gemessen an der Höhe der Einkünfte – oberen 10 Prozent der Einkommensteuerpflichtigen zahlten im Jahr 2011 54,6 Prozent des gesamten Lohn- und Einkommensteueraufkommens. Ihr Anteil am zu versteuernden Einkommen betrug 37,1 Prozent.

M 2 Ist Ungleichheit ungerecht?

Ungleichheiten im Steuersystem, ungleiche Bildungschancen, Ungleichheiten in der medizinischen Versorgung etc. Handelt es sich in all diesen Fällen tatsächlich um Beispiele sozialer Ungerechtigkeit?
Nicht notwendigerweise! Denn es gibt zum einen unterschiedliche Vorstellungen darüber, was als gerecht oder ungerecht zu bezeichnen ist. So sind hohe Einkommensungleichheiten nur dann ungerecht, wenn man soziale Gerechtigkeit als Ergebnisgleichheit versteht, also jeder das Gleiche bekommen sollte. Einkommensungleichheiten können aber auch sozial gerecht sein, wenn man der Ansicht ist, dass die Einkommensverteilung in einer Gesellschaft die individuelle Leistungsfähigkeit widerspiegeln sollte. In beiden Fällen beruft man sich auf Gerechtigkeit, kommt aber jeweils zu einem anderen Urteil. [...] Ungleichheiten sind somit nicht per se ungerecht und auch nicht immer im Namen der sozialen Gerechtigkeit zu korrigieren.

Stefan Liebig/Meike May, Dimensionen sozialer Gerechtigkeit, in: Aus Politik und Zeitgeschichte, 16.11.2009, S. 3

M 3 Prinzipien der Gerechtigkeit

In der politischen Debatte gibt es Übereinstimmung darin, dass das politische System und seine Gesetze „gerecht" gestaltet werden sollten. Dabei ist man sich allerdings nicht einig darüber, was unter „gerecht" zu verstehen ist. Verschiedene Gerechtigkeitbegriffe haben sich herausgebildet:

(1) Die Auffassung einer **Chancengerechtigkeit**, die allen die gleichen Start- und Entwicklungschancen garantiert, indem finanzielle Notlagen weitgehend ausgeglichen werden. Die wirtschaftlich Starken zeigen sich solidarisch, indem sie höhere Steuern an den Staat abführen.

(2) Die Vorstellung einer **Leistungsgerechtigkeit**, welche zwar jedem das Überleben sichert, die „Leistungserbringer" und Steuerzahler zur Unterstützung arbeitsloser und nicht arbeitsfähiger Personen aber nicht belastet. Wer am Markt erfolgreich ist, der wird auch belohnt.

(3) Die **Bedarfsgerechtigkeit** verfolgt das Ziel, dass der anerkannte Bedarf (nach Essen, Kleidung, kultureller Teilhabe etc.) eines jeden Gesellschaftsmitglieds gedeckt werden kann. Dazu werden die Einkommensstarken stärker belastet, um finanzielle Notlagen auszugleichen.

M 4 Interview mit einem Nobelpreisträger

Frage: Umverteilung, national wie international, ist Ausfluss der heute nahezu allgemein akzeptierten Idee sozialer Gerechtigkeit. Halten Sie davon denn gar nichts?

Hayek: Nein, nicht das Geringste. Was heißt denn hier Gerechtigkeit? Wer ist denn da gerecht oder ungerecht? Die Natur? Oder Gott? Jedenfalls nicht Menschen, da die Verteilung, die aus dem Marktprozess hervorgeht, nicht das beabsichtigte Ergebnis menschlichen Handelns ist. Daher ist der Begriff der sozialen Gerechtigkeit in einer marktwirtschaftlichen Ordnung mit freier Berufswahl völlig sinnlos. Soziale Gerechtigkeit kann es nur in Befehlswirtschaften geben, wo der Staat über die relativen Einkommen der einzelnen Bürger bestimmt. […] Diese unglückselige Idee sogenannter sozialer Gerechtigkeit behauptet, dass die Entlohnung des Einzelnen nicht davon abhängen soll, was er tatsächlich zum Sozialprodukt beiträgt, sondern davon, was er verdient.

Frage: Was heißt dann für Sie Gerechtigkeit?

Hayek: Es gibt für mich nur eine Gerechtigkeit, das ist die Gleichheit vor dem Gesetz. Jede Abweichung davon, selbst mit besten Absichten, öffnet der Willkür Tür und Tor, zerstört die Freiheit und damit den höchsten Wert, weil Voraussetzung für alle anderen Werte.

Interview mit dem Nobelpreisträger für Wirtschaftswissenschaften Friedrich August von Hayek (1899 – 1992), Wirtschaftswoche Nr. 11, S. 36, 8.3.1981

Aufgaben

1. Wie beurteilst du die Einkommensverteilung in Deutschland (M 1, linkes Diagramm)? Überprüfe dein Urteil, indem du nun den Beitrag zum Steueraufkommen (M 1, rechtes Diagramm) berücksichtigst.
2. Definiere die Begriffe Ungleichheit und Ungerechtigkeit (M 2).
3. Ordne zu, welche Vorstellung von sozialer Gerechtigkeit der Nobelpreisträger Hayek vertritt (M 3, M 4). Nimm dazu Stellung.

Leistungsgesellschaft pur – ein Modell ohne Makel?

M 5 Wie bist du da rübergekommen?

Karikatur: Karl-Heinz Schoenfeld

M 6 Die schlechte Leistungsgesellschaft

Mit seinem Buch über Kapital im 21. Jahrhundert [...] ist der Pariser Ökonom [Piketty] an die Spitzen der Sachbuchbestsellerlisten gestürmt. Ein Grund dafür ist, dass es sich nicht nur um eine ökonomische Theorie ungleicher Einkommens- und Vermögensverteilung handelt, sondern um den Angriff auf eine ganze Gesellschaftsbeschreibung. Ihr Name ist „Meritokratie". Diesen Begriff hatte 1958 der englische Soziologe Michael Young eingeführt. Er bezeichnet eine Gesellschaft, in der die Individuen nur nach ihren individuellen Merkmalen eingeschätzt werden. Ihr Einkommen entspricht ihrer Produktivität, ihre Berufe wählen sie nach ihren Fähigkeiten, ihr gesellschaftlicher Status entspricht ihrer Leistung. Youngs Formel lautete „Begabung + Anstrengung = Verdienst". Kollektive Merkmale einer Person – Geschlecht, ethnische Zugehörigkeit, das Milieu ihres Aufwachsens oder ihr Alter – spielen hingegen in einer perfekten Meritokratie keine Rolle. Der Zusammenhang zwischen der Herkunft eines Individuums und seiner sozialen Position wäre darum, statistisch betrachtet, ein zufälliger. [...]

Das Ideal der Meritokratie wird bemerkenswerterweise von linken wie von sehr liberalen Sozialwissenschaftlern bejaht. [...] Verschieden sind [...] nur die vorgeschlagenen Maßnahmen zur Herstellung von Meritokratie: die einen setzen auf Konkurrenz und vollständige Märkte

(z. B. Kreditmärkte für Bildungsdarlehen), die anderen auf Gesamtschulen, Quoten, spezielle Förderung und Steuerprogression. Auch Piketty verwendet die Meritokratie als normatives Kriterium für das Gelingen einer Gesellschaftsordnung. Denn nur im Zurückbleiben hinter diesem Ideal ähnelt ja unsere Gesellschaft derjenigen um 1800, mit der sie Piketty vergleicht. Was hingegen Gesundheit und Lebenserwartung angeht, Bildung, Freizeit und Konsum, die Chance Verbrechensopfer zu werden, oder die Chance, einen Prozess zu gewinnen, hat sich die Lage der kapitalarmen Bevölkerungskreise – also unsere Lage – durchaus stark verbessert. Nur dass eben nach wie vor die Vererbung von Kapital als Schlüssel zu allen möglichen anderen Privilegien sehr ungleich erfolgt.

Doch ist die Meritokratie überhaupt ein sinnvolles Gesellschaftsmodell? Oder ist sie nur eine moderne Oberschichtenideologie, von der die einen behaupten, sie sei verwirklicht, und die anderen, der Staat müsse daran noch arbeiten? Kann man sich denn eine Gesellschaft vorstellen, in der auf die Frage „Wem verdanken Sie ihren Erfolg?" die Antwort „Wenn ich es recht bedenke: ausschließlich mir selbst!" nicht merkwürdig wirkt? Michael Young hatte die reine Leistungsgesellschaft 1958 nicht zufällig in Form einer Satire eingeführt, um auf einige ihrer Probleme hinzuweisen. Sie fangen bei dem Umstand an, dass man soziale „Vererbung" von Vorteilen nur dann völlig ausschließen kann, wenn man den Eltern die Kinder genau so wegnimmt wie den Kindern das Vermögen der Eltern. Außerdem brauchte man Schulen, die egalitär und perfekt auf das spätere Berufsleben vorbereiten, „Humankapitalgesellschaften mit unbeschränkter Haftung" sozusagen. [...]

Young selbst fragte, wie Individuen in einer perfekten Meritokratie damit zurechtkämen, dass dann auch alle ihre Misserfolge allein ihnen zugerechnet würden. Anders formuliert: Würden die Leute wirklich an Meritokratie glauben, verlören in dieser recht viele Bürger jede Selbstachtung. Wie kritikfähig und leistungsbereit wären umgekehrt Eliten, denen jedes Gefühl dafür fehlt, dass auch Glück und günstige Umstände dazu gehören, um erfolgreich zu sein? [...]

Die Debatte über das Konzept der Meritokratie, [...] enthält keine Empfehlungen für oder gegen Erbschafts- oder Vermögenssteuern. Aber dass man Herkunft für ganze Schichten neutralisieren und für perfekte soziale Mobilität sorgen kann, ohne in einem gesellschaftlichen Albtraum zu landen, schließen ihre Ergebnisse aus. Wenn die Wirklichkeit vom Ideal der Chancengleichheit und des rein leistungsabhängigen Erfolgs abweicht, liegt es darum nicht nur an der Wirklichkeit, sondern mindestens so sehr am Ideal.

Jürgen Knaube, Frankfurter Allgemeine Sonntagszeitung, 4.5.2014, S. 18

Aufgaben

1. Interpretiere die Karikatur (M 5).
2. Stell dir vor, du lebst in einem Land, in dem das Leistungsprinzip (M 6) gänzlich verwirklicht ist:
   a) Was fällt dir auf?
   b) Verfasst in Partnerarbeit ein Streitgespräch darüber, ob ihr in einer solchen Gesellschaft leben wollt.

Welche soziale Struktur hat Deutschland?

Ordnet die folgenden Personen modellhaft so über- bzw. untereinander und / oder nebeneinander an, dass sie entsprechend ihrem Rang die Gesellschaftspyramide in Deutschland abbilden, wie du sie wahrnimmst. Stellt euer Modell vor, erklärt es und setzt euch mit Einwänden auseinander.

a) Alter, b) Familienstand, c) Wohnort, d) beruflicher Status, e) Einkommen (pro Jahr, verfügbares Einkommen), f) Sonstiges

M 7 Ein Modell zur Schichtung der Gesellschaft erstellen

Petra Plietsch
a) 17 J.
b) ledig, 1 Bruder (Student Medizin)
c) Fissau, EFH
d) Schülerin, 11. Kl.
e) 600 €
f) Hobbies: Lesen, Mode, Reiten und gelegentlich Golf, hilft 2 x pro Woche bei Eutiner Tafel, will in Italien studieren (Architektur)

Erna Puhvogel
a) 82 J.
b) verwitwet, 2 Kinder
c) Sieversdorf, Mietwohnung
d) Kauffrau (früher, immer halbtags)
e) 11.900 €
f) benötigt Gehwagen, Kinder leben im Ausland

Hans Salschick
a) 21 J.
b) ledig, 0 Kinder
c) Malente, 1 Zi. Whg.
d) Malerlehre (abgebrochen), Gelegenheitsjobber (1 x Woche Garten)
e) Hartz IV: 4.200 € + Wohngeld
f) will Umschulung zum Gartenbauer machen, aber nicht aus Malente wegziehen (Freunde)

Klaus Heuberger
a) 46 J.
b) verh., 4 Kinder
c) Eutin, EFH Blaue Lehmkuhle
d) selbständiger Fleischermeister, 6 Angestellte, Umsatz: 1,1 Mio. €, Gewinn: 44.000 €
e) 35.000 €
f) 2. Vors. Eutin 08, Mitglied Eutiner Wählervereinigung

Martha Kleinschmidt
a) 48 J.
b) ledig
c) Ahrensbök, EFH Eutiner Str.
d) Hausfrau
e) ca. 80.000 € Kapitalerträge
f) Mitherausgeberin von „Haus und Hof“, Hobby: 2 Rauhaardackel

Ursula Standmittel
a) 41 J.
b) ledig, keine Kinder
c) Kiel, Altstadtwohnung
d) selbständige Apothekerin, 8 Angestellte, Umsatz: 3,2 Mio. Euro, Gewinn: 110.000 €
e) 76.000 €
f) FDP-Stadträtin

Bettina Dornhage
a) 51 J.
b) geschieden, 3 Kinder
c) Kasseedorf, EFH
d) MdB, SPD
e) 68.000 €
f) Mitglied in 18 Vereinen und Verbänden, teils in leitender Funktion

Hartmut Herndom
a) 65 J.
b) verh., 3 Kinder
c) Frankfurt, EFH
d) Vorstandsvorsitzender Deutsche Bahn AG
e) 2,35 Mio. €
f) Vorstandsmitglied der Stiftung Lesen, Mitgl. der student. Verbindung Franconia Berlin

Heinz Kuppler
a) 26 J.
b) ledig, 2 Kinder
c) Kleinstrelitz (40 km südlich von Leipzig)
d) Rangierer
e) 17.000 €
f) trägt 3 x pro Woche morgens die Leipziger Volkszeitung aus

Carina Schönhaar
a) 23 J.
b) verlobt
c) Cottbus, RMH (Reihenmittelhaus mit Verlobtem, zur Miete)
d) Friseurin (Gesellin)
e) 16.000 €
f) will später Meisterin werden, pflegt „nebenbei“ demenzkranken Vater

Ali Kügculu
a) 35 J.
b) verh., 1 Kind
c) Hamburg, Speicherstadt
d) Ingenieur, selbst. Teppichhändler, Umsatz: 2 Mio., 16 Mitarbeiter (Familie)
e) 120.000 €
f) aktiv im Dt.-Türk. Verein, mit Lotto King Karl befreundet, in Altona aufgewachsen

Gosha Sikorski
a) 26 J.
b) geschieden, 2 Kinder
c) Kiel Mettenhof, 4 Zi.-Whg.
d) ungelernt, arbeitslos, inoffiziell 5 Putzjobs (jeden Vormittag 5 Std. á 9 €/h)
e) 4.200 € (Hartz IV) + WG, 3.700 € Kindergeld, ca. 11.000 € (Putzen)
f) Mutter hilft bei Kinderbetreuung

Karl „Charlie“ Halbseidel
a) 44 J.
b) 3 x geschieden, 2 Ki.
c) Hamburg, Reeperbahn
d) Gastronom und Hotelier, Umsatz: ca. 5 Mio., 10 Mitarbeiterinnen
e) 450.000 €
f) mehrfach vorbestraft, Vorsitz Motorradclub der Harley Angels

Günter Schlauberger
a) 73 J.
b) verh., 1 Kind, 2 Enkel
c) Timmendorfer Strand, EFH Nähe Promenade
d) Oberstudiendirektor a.D.
e) 55.000 €
f) Mitglied der Akademischen Gesellschaft, von Nov.-Feb. mit seiner Frau in Ferienwohnung / Palma

M 8 Eine moderne Landkarte der Gesellschaft: die Sinus-Milieus

Die Sinus-Milieus® in Deutschland 2015
Soziale Lage und Grundorientierung

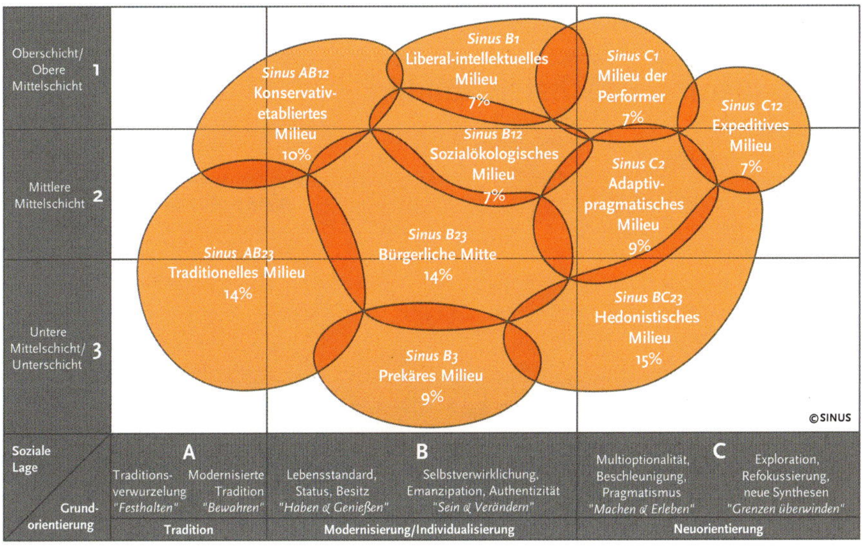

Seit vielen Jahren ist die Landkarte der Sinus-Milieus als „Kartoffelgrafik" bekannt. Wie man sieht, ergeben zehn „Kartoffeln", eine für jedes Milieu, ein modellhaftes Abbild der sozialen Schichtung und der Wertestruktur unserer deutschen Gesellschaft in ihrer Wechselwirkung. [...] Je höher das entsprechende Milieu in dieser Grafik angesiedelt ist, desto gehobener sind Bildung, Einkommen und Berufsgruppe; je weiter er sich nach rechts erstreckt, desto moderner im soziokulturellen Sinn ist die Grundorientierung des jeweiligen Milieus.

© Sinus Markt- und Sozialforschung GmbH, Sinus Milieus 2015, www.sinus-institut.de (27.3.2015)

Aufgaben

1. Entwickelt in Gruppen ein Schichtungsmodell der Gesellschaft (M 7).
2. Vergleicht euer Gesellschaftsmodell mit dem Modell der Sinus-Milieus und ordnet nun einzelne Karten den Milieus zu (M 7, M 8).
3. Auftraggeber für Milieuforschungen sind vor allem Parteien, Ministerien, Unternehmen oder gesellschaftlich relevante Gruppen und Organisationen: Stelle dar, inwieweit die Ergebnisse solcher praxisorientierter Studien für die Auftraggeber hilfreich sind.

Konservativ-etabliertes Milieu: Klassisches Establishment mit Exklusivitäts- und Führungsanspruch, zeigt aber auch Tendenz zum Rückzug. **Liberal-intellektuelles Milieu:** Aufgeklärte Bildungselite mit liberaler Grundhaltung und postmateriellen Wurzeln, hat starken Wunsch nach Selbstbestimmung. **Milieu der Performer:** Effizienzorientierte Leistungselite, denkt global, hohe IT-Kompetenz, sieht sich als stilistische Trendsetter. **Expeditives Milieu:** Unkonventionelle, kreative Avantgarde, individualistisch, sehr mobil, digital vernetzt, sucht nach Grenzen. **Bürgerliche Mitte:** Der leistungs- und anpassungsbereite Mainstream, bejaht die gesellschaftliche Ordnung, strebt nach beruflicher und sozialer Etablierung sowie nach Sicherheit und Harmonie. **Adaptiv-pragmatisches Milieu:** Zielstrebige, junge Mitte der Gesellschaft mit ausgeprägtem Lebenspragmatismus und Nutzenkalkül. **Sozialökologisches Milieu:** Idealistisch, konsumkritisch, globalisierungsskeptisch, besitzt ausgeprägtes ökologisches und soziales Gewissen. **Traditionelles Milieu:** Ordnungsliebende Kriegs- und Nachkriegsgeneration, kleinbürgerlich oder der Arbeiterwelt verhaftet. **Prekäres Milieu:** Um Teilhabe bemühte Unterschicht, Zukunftsangst und Ressentiments. **Hedonistisches Milieu:** Spaß- und erlebnisorientiert, verweigert sich den Konventionen und Leistungserwartungen der Gesellschaft.

Werte und Wertewandel – sind Männer und Frauen gleichberechtigt?

M 9 Die frauenfreundlichsten Länder

Die frauenfreundlichsten Länder

So schneiden die besten von insgesamt 128 untersuchten Staaten beim Ländervergleich „Frauen am Arbeitsmarkt 2012" ab

	Rangplatz insgesamt	darunter:		
		Arbeitsmarktzugang für Frauen	Verdienstabstand zwischen Frauen und Männern	Unterstützung der Selbstständigkeit von Frauen
Australien	1	6	1	6
Norwegen	2	4	1	11
Schweden	3	5	1	2
Finnland	4	1	1	28
Neuseeland	5	13	9	22
Niederlande	6	7	1	14
Kanada	7	26	1	21
Deutschland	8	21	1	3
Belgien	9	3	9	1
Frankreich	10	10	9	10
Dänemark	11	11	9	11
Litauen	12	12	19	12
Vereinigtes Königreich	13	13	9	13
Island	14	14	19	14
Spanien	15	15	1	15

Arbeitsmarktzugang für Frauen: darunter fallen z. B. die Kinderbetreuungsinfrastruktur, Antidiskriminierungsrichtlinien wie das Gleichstellungsgesetz oder Anspruch auf Mutterschutz und Elternzeit
Weitere Indikatoren: Bildungsstand, Erwerbsbeteiligung und Geschlechterfortschritte in der Ausbildung und im Beruf

Institut der deutschen Wirtschaft Köln; Quelle: Unternehmensberatung Booz & Company

M 10 Ist die Gleichberechtigung verwirklicht?

Zäsur
Einschnitt

Immerhin 62 Prozent der Mütter und Väter finden, dass beide Eltern berufstätig sein und sich die Kinderbetreuung teilen sollten, ergab eine Forsa-Umfrage aus dem Jahr 2008. Die Realität sieht anders aus: Laut einer Allensbach-Umfrage aus dem gleichen Jahr machen 76 Prozent der Mütter „alles" oder „das meiste" im Haushalt. Nur 22 Prozent teilen sich die Aufgaben mit dem Partner. Wo ist sie, die gleichberechtigte Aufteilung der Hausarbeit?

„Die Geburt des ersten Kindes ist die Zäsur", sagt Kai-Olaf Maiwald vom Institut für Sozialforschung an der Universität Frankfurt. „In der Regel kommt es dann zur Re-Traditionalisierung." Die Frauen übernehmen Kinderbetreuung und Haushalt. Zu genau diesem Ergebnis kam eine Studie von Prof. Hans-Peter Blossfeld. Der

Leiter des Staatsinstitutes für Familienforschung an der Universität Bamberg nahm die ersten 14 Ehejahre von westdeutschen Paaren unter die Lupe. Er stellte fest: Je länger eine Ehe dauert, desto weniger beteiligen sich die Männer an der Hausarbeit. Und die Geburt des ersten Kindes „reduziert die Neigung einer weiteren Beteiligung der Männer an der Hausarbeit drastisch", obwohl der Arbeitsaufwand insgesamt massiv zunimmt. Die Männer steigern sogar ihr berufliches Engagement, verbringen also mehr Zeit bei der Arbeit.

Carina Frey/dpa, Aachener Zeitung, 17.2.2010

M 11 Der Wandel der Rollenbilder – Männer in Not?

Die Männer sind in Not: in der Schule, auf dem Arbeitsmarkt und im Familienleben. [...] Erstes Alarmsignal: Der männliche Nachwuchs ist von der Rolle. Erwachsene sind zutiefst verunsichert darüber, ob man überhaupt Kinder haben und, wenn ja, wie man sie erziehen sollte. Diese Verwirrung trifft Jungen härter als Mädchen. Für Mädchen gibt es das traditionelle Rollenangebot mit einer gesellschaftlich akzeptierten Erweiterungsmöglichkeit um (fast) alle männlichen Optionen. [...]

Der Wandel von der Industrie- zur Dienstleistungsgesellschaft vernichtet vor allem einfache Arbeitsplätze und solche, für die man Körperkraft aufwenden muss. Seit 1975 ist die Quote der weiblichen Erwerbsbeteiligung von 48 Prozent auf über 65 Prozent geklettert, während die männliche Erwerbstätigkeit auf unter 80 Prozent sank. Seit 1991 sind 1,9 Millionen Männerarbeitsplätze abgebaut worden, die Frauen hingegen gewannen 1,4 Millionen Jobs hinzu. Sie stellen inzwischen fast die Hälfte aller Erwerbstätigen in Deutschland. Dabei muss man allerdings berücksichtigen, dass wiederum fast die Hälfte der Frauen in Teilzeit arbeitet und dadurch Nachteile beim Einkommen, bei der Karriere und der sozialen Sicherung hat. Trotzdem gehört die Zukunft auf dem Arbeitsmarkt eindeutig den Frauen. Die Männer können einstweilen nur verlieren. [...] Der Mann weiß nicht, was er noch mit einer Familie soll. Über Jahrtausende gehörte die Rolle des Erzeugers, Vaters, Ernährers und Familienoberhaupts zum allgemein verbindlichen Männlichkeitsprogramm. Diese Rolle ist in Auflösung begriffen. Es gibt keine Gesellschaft mehr, die dem jungen Mann mit einem bestimmten Bild von „Erwachsenheit" oder „Bürgerlichkeit" gegenübertritt, zu dem notwendig Ehefrau und Kinder gehören.

Susanne Gaschke, Die Zeit, 14.6.2006

M 12 Pro und Kontra zur Frauenquote in Führungspositionen

Union und SPD haben sich auf eine gesetzliche Quote für Frauen in Führungspositionen verständigt. In den Aufsichtsräten börsennotierter Unternehmen sollen ab 2016 mindestens 30 Prozent Frauen vertreten sein.

Florian Girwert ist seit März 2010 bei der TLZ und seit August 2010 im Ressort Wirtschaft tätig.

Erklärfilm „Frauenquote"

Mediencode: 71067-07

Zusätzlich müssen solche Unternehmen ab 2015 eigene Ziele für die Erhöhung des Frauenanteils in Aufsichtsrat, Vorstand und oberen Führungsebenen festlegen und veröffentlichen. Das stößt bei CDU-nahen Unternehmern auf deutliche Skepsis: „Entscheiden sollte die Qualifikation", findet Andreas Elm von Liebschwitz, Landesgeschäftsführer des Wirtschaftsrates der CDU. Nun könne sogar der Fall eintreten, dass das bei der Besetzung einer Aufsichtsrats- oder Führungsposition die Qualifikation hinten anstehe und schlechter qualifizierte Frauen genommen werden müssten. Das habe ganz einfach etwas damit zu tun, dass es in manchen technischen oder ingenieurswissenschaftlichen Studiengängen teilweise Frauenanteile von fünf Prozent habe.

Hinzu komme, dass der Anspruch von Frauen in der heutigen Zeit wohl kaum mehr sei, aufgrund einer Quote in Führungspositionen zu kommen, sondern auf Grundlage von Leistung. [...] „Staatlichen Eingriffen in die Wirtschaft wird immer weiter Tür und Tor geöffnet", findet von Liebschwitz. Dass aber staatliche Eingriffe nicht immer weise seien, wisse man doch spätestens nach 40 Jahren DDR nur allzu gut.

Der Wirtschaftsrat befürchtet sogar, dass in großen Unternehmen die fachliche Kompetenz der Führungsebene geschwächt wird, sollte aufgrund von Geschlecht anstatt Kompetenz rekrutiert werden. Zusammen mit dem Mindestlohn und anderen sozialen Wohltaten werde Unternehmern das Bild vermittelt, dass Politik auf ihre Kosten gemacht wird. „Davon wird die deutsche Wirtschaftskraft nicht profitieren", sagte von Liebschwitz – und der bröckelnden deutschen Infrastruktur sei damit in keiner Hinsicht geholfen.

Gelassener wird die Einigung beim Hersteller von Labortechnik Analytik Jena AG gesehen: „Wir werden genügend Zeit haben, einen unserer drei Aufsichtsratsposten bei der nächsten Wahl mit einer Frau zu besetzen. Es ist richtig und wichtig, Frauen in diesen Gremien zu berücksichtigen", sagte Vorstandschef Klaus Berka. Er sei überzeugt, Frauen seien ebenso kompetent wie Männer und würden auch als Aufsichtsratsmitglied gute Entscheidungen treffen. „Wichtig aber ist: Die politische Entscheidung lässt den Unternehmen genügend Zeit, sich darauf einzustellen." – Bisher sind Vorstand und Aufsichtsrat der Jenaer komplett männlich.

Der Technologiekonzern Jenoptik AG wollte sich am Montag noch bedeckt halten, immerhin gebe es noch keine endgültigen Vereinbarungen. Das Unternehmen verweist jedoch darauf, dass man unter den Technologieunternehmen zu den fünf zähle, die die höchste Frauenquote in ihrem Aufsichtsrat aufweisen: Zwei der zwölf Aufsichtsräte sind Frauen.

Andreas Elm von Liebschwitz sorgt sich derweil, dass Kompromisse in Berlin bevorzugt zu Lasten von Unternehmern gehen könnten. Am Ende fielen die übermäßigen Regulierungen aber auch auf die normalen Beschäftigten zurück – und dem Standort sei nicht gedient.

TLZ-Redakteur Florian Girwert ist für eine Frauenquote:

Die Frauenquote wird sich nicht umgehen lassen. Wenn auch Wirtschaftsverbände zetern und Unternehmen sich sträuben, so zeigt das doch nur, dass getroffene Hunde bellen. Nachdem sich deutsche Konzerne bereits vor vielen Jahren selbst verpflichtet hatten, etwas für mehr Frauen in Spitzenpositionen zu tun, haben sie den blumigen Worten praktisch keine Taten folgen lassen.

Die Konsequenz muss deshalb sein, der Forderung Nachdruck zu verleihen. Dem Vorhaben, so wie es jetzt beschlossen wurde, droht allerdings die Bedeutungslosigkeit. 30 Prozent Quote in Aufsichtsräten von börsennotierten Firmen sind gut und schön. Aber die wenigen Dutzend Posten, die damit verbunden sind, kann man getrost als Symbolpolitik bezeichnen, mit der kaum jemandem geholfen ist. Der Rest wird eine Wischiwaschi-Flexi-Quote, bei der Firmen ihre Ziele selbst setzen.

Nein, die Firmen müssen endlich in die Pflicht genommen werden. Mit Sonntagsreden, in denen erklärt wird, wie wichtig Frauen für die Wirtschaft sind, bringt man keine von ihnen in entscheidende Positionen. Die Unternehmen werden sich an die neue Lage anpassen. Sofern ihnen eine ausreichende Übergangszeit eingeräumt wird, erscheint das Wehklagen in den Vorständen reichlich übertrieben.

TLZ-Redakteurin Sibylle Göbel ist gegen eine Frauenquote:

Auch auf die Gefahr hin, dass ich mir den geballten Zorn vieler Geschlechtsgenossinnen zuziehe, muss ich es einmal deutlich sagen: Ich halte die Frauenquote für Quatsch. Nie und nimmer möchte ich eine Quotenfrau sein. Oder eine „Quothilde", wie der im Netz kursierende Schmähname lautet. Ich bin dagegen, dass Frauen in Führungspositionen gehoben werden, nur weil sie das Auswahlkriterium „weiblich" erfüllen. Aus meiner Sicht bedeutet genau das eine Herabwürdigung ihrer Qualifikation und Leistung. Und es öffnet der Diskriminierung erst recht Tür und Tor. „Ach", könnte so mancher männliche Leistungsträger dann meinen, „das ist doch die, die die Stelle bloß bekommen hat, weil sie eine Frau ist. Aber ernst nehmen müssen wir sie in unserem Männerzirkel deswegen noch lange nicht." Sobald die Quote formal erfüllt ist, gibt es auch keinen Grund mehr, allgemein die Rahmenbedingungen zu verbessern, die berufstätigen Frauen den Aufstieg ermöglichen.

Nein, wirkliche Gleichberechtigung, wie sie im Grundgesetz festgeschrieben ist, bedeutet für mich, Frauen und Männer allein an ihrer Kompetenz – der fachlichen wie der sozialen – zu messen. Über kurz oder lang dürfte den Unternehmen angesichts des Fachkräftemangels auch gar nichts anderes übrig bleiben.

Lioba Knipping/Florian Girwert/Sibylle Göbel, Thüringische Landeszeitung, 19.11.2013

Sybille Göbel begann ihre Tätigkeit als Redakteurin für die TLZ im Jahr 1991.

Aufgaben

1. Nenne die wichtigsten Aussagen der Statistik in M 9 und sammle mögliche Erklärungen dafür.
2. Die Autorin von M 11 behauptet: „Die Männer sind in Not ..." Stelle dar, was für und was gegen diese These spricht (M 10, M 11).
3. Von 2016 an ist die Frauenquote in Aufsichtsräten gesetzlich vorgeschrieben. Macht euch über Aufsichtsräte kundig und führt dann zum Sinn und Unsinn dieser Regelung eine Pro- und Kontra-Debatte in der Klasse durch (M 12).

Was bedeutet Armut in Deutschland?

M 13 Gibt es in Deutschland Armut?

M 14 Armut sieht man nicht immer

Gesetzlicher Mindestlohn
Seit dem 1.1.2015 existiert in Deutschland ein gesetzlicher Mindestlohn von 8,50 Euro. Dieser soll dafür sorgen, dass jemand, der in Vollzeit erwerbstätig ist, davon auch leben kann. Dennoch leben in Deutschland mehr als drei Mio. voll erwerbstätige Menschen unterhalb der Armutsgrenze.

Erklärfilm „Altersarmut"

Mediencode: 71067-08

Den Unterschied zwischen meinen Mitschülern und mir sieht man erst auf den zweiten Blick. Im Gegensatz zu mir haben sie ein iPhone oder benutzen im Unterricht ihr iPad. Bei uns an der Schule rennen schon 14-Jährige mit Gucci-Taschen herum. Viele fahren mit ihrem Roller oder sogar einem eigenen Auto zur Schule. Ich selbst bin anderthalb Stunden mit dem Zug unterwegs. Meine Mutter, meine Schwester und ich wohnen in einem Vorort von Frankfurt, weil dort die Mieten billiger sind.

Meine Schule liegt in einer wohlhabenden Gegend, dem Westend in Frankfurt. Dort mache ich nächstes Jahr mein Abitur. […]

Armut bedeutet für mich, dass wir uns über alle Anschaffungen Gedanken machen müssen. Und nie Geld da ist, wenn es für mich drauf ankommt: für Austauschfahrten, Studienreisen oder bestimmte Ausflüge zum Beispiel. […] Ich habe Freunde, die bereits viermal in Marokko waren. Das wird mir nicht passieren. Ich kann nur an den obligatorischen Klassenfahrten teilnehmen, weil die vom Amt übernommen werden. Ich muss dann jedes Mal einen so genannten Beihilfebogen ausfüllen und ihn vom Lehrer unterschreiben lassen. Das ist unangenehm, weil es die anderen oft mitkriegen. Manchmal vergleiche ich mich schon mit meinen Freunden, die mehr Geld haben, und bin dann traurig, weil mir so viel entgeht – eigene Bücher, Theaterbesuche, Filme auf DVD.

Hadija Haruna, fluter, Bundeszentrale für politische Bildung, Ausgabe 45, Winter 2012-2013, S. 14

M 15 Armutsmaße – wie arm sind die Deutschen?

Wer Ulrich Schneider zuhört, glaubt sich in einem anderen, fremden Land. In einem Land, in dem die alleinerziehenden Mütter mit ihren Kindern unter Brücken schlafen müssen und in dem die Rentner bettelnd durch die Straßen ziehen. Doch der Chef des Paritätischen Gesamtverbands redet über Deutschland, das viertreichste Land auf dieser Erde mit einer der niedrigsten Arbeitslosenquoten Europas.

„Noch nie war die Armut in Deutschland so hoch und noch nie war die regionale Zerrissenheit in Deutschland so tief wie heute", sagt Schneider. Er spricht von einem sprunghaften Anstieg der Armut, einem historischen Höchststand, einer tief zerklüfteten Republik.

Als Beleg präsentiert der Verband Berechnungen zur Armutsquote. Diese stieg zwischen 2012 und 2013 um einen halben Prozentpunkt auf 15,5 Prozent. 12,5 Millionen Menschen, 400.000 mehr als noch 2012, leben unter der Armutsschwelle von 60 Prozent des mittleren Einkommens. Für einen Single-Haushalt sind das 892 Euro, für eine vierköpfige Familie 1.873 Euro.

Doch dieses Konzept hat seine Tücken: Wenn das mittlere Einkommen steigt, weil die Wirtschaft wächst und die Arbeitnehmer mehr verdienen, während Transferbezieher wie Hartz IV-Empfänger und Geringverdiener damit aber nicht Schritt halten, muss die Armut in Deutschland zwangsläufig zulegen.

Umgekehrt steigt die Armut statistisch nicht, wenn es allen schlechter geht – wie etwa das Beispiel Griechenland zeigt. Dort erhöhte sich die Armut in der Krise statistisch kaum, weil der Schwellenwert in der Krise für alle kräftig sank. Eine steigende Armutsquote sagt daher mehr über das Auseinanderdriften der Einkommen aus als über wachsende materielle Entbehrung.

Außen vor bleibt bei dieser Betrachtung auch die Kaufkraft. Wenn wie derzeit in Deutschland die Preise sinken, hat dies keine Auswirkung auf die Armutsquote, aber sehr wohl auf das reale Leben der Menschen unter der statistischen Armutsschwelle. Das Institut der deutschen Wirtschaft (IW) hat im vergangenen Jahr ausgerechnet, dass ein Single in München 1.030 Euro braucht, um sich genauso viel zu leisten, wie ein durchschnittlicher deutscher Bürger mit 870 Euro. Diese regionalen Unterschiede berücksichtigt das Konzept der relativen Einkommensarmut ebenfalls nicht.

Stefan von Borstel, www.welt.de, 19.2.2015

Definitionen von Armut
Absolute Armut bezeichnet eine Armut, die durch ein Einkommen von 1,25 US-Dollar pro Tag gekennzeichnet ist. Von **relativer Armut** spricht man in Wohlstandsgesellschaften, in denen es absolute Armut praktisch kaum gibt. In der EU gilt als relativ arm, dessen Einkommen weniger als 60 % des Durchschnittseinkommens beträgt.

Armuts- und Wirtschaftsentwicklung in Deutschland 2006 – 2013

Jahr	BIP in Mrd. €	Armutsquote in %
2006	2.390,20	14,0
2007	2.510,11	14,3
2008	2.558,02	14,4
2009	2.456,66	14,6
2010	2.576,22	14,5
2011	2.699,10	15,0
2012	2.749,90	15,0
2013	2.809,48	15,5

Nach: Infografik Die Welt, Armuts- und Wirtschaftsentwicklung in Deutschland 2006 – 2013, 19.2.2015

Aufgaben

1. Ergänze den Satz: Jemand ist arm, wenn ... Die Bilder in M 13 können dir Gedankenanstöße geben.
2. Lies den Fall der Abiturientin und entscheide, ob die Familienmitglieder deiner Auffassung nach in Armut leben oder nicht. Ordne zu, mit welchem Armutsbegriff sie charakterisiert werden könnten (M 14, Randspalte S. 159).
3. Erkläre die unterschiedlichen Armutsrisikoquoten in Deutschland und beurteile, ob der in Deutschland verwendete Armutsbegriff dir angemessen erscheint (M 15).

Worauf baut das soziale Sicherungssystem?

M 16 Niemand muss im Regen stehen ...

Karikatur: Aurel

M 17 Das Sozialstaatsgebot im Grundgesetz

Art. 1 GG
(1) Die Würde des Menschen ist unantastbar. Sie zu achten und zu schützen ist Verpflichtung aller staatlichen Gewalt.

Art. 20 GG
(1) Die Bundesrepublik Deutschland ist ein demokratischer und sozialer Bundesstaat.

Im Grundgesetz, der deutschen Verfassung, werden den Bürgerinnen und Bürgern ihre Grundrechte garantiert und die Organisation des Staates festgelegt. Artikel 20 fasst die wichtigsten Staatsprinzipien zusammen. Das darin enthaltene „Sozialstaatsgebot" verpflichtet den Staat dazu, das Ziel eines sozialen Ausgleichs bei allen staatlichen Maßnahmen zu berücksichtigen. In Verbindung mit dem Grundrecht auf ein menschenwürdiges Leben ergibt sich daraus ein Anspruch des Einzelnen gegen den Staat, für ihn im Falle seiner – verschuldeten oder unverschuldeten – Bedürftigkeit so zu sorgen, dass sein Existenzminimum gesichert ist. Wer zum Beispiel durch Krankheit oder Alter in eine Notlage geraten ist, muss durch die Unterstützung staatlich organisierter Sozialsysteme eine angemessene Behandlung und ausreichende Hilfe bei der Existenzsicherung erhalten. Der Staat ist auch dazu verpflichtet, „Daseinsvorsorge" zugunsten der Bürgerinnen und Bürger zu betreiben, d. h. die Versorgung mit Gas, Wasser, Strom und Schulen, öffentlichen Verkehrsmitteln u. a. sicher zu stellen. Er muss dies allerdings nicht immer kostenlos tun, sondern kann dafür eine zumutbare Gegenleistung in Geld fordern.

M 18 Die Säulen der sozialen Sicherung

M 19 Das soziale Sicherungssystem in Deutschland

Das Kernstück des Sozialstaats in Deutschland ist die gesetzliche Sozialversicherung. Sie ist im Sozialgesetzbuch geregelt und schreibt verpflichtend vor, dass jeder Mensch, der in einem regulären Beschäftigungsverhältnis (sozialversicherungspflichtige Vollzeit- und Teilzeittätigkeiten) steht, gegen bestimmte Grundrisiken des Lebens versichert sein muss. Arbeitgeber und Arbeitnehmer beteiligen sich in etwa je zur Hälfte an der Finanzierung der Versicherungen. Eine Ausnahme bildet die gesetzliche Unfallversicherung. Bei dieser Versicherung sind nur die Arbeitgeber beitragspflichtig. Auf diese Weise ist ein Arbeitnehmer versichert bei Arbeitslosigkeit, bei Krankheit, bei Pflegebedürftigkeit, im Alter, wenn er nicht mehr berufstätig sein kann, und bei Unfällen. Diejenigen, die aus den gesetzlichen Sozialversicherungen keine oder keine ausreichenden Leistungen beziehen können, erhalten im Falle ihrer Bedürftigkeit eine Grundsicherung, die aus allgemeinen Steuermitteln finanziert wird.

Darüber hinaus leistet der Sozialstaat auch in besonderen Lebenslagen Unterstützung, z. B. für Familien, Kinder oder die Ausbildung. Der Sozialstaat wird von dem Grundgedanken der „Solidarität“ getragen, d. h. dem Prinzip gegenseitiger Hilfe. Im Bedarfsfall tritt die Gemeinschaft mit ihren Mitteln für den Hilfebedürftigen ein.

Erklärfilm „Gesetzliche Sozialversicherung“

Mediencode: 71067-09

Aufgaben

1. Sammle die in der Abbildung (M 16) dargestellten Situationen bzw. Risiken. Ordne sie den Säulen und Bausteinen des sozialen Sicherungssystems in Deutschland (M 18) zu.
2. Führe den Satz zu Ende: „Das soziale Sicherungssystem in Deutschland baut auf ...“ (M 17 – M 19).

Was wir wissen

Dimensionen sozialer Ungleichheit

Zu allen Zeiten waren manche Menschen innerhalb der Gesellschaft besser gestellt als andere. Diese soziale Ungleichheit lässt sich auch in den modernen Industrie- und Dienstleistungsgesellschaften beobachten. Am deutlichsten ist die Ungleichheit bei der Verfügbarkeit von Einkommen und der damit verbundenen Teilhabe an Macht und Prestige. Ungleichheit lässt sich aber auch im Bereich von Bildung, bei der Stellung von Männern und Frauen oder bei der Herkunft beobachten. Üblich ist eine vertikale Differenzierung, also eine Schichtung in „Oben und Unten".

Ungleich gleich ungerecht?
M 2, M 3

Die bestehenden Ungleichheiten in einer Gesellschaft werden oft „automatisch" als ungerecht und deshalb als beseitigenswert empfunden. Deshalb sollten die Begriffe Ungleichheit und Ungerechtigkeit getrennt werden. Bei der Beschreibung von Ungleichheit handelt es sich zunächst nur um eine Feststellung (Sachaussage). Empfindet man die Ungleichheit als ungerecht, so ist dies ein Werturteil. Gerechtigkeit ist dabei keine objektive, messbare Größe. Was gerecht ist und was nicht, hängt von den Maßstäben ab, die der Betrachter anlegt. So unterscheidet man Chancen-, Leistungs- und Bedarfsgerechtigkeit.

Sozialstruktur
M 8

Jüngere Versuche zur Beschreibung der Gesellschaft tragen der fortschreitenden Differenzierung Rechnung und ergänzen Merkmale wie das Einkommen um Merkmale, die die verschiedenen Wertorientierungen (z. B. Lebensziele, Vorstellungen vom Glück) der Menschen berücksichtigen. Die Verknüpfung dieser Merkmale führt zu verschiedenen sozialen Milieus einer Gesellschaft. Ein sehr bekanntes Modell der Sozialstruktur ist das Modell der Sinus-Milieus.

Armut
M 14, M 15

Nach einer häufig verwendeten Definition ist jemand arm, wenn das Einkommen nicht ausreicht, um einen Lebensstandard zu verwirklichen, der in der Bezugsgemeinschaft als „normal" angesehen wird. Dazu gehören insbesondere auch Benachteiligungen im Bereich von Gesundheit, Bildung, gesellschaftlicher und kultureller Teilhabe. Da diese Form der Armut schwer messbar ist, wird heute meist von relativer Armut gesprochen. Als relativ arm gelten Personen oder Haushalte, deren Nettoeinkommen weniger als 60 % des Durchschnittseinkommens beträgt (in der EU verwendete Definition).

Wie der Sozialstaat für die Schwächsten sorgt
M 17 – M 19

Ein wichtiges Ziel des Staates ist es, alle diejenigen zu unterstützen und denen zu helfen, die besonders schwach sind und sich nicht selbst gegen alle Wechselfälle des Lebens schützen können. Zu sozialpolitischem Handeln ist der Staat durch das Sozialstaatsgebot des Grundgesetzes verpflichtet (Art. 20 und Art. 28 GG). Der Staat verbindet das Ziel des sozialen Ausgleichs in Form von Chancengleichheit mit dem Ziel der sozialen Existenzsicherung. Indem der Staat mit seiner Sozialpolitik eingreift, um einen Ausgleich sozialer Gegensätze zu bewirken, trägt er auch zur Sicherung des sozialen Friedens bei.

Prinzipien der Gerechtigkeit – ein Gedankenexperiment

Entwirf mit deinen Mitschülern eine Verfassung für eine gerechte Gesellschaft. Schreibe in Artikeln die Grundsätze nieder, die du für eine gerechte Gesellschaft für wichtig und notwendig hältst.
Es gelten dabei folgende Bedingungen:

1. Du weißt, wie eine Gesellschaft im allgemeinen funktioniert und dass es bestimmte Grundgüter gibt. „Die wichtigsten gesellschaftlichen Grundgüter sind Rechte, Freiheiten und Chancen sowie Einkommen und Vermögen." (John Rawls)

Es kommt also darauf an, nach welchen Grundsätzen diese Grundgüter verteilt werden sollen.

2. Der „Schleier der Unwissenheit":
   Alle individuellen Dinge über dich selbst weißt du nicht – nicht dein Alter, nicht dein Geschlecht, auch nicht deine Begabungen, vor allem aber nicht die politische, soziale und wirtschaftliche Lage, die du künftig einnehmen wirst.

Es kommt also darauf an, dass du in deinem eigenen Interesse bei der Festlegung der Grundsätze eine unparteiische Haltung einnimmst.

Entwurf einer Verfassung für eine gerechte Gesellschaft

Artikel 1: ...

Artikel 2: ...

Artikel 3: ...

6.2 Auswirkungen des demografischen Wandels

Der demografische Wandel in Deutschland

M 1 Weniger Menschen im erwerbsfähigen Alter

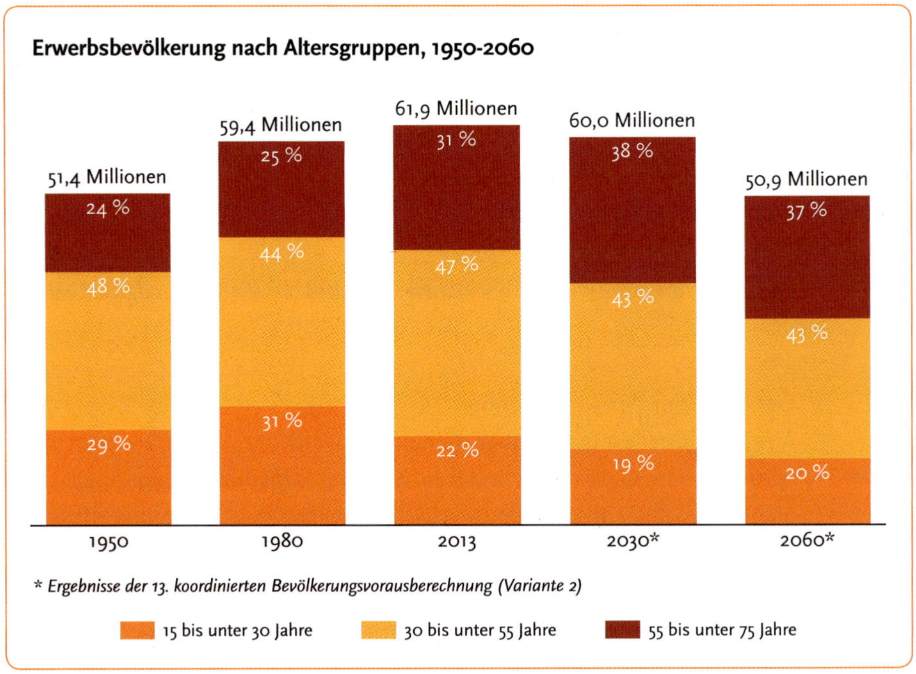

Datenquelle: Statistisches Bundesamt; Berechnungen: BiB; © BiB 2015/demografie-portal.de

M 2 Bevölkerungsentwicklung in Thüringen bis zum Jahr 2035

Erklärfilm „Demografischer Wandel"

Mediencode: 71067-10

Die Bevölkerung Thüringens wird [bis zum Jahr 2035] von rund 2,15 Mio. Menschen im Jahr 2014 um rund 280.000 auf unter 1,9 Mio. Menschen zurückgehen. Jährlich verliert Thüringen damit in den nächsten Jahren zwischen 8.000 und 15.000 Menschen. […] Die Zahl der Erwerbstätigen Menschen (20- bis 65-Jährige) wird deutlich sinken, die der Menschen über 65 Jahre wird deutlich steigen.

Hauptgrund für den dramatischen Bevölkerungsrückgang ist der weiter anhaltende Überschuss an Sterbefällen gegenüber den Geburten. Voraussichtlich werden bis zum Jahr 2035 im Durchschnitt jährlich 15.000 Kinder weniger geboren als Menschen sterben. Dies kann auch durch die Zuwanderung von jährlich 1.800 Menschen nicht ausgeglichen werden. Begünstigt wird der Sterbefallüberschuss durch den hohen Anteil älterer Menschen in der Gesellschaft. 2035 wird jeder dritte Thüringer voraussichtlich älter als 65 Jahre sein.

Hanno Müller, Thüringer Allgemeine, 7.9.2015

M 3 Warum die Deutschen keine Kinder bekommen

Eine bundesweite Umfrage und Fragebogenaktion unter 40.000 Männern und Frauen im Alter zwischen 18 und 49 Jahren, mit der die Zeitschriften „Eltern" und „Eltern for family" das Meinungsforschungsinstitut Forsa beauftragt hatten, kam zu folgendem Ergebnis:

44 Prozent der befragten Kinderlosen verzichten demnach auf Nachwuchs, weil ihnen der geeignete Lebenspartner fehlt. Genauso viele wollen keine Familie gründen, weil sie auch ohne Kinder mit ihrem Leben zufrieden sind. Fast 40 Prozent der Kinderlosen und 45 Prozent der befragten Eltern verzichteten auf (weitere) Kinder, „weil man heute nicht mehr wissen kann, ob man seinen Arbeitsplatz behält und sich (weitere) Kinder leisten kann". Nur neun Prozent der Kinderlosen und 21 Prozent der Eltern wollen keine (weiteren) Kinder, weil es an Krippen- und Kindergartenplätzen fehlt. Auch eine ebenfalls von der Zeitschrift „Eltern" in Auftrag gegebene weitere Untersuchung des Instituts für Demoskopie Allensbach kommt zu ähnlichen Ergebnissen. [...] In der Studie, die das „Lebensgefühl und die wirtschaftliche Situation junger Familien" ergründet hat, wird deutlich, dass Familie für fast 90 Prozent der Deutschen weiter an erster Stelle ihrer persönlichen Prioritäten steht. Laut Allensbach-Studie bedeuten Kinder für mehr als 85 Prozent der Eltern positive Aspekte wie „gebraucht werden", „viel Freude" sowie „lieben und geliebt werden". Die Antwort „Opfer bringen und verzichten müssen" folgt mit 68 Prozent erst auf Platz 10.

Khalid Holl, Frankfurter Allgemeine Zeitung, 12.1.2005

M 4 Ursachen der steigenden Lebenserwartung

Dass die Gesellschaft altert, liegt neben einer sinkenden Geburtenrate auf der einen Seite auch an einer steigenden durchschnittlichen Lebenserwartung der Bevölkerung. Diese hat mehrere Ursachen. Dazu zählt insbesondere der medizinische Fortschritt (Verbesserungen in den Bereichen medizinische Diagnostik, Arzneimittel, Mikrochirurgie, Organtransplantationen, Biotechnik). Aber auch ein gewandeltes Gesundheitsbewusstsein (bessere Ernährung, weniger Raucher, mehr Bewegung), die verbesserte Sicherheitstechnik in unterschiedlichen Bereichen (Verkehr, Arbeitswelt) und generell ein Rückgang gesundheitsgefährdender, körperlich belastender und unfallträchtiger Arbeitsplätze lassen die Menschen immer älter werden.

Aufgaben

1. Analysiere die Angaben in M 1 und nenne die wichtigsten Trends des demografischen Wandels.
2. Stelle die Ursachen des demografischen Wandels in einer differenzierten Mindmap dar (M 1 – M 4).
3. Erläutere, welche wirtschaftlichen, sozialen und politischen Probleme sich durch den demografischen Wandel für Deutschland ergeben können.

Soziale Sicherung in der alternden Gesellschaft

M 5 Die Herausforderung für die sozialen Sicherungssysteme

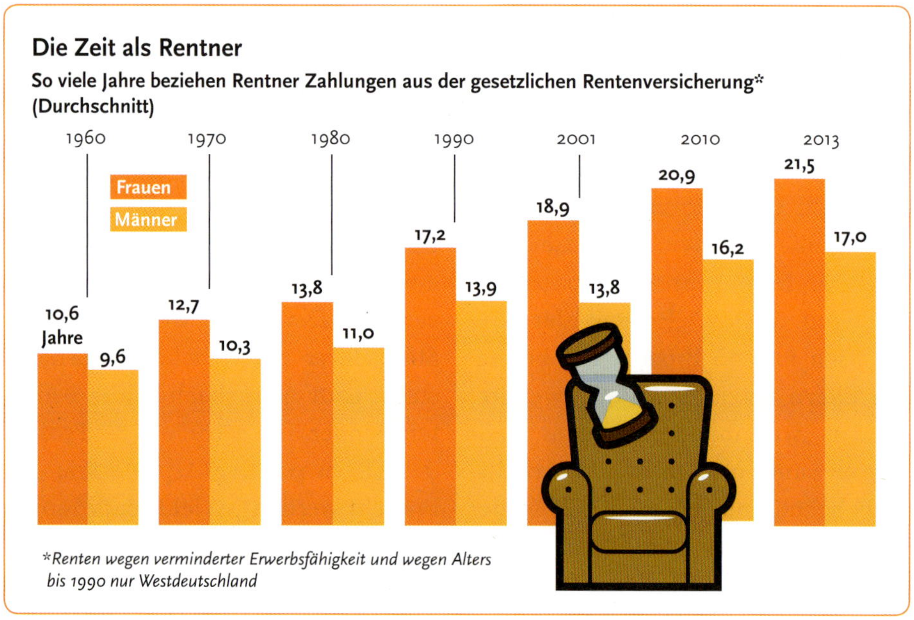

Globus-Grafik 6752; Quelle: Deutsche Rentenversicherung

Generationenvertrag
Er bezeichnet einen unterstellten gesellschaftlichen „Vertrag", der die Solidarität mit anderen Generationen und Verantwortung für die kommende Generation beinhaltet. Der Generationenvertrag soll vor allem die Finanzierung der gesetzlichen Sozialversicherungen gewährleisten. Die jeweils sozialversicherungspflichtigen Erwerbstätigen zahlen dabei mit ihren Beiträgen direkt die notwendigen Leistungen (Krankheit, Pflege, Rente) an alle (auch nicht erwerbstätigen) Anspruchsberechtigten und erwerben so selbst einen Anspruch auf ähnliche Leistungen der nachfolgenden Generationen an sie selbst.

M 6 Generationenvertrag in Gefahr

Im Rahmen der demografischen Verschiebungen ist mit einem wachsenden Bedarf an Gesundheitsleistungen zu rechnen, da die gesundheitlichen Risiken mit dem Alter wachsen. Besonders relevant zur Abschätzung des künftigen Pflegebedarfs ist der abzusehende Anstieg der Anzahl an Hochbetagten (80 Jahre und älter), welche ein überdurchschnittliches Pflegerisiko aufweisen.

Ein wichtiger Aspekt in der Renten-, Kranken- und Pflegeversicherung ist die Umverteilung der finanziellen Mittel von Jung zu Alt. [...] Der Generationenvertrag sei am Beispiel der Gesetzlichen Krankenversicherung erklärt. In den höheren Altersstufen werden im Durchschnitt mehr und kostenintensivere Leistungen in Anspruch genommen. In der Regel sind jedoch ihre Einnahmen aus den sozialversicherungspflichtigen Renteneinkommen deutlich niedriger als die Ausgaben. Hier herrscht eine „Unterdeckung" der verursachten Ausgaben vor. Bei den jüngeren Erwerbstätigen ist umgekehrt eine „Überdeckung" zu beobachten. Die Überschüsse in den jungen Altersgruppen werden zur intergenerativen Umverteilung verwendet. Kommen die Erwerbstätigen selbst in den Ruhestand, können sie erwarten, dass die nachrückende Generation sie in gleicher Weise unterstützt. Doch wie ist der Generationenvertrag einzuhalten, wenn immer weniger junge Beitragszahler für die (voraussichtlich steigenden) Ansprüche ihrer Vorgängergeneration aufkommen müssen? Die Finanzierung der sozialen Leistungen kann unter den genannten demografischen Bedingungen – weniger potenzielle Beitragszahler bei gleichzeitig mehr Leistungsempfängern – unter Druck geraten. Hier gilt es, Arbeitslosigkeit abzubauen und die Potenziale in der Erwerbsbevölkerung auszuschöpfen, um einen möglichst hohen Beschäftigungsgrad in sozialversicherungspflichtigen Arbeitsverhältnissen zu erreichen.

Bundesinstitut für Bevölkerungsforschung und Statistisches Bundesamt, Daten, Fakten, Trends zum demographischen Wandel in Deutschland, Wiesbaden 2008, S. 68 ff.

M 7 Warum wir positiv in die Zukunft blicken können

Konrad Adenauer prophezeite 1953 angesichts der damaligen Bevölkerungsentwicklung: „Dann sterben wir ja aus." Doch selbst Adenauer war nicht der Erfinder der Demographie-Angst. Schon 1932 schrieb der bekannteste Bevölkerungsforscher der Weimarer Republik unter dem Titel „Volk ohne Jugend – Geburtenschwund und Überalterung des deutschen Volkskörpers" über seine demographischen Berechnungen und Befürchtungen. [...]

Die Beobachtungen zur alternden Gesellschaft waren in der Tat auch schon damals korrekt. Im vergangenen Jahrhundert stieg die Lebenserwartung um mehr als 30 Jahre. Der Jugendanteil reduzierte sich von 44 auf 21 Prozent. War 1900 noch fast jeder Zweite unter 20 Jahre alt, war es 2000 nur noch jeder Fünfte; der Anteil der über 65-Jährigen verdreifachte sich in der gleichen Zeit. Die Zahlen klingen katastrophal – doch die Katastrophe ist ausgeblieben. Offenbar war die demographische Entwicklung nicht der bestimmende Faktor des letzten Jahrhunderts. Wichtiger waren die enorme Entwicklung der Produktivität, die zunehmende Gesundheit der Älteren, die Wanderungen in einer mobilen Welt, die Zunahme der Bildung. [...]

Selbst wenn die Produktivitätssteigerung je Arbeitnehmer jährlich nur ein Prozent beträgt, könnte jeder Beschäftigte im Jahre 2060 dreißig Prozent Rentenbeitrag zahlen und gleichzeitig noch sein verbleibendes Einkommen um über vierzig Prozent steigern, nach Abzug der Preissteigerung. Vorausgesetzt ist allerdings, dass die erhöhte Produktivität auch ausgezahlt wird, die Verteilung zwischen Arbeitnehmer und Arbeitgeber sich nicht zugunsten der Arbeitgeber ändert. Auch bei der Finanzierung der Renten ist das Hauptproblem also nicht die demographische Entwicklung. Die Umverteilung zugunsten der Unternehmer wirkt viel stärker.

Gerd Bosbach, Süddeutsche Zeitung, 2.1.2012

Weimarer Republik
vgl. S. 102

Aufgaben

1. Erarbeite aus M 5 und M 6 die möglichen Folgen der demografischen Entwicklung für die sozialen Sicherungssysteme.
2. Stimmst du der Meinung des Sozialforschers Gerd Bosbach, dass wir keine Angst vor der Zukunft haben sollten, zu? Nimm Stellung (M 7).

Wie wirkt sich der demografische Wandel aus?

M 8 Sehen so die Städte der Zukunft aus?

Wittenberge im Nordwesten Brandenburgs gilt als ein Musterbeispiel einer schrumpfenden Stadt: Die Einwohnerzahl hat sich seit 1990 auf 19.000 Menschen halbiert. Einst stand hier mit der Firma „Singer" die modernste Nähmaschinenfabrik der Welt. Mittlerweile gibt es kein Krankenhaus mehr, überall steht Wohnraum leer, die Stadt „vergreist". Schrumpfende Städte sind durch den Rückgang der Bevölkerung (demografischer Wandel, Abwanderung) und eine nachlassende wirtschaftliche Entwicklung gekennzeichnet.

M 9 Kein Job, keine Frau

Stellen wir uns zusammen den Lebensweg eines im Jahr 2000 geborenen Jungen aus einer ländlichen Region in Sachsen-Anhalt vor, mit Eltern, die mittlere Angestellte sind, keine größeren finanziellen oder gesundheitlichen Probleme, durchschnittlicher Ausbildungsweg. Wo wird er 2020 sein?

Wenn er in Sachsen-Anhalt bleibt, wird er zu einer Minderheit gehören. Wenn man in den Gebieten, von denen ich eben gesprochen habe (Ostdeutschland, Saarland), Umfragen unter jungen Leuten macht, stellt sich immer heraus, dass sie fast alle dort wegziehen wollen. Die Bereitschaft dazu steigt mit höherem Bildungsabschluss [...]

Das heißt, unser Junge ist 2020 ziemlich allein.

Das kann man so sagen. Das ist leider das Schicksal einer ganzen Reihe von jungen Leuten in diesen ländlichen Gebieten, und zwar von mehr Männern als Frauen, da die noch viel häufiger in den Westen abwandern.

Die Männer, die zurückbleiben, kann man oft so beschreiben: nicht qualifiziert, kein Job, keine Frau.

Würde Ihre Antwort also anders ausfallen, wenn wir uns ein Mädchen vorgestellt hätten?

Ja. Die Mädchen sind in der Regel besser in der Schule, und finden so auch meist leichter einen Ausbildungsplatz, sie sind auch flexibler und eher bereit, Jobs im Dienstleistungsbereich zu übernehmen [...] Dort gibt es auch mehr Arbeitsplätze [...].

Wie kann man den Jugendlichen in den sogenannten strukturschwachen Gebieten Mut machen?

Man muss diesen Jugendlichen sagen, dass im Prinzip alle Regionen Potenziale haben. Man muss aber gleichzeitig sagen, dass der Trend bei einer schwindenden Bevölkerung in die Zentren geht. Der Wandel zu einer Wissensgesellschaft beschleunigt den Drang in die Städte zusätzlich. In Volkswirtschaften wie unserer, die kreative Ökonomien sind, gehen die Kreativen zu anderen Kreativen. Und die sitzen in den Städten, und nicht auf dem mecklenburg-vorpommerischen Land. [...]

Wie kann sich ein einzelner Jugendlicher um einen sinnvollen Umgang damit bemühen, dass sich bestimmte Regionen so schlecht entwickeln, wie Sie es in Ihren Studien beschreiben?

Schauen, wo Entscheidungen getroffen werden. Schauen: Was macht unser Bürgermeister eigentlich? Wenn ein Jugendklub geschlossen werden soll, fragen, woran es liegt: Fehlt das Geld? Fehlt es an Leuten, die sich engagieren? Meistens ist es das. Es kann tatsächlich jeder was bewirken, der sich entschließt, sich zu engagieren und zum Beispiel die Jüngsten im Fußballklub zu trainieren. Gerade in den Problemregionen auf dem Land brauchen wir extrem viel von dieser Art Zivilgesellschaft.

Interview mit Reiner Klingholz, Direktor des Berlin-Instituts für Bevölkerung und Entwicklung, fluter Nr. 34/2010, S. 32 ff.

M 10 Teufelskreis der schrumpfenden Städte

M 11 Man braucht Ideen

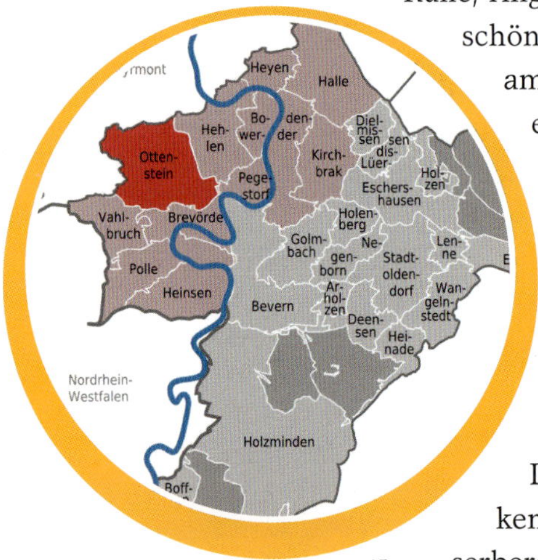

Die geografische Lage der Gemeinde Ottenstein

Eine grandiose Fernsicht, herrliche Ruhe, ringsum Natur. „Es ist wirklich schön in Ottenstein", sagt ein Beamter aus der 20 Autominuten entfernten Kreisstadt Holzminden. Dort zu wohnen, könne er sich trotzdem nicht vorstellen. „Zu abgelegen." Bis zur nächsten Autobahn fährt man fast eine Stunde. Weil er fürchtet, dass die jungen Leute im Dorf ähnlich denken könnten und aus dem Weserbergland wegziehen, will der Gemeinderat mit einer ungewöhnlichen Maßnahme gegensteuern. Junge Familien, die in Ottenstein bauen wollen, bekommen das Bauland geschenkt. [...]

In der Region seien schon früher hin und wieder vergünstigte Baugrundstücke angeboten worden, sagt Marie-Luise Nigel vom Landkreis Holzminden. „Aber dass Baugrund verschenkt wird, das hatten wir noch nicht." Vergleichbares habe er von Mitgliedsgemeinden noch nicht gehört, sagt auch Thorsten Bullerdiek, der Sprecher des niedersächsischen Städte- und Gemeindebundes (NSGB). „Das ist ein neuer Ansatz." [...]

Denn dass etwas passieren müsse in Ottenstein, sei jedem klar. Derzeit hat der Ort zwar noch rund 950 Einwohner. Die Tendenz sei aber fallend, sagt der 71-Jährige. Und die Bevölkerungsprognose ist wie für viele andere Kommunen im ländlichen Südniedersachsen niederschmetternd. „Bis zum Jahr 2035 könnten wir ein Drittel der Einwohner verlieren. Das wollen wir nicht zulassen."

Noch gibt es auf der idyllisch gelegenen Ottensteiner Hochebene westlich der Weser fast alles, was man zum Leben braucht, sagt Weimer. Arzt, Apotheke, ein paar Geschäfte, Handwerksbetriebe. Ein Frischkäsewerk bietet rund 300 Menschen Arbeit. Auch die Grundschule, die von der Samtgemeinde Bodenwerder-Polle eigentlich schon geschlossen werden sollte, ist vorerst gerettet. „Aber damit die Schule bleibt, brauchen wir mehr Kinder", sagt der Bürgermeister. Damit das etwas wird, will Ottenstein 10.000 Quadratmeter gemeindeeigenes Bauland verschenken. [...] Nur die Erschließung müssen die Interessenten selbst zahlen. Allerdings bekommt nicht jeder den Baugrund geschenkt. „Wir wollen am liebsten Leute unter 40 mit Kindern", sagt der Bürgermeister.

dpa, Hamburger Abendblatt, 10.7.2015

M 12 Fehlen wirklich so viele Fachkräfte, weil die Gesellschaft altert?

Der demografische Wandel krempelt Arbeitsmarkt und Gesellschaft kräftig um. „Wegen des demografischen Wandels suchen die Firmen händeringend nach Fachkräften" – das erklären die Industrie- und Handelskammern, das schreiben viele Zeitungen und das hört man in Funk

und Fernsehen. Die Aussage klingt erst einmal plausibel. Nur: Was plausibel klingt, muss nicht richtig sein.
Tatsächlich haben die aktuell beobachteten Schwierigkeiten von Firmen bei der Rekrutierung bestimmter Fachkräfte noch nichts mit dem demografischen Wandel zu tun. [...]
Unterm Strich kann man sagen: Noch hat der Bevölkerungsrückgang den Arbeitsmarkt nicht im Griff. Im Gegenteil, wir befinden uns beim Arbeitskräfteangebot in der Nähe eines Allzeithochs. Wenn wir Rekrutierungsengpässe etwa bei Ingenieuren oder in bestimmten Sozial- und Gesundheitsberufen beobachten, dann muss dies andere Ursachen haben.
Seit Mitte der 1960er-Jahre sinken in Deutschland die Geburtenzahlen. Mit entsprechender Zeitverzögerung kommt diese Entwicklung auch am Arbeitsmarkt an. Bisher wurde der Rückgang allerdings durch Zuwanderung sowie durch steigende Erwerbsquoten der Frauen und der Älteren (und insbesondere der älteren Frauen) ausgeglichen. Das Angebot an Arbeitskräften ist deshalb in den letzten Jahren nicht gesunken, sondern sogar gestiegen. Sicher ist allerdings auch, dass das nicht so bleiben wird. Schon in wenigen Jahren wird der demografische Wandel immer stärker auf den Arbeitsmarkt durchschlagen. [...]
Selbst unter günstigen Annahmen [...] lässt sich künftig das Schrumpfen des Erwerbspersonenpotentials nicht mehr aufhalten. In einem realistischen Szenario wird der Rückgang bis 2025 gut drei Millionen und bis 2050 sogar rund zehn Millionen betragen.
Das ist kein Grund, ein Schreckensbild zu malen, denn langfristig ist die Wirtschaftsleistung pro Kopf entscheidend, und die hängt nicht von der Größe der Bevölkerung ab. In den kommenden Jahrzehnten wird es jedoch eine Übergangsphase geben, in der die schrumpfende und alternde Bevölkerung Gesellschaft und Arbeitsmarkt tiefgreifend verändert. Das betrifft allerdings die Zukunft. Hingegen haben die heute beklagten Fachkräfteengpässe, etwa bei Ingenieuren oder allgemeiner in den sogenannten MINT-Berufen (Mathematik, Informatik, Naturwissenschaft, Technik), damit nichts zu tun. Hierfür sind andere Faktoren verantwortlich, deren Ursachen teilweise Jahrzehnte zurückliegen. Beispiel Ingenieurmangel: Absolventen ingenieurwissenschaftlicher Studiengänge hatten nach der schweren Rezession 1993/94 durchaus Probleme, eine Stelle zu finden. Große Firmen verhängten Einstellungsstopps. Kein Wunder, dass die Studierneigung in diesen Fächern zurückging. Das ist lange her, aber die Auswirkungen sind bis auf den heutigen Tag zu spüren.

Joachim Möller, Der Spiegel, 11.6.2012

Dokumentiert mit dem Fotoapparat Zeichen des demografischen Wandels in eurer Stadt / eurem Bezirk.

Aufgaben

1. Viele Gemeinden wie Ottenstein geraten in eine Art „Teufelskreis“. Erstelle mithilfe der Begriffe aus M 10 eine Grafik, die zeigt, wie dieser funktioniert (M 8 – M 11).
2. Zeige ausgehend vom Beispiel Ottenstein auf, wie aus einem Teufelskreis eine „Erfolgsspirale“ werden könnte (M 11).
3. Arbeite heraus, ob der vielfach beklagte Fachkräftemangel mit der Alterung der Gesellschaft zusammenhängt (M 12).

Was wir wissen

Demografischer Wandel
M 1 – M 3

Fehlender Nachwuchs und eine steigende Lebenserwartung führen zu einer nachhaltigen Veränderung des Bevölkerungsaufbaus in der Bundesrepublik Deutschland. Aufgrund des seit den 1960er-Jahren beobachtbaren Geburtendefizits, bei dem die Elterngeneration nicht mehr voll ersetzt wird, wandelt sich die „Bevölkerungspyramide“ zu einer „Urne“ und schließlich zu einem „Pilz“. Dies bedeutet einen steigenden Altersdurchschnitt bei gleichzeitig schrumpfender Gesamtbevölkerung.
Im Ergebnis wird der Anteil der über 65-Jährigen von 20 Prozent im Jahr 2008 auf 35 Prozent im Jahr 2060 ansteigen. Zudem wird die Gruppe der Hochbetagten über 80 Jahren in den kommenden Jahrzehnten zahlenmäßig voraussichtlich überproportional wachsen.
Dieser sogenannte demografische Wandel der Bevölkerung in Deutschland erweist sich wegen seiner Folgen als eine der größten gesellschaftlichen Herausforderungen in den kommenden Jahren.

Soziale Sicherung
M 5, M 6

Alle Sozialversicherungszweige sind von einem ausgeglichenen Verhältnis von Beitragszahlern und Beitragsempfängern abhängig, da sie auf dem Generationenvertrag beruhen. Durch den demografischen Wandel entsteht hier ein immer größer werdendes Missverhältnis, da die Beitragszahler weniger werden und die Leistungsempfänger immer mehr. Gleichzeitig werden die Leistungen auch länger beansprucht. Die Situation verschärft sich dadurch, dass die Gesundheitskosten durch mehr ältere und damit krankheitsanfällige Menschen steigen werden. Ebenso wird ein vermehrter Pflegebedarf durch die wachsende Zahl der Hochbetagten entstehen.

Wirtschafts- und Arbeitswelt
M 9 – M 12

Da die Personen im Erwerbsalter durchschnittlich älter werden und ihre Zahl weniger, sehen manche die ökonomische Leistungsfähigkeit in Deutschland als gefährdet an. Die Erhaltung der Leistungsfähigkeit älterer Erwerbspersonen gewinnt deshalb zukünftig für die Wirtschaft an Bedeutung. Investitionen in die Arbeitskraft alternder Belegschaften werden damit zu einem zentralen Handlungsfeld der Wirtschaft. Der demografische Wandel muss nicht zwingend einen Fachkräftemangel bewirken, wenn man frühzeitig beginnt, betroffene Berufe attraktiver zu machen.

Auswirkungen auf die Infrastruktur

Der demografische Wandel wirkt sich auch auf die Infrastruktur von Städten und Gemeinden aus. Weil ganze Wohnviertel vergreisen oder leer stehen, Schulen oder Kindergärten geschlossen werden müssen und der Bedarf an altersgerechten Wohnungen, Altenheimen und Pflegeeinrichtungen steigt, müssen Stadtplaner nach neuen Lösungen suchen. Wichtige Bausteine zur Stärkung des Zusammenhalts entstehen vor allem auf kommunaler Ebene durch die Gestaltung von generationsübergreifenden Wohn- und Lebensräumen.

Karikatur: Rudolf Schoepper

Karikatur: Thomas Plaßmann

Aufgabe

Wähle eine der beiden Karikaturen aus und setze sie in Bezug zu den Auswirkungen des demografischen Wandels.

Flüchtlingsströme nach Europa

Der anhaltende Flüchtlingsstrom stellt die EU vor akute Herausforderungen. Experten fordern daher eine grundlegende Reform der Flüchtlings- und Asylpolitik. Sie plädieren u. a. für ein europäisches Bleiberecht. 2015 vervierfachte sich der Flüchtlingsstrom im Vergleich zu den Vorjahren. Allein in Deutschland wurden über 1 Mio. Flüchtlinge registriert.

Feinstaub

Seit 2005 gilt die EU-Richtlinie zur Verringerung des Schadstoffausstoßes in Ballungsräumen. Zu diesem Zweck wurden von der EU Grenzwerte festgelegt. Seit dem Sommer 2008 bekommen wir diese Richtlinie durch die zunehmende Schaffung von städtischen Umweltzonen (momentan ca. 50 in Deutschland) zu spüren. Diese dürfen nämlich nur mit entsprechender Plakette befahren werden.

EU-Biosiegel

Auch was öko ist, bestimmt die EU. Seit 1.7.2010 gibt es das neue EU-Bio-Siegel. Lebensmittel, die damit gekennzeichnet sind, dürfen nicht gentechnisch verändert oder mit chemischen Pflanzenschutzmitteln behandelt worden sein. Tiere müssen artgerecht gehalten und mit ökologisch produziertem Futter gefüttert worden sein.

Staatsschuldenkrise

Die europäische Staatsschuldenkrise führte zu Spannungen unter den EU-Mitgliedsländern. Das hochverschuldete Griechenland stand bereits kurz vor dem Austritt aus dem Euro. Gefährdet die Staatsschuldenkrise daher die europäische Währungsunion und den Zusammenhalt der gesamten EU?

7

Europa – ein Erfolgsmodell?

Europäische Politik bestimmt unser Leben in Deutschland mehr, als wir denken. Im europäischen „Haus“ befinden sich nunmehr 28 Staaten und weitere Staaten wollen Mitglied der Europäischen Union werden. Gleichzeitig stellen die großen wirtschaftlichen Unterschiede der Mitgliedstaaten untereinander sowie der weltweite Flüchtlingsstrom die EU vor große Herausforderungen.

Kompetenzen

Am Ende dieses Kapitels solltest du Folgendes wissen und können:

- Meilensteine in der Entwicklung der EU und Ziele der europäischen Integration wiedergeben
- Beispiele für Einflussnahmen der EU auf das Leben in den Mitgliedstaaten nennen
- demokratische Mitwirkungsmöglichkeiten im europäischen Willensbildungs- und Entscheidungsprozess einschätzen und nutzen
- wichtige politische Organe der EU und den Entscheidungsprozess beschreiben
- Errungenschaften und Gefährdungen der europäischen Integration – insbesondere die Herausforderungen der europäischen Staatsschuldenkrise – beurteilen

Was weißt du schon?

- Benenne die Staaten der Europäischen Union.
- Europa bedeutet für mich ... – Finde mithilfe der Beispiele Satzergänzungen, die zeigen, welche Bedeutung die Europäische Union für dich hat.

7.1 Die Europäische Union – „in Vielfalt geeint"?

Warum gibt es die Europäische Union?

Diskutiert die Aussage Merkels, wonach Deutschland auf Dauer nur stark sei, wenn auch Europa stark ist.

M 1 Angela Merkel über Europa

„Deutschland wird auf Dauer nur stark sein, wenn auch Europa stark ist. […] Ich kann dazu sagen, dass die […] Bundesregierung und die sie tragenden Fraktionen alles tun werden, damit die gedeihliche Entwicklung Europas gut fortgesetzt werden kann. In einer globalen Welt ist Europa unsere gemeinsame Heimat, an der wir arbeiten müssen. Ein starkes Europa, ein bürgernäheres Europa, ein wettbewerbsfähiges Europa, ein gerechteres Europa, das ist unser Ziel."

Regierungserklärung von Bundeskanzlerin Merkel zum Europäischen Rat am 19./20. Dezember, www.bundesregierung.de, 18.12.2013

Auf dem Soldatenfriedhof in Lommel liegen aus dem Zweiten Weltkrieg 38.560 und aus dem Ersten Weltkrieg 542 gefallene deutsche Soldaten begraben. Er ist der größte Soldatenfriedhof des Zweiten Weltkriegs in Westeuropa.

M 2 Das europäische Haus – in Frieden vereint

Die Europäische Union lässt sich anschaulich mit dem Bild eines großen Hauses vergleichen. Die ersten Bewohner des Hauses waren die sechs Gründerstaaten der EU (Deutschland, Frankreich, Italien, Belgien, Niederlande und Luxemburg) die 1951 bereit waren, ihre Entscheidungsgewalt (Souveränität) über die Kohle- und Stahlindustrie und damit über die Produktion von Waffen einer zentralen europäischen Behörde zu überlassen. Die sechs Staaten haben gleichsam den ersten Vertrag (Montanunion) für das Zusammenleben im gemeinsamen Haus geschlossen – die Hausordnung. Bis heute wurde diese Hausordnung, die die Prinzipien des Zusammenlebens beschreibt, durch zahlreiche Verträge erweitert. Immer mehr vormals nationale Entscheidungen und Regelungen wurden so in gemeinsames politisches Handeln überführt (Vergemeinschaftung).
Parallel dazu wurde das Haus weiter ausgebaut (Erweiterung der EU). Heute umfasst das Haus 28 Bewohner und weitere Staaten wollen beitreten. Um das Zusammenleben in der Hausgemeinschaft zu regeln und zu fördern, müssen gemeinsame politische Institutionen geschaffen werden – die politischen Organe der EU. Für die Weiterentwicklung der Hausordnung, den Entwurf und den Ausbau des Hauses sind die Architekten, die Staats- und Regierungschefs der EU-Staaten zuständig. Über die Einhaltung der Hausordnung wacht die Europäische Kommission und der Europäische Gerichtshof. Das Europäische Parlament und der Ministerrat beschließen Regeln auf der Grundlage der Verträge, welche die Politik der EU-Staaten bestimmen.
Warum war gerade nach 1945 die Zeit für die europäische Integration gekommen?
Angesichts des Leids und Elends zweier Weltkriege auf europäischem

Boden wollten die Menschen in Europa endlich Frieden. Ein schneller Wiederaufbau des zerstörten Europa und die Steigerung des Wohlstands waren nur durch wirtschaftliche Kooperation und die Schaffung größerer Wirtschaftsräume zu bewerkstelligen. Ferner mussten die alten europäischen Großmächte angesichts einer neuen Weltordnung, die durch die Supermächte USA und Sowjetunion bestimmt wurde, befürchten, wirtschaftlich und politisch an den Rand gedrängt zu werden. Die Integration diente insofern der Selbstbehauptung Europas. Für Deutschland stellte die Aufnahme in die europäische Staatengemeinschaft einen entscheidenden Schritt zur Rehabilitation und zur Anerkennung dar.

Was hält die Staaten im europäischen Haus zusammen?

Die Europäer haben aus der durch Krieg und Feindschaft geprägten europäischen Geschichte gelernt, dass Frieden und Wohlstand auf Dauer nur durch ein Miteinander möglich sind. Auf der Grundlage der Menschenrechte und der Demokratie soll Europa in Vielfalt geeint das Wohlergehen der Menschen fördern. Einig sind sich die 28 Staaten nämlich in ihren gemeinsamen Zielen. Erstens wollen sie erreichen, dass es allen EU-Ländern wirtschaftlich gut geht und die Menschen in Wohlstand leben können. Zweitens kümmern sie sich darum, dass in Europa und der Welt Frieden und Sicherheit herrschen. Drittens haben sie sich vorgenommen, allen in der EU lebenden Menschen die gleichen demokratischen Grundrechte und Grundfreiheiten zu garantieren, ein Leben ohne Diskriminierungen und mit Chancengleichheit für alle. Viertens sollen nach dem Motto „in Vielfalt geeint" die Kulturen und Traditionen der unterschiedlichen Staaten respektiert werden.

Rehabilitation
Wiedereingliederung eines Kranken

M 3 Das europäische Haus im Bau – Meilensteine der Erweiterung

Im Jahr 1951 gründeten sechs Staaten die „Europäische Gemeinschaft für Kohle und Stahl" (EGKS), auch „Montanunion" genannt.

Mitten in Rom am 25. März 1957, 18 Uhr [herrschen] im festlichen Saal des alten Konservatorenpalasts, Stolz, Freude und auch etwas Erleichterung: Noch bis zur allerletzten Minute hat man um die Einzelheiten gefeilscht. Jetzt sitzen die Vertreter Belgiens, Deutschlands, Frankreichs, Italiens, Luxemburgs und der Niederlande an einem langen Tisch und unterzeichnen die Verträge zur Gründung der Europäischen Wirtschaftsgemeinschaft (EWG). Zum Abschluss schenkt der Bürgermeister von Rom allen Teilnehmern eine goldene Medaille. In den Dokumenten, die „Römische Verträge" genannt werden, steht, dass die sechs Länder nicht nur bei Kohle und Stahl, sondern in der gesamten Wirtschaft zusammenarbeiten wollen. Am gleichen Abend gründeten die sechs Länder übrigens auch die Europäische

Die Europäische Union – ein unvollendetes Bauwerk

Erweiterungen der EU
1973 Dänemark, Großbritannien, Irland
1981 Griechenland
1986 Portugal, Spanien
1995 Finnland, Österreich, Schweden
2004 Estland, Lettland, Litauen, Malta, Polen, Slowakei, Slowenien, Tschechische Republik, Ungarn, Zypern
2007 Bulgarien, Rumänien
2013 Kroatien

Atomgemeinschaft (EAG oder Euratom). Damit wollten sie erreichen, dass die Kernkraft in Europa friedlich genutzt würde, also zum Beispiel in Kernkraftwerken, und nicht etwa zur Herstellung gefährlicher Atomwaffen. In den folgenden Jahren traten immer mehr Länder der Europäischen Gemeinschaft (EG) bei, wie sich das Bündnis ab 1967 nannte. 1992 vereinbarten die mittlerweile zwölf Mitgliedsländer in der niederländischen Stadt Maastricht, sich nicht nur wirtschaftlich, sondern auch politisch enger zusammenzuschließen. 1993 trat dieser „Vertrag von Maastricht" in Kraft und begründete die „Europäische Union". „Union" kommt vom lateinischen Wort „unio", „Vereinigung". Mit dieser Namensänderung wollten die Europäer zeigen, dass sie nun noch näher zusammengerückt waren. 2002 führte die EU eine gemeinsame Währung ein und machte damit einen weiteren großen Schritt: Heute klimpert in 19 EU-Ländern der Euro im Geldbeutel. Am Anfang, mit nur wenigen Mitgliedern, konnte die EU leicht und schnell Entscheidungen treffen. Als immer mehr Länder der EU beitraten, die alle eine eigene Meinung hatten, wurde das immer schwieriger. Doch wie sollte die EU handlungsfähig bleiben, wenn in Zukunft sogar noch mehr Länder beitreten würden? Der Versuch, in einer eigenen „Verfassung" neue Spielregeln für die EU festzulegen, klappte nicht. Die Wähler in Frankreich und in den Niederlanden waren dagegen. 2007 nahmen die damaligen 27 EU-Staaten einen neuen Anlauf und unterzeichneten in der portugiesischen Hauptstadt schließlich den „Vertrag von Lissabon". Mit 287 Seiten ist der ganz schön umfangreich. Im Vertrag stehen nicht nur neue Abstimmungsregeln. Der Vertrag stärkt auch die Rolle des Europäischen Parlamentes, in dem die direkt gewählten Abgeordneten sitzen. Er gibt auch den Auftrag, die Grundrechte jedes einzelnen Bürgers zu schützen, beispielsweise das Recht auf Bildung oder Gesundheit. Außerdem kann jeder EU-Bürger ein neues Gesetz auf den Weg bringen – vorausgesetzt, er hat vorher eine Million Unterschriften gesammelt. Am 1. Dezember 2009 ist der Vertrag von Lissabon in Kraft getreten. Im Juli 2013 trat Kroatien als 28. Mitgliedsland der EU bei.

Quelle: http://ec.europa.eu © Europäische Union, 1995 – 2015, Für die Wiedergabe und Anpassung ist allein die C.C.Buchner Verlag GmbH & Co. KG verantwortlich

M 4 Europäische Symbole

Die zwölf kreisförmig angeordneten Sterne der **europäischen Flagge** symbolisieren Vollkommenheit, Vollständigkeit und Einheit. Die Sterne auf der Flagge stehen daher für die Harmonie der europäischen Völker. Die Zahl der Sterne hat nichts mit der Anzahl der Mitgliedstaaten zu tun.
Seit 1986 ist der letzte Satz von Ludwig van Beethovens 9. Symphonie die **offizielle Hymne** der Europäischen Union. Die Hymne hat bisher keinen offiziellen Text und kann da-

her nicht gesungen, sondern nur instrumental gespielt werden.

Europatag – Am 9. Mai 1950 unterbreitete Robert Schuman, damaliger französischer Außenminister, seinen Vorschlag für ein Vereintes Europa als unerlässliche Voraussetzung für die Aufrechterhaltung friedlicher Beziehungen (Schuman-Erklärung). Dieser Tag gilt als Grundstein der heutigen Europäischen Union.

„In Vielfalt geeint" – dies ist das **offizielle Motto** bzw. der offizielle Slogan der Europäischen Union. Der 2005 gescheiterte Vertrag über eine Verfassung für Europa enthält erstmals einen offiziellen Leitspruch für die Europäische Union. Dieser wurde im Lissabon-Vertrag übernommen.

Die europäische Flagge; eines der vier offiziellen Symbole der EU

M 5 Werte und Ziele der Europäischen Union

Im Vertrag von Lissabon sind die zentralen Werte der EU festgehalten: „Die Werte, auf die sich die Union gründet, sind die Achtung der Menschenwürde, Freiheit, Demokratie, Gleichheit, Rechtsstaatlichkeit und die Wahrung der Menschenrechte einschließlich der Rechte der Personen, die Minderheiten angehören. Diese Werte sind allen Mitgliedstaaten in einer Gesellschaft gemeinsam, die sich durch Pluralismus, Nichtdiskriminierung, Toleranz, Gerechtigkeit, Solidarität und die Gleichheit von Frauen und Männern auszeichnet." Als Ziele der Europäischen Union nennt der Vertrag unter anderen die Förderung des Friedens, die Schaffung eines Binnenmarkts mit freiem und unverfälschtem Wettbewerb, Wirtschaftswachstum, Preisstabilität, Soziale Marktwirtschaft, Umweltschutz, soziale Gerechtigkeit, kulturelle Vielfalt, weltweite Beseitigung der Armut und die Förderung des Völkerrechts.

Art. 2 EU-Vertrag
Die Werte, auf die sich die Union gründet, sind die Achtung der Menschenwürde, Freiheit, Demokratie, Gleichheit, Rechtsstaatlichkeit und die Wahrung der Menschenrechte einschließlich der Rechte der Personen, die Minderheiten angehören.
Diese Werte sind allen Mitgliedstaaten in einer Gesellschaft gemeinsam, die sich durch Pluralismus, Nichtdiskriminierung, Toleranz, Gerechtigkeit, Solidarität und die Gleichheit von Frauen und Männern auszeichnet.

Art. 3 EU-Vertrag
(1) Ziel der Union ist es, den Frieden, ihre Werte und das Wohlergehen ihrer Völker zu fördern.

Aufgaben

1. Fasst Merkmale zusammen, die Europa für euch als einheitlichen Raum erscheinen lassen.
2. Die Europäische Union lässt sich anschaulich mit dem Bild eines Hauses vergleichen. Das Fundament bilden die gemeinsamen Werte und Ziele. Im Erdgeschoss wohnen die Gründerstaaten. In den oberen Geschossen wohnen die hinzugekommenen Mitglieder. An der Hausfassade stehen die Meilensteine, die das Leben im europäischen Haus prägen und prägten. Zeichnet in Gruppen das europäische Haus auf ein großes Plakat. Vergleicht eure Ergebnisse (M 1 – M 3).
3. Braucht die EU gemeinsame Symbole? Beurteilt dies mithilfe einer Diskussion in der Klasse oder Arbeitsgruppe (M 4, M 5).

zu Aufgabe 3
Entwickelt in Gruppen weitere mögliche gemeinsame Symbole der EU und begründet eure Entwürfe (ggf. zusammen mit den Fächern Geschichte und Kunst).

Wer entscheidet in der EU? – der lange Weg der EU-Gesetzgebung

M 6 Europas Raucher

Land	BE	BG	DK	DE	EE	FI	FR	GR	IE	IT	HR	LV	LT	LU
Anteil der Raucher an der Bevölkerung in %	27	36	26	26	26	25	28	40	29	24	k. A.	36	30	27

Land	MT	NL	AT	PL	PT	RO	SE	SK	SI	ES	CZ	HU	GB	CY
Anteil der Raucher an der Bevölkerung in %	27	24	33	32	23	30	13	23	28	33	29	32	27	30

Nach: Eurobarometer, dpa-Infografik 17958, 8.10.2013; Länderkürzel laut ISO 3166

M 7 Soll die EU ihre Bürger vor den gesundheitlichen Gefahren des Rauchens schützen?

Das Problem: Rauchen kann tödlich sein – hoher Tabakkonsum schädigt alle

Rauchen verursacht hohe Gesundheitsgefahren und hohe Kosten für die Allgemeinheit. Weltweit sterben nach Angaben der Weltgesundheitsorganisation (WHO) jährlich sechs Millionen Menschen an den Folgen des Tabakkonsums. Damit ist Tabakkonsum das größte vermeidbare Gesundheitsrisiko weltweit. Die durch den Tabakkonsum verursachten gesundheitlichen Folgen wie Krebs, Herz-/Kreislauf- und Atemwegserkrankungen verursachen jährlich Kosten von rund 25 Mrd. Euro. Die EU beschloss bereits 2002 eine Tabakproduktrichtlinie zur Bekämpfung des Tabakkonsums, die 2006 nochmals verschärft wurde. Werbung für Zigaretten wurde eingeschränkt, die schädlichen Zusatzstoffe begrenzt und große, abschreckende Warnhinweise auf den Zigarettenpackungen vorgeschrieben. Im Jahr 2015 nahmen die Warnhinweise mindestens 30 Prozent der Vorderseite und 40 Prozent der Rückseite einer Packung ein. Die Europäische Kommission hält die bisherigen Maßnahmen für nicht ausreichend, um die Gesundheit der Bürger wirksam zu schützen und unterbreitete dem Europäischen Parlament und dem Ministerrat Vorschläge zur Überarbeitung der Tabakrichtlinie.

Dezember 2012: Vorschlag der EU-Kommission zur Kennzeichnung und Verpackung

Alle Packungen von Zigaretten und Tabak zum Selbstdrehen müssen einen kombinierten textlichen und bildlichen Warnhinweis tragen, der 75 Prozent der Vorder- und der Rückseite der Packung einnimmt, und sie dürfen keine Werbeelemente tragen. Die gegenwärtigen Informationen über Teer, Nikotin und Kohlenmonoxid, die als irreführend betrachtet wurden, werden durch eine seitlich auf der Packung angebrachte Informationsbotschaft ersetzt, der zu entnehmen ist, dass Tabakrauch über 70 krebserregende Stoffe enthält. Den Mitgliedstaaten steht es frei, in begründeten Fällen neutrale Einheitsverpackungen einzuführen. [...] Nikotinhaltige Erzeugnisse (z. B. elektronische Zigaretten), deren Nikotingehalt unter einer bestimmten Schwelle liegt, dürfen auf den Markt kommen, müssen aber gesundheitsbezogene Warnhinweise tragen. Produkte, deren Nikotingehalt oberhalb dieser Schwelle liegt, sind nur zulässig, wenn sie als Arzneimittel – wie beispielsweise Nikotinersatztherapeutika – zugelassen sind. Pflanzliche Raucherzeugnisse müssen ebenfalls gesundheitsbezogene Warnhinweise tragen.

© Europäische Union 1995 – 2015, Pressemitteilung: Tabakerzeugnisse – größere Hinweise zur Warnung vor Gesundheitsrisiken und Verbot starker Aromen, www.europa.eu, 19.12.2012

Dezember 2012: Die Zigarettenbranche sieht ihre Eigentumsrechte verletzt

„Ich bin entsetzt, wie weit die Bevormundung gehen soll" – mit dieser Kritik reagierte der Vorsitzende der Gewerkschaft Nahrung-Genuss-Gaststätten, Franz-Josef Möllenberg, auf die Pläne der EU-Kommission. Er warf ihr eine „genussfeindliche Ideologie" vor: „Zu befürchten ist, dass diese Vorgehensweise mit einem Dominoeffekt auf andere Produkte ausgeweitet wird: heute Tabak, morgen der Alkohol im Bier, übermorgen das Fett in der Wurst und nächste Woche der Zucker in der Schokolade." Die Pläne gefährdeten Jobs in der Tabakindustrie, im Anbau und in der Werbung. Nicht anders reagierte die Zigarettenindustrie. Sie verstieg sich zu der Behauptung, die Kommission schränke die Marktwirtschaft ein. Geistige Eigentumsrechte würden verletzt und eine legale Industrie zerstört. „Die Tabakwirtschaft steht zu ihrem verantwortungsvollen Umgang mit dem Produkt Tabak." Der Zigarettenhersteller Reemtsma bescheinigt der EU-Kommission sogar, eine „Gesundheitsdiktatur" anzustreben. Sollten die Vorschläge in dieser Form Gesetzeskraft bekommen, droht Reemtsma mit einer Klage: „Zur Not würden wir bis zum Europäischen Gerichtshof ziehen."

Timot Szent-Ivanyi, Reaktionen zur Tabakrichtlinie – Firmen drohen mit Klage, www.fr-online.de, 19.12.2012

Wann wird die EU tätig? – das Subsidiaritätsprinzip
Die EU soll sich nur um Dinge kümmern, die sie besser regeln kann als die Mitgliedsländer. In Art. 5 des EU-Vertrages heißt es: „In den Bereichen, die nicht in ihre ausschließliche Zuständigkeit fallen, wird die Gemeinschaft nach dem Subsidiaritätsprinzip nur tätig, sofern und soweit die Ziele der in Betracht gezogenen Maßnahmen auf der Ebene der Mitgliedstaaten nicht ausreichend erreicht werden können und daher wegen ihres Umfangs oder ihrer Wirkungen besser auf Gemeinschaftsebene erreicht werden können." Das Subsidiaritätsprinzip dient nicht nur der Erhaltung der Eigenständigkeit der EU-Staaten, es hilft auch, ein Stückchen „EU-Bürokratie" abzubauen. Die EU-Kommission muss bei jeder Gesetzesinitiative nachweisen, dass sie die jeweilige Aufgabe besser lösen kann als die Regionen oder die Mitgliedstaaten.

Februar 2013: Stellungnahme der Bundesärztekammer zum Richtlinienentwurf der EU-Kommission

Die Bundesärztekammer begrüßt die vorgesehenen Regelungen zur Kennzeichnung und Gestaltung der Verpackungen von Tabakerzeugnissen. [...] Die bislang zur Wirkung von Warnhinweisen auf Tabakverpackungen durchgeführten Studien haben zum Ergebnis, dass diese einen nachweisbaren Einfluss auf das gesundheitsbezogene Wissen und die Risikowahrnehmung haben. [...] Darüber hinaus weisen wir darauf hin, dass durch die Einführung eines Plain Packaging (standardisierte Verpackungen) für Tabakerzeugnisse, mit dem diese mit einer einheitlichen neutralen Grundfarbe und einem einheitlichen Schriftdesign für den Markennamen gestaltet werden, die Aufmerksamkeit für die aufgebrachten Warnhinweise erhöht werden kann [...]. Auch verliert das Produkt durch eine neutrale Gestaltung gerade bei Jugendlichen an Attraktivität für den Konsum.

Bundesärztekammer, Stellungnahme der Bundesärztekammer zum Vorschlag für eine Richtlinie des Europäischen Parlaments und des Rates zur Angleichung der Rechts- und Verwaltungsvorschriften der Mitgliedstaaten über die Herstellung, die Aufmachung und den Verkauf von Tabakerzeugnissen und verwandten Erzeugnissen vom 19. Dezember 2012, www.bundesaerztekammer.de, 20.2.2013

Oktober 2013: „Die Welt" berichtet über ein Gespräch mit Rebecca Harms MdEP

Der Tabakriese Philip Morris versucht offenbar besonders heftig, die EU-Abgeordneten zu beeinflussen. Laut Rebecca Harms, Fraktionsvorsitzende der Grünen im Europaparlament, stellte der US-Konzern dafür eigens 160 Lobbyisten ein und gab 1,5 Millionen Euro für Essenseinladungen für die Parlamentarier aus. Nach Medienberichten aus mehreren EU-Ländern sollen sich die Lobbyisten des Konzerns mit mehr als 250 Abgeordneten getroffen haben.

AFP/lw, Tabaklobby verwässert geplante EU-Richtlinie, www.welt.de, 3.10.2013

Februar 2014: EU-Parlament stimmt über Änderung der Tabakrichtlinie ab

Die Europäische Union will mit Schockbildern auf Verpackungen Raucher vom Griff zur Zigarette abhalten. Das EU-Parlament stimmte [...] mit großer Mehrheit für strengere Vorschriften, die ab 2016 gelten sollen. Damit enden zähe Verhandlungen zwischen Unterhändlern des Parlaments und den EU-Staaten. Ab 2016 werden auf den Verpackungen beispielsweise verfaulte Füße oder schwarze Raucherlungen zu sehen sein. Die Warnhinweise sollen dabei deutlich größer werden als bisher: Sie werden 65 Prozent der Vorder- und Rückseiten von Zigarettenschachteln bedecken. [...] Die neuen Vorschriften gelten nach Angaben des Europaparlaments für rund 90 Prozent aller Tabakprodukte. [...] Besonders gefährliche Zusatzstoffe, die Krebs erregen, das Erbgut verändern oder die Fortpflanzungsfähigkeit einschränken können, sollen komplett aus Tabakprodukten verbannt werden. Das Gleiche gilt für Aromen wie Vanille oder Schokolade, die den bitteren Geschmack des Tabaks mildern und deshalb vor allem Jugendlichen den Einstieg ins Rauchen erleichtern. Mentholzigaretten sollen ebenfalls vom Markt genommen werden - allerdings erst ab 2020.

aar/dpa/AFP, Parlamentsbeschluss: EU führt Schockbilder auf Zigarettenpackungen ein, www.spiegel.de, 26.2.2014

Tabaksteuer
Die Tabaksteuer ist nach der Mineralölsteuer die ertragreichste Verbrauchsteuer [in Deutschland]. 2014 betrugen die Netto-Einnahmen der Tabaksteuer über 14,2 Mrd. Euro. Die über die Zigarette erzielte Steuer macht mit über 12,2 Mrd. Euro den Hauptanteil bei den Tabaksteuereinnahmen aus (86,0 %).

© Copyright 2015 by DZV – Deutscher Zigarettenverband, www.zigarettenverband.de (3.9.2015)

März 2014: Der Ministerrat nimmt die überarbeitete EU-Tabakrichtlinie an

Am 14.3.2014 nahm der Rat eine überarbeitete EU-Tabakrichtlinie an, sie trat am 20.5.2014 nach der Veröffentlichung im Amtsblatt der Europäischen Union in Kraft. Deutschland und Österreich wurden im Ministerrat überstimmt. Die Mitgliedstaaten werden zwei Jahre für die Aufnahme der Richtlinie in ihr einzelstaatliches Recht Zeit haben.

November 2014: Klage vor dem EuGH: Marlboro-Hersteller prozessiert gegen Europas Tabakrichtlinie

Der EU steht ein Prozess des weltgrößten privaten Zigarettenherstellers Philip Morris International (PMI) gegen ihre neue Tabakrichtlinie vor dem Europäischen Gerichtshof bevor [...]. Durch die Klage des Marlboro-Herstellers könnte das Vorhaben aber um Jahre aufgeschoben werden, noch einmal geändert oder neu verhandelt werden müssen. Oder gar fallen, sollte der EuGH dem Unternehmen recht geben. „Tabakprodukte sollten reguliert werden, aber die Maßnahmen müssen die EU-Verträge respektieren", sagte der für Rechtsfragen zuständige PMI-Vizepräsident Marc Firestone. Einige Bestimmungen in der Tabakrichtlinie würden „ernsthafte Fragen über die freie Verbraucherwahl, den freien Warenverkehr und Wettbewerb aufwerfen." [...] Besonders erbittert bekämpfen die Multis das sogenannte „Plain Packaging". In Artikel 24 der Richtlinie räumt die EU den Mitgliedstaaten das Recht ein, die Hersteller zu Einheitsverpackungen für Zigaretten ohne Markenlogos, Farben und andere Unterscheidungselemente zu zwingen. [...] Die Tabakindustrie, die Abermilliarden Euro in Werbung und Markenaufbau steckt, hält ihre geistigen Eigentumsrechte für verletzt und spricht von einem Handelshemmnis und unzulässigen Eingriff in den freien Wettbewerb.

Claus Hecking, Klage vor dem EuGH: Marlboro-Hersteller prozessiert gegen Europas Tabakrichtlinie, www.spiegel.de, 3.11.2014

M 8 So funktioniert die Europäische Union

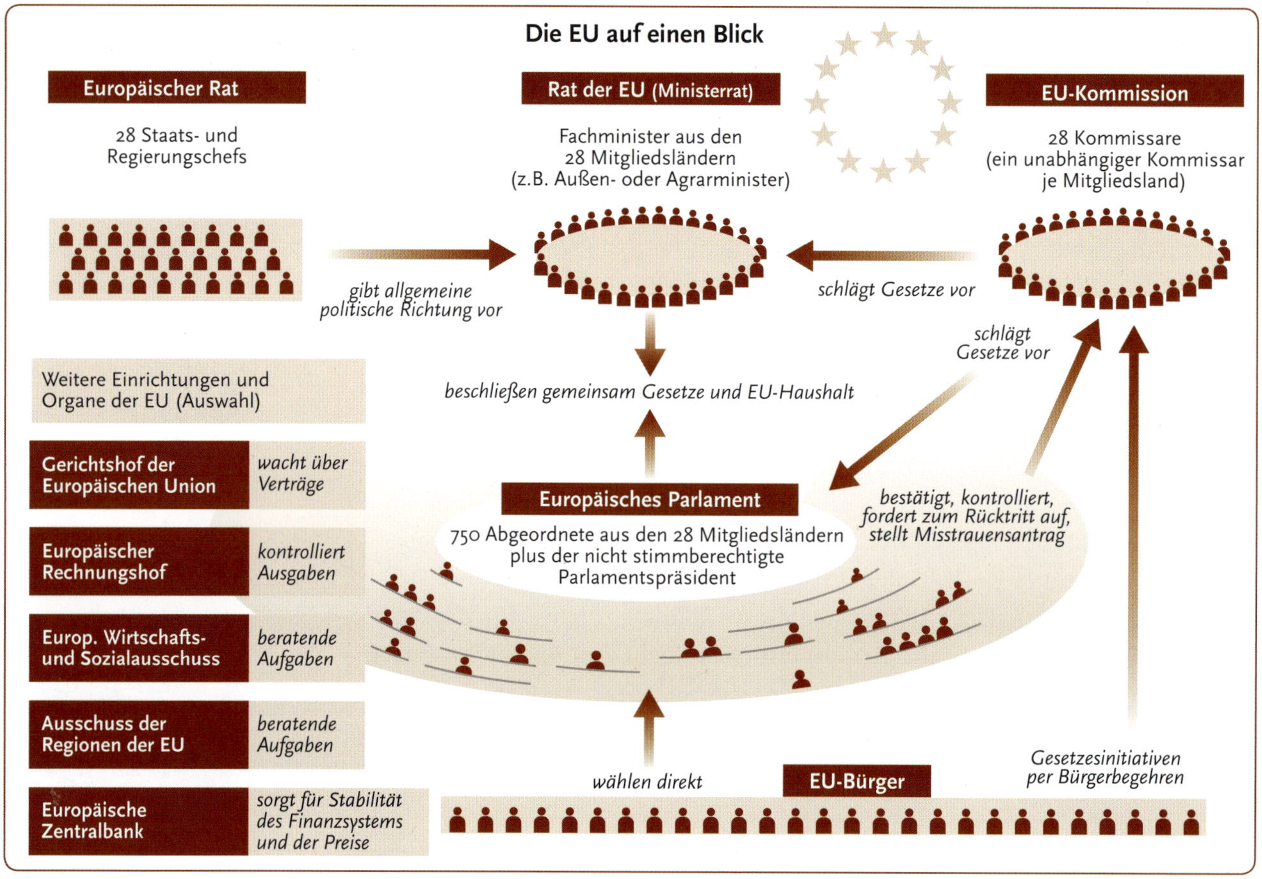

Globus-Grafik 5915; Quelle: Europäische Union, Bundeszentrale f. politische Bildung, Stand Sept. 2013

Beispiele

Verordnung

Verpflichtende Angaben auf verpackten Lebensmitteln sollen die Kaufentscheidung erleichtern und dienen dem Schutz der Verbraucher. Diese sollen erkennen, woraus die Lebensmittel bestehen und welche Eigenschaften sie haben. Mit der Lebensmittel-Informationsverordnung der EU, die seit dem 13.12.2014 EU-weit gilt, werden die Vorschriften des europäischen Lebensmittelkennzeichnungsrechts nochmals verbessert.

M 9 Arten von gemeinschaftlichen Rechtsakten

- **Verordnungen** sind ab dem Zeitpunkt ihrer Verabschiedung auf Gemeinschaftsebene für jedermann verbindlich; sie gelten unmittelbar in jedem Mitgliedstaat und müssen nicht erst in nationales Recht umgesetzt werden.
- **Richtlinien** legen Ziele fest, wobei es Aufgabe der Mitgliedstaaten ist, diese auf nationaler Ebene anzuwenden; sie geben den Mitgliedstaaten Ergebnisse verbindlich vor, stellen ihnen jedoch frei, wie sie diese erreichen.
- **Beschlüsse** beziehen sich auf ganz bestimmte Themen; sie sind in allen ihren Teilen für diejenigen verbindlich, an die sie gerichtet sind. Eine Entscheidung kann an alle Mitgliedstaaten, einen Mitgliedstaat, ein Unternehmen oder eine Einzelperson gerichtet sein.
- **Empfehlungen** und **Stellungnahmen** sind nicht rechtsverbindlich; sie geben lediglich den Standpunkt der Organe zu einer bestimmten Frage wieder.

© Europäische Union 1995 – 2015, http://ec. europa.eu, 6.2.2013

M 10 Die Organe der EU im Überblick

EU-Organe	Aufgaben	Zusammensetzung	Legitimation
Europäischer Rat	fällt Grundsatzentscheidungen	28 Staats- und Regierungschefs	gewählt durch die Bürger oder die nationalen Parlamente
Europäisches Parlament	beschließt „Gesetze“, zusammen mit dem Ministerrat	750 Abgeordnete + der Präsident des EPs	durch die EU-Bürger
Rat der Europäischen Union (Ministerrat)	beschließt „Gesetze“, zusammen mit dem EP	28 Fachminister – wechselnd nach Ressort	Ernennung durch die Staats- und Regierungschefs
EU-Kommission	• Überwachung der EU-Verträge • Motor der EU-Integration • Initiativrecht für „EU-Gesetze“	28 Kommissare, inkl.: • EU-Kommissionspräsident • Hohe Vertreterin für Außen- und Sicherheitspolitik der EU	Europäischer Rat schlägt EU-Kommissionspräsident vor, der vom EU-Parlament per Wahl bestätigt werden muss. Die anschließend vom Kommissionspräsidenten nominierten Kommissare können vom Parlament entweder als Ganzes bestätigt oder abgewählt werden.
Gerichtshof der Europäischen Union	Wahrung des EU-Rechts bei der Auslegung und Anwendung der Verträge der Europäischen Union	• EuGH: je Mitgliedsland eine Richterin/ein Richter; 11 Generalanwälte • EuG: je Mitgliedsland eine Richterin/ein Richter • Fachgericht: 7 Richter/innen	EuGH, EuG und Fachgerichte: Ernennung seitens der Regierungen der Mitgliedsländer (Europäischer Rat)

Aufgaben

1. Erläutere, warum die EU eine neue Tabakrichtlinie beschlossen hat (M 7).
2. Arbeite die unterschiedlichen Interessen der von der Gesetzgebung Betroffenen heraus (M 7).
3. Erläutere verschiedene Ansätze zur Lösung des Interessenkonflikts sowie deren Vor- und Nachteile (M 7).
4. Nimm Stellung zur Entscheidung der EU (M 7). Beachte dabei die Beurteilungskriterien: Rechtslage, Durchsetzbarkeit, Effizienz (Kosten/Nutzen), Effektivität (Grad der Zielerreichung), Freiheit, Sicherheit.
5. Analysiere das Zustandekommen der Tabakrichtlinie mithilfe des Politikzyklus (vgl. S. 118).

Richtlinie
Am 13.6.2014 trat die neue EU-Verbraucherrechtlinie in Deutschland in Kraft. Aufgrund der Harmonisierung des Online-Handels in allen EU-Mitgliedstaaten kommt es durch die neue EU-Richtlinie zu einem positiven Einfluss auf den grenzüberschreitenden Handel: Das Verbraucherschutzniveau wird verbessert, die Rechtsvorschriften in den EU-Mitgliedstaaten werden angeglichen, Hindernisse auf dem EU-Binnenmarkt werden beseitigt und die Kosten beim grenzüberschreitenden Handel werden verringert.

Beschluss
Die EU-Außenminister beschlossen am 17.3.2014 ein Einreiseverbot gegen russische Politiker, welche die Stabilität und Sicherheit der Ukraine gefährden oder untergraben.

Empfehlung
Die EU empfahl der deutschen Regierung im Jahr 2014 eine verbesserte Lohnentwicklung in Deutschland ins Auge zu fassen, da die Produktivität in Deutschland deutlich schneller steigt als die Löhne.

zu Aufgabe 1
Analyse der Problemstellung: Was ist?

zu Aufgaben 2 und 3
Auseinandersetzung: Was ist möglich?

zu Aufgabe 4
Urteil: Was soll sein?

Was wir wissen

Jugendliche in Europa

In vielen Bereichen haben sich die Lebensrealitäten der Jugendlichen in Europa angeglichen. Dazu tragen auch vielfältige Möglichkeiten Ausbildung und Studium im europäischen Ausland zu absolvieren und die Anerkennung von Abschlüssen in der EU bei. Von einer einheitlichen europäischen Jugendkultur kann man jedoch noch nicht sprechen, weil sich die wirtschaftlichen und kulturellen Lebensverhältnisse von Jugendlichen in den europäischen Ländern zum Teil noch erheblich unterscheiden.

Friedensprojekt Europa
M 2

Das friedliche Zusammenleben der Nationen auf dem europäischen Kontinent ist vor allem für die jüngere Generation, die ohne Krieg aufwuchs, eine Selbstverständlichkeit geworden. Tatsächlich ist die europäische Geschichte jahrhundertelang durch Kriege geprägt. Erst nach den schrecklichen Erfahrungen des Zweiten Weltkriegs reifte die Idee eines vereinten und friedlichen Europas. Durch die gemeinsame Kontrolle kriegswichtiger Industrien (Montanunion) war der Grundstein für eine dauerhafte friedliche Kooperation zwischen den europäischen Staaten gelegt. Die Friedenssehnsucht der Menschen, die Einbindung Deutschlands in ein supranationales Bündnis, die wirtschaftliche und politische Behauptung europäischer Großmächte gegenüber den Supermächten USA und UdSSR waren die wichtigsten Motive und Antriebskräfte für die europäische Integration nach 1945.

Entwicklung der EU
M 3

Charakteristisch für die Entwicklung des europäischen Hauses ist seit der Unterzeichnung der Römischen Verträge im Jahr 1957 ein Wechselspiel von Vertiefung und Erweiterung. Immer mehr Politikbereiche wurden in die Zuständigkeit der Europäischen Union übertragen und immer mehr Staaten wurden in die EU aufgenommen. Das Anwachsen der EU von ursprünglich sechs Gründerstaaten (Belgien, Deutschland, Frankreich, Italien, Luxemburg und Niederlande) zu heute 28 Mitgliedstaaten zeigt die große Attraktivität der Europäischen Union. Um auch mit einer größeren Mitgliederzahl handlungsfähig zu bleiben, war es notwendig, dass die EU sich einer institutionellen Reform unterzieht. Da institutionelle Fragen jedoch Machtfragen sind, ist es weder durch den Vertrag von Amsterdam (1999 in Kraft getreten), noch durch den Vertrag von Nizza (seit 2003 gültig) gelungen, das Institutionengefüge der EU zu modernisieren. Ein weiterer Versuch, eine Verfassung für die EU zu schaffen, der Verfassungsvertrag, scheiterte im Jahr 2005 an negativen Referenden in den Niederlanden und in Frankreich. Der Lissabonner Vertrag ist nun der bisher umfassendste vierte Versuch, diese Aufgabe zu bewältigen. Er trat 2009 in Kraft.

Gemeinsame Werte
M 5

Das Fundament der europäischen Einigung sind die gemeinsamen Werte: Wahrung der Menschenrechte, Frieden, Freiheit, Rechtsstaatlichkeit und Demokratie. Die europäische Integration bescherte Europa die längste Friedensepoche in ihrer bisherigen Geschichte.

Was wir wissen

Gesetzgebungsverfahren in der EU
M 7 – M 10

Die EU ist eine Gemeinschaft, in der die nationalen Interessen ihrer Mitgliedstaaten bei der Gestzgebung miteinander vereint werden müssen. Da alle Mitgliedstaaten Souveränitätsrechte an die Gemeinschaft abtreten, entscheiden ihre gewählten Regierungsvertreter mit. Aus diesem Grund ist das Europäische Parlament im Gegensatz zu den nationalen Parlamenten nicht der alleinige Rechtsetzer und Souverän im Institutionengefüge der Europäischen Union. Bei der Gesetzgebung sind sowohl die Kommission als auch der Rat der Europäischen Union als Vertretung der nationalen Regierungen beteiligt. Mit dem Vertrag von Lissabon ist das Europäische Parlament neben dem EU-Ministerrat gleichberechtigter Gesetzgeber in der Union geworden. Beide müssen einem Gesetzesentwurf zustimmen. Grundsätzlich hat nur die Europäische Kommission das Recht, Gesetzentwürfe vorzulegen. Allerdings können das EU-Parlament, der Ministerrat und der Europäische Rat die Kommission auffordern, tätig zu werden. Auch können eine Million Bürgerinnen und Bürger der EU in einem Volksbegehren die Kommission auffordern, sich eines Themas anzunehmen. Ein Gesetzesvorschlag der Kommission wird in einem mehrstufigen Verfahren von Ministerrat und EU-Parlament beraten. Sofern es im regulären Verfahren nicht zu einer Einigung zwischen Ministerrat und EU-Parlament kommt, tritt ein Vermittlungsausschuss in Aktion. Er setzt sich aus einer gleich großen Zahl von Mitgliedern aus EU-Parlament und Ministerrat zusammen und muss binnen sechs Wochen eine Einigung herbeiführen. Wenn dies nicht gelingt, ist der geplante Rechtsakt gescheitert. Die nationalen Parlamente müssen zeitgleich mit dem EU-Parlament von der EU-Kommission über Gesetzesinitiativen unterrichtet werden. Sie können unter Berufung auf das Subsidiaritätsprinzip gegen die Gesetzesinitiative Stellung nehmen. Interessengruppen (Lobbyisten) versuchen auf allen Ebenen des Verfahrens ihre Interessen im Gesetzgebungsverfahren, wie das Beispiel der Tabakrichtlinie verdeutlicht, durchzusetzen.

Arten von Rechtsakten
M 9

Verordnungen sind ab dem Zeitpunkt ihrer Verabschiedung auf Gemeinschaftsebene für jedermann verbindlich; sie gelten unmittelbar in jedem Mitgliedstaat und müssen nicht erst in nationales Recht umgesetzt werden.
Richtlinien legen Ziele fest, wobei es Aufgabe der Mitgliedstaaten ist, diese auf nationaler Ebene anzuwenden; sie geben den Mitgliedstaaten Ergebnisse verbindlich vor, stellen ihnen jedoch frei, wie sie diese erreichen.
Beschlüsse beziehen sich auf ganz bestimmte Themen; sie sind in allen ihren Teilen für diejenigen verbindlich, an die sie gerichtet sind.
Empfehlungen und *Stellungnahmen* sind nicht rechtsverbindlich; sie geben lediglich den Standpunkt der EU zu einem bestimmten Sachverhalt wieder.

Das EU-Parlament
M 8, M 10

Das EU-Parlament wird von den Bürgern der EU seit 1979 alle fünf Jahre direkt gewählt, um ihre Interessen zu vertreten. Jeder EU-Bürger besitzt (ab einem bestimmten Alter) das aktive und passive Wahlrecht. Das Parlament vertritt somit den demokratischen Willen der Bürger der Union und macht ihre Interessen gegenüber den anderen EU-Organen geltend. Dem Parlament gehören 750 Abge-

Was wir wissen

Erklärfilm „Europawahl“

Mediencode: 71067-11

ordnete und der nicht stimmberechtige Präsident aus allen 28 Mitgliedstaaten an. Die kleinsten Mitgliedstaaten wie Malta und Luxemburg entsenden sechs Abgeordnete nach Brüssel und Straßburg. Deutschland hat als bevölkerungsreichster Mitgliedstaat 96 Abgeordnete. Das Parlament hat drei wesentliche Aufgaben: Es teilt sich die gesetzgebende Gewalt mit dem Ministerrat in vielen Politikbereichen. Durch die direkte Wahl des Parlaments wird die demokratische Legitimierung des EU-Rechts gewährleistet. Es übt eine demokratische Kontrolle über alle Organe der EU und insbesondere über die Kommission aus. Es stimmt der Benennung der Kommissionsmitglieder zu oder lehnt sie ab und kann einen Misstrauensantrag gegen die gesamte Kommission einbringen. Es teilt sich die Haushaltsbefugnis mit dem Rat und kann daher Einfluss auf die Ausgaben der EU ausüben. In letzter Instanz nimmt es den Gesamthaushalt an oder lehnt ihn ab. Seit der Europawahl im Mai 2014 wählt das EU-Parlament den Präsidenten der EU-Kommission. Der Europäische Rat schlägt zwar nach wie vor dem Parlament einen Kandidaten vor, allerdings muss er das Wahlergebnis der Europawahl berücksichtigen. Damit haben alle Wähler seit der Europawahl 2014 einen indirekten Einfluss auf die Wahl des Präsidenten der EU-Kommission.

Der Ministerrat
M 8, M 10

Der Ministerrat ist das wichtigste Entscheidungsgremium der EU. Er vertritt die Mitgliedstaaten, und an seinen Tagungen nehmen die Fachminister aus den nationalen Regierungen der EU-Staaten teil. Die Zusammensetzung der Ratstagungen hängt vom zu behandelnden Sachgebiet ab. Stehen z. B. Angelegenheiten der Gemeinsamen Außen- und Sicherheitspolitik auf der Tagesordnung, kommen die Außenminister der einzelnen Länder im Rat für Auswärtige Angelegenheiten zusammen. Alle im Rat vertretenen Minister sind befugt, für ihre Regierungen verbindlich zu handeln. Außerdem sind die im Rat tagenden Minister ihrem nationalen Parlament sowie den von ihm vertretenen Bürgern gegenüber politisch verantwortlich. Dies gewährleistet die demokratische Legitimierung der Ratsbeschlüsse. Der Vertrag von Lissabon zielt darauf ab, dass der Rat zunehmend mit qualifizierter Mehrheit entscheidet. Für die Praxis bedeutet dies, dass die Beschlussfassung mit qualifizierter Mehrheit auf zahlreiche Bereiche ausgeweitet wurde. Der Vertrag von Lissabon sieht weiterhin vor: Seit 2014 wird die qualifizierte Mehrheit nach der doppelten Mehrheit von Mitgliedstaaten und Bevölkerung berechnet, sofern kein Mitgliedsland widerspricht. Eine doppelte Mehrheit ist erreicht, wenn 55 Prozent der Mitgliedstaaten, die gemeinsam mind. 65 Prozent der europäischen Bevölkerung auf sich vereinen, zustimmen. Jedes Land verfügt über eine Stimme. 2017 wird das Verfahren der doppelten Mehrheit endgültig eingeführt.

Die EU-Kommission
M 8, M 10

Die Kommission ist von den nationalen Regierungen unabhängig. Sie vertritt und wahrt die Interessen der gesamten EU. Die Kommission erarbeitet Vorschläge für neue europäische Rechtsvorschriften, die sie dem Parlament und dem Rat vorlegt. Sie ist auch die Exekutive der EU, d. h. sie ist für die Umsetzung der Beschlüsse des Parlaments und des Rates verantwortlich. Dies bedeutet, dass sie das Tagesgeschäft der EU führt: Umsetzung der politischen Maßnahmen, Durchführung der Programme und Verwaltung der Mittel. Die Kommission besteht aus 28 Kommissaren. Jeder EU-Mitgliedstaat stellt ein Kommissionsmitglied. Die Neubesetzung der Kommission erfolgt alle fünf Jahre innerhalb von sechs Monaten nach der Wahl zum EU-Parlament. Die Kommission ist dem Parlament gegenüber politisch rechenschaftspflichtig. Es kann der Kommission als Ganzes das Misstrauen aussprechen und sie so zum Rücktritt zwingen. Die EU-Kommission hat im Wesentlichen vier Aufgaben:

- Sie macht dem Parlament und dem Rat Vorschläge für neue Rechtsvorschriften.
- Sie setzt die EU-Politik um und verwaltet den Haushalt.
- Sie sorgt (gemeinsam mit dem EuGH) für die Einhaltung des europäischen Rechts.
- Sie vertritt die EU auf internationaler Ebene, z. B. durch Aushandeln von Übereinkommen zwischen der EU und anderen Ländern.

Der Europäische Gerichtshof
M 8, M 10

Der EuGH ist das höchste europäische Gericht im Gerichtssystem der EU und hat u. a. die Aufgabe, auf Antrag zu prüfen, ob die Rechtsakte der EU rechtmäßig sind (Nichtigkeitsklagen) und die Mitgliedstaaten ihren Verpflichtungen aus den Verträgen nachkommen (Vertragsverletzungsverfahren). Jedes EU-Mitgliedsland entsendet einen Richter auf sechs Jahre mit der Möglichkeit der Verlängerung der Amtszeit. Der Präsident des EuGH wird von den EuGH-Richtern ebenfalls auf sechs Jahre gewählt. Der EuGH-Präsident kann uneingeschränkt wiedergewählt werden.

Der Europäische Rat
M 8, M 10

Im EU-Rat treffen sich die Staats- und Regierungschefs der EU-Mitgliedstaaten, der Präsident des EU-Rates und der Präsident der EU-Kommission. Der EU-Rat ist die höchste Repräsentanz der EU. Bei den Gipfeltreffen werden die Leitlinien der EU-Politik festgelegt und Fragen, die auf unterer Ebene (d. h. von den Ministern bei einer normalen Ministerratstagung) nicht geregelt werden konnten, gelöst. Der EU-Rat darf nicht mit dem Ministerrat (Rat der EU) verwechselt werden.

Was wir können

Kontrovers diskutiert: Sollen in Deutschland standardisierte Zigarettenpackungen mit warnenden Bildern (sog. Plain Packaging) eingeführt werden?

Das höchste Gericht des Landes hat in Australien den Weg für einheitliche Zigarettenpackungen mit großflächigen Bildern von durch Tabakrauch geschädigten Organen freigemacht. Weltweit wird nun auch in anderen Ländern darüber diskutiert, ob eine solche Maßnahme Tabakkonsum und -missbrauch eindämmen kann. Sollen auch in Deutschland standardisierte Zigarettenpackungen mit warnenden Bildern eingeführt werden? In „Pro und Kontra" erläutern die Leiterin der Stabsstelle Krebsprävention des Deutschen Krebsforschungszentrums, Martina Pötschke-Langer, und der Deutsche Zigarettenverband (DZV), ihre jeweilige Position.

Kriterium Effizienz
Argumente, die dem Kriterium „Effizienz" zugeordnet werden können, sind z. B. die Frage,
- ob die abschreckenden Bilder einen wirksamen Beitrag zum Gesundheitsschutz leisten können;
- ob es gleichwertige Maßnahmen zum Gesundheitsschutz geben könnte, die Produzenten und Konsumenten weniger bevormunden, wie z. B. Aufklärung in der Schule u. Ä.;
- ob die Umsetzung der Tabakrichtlinie in nationales Recht gelingen kann angesichts der Gestaltungsmöglichkeiten des Bundestages bei der Umsetzung einer EU-Richtlinie und dem Eigentumsschutz des Grundgesetzes, auf den die Zigarettenindustrie sich zum Schutz ihrer Marken bezieht.

Pro: Bildliche Warnhinweise wirken

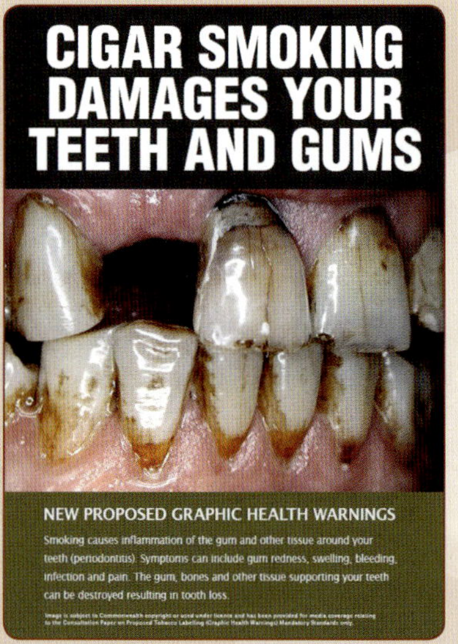

Plain Packaging in Australien mit Warnhinweisen für Zigarettenkonsum

Standardisierte Tabakproduktverpackungen mit großen Warnhinweisen aus Text und Bild können vor allem dazu beitragen, dass weniger Jugendliche mit dem Rauchen anfangen und dass Raucher zu einem Rauchstopp motiviert werden. Denn: Sie vermindern die Attraktivität der Produkte, die nicht länger vielfarbig und glamourös verpackt werden dürfen. Zudem kann keine Irreführung der Käufer durch suggestive Farbgebung erfolgen und der Eindruck vermittelt werden, ein Produkt sei weniger gesundheitsschädlich. Auch gegen den Zigarettenschmuggel eignen sich die Standardverpackungen: Sie erhöhen die Erkennbarkeit von zukünftig geplanten Sicherheitsmerkmalen, sodass Fälschungen schneller identifiziert werden können. Bildliche Warnhinweise wirken, denn ein Bild sagt mehr als tausend Worte: Vergleichende Untersuchungen zeigen, dass bildliche Warnhinweise häufiger dazu führen, dass sich Raucher mit den Warnhinweisen auseinandersetzen und sich damit die Wahrscheinlichkeit eines Rauchstopps erhöht. Auch sehen Jugendliche die bildlichen Warnhinweise als effektivere Informationsvermittlung an, und erfolgreiche Ex-Raucher gaben an, dass die Bilder eine hilfreiche Rückfallprophylaxe darstellen. Es besteht eine hohe Akzeptanz für bildliche Warnhinweise in Deutschland. Mehr als 70 Prozent der deutschen Bevölkerung spricht sich für Bilder aus. Befürchtungen, die abschreckenden Bilder könnten an deutschen Supermarktkassen zu Ekelreaktionen der Kunden führen, sind leicht zu entkräften: Zigarettenschachteln sollten von Supermarktkassen entfernt werden und in einem nicht einsehbaren Regal stehen. Auch rechtlich gibt es keine Hindernisse: Der Schutz der Gesundheit rechtfertigt Maßnahmen wie diese.

Martina Pötschke-Langer, Bildliche Warnhinweise wirken, in: © fos/aerzteblatt.de, Pro und Kontra: Sollen auch in Deutschland standardisierte Zigarettenpackungen mit warnenden Bildern eingeführt werden?, www.aerzteblatt.de, 21.8.2012

Kontra: Überzogene Maßnahme ohne Wirkung

Die EU-Kommission hat heute ihren Vorschlag für eine überarbeitete Tabakprodukt-Richtlinie vorgestellt. Er sieht erstmalig für eine Konsumgüterbranche in der EU massive Einschränkungen bei der Gestaltung von Verpackung und Produkt vor. Die EU-Kommission erreicht damit eine spürbare Verringerung der Angebotsvielfalt und damit der Auswahl für den Verbraucher. Der Richtlinienentwurf stellt darüber hinaus einen Freibrief für die EU-Behörde zur weiteren Verschärfung ohne demokratische Kontrolle aus. Das Europäische Parlament und die Mitgliedstaaten werden ausgeschlossen. [...]

Die geplanten Maßnahmen der EU sind maßlos, überzogen und ihre beabsichtigte Wirkung zudem höchst zweifelhaft. De Facto wird die Industrie über Nacht enteignet, indem über Jahrzehnte aufgebaute Marken zerstört werden. So verletzt die Richtlinie verfassungsrechtlich geschützte Rechte der Zigarettenhersteller. Auf die negativen gesamtwirtschaftlichen Folgen – Verlust von Arbeitsplätzen, Steuerausfälle und Schmuggel – wird keine Rücksicht genommen.

In der Konsequenz schränkt der vorliegende Entwurf der Kommission die freie Marktwirtschaft ein. Und das Vorhaben hat Methode. Verbraucher und Industrie müssen sich so auf eine weitere Ausweitung der Bevormundung auf andere Konsumgüter wie Alkohol, Süßwaren, Softdrinks, Fast Food einstellen – ein Alarmsignal. [...]

Eine Vergrößerung der Warnhinweise trägt nicht zu einer besseren Informationsvermittlung der gesundheitlichen Risiken des Tabakkonsums bei. Ebenso wenig existiert ein überzeugend belegter Wirkungszusammenhang zwischen Verpackungsdesign und der Entscheidung, das Rauchen zu beginnen oder aufzugeben.

Deutscher Zigarettenverband (DZV), www.presseportal.de, 19.12.2012

Kriterium Legitimität

Argumente, die dem Kriterium „Legitimität" zugeordnet werden können, betreffen z. B. die Frage,

- ob die Einführung von abschreckenden Bildern auf Zigarettenpackungen gerechtfertigt und verhältnismäßig ist, um Jugendliche und Erwachsene vom Zigarettenkonsum abzuhalten;
- ob die Einschränkung der Freiheit der Produzenten, Verpackungen aus Wettbewerbsgründen attraktiv zu gestalten, verhältnismäßig ist;
- ob die Schockbilder auf Zigarettenpackungen eine angemessene Maßnahme zum Gesundheitsschutz der Bürgerinnen und Bürger sind;
- ob ein möglicher Verlust von Arbeitsplätzen in der Zigarettenindustrie und im Handel gerechtfertigt ist.

Aufgaben

1. Analysiere die beiden Texte im Hinblick auf eine Verschärfung der EU-Tabakrichtlinie.
2. Erörtere unter Einbeziehung der beiden Texte, ob die EU-Tabakrichtlinie mithilfe von Plain Packaging in Deutschland zusätzlich verschärft werden sollte. Berücksichtige dabei die Kriterien Legitimität und Effizienz aus den Randspalten.

7.2 Integration und Erweiterung im europäischen Haus

Wie groß soll das europäische Haus werden?

M 1 Der Stand der Erweiterungsdebatte

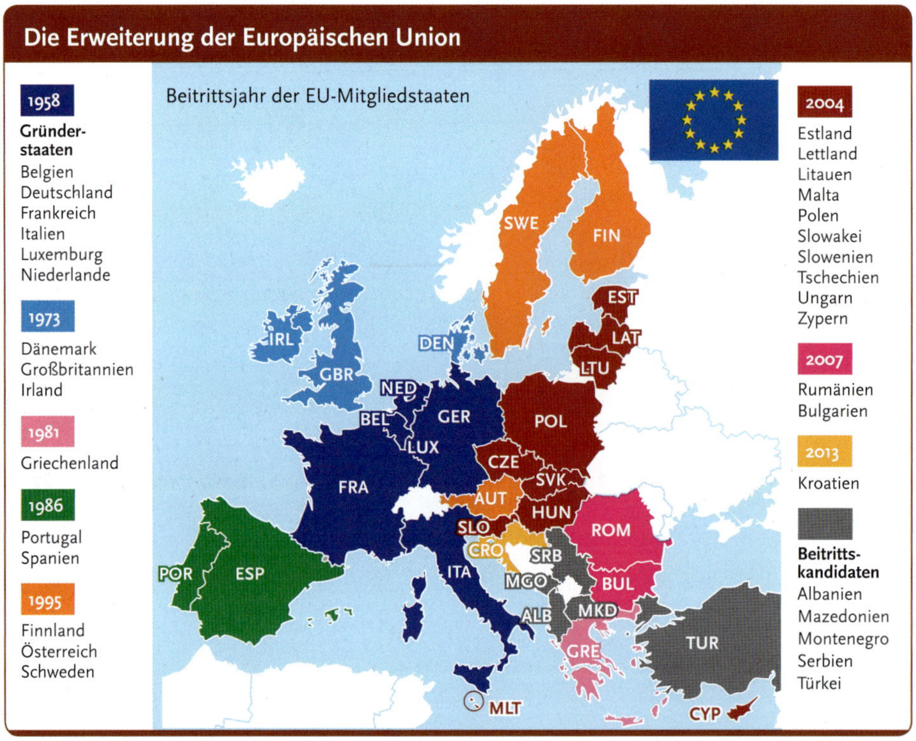

Globus-Grafik 10147; Quelle: Europäische Kommission, Stand: 2016

M 2 Wer kann Mitglied werden?

Art. 49 EU-Vertrag
Jeder europäische Staat, der die in Artikel 2 genannten Werte achtet und sich für ihre Förderung einsetzt, kann beantragen, Mitglied der Union zu werden.

Der Vertrag von Lissabon legt die Grundsätze für die Aufnahme neuer Mitgliedstaaten fest. In Art. 6 Abs. 1 heißt es: „Die Union beruht auf den Grundsätzen der Freiheit, der Demokratie, der Achtung der Menschenrechte und Grundfreiheiten sowie der Rechtsstaatlichkeit; diese Grundsätze sind allen Mitgliedstaaten gemeinsam." Die sog. Kopenhagener Kriterien konkretisieren diese allgemeinen Grundsätze:

- Politische Kriterien: stabile Institutionen, die die Rechtsstaatlichkeit, die Menschenrechte und die Achtung und den Schutz von Minderheiten garantieren.
- Wirtschaftliche Kriterien: eine funktionsfähige Marktwirtschaft und die Fähigkeit, dem Wettbewerb und den Marktkräften in der EU standzuhalten.
- Fähigkeit zur Erfüllung der Verpflichtungen aus der EU-Mitglied-

schaft und zur Übernahme der Ziele der politischen Union sowie der Wirtschafts- und Währungsunion.
- Übernahme des gesamten europäischen Rechtsbestands und dessen wirksame Anwendung mittels geeigneter Verwaltungs- und Justizstrukturen.

Der Beitrittsprozess besteht im Groben aus drei Schritten: Zunächst wird ein Land zu einem offiziellen Kandidaten für die EU-Mitgliedschaft ernannt, was jedoch noch nicht bedeuten muss, dass offizielle Verhandlungen aufgenommen werden. In einem einstimmigen Beschluss des Rates beschließen dann zu einem gegebenen Zeitpunkt die EU-Mitgliedstaaten gemeinsam, offizielle Beitrittsverhandlungen mit dem Kandidatenland aufzunehmen: Ihre Grundlage sind die 35 Kapitel des EU-Besitzstandes, d. h. die verbindlichen Rechte und Pflichten der EU. Das Bewerberland ist verpflichtet, den gesamten Besitzstand und seine Rechtsvorschriften zu übernehmen. Auch auf seine Anwendung und Durchsetzung muss das Land sich vorbereiten und alle notwendigen Reformen durchführen, um die Beitrittskriterien zu erfüllen. Wenn alle Verhandlungen erfolgreich abgeschlossen und alle Reformen durchgeführt sind, müssen die Kommission, der Rat und das Europäische Parlament dem Beitrittsvertrag zustimmen, der dann vom Kandidatenland und sämtlichen Mitgliedstaaten unterzeichnet und ratifiziert werden muss. Danach erfolgt der Beitritt zur EU. Die derzeitige Erweiterungspolitik der EU konzentriert sich auf die Länder des westlichen Balkans [und] die Türkei [...]. Das Europäische Parlament verfolgt alle Beitrittsgespräche sehr genau: Der Ausschuss für Auswärtige Angelegenheiten des EP hält regelmäßig Aussprachen mit den beteiligten Vertreterinnen und Vertretern der Kommission und der Regierungen sowie Expertinnen und Experten ab. Außerdem veröffentlicht das EP jährliche Entschließungen über die Fortschritte von Bewerberländern und potenziellen Kandidatenländern, die häufig den Beitrittsprozess beeinflussen.

Europa 2015, Europäisches Parlament, Informationsbüro in Deutschland (Hrsg.), 21.11.2014, S. 49 ff.

Literaturtipp
Holger-Michael Arndt, Der westliche Balkan: So nah und doch so fern – Beitrittsdebatte um die Balkanstaaten, in: D&E, Heft 66, 2013, S. 32 – 40

Aufgaben

1. „Alle europäischen Staaten sollten zukünftig Mitglied der Europäischen Union werden!“ Diskutiert diese Forderung in Gruppen mithilfe der Materialien M 1 und M 2 sowie an einem konkreten Länderbeispiel eurer Wahl.
2. Stellt die Gruppenergebnisse anschließend in der Klasse vor und nehmt abschließend Stellung zu dieser Forderung.
3. Griechenland, Portugal, Spanien und auch viele der 2004 beigetretenen Staaten wurden relativ kurz nach der Beseitigung der Diktatur Mitglieder der EU. Erläutere die mögliche Rolle der Europäischen Union bei der Stabilisierung eines demokratischen Staatswesens.

zu Aufgabe 1
Analysiert vorab die politische und wirtschaftliche Situation eines möglichen Beitrittslandes und beurteilt, ob die Kopenhagener Kriterien bereits erfüllt werden.

Soll die Türkei Mitglied der EU werden?

M 3 „Sultan Erdogan"

Karikatur: Klaus Stuttmann

Hintergrund: Verhandlungen über einen EU-Beitritt der Türkei

Am 12. Dezember 2002 fiel auf dem EU-Gipfel in Kopenhagen die Entscheidung, mit der Türkei über eine Aufnahme in die Europäische Union zu verhandeln. […] Die EU und die Türkei verbindet eine [über] 50-jährige Partnerschaft. Bereits 1963 wurde zwischen Ankara und der damaligen Europäischen Wirtschaftsgemeinschaft ein Assoziierungsabkommen geschlossen: Das Ankara-Abkommen stellte dem Land erstmals eine Mitgliedschaft und die Schaffung einer Zollunion in Aussicht. Doch erst 1996 wurde das Land Teil der Europäischen Zollunion. Erst 1999 erhielt die Türkei dann offiziell den Kandidatenstatus und am 12. Dezember 2002 entschied die EU auf dem Gipfel von Kopenhagen, ab 2004 Beitrittsverhandlungen aufzunehmen. Diese laufen seit 2005 und sollten sich über 10 bis 15 Jahre erstrecken, so damals der Plan.

Bundeszentrale für politische Bildung, Vor 10 Jahren: EU beschließt Beitrittsverhandlungen mit der Türkei, www.bpb.de, 12.12.2012

M 4 Wo beginnt Europa, wo endet es?

Als das Assoziierungsabkommen zwischen der EWG und der Türkei am 12.9.1963 abgeschlossen wurde, erhob kein Mitglied der EWG Einwände unter Bezug auf die Römischen Verträge von 1957, in denen ausdrücklich bestimmt worden war, dass nur europäische Länder Mitglied werden könnten. […] Die Türkei wird [heute] als etwas „anderes" angesehen. Viele […] sehen die Türkei von Europa durch geografische, kulturelle, historische und politische Grenzen getrennt.

Die Türkei ist in der Tat historisch-politisch janusköpfig. Sie blickt zum einen auf den islamisch geprägten Vorderen Orient; und zum anderen auf das über Jahrhunderte vom Christentum geprägte Europa. Auf dessen politische Werte und Institutionen bewegt sie sich nunmehr seit dem Beginn des 18. Jahrhunderts zu. […] Europas ideelle Grenzen im Südosten sind also nicht eindeutig festzulegen; jedenfalls haben sie sich in der Geschichte vielfach verschoben. Das Osmanische Reich, das im Kernland des Byzantinischen Reiches im westlichen Kleinasien entstand, expandierte zunächst auf den Balkan, der weit eher „türkisch" wurde als das Zweistromland und Ägypten. Im 15. Jahrhundert wurde das Reich Teil eines „europäischen" machtpolitischen Kontinuums, innerhalb dessen nicht nur Handel und Wandel getrieben wurde, sondern mit dem auch Koalitionen in der innereuropäischen Rivalität der Mächte geschlossen wurden. Noch im 18. Jahrhundert war das Osmanische Reich Teil eines europäischen Konzerts der Mächte, bevor es im 19. Jahrhundert als „kranker Mann am Bosporus" zum Spielball der Machtpolitik anderer europäischer Mächte wurde. Einige [...] Politiker suchten die Lösung in der vordergründig mit objektiv Maßstäben operierenden Geografie zu finden: [...] Schon in den [1890er-Jahren konnten] führende Vertreter des Faches wie Alfred Hettner eine methodisch überprüfbare Grenze hinsichtlich Morphologie, Klima und Vegetationsgeografie nicht (mehr) erkennen. Konsequenterweise sprach Hettner dann nur noch von einem Kontinent Eurasien, dessen Westflügel Europa und dessen größerer Ostflügel eben Asien sei. [...] Letztlich können Wissenschaftler [...] keine eindeutigen Grenzziehungen für Europa vornehmen. Europas Geschichte und Gegenwart ist vielschichtig und auch daher vielfältig interpretierbar. Es bleibt schwierig, aus der Geografie, Kulturwissenschaft und Politologie eindimensionale Kriterien zu zimmern, die es vordergründig erlauben, die Türkei vom Eintritt in das europäische Haus abzuhalten oder diesen Eintritt als zwingend erforderlich zu reklamieren.

Nach: Udo Steinbach, www.bpb.de, 17.7.2006

EWG
Europäische Wirtschaftsgemeinschaft

januskföpfig
zweideutig

Zweistromland
Mesopotamien

Kontinuum
Kontinuierlichkeit

Morphologie
innerhalb der Sprachwissenschaft ein Teilgebiet der Grammatik

M 5 Was trennt die Türkei von der EU-Mitgliedschaft?

Auch 100 Jahre nachdem Soldaten des Osmanischen Reiches 1915 rund 1,5 Millionen Armenier deportiert und umgebracht haben sollen, weigert sich die Regierung der heutigen Türkei dieses Geschehen als Völkermord anzuerkennen. Damit strapaziert die Türkei regelmäßig ihre Beziehungen zur Europäischen Union (EU) und behindert die seit 2005 laufenden Verhandlungen über einen Beitritt des Landes zur Union. In dieser Zeit hat die Türkei erst 1 der insgesamt 33 sogenannten Kapitel [...] abschließen können. Über 17 Kapitel wird aktuell verhandelt und zu 15 Kapiteln sind noch gar keine Verhandlungen eröffnet worden. Doch nach den jüngsten Unstimmigkeiten zwischen der Türkei und der EU anlässlich des 100. Jahrestages des Völkermordes an den Armeniern durch das Osmanische Reich, als dessen Nachfolger sich die Türkei sieht, scheint der EU-Beitritt des Landes unwahrscheinlicher zu werden. „Es wird damit die Saat einer antieuropäischen und antiwestlichen Haltung gesät, was aus heutiger Sicht einen künftigen Beitritt sehr schwierig macht", sagte Johannes Hahn, EU-Kommissar für Nachbarschaftspolitik und Erweiterung [...]. Er bezog sich dabei auf die Reaktion der türkischen Regierung auf die Aufforderung des Europaparlaments, den Völkermord des Osmanischen Reiches an den Armeniern zu seinem 100. Jahrestag am 24. April als solchen anzuerkennen. Das türkische Außenministerium hatte daraufhin dem EU-Parlament vorgeworfen, die Entwicklung der Beziehungen zwischen der Türkei und der EU behindern zu wollen und zu versuchen „die Geschichte bezüglich der Ereignisse von 1915 umzuschreiben" [...]. Bereits 1987 – noch bevor die Türkei zwölf Jahre später offiziell EU-Beitrittskandidat wurde – hatte das Europäische Parlament bereits festgelegt, dass die Anerkennung des Völkermordes eine der Bedingun-

Umfrage: Sollte die Türkei in einigen Jahren in die EU aufgenommen werden?

Partei	Anzahl der zustimmenden Befragten
CDU/CSU	22%
SPD	32%
Linke	41%
Grüne	43%

© Statista 2014 – Anteile Zustimmung nach Parteianhängerschaft

Kapitel
hier: einzelne Verhandlungsbereiche, wie beispielsweise „Wissenschaft und Forschung"

gen für die Aufnahme der Türkei in die EU sei. Diese Entscheidung wurde mehrfach bekräftigt – zuletzt anlässlich des 100. Jahrestages des Völkermordes dieses Jahr. Ein weiterer Streitpunkt in den Beitrittsverhandlungen ist die türkische Besatzung Nordzyperns und die dort etablierte türkische Republik Zypern, die von den Vereinten Nationen (UN) als völkerrechtswidrig angesehen wird. Bei der Unterzeichnung eines Zusatzprotokolls zum sogenannten „Ankara-Abkommen", dass die Zollunion zwischen der Türkei und der EU, um die 2004 neu aufgenommenen Länder einschließlich Zypern ausdehnt, erklärte die Türkei, dass sie Zypern weiterhin nicht anerkennt und nicht in die Zollunion aufnehme. Die EU wies diese Interpretation zurück und beschloss Ende 2006 sogar eine teilweise Aussetzung der Beitrittsverhandlungen – acht Verhandlungskapitel bleiben geschlossen und es können keine Kapitel abgeschlossen werden, bevor der Zypernkonflikt beigelegt wurde. Auch dieser Beschluss wurde seitdem mehrfach erneuert. Das Ankara-Abkommen, das 1963 zwischen der Türkei und der Europäischen Wirtschaftsgemeinschaft (EWG) geschlossen wurde, räumt der Türkei die Möglichkeit eines EU-Beitritts ein und begründet eine Zollunion zwischen der EU und der Türkei. Weitere seit längerem ungelöste Probleme in den Beitrittsverhandlungen sind der Umgang mit den Kurden und anderen Minderheiten in der Türkei, sowie der Umgang mit Korruption.

Im jährlich erscheinenden Fortschrittsbericht der EU-Kommission zu den Beitrittsverhandlungen wurden der Türkei Ende 2014 Fortschritte bei der Beilegung des Konflikts mit den Kurden attestiert und gleichzeitig Zweifel am Umgang mit Korruptionsvorwürfen geäußert. Die Erlaubnis sich in anderen Sprachen und Dialekten als Türkisch politisch zu engagieren und erzogen zu werden, wurde als wichtiger Schritt zur Aussöhnung mit den Kurden angesehen. Die EU-Kommission machte jedoch auch ihre Zweifel an der Rechtmäßigkeit der zahlreichen Entlassungen und Versetzungen von Richtern und Polizisten nach Korruptionsvorwürfen deutlich und erwähnte auch, dass es insbesondere im Bereich der Meinungs- und Pressefreiheit immer noch Defizite gebe. Um die Beitrittsverhandlungen weiter voranzubringen wurde zuletzt im November 2013 ein weiteres Verhandlungskapitel mit dem Titel „Regionalpolitik" eröffnet. Bei der Vorstellung des letzten Fortschrittsberichts im Herbst 2014 regte der damalige Erweiterungskommissar Stefan Füle, zudem die Eröffnung von zwei weiteren Kapiteln zur Justiz und Grundrechten an [...]. Trotzdem bleibt es noch ein langer Weg bis die Beitrittsverhandlungen in einen tatsächlichen EU-Beitritt der Türkei münden. [...] Die Türkei selbst hat sich dafür eine Deadline gesetzt – bis 2023 – dem 100. Jubiläum der Republikgründung – will das Land die Aufnahme in die EU geschafft haben.

Mathias Birsens, www.huffingtonpost.de, 21.5.2015

M 6 Grenzkontrollen gegen Beitritt – Die EU braucht die Türkei zur Kontrolle der Flüchtlinge

Mit drei Milliarden Euro und weiteren Zugeständnissen an die Türkei will Europa die Flüchtlingskrise unter Kontrolle bringen. […] Die EU erwartet von der Regierung in Ankara, dass sie die Grenzen in Richtung Europa künftig deutlich besser kontrolliert. Dadurch soll die unkontrollierte Migration von Flüchtlingen aus Ländern wie Syrien weitgehend gestoppt werden. Die Türkei ist das Haupttransitland für Flüchtlinge auf dem Weg nach Europa. […] Im Gegenzug können türkische Staatsbürger darauf hoffen, ab Oktober 2016 ohne Visum nach Europa reisen zu dürfen; die lange Zeit quasi eingefrorenen EU-Beitrittsverhandlungen mit dem Kandidatenland sollen vorangetrieben werden. […] Noch im Dezember soll das Verhandlungskapitel 17 über Wirtschaft und Finanzen geöffnet werden. Merkel sagte, dies sei ein „offen angelegter Beitrittsprozess". Seit Jahren tritt die CDU-Chefin dafür ein, dass die Türkei nur eine „privilegierte Partnerschaft" bekommt.

ZEIT ONLINE/dpa/afp/mfh, www.zeit.de, 29.11.2015

Privilegierte Partnerschaft
Diese wird v. a. von der CDU/CSU als Alternative zu einem Beitritt der Türkei zur EU gesehen. Eine privilegierte Partnerschaft würde weit über die zwischen der EU und der Türkei eingegangene Zollunion hinaus in Richtung einer vollständigen Freihandelszone gehen. Ferner wäre die Türkei u. a. im Bereich der Gemeinsamen Außen- und Sicherheitspolitik der EU verstärkt eingebunden.

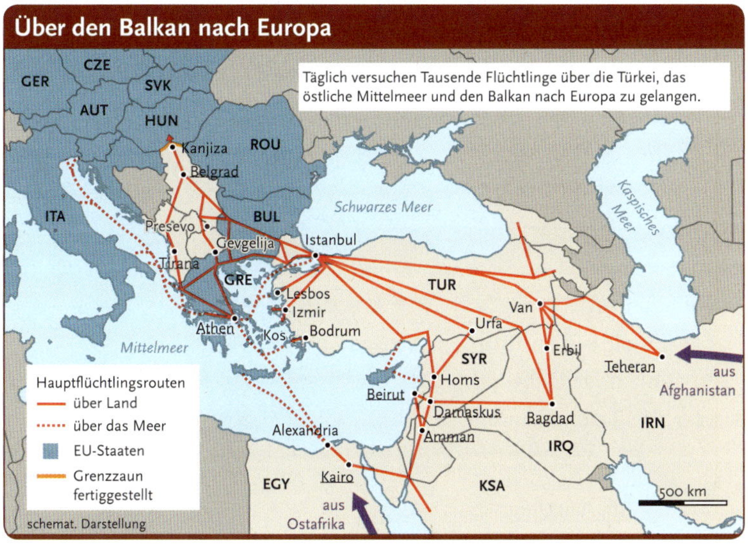

dpa-Grafik 23009; Quelle: ERCC/EU-Kommission; Stand 30.8.2015

Aufgaben

1. Gehört die Türkei in die EU? Stimmt zunächst in der Klasse darüber ab.
2. Diejenigen, die die gleiche Position teilen, bilden eine Gruppe. Diese setzt sich mit der gegenteiligen Auffassung auseinander (M 3 – M 6). Stellt die Argumente anschließend übersichtlich auf einem Plakat dar.
3. Nimm abschließend persönlich Stellung zu einem möglichen EU-Beitritt der Türkei. Erläutere dazu dein Hauptargument für/gegen einen Beitritt.

Methode

M 7 Karikaturen interpretieren – wie groß soll das europäische Haus werden?

Eine Karikatur stellt zeichnerisch ein aktuelles Thema aus Politik, Gesellschaft oder Wirtschaft dar. Der Karikaturist interpretiert in überspitzter Weise einen Sachverhalt, sodass versteckt seine Sicht des Problems deutlich wird.

Vorgehen bei der Karika-Tour

Hängt die Karikaturen an den Wandseiten eures Klassenzimmers aus. In kleinen Gruppen betrachtet ihr nun die einzelnen Darstellungen. Nach 2 – 3 Minuten wechseln die Gruppen auf ein Signal des Lehrers im Uhrzeigersinn zur nächsten Karikatur. Diese wird unter der gleichen Fragestellung betrachtet. Wenn der Rundgang mit der Kurzbesprechung der übrigen Karikaturen abgeschlossen ist, werden die Bilder abgehängt. Der Lehrer lässt nun jede Gruppe verdeckt eine Karikatur ziehen. Mithilfe eines Frage-Leitfadens bespricht nun jede Gruppe ausführlich „ihre“ Karikatur.

Leitfragen

1. Was stellt der Zeichner oder die Zeichnerin dar?
   → Aussage oder Thema der Karikatur
2. Wie und mit welchen Mitteln (Figuren, Objekte, Symbole) wird das Thema dargestellt?
   → Zeichnerische Elemente
3. Ist aus der Karikatur eine bestimmte Einstellung, Position oder Deutung des Zeichners oder der Zeichnerin erkennbar?
   → Tendenz der Karikatur
4. Wie beurteilt ihr die Aussage?
   → Eigene Position
5. Welche Fragen ergeben sich für euch aus der Karikatur?
   → Weitere Fragen
6. Einigt euch auf eine Kernaussage.
   → Kernaussage

Karikatur: Gerhard Mester

Karikatur: Gerhard Mester

Karikatur: Jürgen Tomicek

Karikatur: Jürgen Janson

Aufgaben

1. Beschreibt und analysiert die Karikaturen in arbeitsteiliger Partner- oder Gruppenarbeit.
2. Führt eure Ergebnisse der Karikaturenanalyse zusammen und beurteilt, ob die EU schon eine kritische Größe erreicht hat und keine weiteren Staaten mehr aufnehmen soll.
3. Verfasst eine Rede für eure Position.

Was wir wissen

Die Erweiterung der EU
M 1 – M 7

Die Europäische Einigung strahlte von Beginn an eine große Anziehung auf die Staaten Europas aus, sodass ausgehend von den sechs Gründerstaaten heute schon 28 Staaten im europäischen Haus ihren Platz gefunden haben. Jeder Beitrittskandidat muss die grundlegenden Werte der EU teilen und die Kopenhagener Kriterien erfüllen.

Seit über 50 Jahren hofft die Türkei auf einen Beitritt zur Europäischen Union. Im Oktober 2005 hat die EU offiziell damit begonnen, Beitrittsverhandlungen mit der Türkei zu führen. Ein Beitritt der Türkei zur EU wird allerdings kontrovers beurteilt.

Die Gegner des Beitritts sehen eine Unvereinbarkeit von islamischer und christlicher Kultur, hohe Kosten für die wirtschaftliche Integration und sicherheitspolitische Risiken.

Die Befürworter sehen die Chance, unterschiedliche Kulturen politisch zu integrieren, die Möglichkeit, wirtschaftliche Ungleichgewichte in Europa auszugleichen und die Ausdehnung des europäischen Friedensmodells der EU auf ein islamisch geprägtes Land.

Kontrovers diskutiert: Soll die Türkei in die EU?

Die Türkei ist heute etwa so wohlhabend wie Portugal zum Zeitpunkt der EU-Aufnahme.

In zehn Jahren hat die Türkei 80 Millionen Einwohner und damit mindestens so viele wie Deutschland. Oder wie derzeit die zehn EU-Staaten der Osterweiterung von 2004 zusammen. Die Türkei ist zu groß. Sie wäre mittelfristig das bevölkerungsreichste EU-Land und hätte damit auch die meisten Abgeordneten im EU-Parlament.

Die Türkei gehört nicht zu Europa. Die Türkei ist ein muslimisches Land, ihre Aufnahme würde die europäische Identität gefährden. Europa endet am Bosporus. Mit einer EU-Mitgliedschaft der Türkei wären der Iran, der Irak und Syrien unsere direkten Nachbarn.

Ein Beitritt der Türkei würde das politische System, die Demokratie und die wirtschaftlichen Reformen in der Türkei stabilisieren.

Die Türkei ist wirtschaftlich zu unterentwickelt. Ihre Mitgliedschaft können wir uns nicht leisten. Mit einem Sechstel der deutschen Wirtschaftskraft ist die Türkei so arm, dass nach Berechnungen der EU-Kommission jedes Jahr zwischen 16,5 und 27,5 Milliarden Euro in die Türkei fließen müssten.

Ein rascher Beitritt der Türkei würde eine Brücke zwischen dem christlich geprägten Europa und dem islamischen Nahen Osten schlagen. Eine demokratische und rechtsstaatliche Türkei wird auch als Modell für die islamische Welt eine große Anziehungskraft gewinnen.

Wir haben der Türkei den Beitritt seit 1963 versprochen und müssen glaubwürdig bleiben.

Mit der Türkei als Regionalmacht im Nahen und Mittleren Osten würde Europa zum „Global Player“ und könnte den Vereinigten Staaten in der islamischen Welt eine eigene Sicherheitspolitik entgegensetzen.

Aufgaben

1. Ordne zunächst die Pro- und Kontra-Argumente und stelle diese einander gegenüber.
2. Nimm anschließend eine Gewichtung vor und nimm begründet Stellung dazu, ob die Türkei bereits jetzt Mitglied der EU werden sollte.

7.3 Die Wirtschafts- und Währungsunion – ein großer Integrationsfortschritt?

Was bedeutet der Binnenmarkt für uns?

M 1 Europa im Alltag

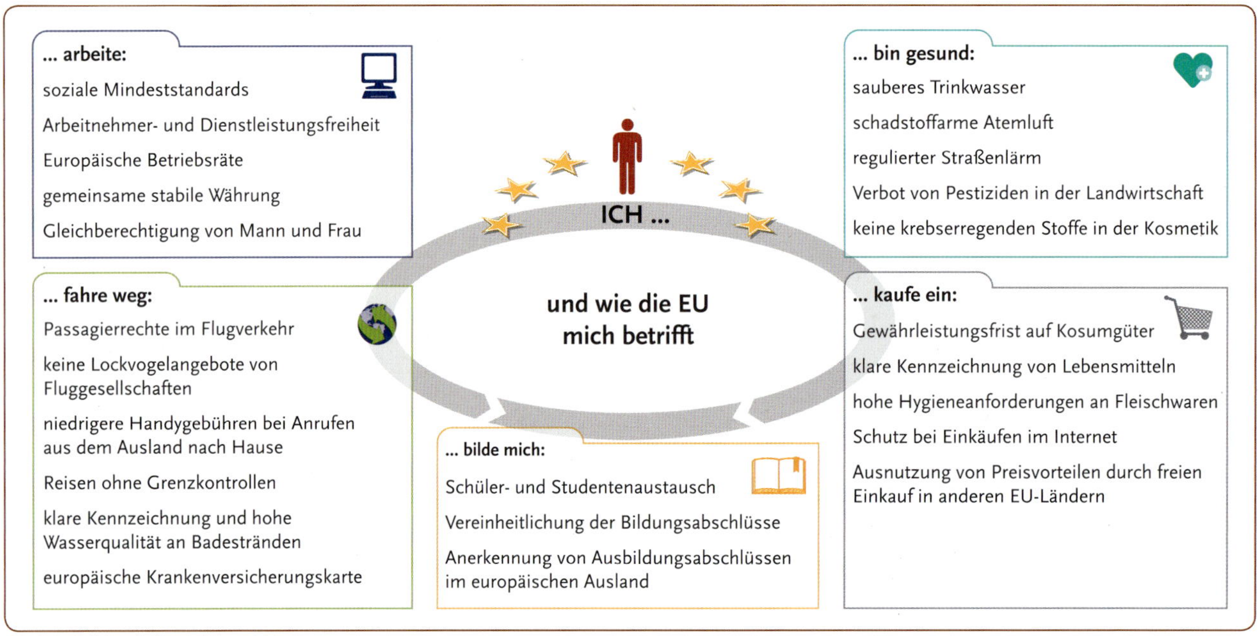

Bundeszentrale für politische Bildung, www.bpb.de, 23.9.2009

M 2 Der Europäische Binnenmarkt – ein Markt für 500 Millionen Bürger

Vier Freiheiten

Freier Personenverkehr
- keine Binnengrenzkontrollen
- Niederlassungsfreiheit (Wohnort/Arbeitsplatz) für EU-Bürger
- gegenseitige Anerkennung von Berufs- und Schulabschlüssen

Man kann sich die EU wie einen riesigen Marktplatz vorstellen. Da können sich Personen, Waren, Geld und Dienstleistungen frei bewegen. Diesen gemeinsamen Markt, den sogenannten „Binnenmarkt", gibt es seit 1993. Er hat dazu geführt, dass die EU heute der größte Wirtschaftsraum der Welt ist. Auf keinem anderen Gebiet arbeitet die Europäische Union so eng zusammen wie in der Wirtschaft. Der Binnenmarkt hat viele Vorteile. So können EU-Bürger ohne Probleme in einem anderen Mitgliedsland wohnen, studieren, arbeiten, ein Unternehmen gründen oder ihre Rente genießen. EU-Bürger und -Unternehmen dürfen ein Bankkonto im europäischen Ausland eröffnen, ein Haus kaufen, Kredite aufnehmen oder Geld investieren. Ganz wichtig für den gemeinsamen Markt ist, dass die EU-Länder untereinander keine Zölle mehr verlangen. Stell dir als Beispiel einen Schuhhersteller vor: Dieser kann jetzt seine Schuhe nicht mehr nur den rund 80 Millionen Deutschen, sondern allen

500 Millionen EU-Bürgern zum gleichen Preis verkaufen. Um die größere Nachfrage zu befriedigen, muss er mehr Stiefel und Sandalen produzieren. Dafür stellt die Firma neue Mitarbeiter ein – so schafft der Binnenmarkt neue Arbeitsplätze. Gleichzeitig senkt das Schuhunternehmen die Preise. Sonst schnappen ihm nämlich die vielen neuen Konkurrenten aus ganz Europa die Kunden weg. In der Wirklichkeit ist genau dies geschehen. So sind Flüge und Telefongespräche seit Einführung des Binnenmarkts erheblich billiger geworden. Spezielle Behörden überwachen den Wettbewerb, dass sich die Unternehmen nicht heimlich zusammensetzen und gemeinsam einen überhöhten Preis festlegen, zu dem dann alle Bürger die Waren kaufen müssen. Es ist auch verboten, dass ein einzelner Staat den freien Wettbewerb verfälscht, indem er etwa bestimmte Unternehmen finanziell unterstützt (subventioniert).

Europa kinderleicht, Europäische Gemeinschaften 2009, S. 42

Freier Warenverkehr
- keine Zölle und mengenmäßigen Beschränkungen
- Angleichung von Normen und Vorschriften
- freier Wettbewerb

Freier Dienstleistungsverkehr
- grenzüberschreitendes Angebot von Dienstleistungen wie Transport, Energie, Telekommunikation, Versicherungen, Handwerk etc.

Freier Kapitalverkehr
- freie Geld- und Kapitalbewegungen
- gemeinsamer Markt für Finanzdienstleistungen (Bankgeschäfte u. a.)
- Unternehmensbeteiligungen in der EU

M 3 Der Europäische Binnenmarkt – Erfolgsmodell mit Tücken?

Der Binnenmarkt der Europäischen Union ist sicherlich eine der großen Errungenschaften der europäischen Integration. [...] So einfach allerdings das Prinzip ist, so kompliziert und umstritten ist seine Umsetzung. [...] In jedem Land regelt eine Vielzahl von Gesetzen und Vorschriften den Warenverkehr, dabei handelt es sich um Sicherheitsstandards, um Umweltauflagen und um Vorschriften des Verbraucherschutzes. [...] Da ist zum Beispiel die Geschichte mit dem Apfelwein, die gut die Tücken des Binnenmarkts illustriert. Für Waren, also auch für Getränke, muss es klare Definitionen geben. Jeder Supermarktkunde weiß, wenn auf einem Obstsaft „Saft" steht, besteht er zu 100 Prozent aus Fruchtsaft, ohne den Zusatz von Wasser und Zucker. Ob der Saft aus Spanien oder aus Deutschland kommt, ist egal. In gleicher Weise hat man auch festgelegt, dass Wein aus Trauben hergestellt sein muss. Das ist der Apfelwein natürlich nicht, er ist also kein Wein. Jedem deutschen Verbraucher ist das selbstverständlich klar, aber was ist mit einem Kunden in Großbritannien, der die Flasche sieht und „... wein" liest? Deshalb wollte die Europäische Kommission im Interesse der Verbraucherinformation untersagen, den Apfelwein so zu nennen – ein Vorhaben, das nach Protesten aus Deutschland übrigens zu den Akten gelegt wurde.

Eckart D. Stratenschulte, Der Europäische Binnenmarkt – Erfolgsmodell mit sozialer Schieflage?, www.bpb.de, 12.8.2010

Aufgaben

1. Arbeitet mithilfe des Ampelspiels heraus, welche Regelungen der EU ihr für hilfreich (grün) oder überflüssig (rot) haltet, gelb steht für „weiß nicht, keine Meinung" (M 1).
2. Erkläre, was ein Binnenmarkt ist und wie er funktioniert (M 2, M 3).
3. Die EU wird bisweilen kritisiert, weil sie in ihren Regulierungen für den Binnenmarkt zu weit gehe. Erläutere am Beispiel des Apfelweins die grundlegenden Probleme des Binnenmarktes und nimm Stellung, ob du diese Regelung für notwendig oder übertrieben hältst (M 3).

Wie entwickelt sich die gemeinsame Währung?

M4 Die Euroländer

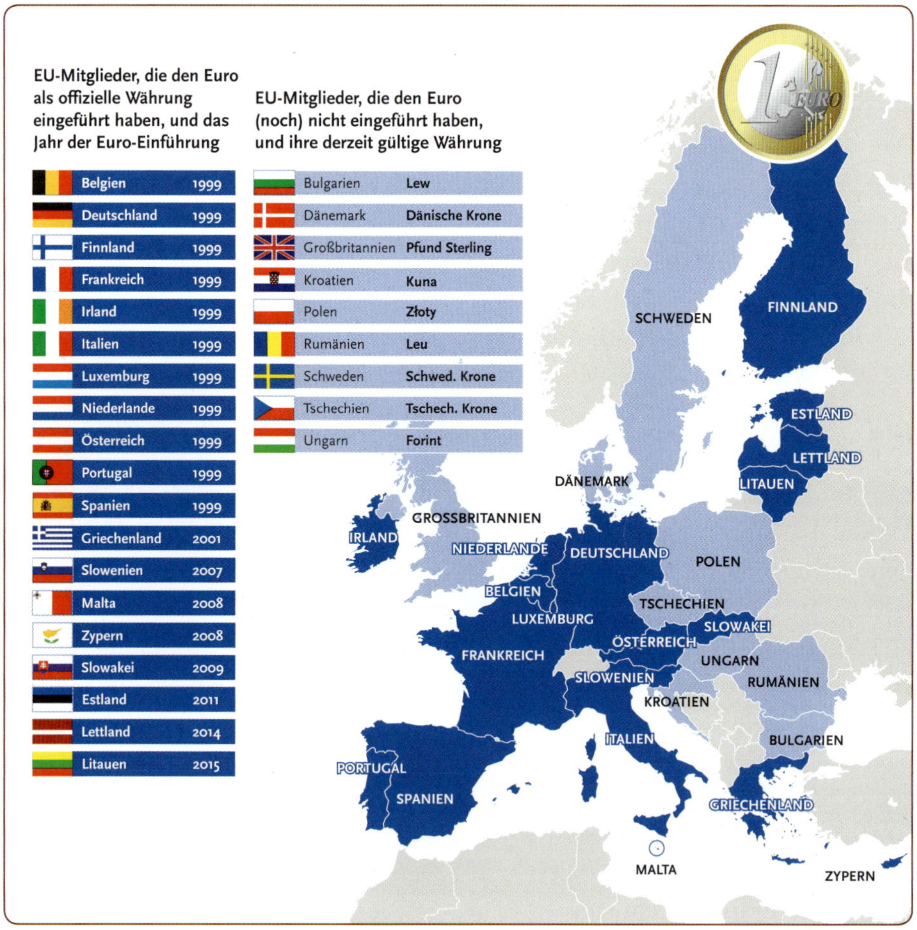

Globus-Grafik 10045; Quelle: Europäische Union; Stand: 2016

Euroländer
Alle Mitgliedstaaten der EU – mit Ausnahme von Großbritannien und Dänemark – haben sich dazu verpflichtet, den Euro als gemeinsame Währung einzuführen und auf die Erreichung und Einhaltung der Konvergenzkriterien hinzuarbeiten. Schweden gilt als Sonderfall, da es absichtlich – und von der Europäischen Kommission geduldet – nicht am Wechselkurssystem des Europäischen Währungssystems teilnimmt und dadurch einen Eurobeitritt vermeidet.

Recherchiere, aus welchen Gründen manche EU-Mitgliedstaaten den Euro (noch) nicht als Währung eingeführt haben.

M5 Der Euro – unsere gemeinsame Währung

Wer schon mal nach Polen oder Ungarn gefahren ist, hat sich vielleicht gewundert, dass die Reisenden dort erst einmal auf die Bank mussten, um ihr Geld in Zloty oder Forint umzutauschen. Schließlich sind wir es mittlerweile gewöhnt, in Urlaubsländern wie Spanien oder Frankreich mit der gemeinsamen europäischen Währung zu bezahlen: dem Euro. Der Euro ist eine der wichtigsten Währungen der Welt. Unsere Gemeinschaftswährung hat einige Vorteile. Unternehmen haben es leichter, Waren im Ausland zu kaufen oder zu verkaufen. Und wenn man in Portugal im Supermarkt steht, weiß man sofort, ob das Eis am Stiel teurer ist als zu Hause oder nicht. Auch entfallen die Umtauschgebühren für andere Währungen.

Die Einführung der gemeinsamen Währung war für die Europäische Uni-

Zloty
polnische Währung

Forint
ungarische Währung

on ein gewaltiger Schritt, der Euro sollte zu einem Symbol der europäischen Integration werden und so ein gemeinsames europäisches Wir-Gefühl (Identität) stiften.

An der Währungsunion können nur Staaten teilnehmen, die einander in ihrer wirtschaftlichen Entwicklung ähnlich sind. Um dies zu gewährleisten, hat der Vertrag von Maastricht für die Aufnahme von Ländern in die EWWU feste Kriterien definiert, die sogenannten Konvergenzkriterien.

Konvergenz bezeichnet dabei die allmähliche Annäherung der Teilnehmerländer in wichtigen wirtschaftlichen Grunddaten (Staatsverschuldung, Inflation, Zinsen). Dies ist notwendig, da Spannungen zwischen Ländern entstehen können, wenn sie sich wirtschaftlich unterschiedlich entwickeln. Um dies zu verhindern, wurde außerdem der Stabilitäts- und Wachstumspakt (kurz: Euro-Stabilitätspakt) im Vertrag von Amsterdam 1997 verankert. Der Stabilitäts- und Wachstumspakt fordert von den Euroländern in wirtschaftlich normalen Zeiten einen annähernd ausgeglichenen Staatshaushalt, damit in wirtschaftlich ungünstigen Zeiten Spielraum besteht, durch eine Erhöhung der Staatsausgaben die Wirtschaft zu stabilisieren (Neuverschuldung maximal drei Prozent des Bruttoinlandsprodukts, Schuldenstand maximal 60 Prozent des Bruttoinlandsprodukts). Bei Verstößen gegen diese Regeln drohen dem Mitgliedsland Geldstrafen.

In der Folge der Finanzmarktkrise 2009/2010 wurde deutlich, dass einige Staaten, vor allem Griechenland, trotz der Vorgaben des Stabilitätspaktes sehr hohe Staatsschulden entstehen ließen. Dies führte zu einem starken Wertverlust des Euro gegenüber anderen Währungen und brachte die gesamte Währungsunion ins Wanken.

Währungsunion
Eine Währungsunion ist ein Zusammenschluss von Staaten mit unterschiedlichen Währungen zu einem einheitlichen Währungsraum. Im Gegensatz zu einer Währungsreform bleibt bei der Währungsunion der Wert des Geldes erhalten. Die beteiligten Währungen werden lediglich nach einem bestimmten Austauschverhältnis in die neue Währung umgerechnet.

EU-Fiskalpakt
Trat am 1.1.2013 in Kraft. In diesem neuen zwischenstaatlichen europäischen Vertrag verpflichten sich 25 EU-Staaten (ohne Großbritannien, Tschechien, Kroatien) u. a. zu mehr Haushaltsdisziplin und zur Verankerung von Schuldenbremsen in nationales Recht, um Krisen, die den Bestand der Wirtschafts- und Währungsunion gefährden, in Zukunft zu verhindern. Der Fiskalpakt stellt somit eine Verschärfung des Stabilitäts- und Wachstumspakts (Euro-Stabilitätspakt) dar.

M 6 Die Entwicklung des Eurokurses

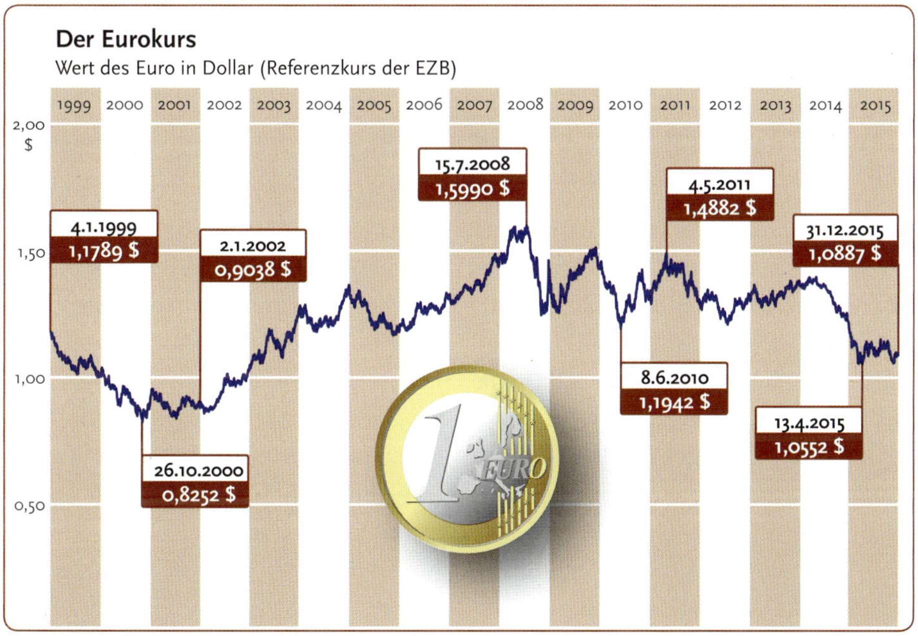

Globus-Grafik 10759; Quelle: Europäische Zentralbank (EZB)

Erklärfilm „Inflation“

Mediencode: 71067-12

Erklärfilm „Deflation“

Mediencode: 71067-13

M 7 Welche Auswirkungen haben schwankende Kurse?

Eine Währung ist, vereinfacht ausgedrückt, das Geld, welches in einem Währungsraum als Zahlungsmittel gilt. Es gibt heute über 160 Währungen auf der Welt. Wenn man von einer harten Währung spricht, meint man, dass diese Währung ihre Kaufkraft im Währungsgebiet erhält (Binnenwert der Währung), also über Jahre hinweg die Preise für die Güter nicht oder nur leicht steigen. Es herrscht dann eine geringe Inflation. Eine im Binnenwert harte Währung ist im Allgemeinen auch im Austauschverhältnis (Wechselkurs) zu anderen Währungen stark. Wechselkurse geben das Austauschverhältnis zweier Währungen an. Feste Wechselkurse werden von den Regierungen vereinbart und sollen mittelfristig Schwankungen der Kurse verhindern. Bei freien Wechselkursen bildet sich der Kurs jeden Tag neu aufgrund von Devisenangebot und Devisennachfrage auf den Devisenmärkten. Bekommt man z. B. für einen Euro 2 US-Dollar statt bisher 1,50 USD, dann ist der Euro stärker geworden, er ist aufgewertet worden. Dies führt z. B. dazu, dass Reisen in die USA für Deutsche billiger werden, die Reisen von US-Bürgern ins Euroland hingegen sich verteuern. Komplizierter sind die Auswirkungen auf den Handel. Ein starker Euro führt zu einer Verteuerung der deutschen Exporte in die USA. Warum ist das so? Der amerikanische Importeur bezahlt die deutschen Waren in USD. Der deutsche Exporteur möchte seine Gewinne aus dem Verkauf seines Exportgutes anschließend in Euro umtauschen. Bei einem starken Euro und schwachen USD bekommt er im Devisentausch weniger Euro. Das verringert seine Gewinne. Dies kann den Exporteur dazu bewegen, die Preise für seine Produkte zu erhöhen, was einen Rückgang des Absatzes zur Folge haben kann. Die positive Seite des starken Euro ist, dass die Einfuhren nach Deutschland aus dem Dollarraum sich verbilligen. Öl und Gas, für Deutschland wichtige Einfuhrgüter, werden in Dollar bezahlt. Bei einem starken Euro verringern sich die Kosten.

M 8 Abwertungswettlauf

Yen
japanische Währung

China ist nicht das erste Land, das versucht, seine Wirtschaft durch die Abwertung der eigenen Währung anzukurbeln. Zuletzt mussten sich vor allem die Europäische Zentralbank und die Bank of Japan den Vorwurf gefallen lassen, durch ihre lockere Geldpolitik den Außenwert von Euro und Yen künstlich zu drücken, um die Wirtschaft in ihren Währungsgebieten anzukurbeln. Und in Amerika ist zumindest schon […] darüber diskutiert worden, wie das Land auf mögliche Währungsmanipulationen der Europäer reagieren könne […]. Problematisch ist eine Abwertungspolitik wohl vor allem, wenn das Ziel kurzfristige Exporterfolge auf Kosten anderer sind. […] „Die Erfahrungen mit politisch herbeigeführten Abwertungen lehren, dass sie meistens zu keiner nachhaltigen Verbesserung der Wettbewerbsfähigkeit führen", sagte Bundesbankpräsident Jens Weidmann unlängst. Oft seien immer neue Abwertungen nötig - am Ende könne das auf eine höhere Inflation hinauslaufen. Auch beim Institut für Weltwirtschaft in Kiel unterscheidet man zwischen den kurzfristigen und den langfristigen Folgen. Kurzfristig könne eine Abwertungspolitik für ein Land durchaus erfolgreich sein, zeige die Geschichte, weil sie Exporte stimuliere und Importe dämpfe, sagt IfW-Ökonom Klaus-Jürgen Gern. „Das Bruttoinlandsprodukt kann zunächst steigen." Allerdings sinke auch die Kaufkraft im Inland, wenn Importe teurer würden: „Abwertung macht arm." Zudem nehme die Inflationsgefahr zu: „Und wenn alle Länder diese Politik betreiben, nützt sie niemandem."

Christian Siedenbiedel, Frankfurter Allgemeine Zeitung, 12.8.2015

stimulieren
Anstoß geben

M 9 Sorgenkinder der Eurozone

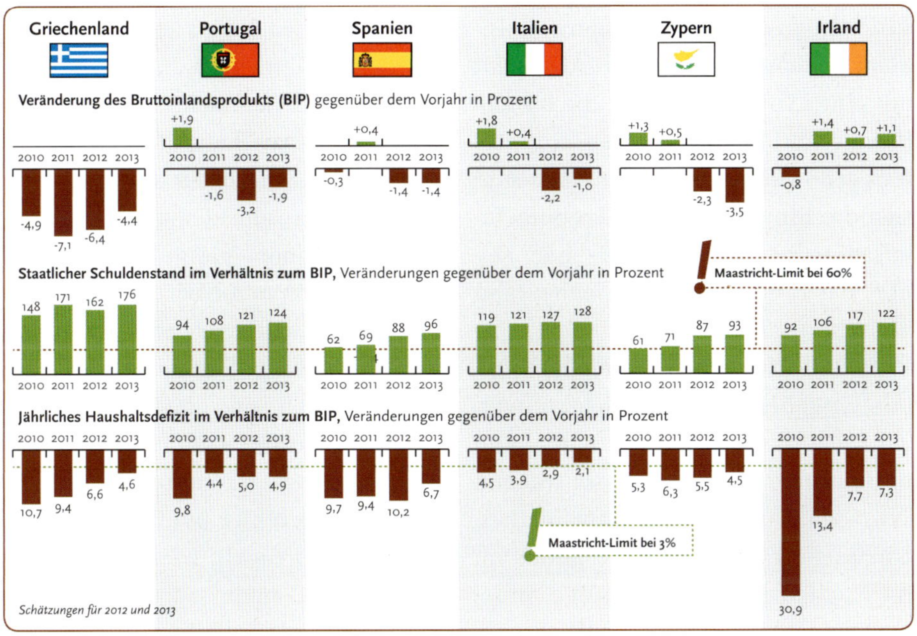

Quelle: Eurostat, EU-Kommission

Haushaltsdefizit
Ein Haushaltsdefizit (auch Budgetdefizit) entsteht, wenn die Summe der Ausgaben in einem Haushaltsjahr die Summe der Einnahmen überschreitet. Die Differenz (Defizit) muss durch die Aufnahme von Schulden beglichen werden.

Aufgaben

1. Erläutere, warum Konvergenzkriterien als „Eintrittskarten" zur Währungsunion festgelegt worden sind (M 5).
2. Beschreibe die Entwicklung des Eurokurses (M 6).
3. M 7 beschreibt eine „harte" Währung. Formuliere den Text neu für eine „weiche" Währung. Beginne ab Zeile 5: „Wenn man von einer weichen Währung spricht, ..."
4. Vergleiche die wirtschaftliche Entwicklung der Länder in der Grafik M 9.

zu Aufgabe 2
Beurteile anschließend aus der Sicht der Bürger, Unternehmen und der Eurozone als ganzer, ob man von einer Erfolgsgeschichte des Euro sprechen kann.

zu Aufgabe 4
Halte dazu einen Kurzvortrag.

Wie lauten die Ursachen für die Krise der europäischen Währungsunion?

M 10 Die Krise der europäischen Währungsunion ist nicht aus heiterem Himmel über die Mitgliedstaaten hereingebrochen

Was also war geschehen, dass einige Staaten plötzlich zahlungsunfähig waren? Griechenland nun ist ein besonders eklatantes Beispiel für ein Land, das wirtschaftlich und politisch aus der Spur geraten ist: Die hohe öffentliche Verschuldung paarte sich mit einer staatlichen Verwaltung, die in kaum einer Hinsicht den Anforderungen eines modernen Industrielandes gerecht wurde, und mit einer Volkswirtschaft, die im globalen Wettbewerb hoffnungslos unterlegen war. Nach und nach setzte sich die Einsicht durch: Um eine Totalsanierung seines Staates und seiner Wirtschaft würde Griechenland nicht herumkommen.

Während Portugal noch am ehesten mit Griechenland vergleichbar war, da auch das kleine iberische Land unter einer wettbewerbsschwachen Wirtschaft und einem aufgeblähten Staatssektor litt, war die Situation im Nachbarland Spanien eine andere. Die spanische Wirtschaft, getrieben durch einen mehrjährigen Boom im Bausektor, florierte über mehrere Jahre; die Staatsverschuldung war gemessen am Bruttoinlandsprodukt sogar niedriger als die Deutschlands. Letztlich aber erwies sich die überdimensionierte Bautätigkeit als Grundübel der spanischen Wirtschaft: Als die Blase zu platzen begann, viele Kreditnehmer ihre Darlehen nicht mehr zurückzahlen konnten, die Banken auf ihren Krediten sitzen blieben und der Wegfall der Arbeitsplätze in der Baubranche durch keine anderen Sektoren aufgefangen werden konnte, hatte die Krise Spanien voll erfasst. Die Jugendarbeitslosigkeit von über 50 Prozent hat schonungslos offengelegt, dass auch die spanische Wirtschaft unter einer erheblichen Strukturschwäche leidet.

Wieder anders verhält es sich mit Irland. Der „keltische Tiger" hatte es bis 2008 geschafft, in die ökonomische Spitzengruppe der Eurozone aufzusteigen, ehe der auch hier endende Bauboom einige Großbanken des Landes in den Abgrund zu reißen drohte. Um das Bankensystem zu retten, musste der irische Staat in die Vollen gehen und Milliarden-Summen investieren, wodurch die Staatsverschuldung dramatisch anwuchs. Ergebnis auch hier (wie in Griechenland und Portugal): Irland hatte keinen Zugang mehr zu den Kapitalmärkten und benötigte Hilfen aus dem EFSF.

Im Fall Irlands ist ein unmittelbarer Zusammenhang zwischen der Banken- bzw. Finanzmarktkrise der Jahre 2007 - 2009 und der späteren Staatsschuldenkrise erkennbar, doch wie verhält es sich mit den anderen Krisenstaaten? Sowohl der Bankensektor in Portugal und Spanien als auch der in Italien und Griechenland ist von der Finanzmarktkrise im Ge-

Euro-Schutzschirme

Europäischer Finanzstabilisierungsmechanismus (EFSM)
Der EFSM war ein EU-Gemeinschaftsinstrument. Er steuerte zu dem im Jahr 2010 errichteten temporären Euro-Schutzschirm 60 Milliarden Euro bei. Der deutsche Finanzierungsanteil entsprach dem Anteil am EU-Haushalt in Höhe von rund 20 Prozent. Mit der Ablösung durch den permanenten ESM fiel der EFSM ersatzlos weg.

Europäische Finanzstabilisierungsfazilität (EFSF)
Die EFSF war ein weiteres Element des bis Mitte 2013 befristeten Euro-Schutzschirms. Der dauerhafte ESM hat die EFSF ersetzt.

Europäischer Stabilisierungsmechanismus (ESM)
Der ESM hat am 8. Oktober 2012 seine Arbeit aufgenommen. Er sichert langfristig und nachhaltig das Vertrauen in die Stabilität der Eurozone. Sein Stammkapital beträgt 700 Milliarden Euro. Diese Summe teilt sich auf in 80 Milliarden einzuzahlendes Kapital und weitere 620 Milliarden Euro an Garantien. Der ESM kann maximal 500 Milliarden Euro an Darlehen vergeben. Die Vertragsländer zahlen in fünf Raten 80 Milliarden Euro in den ESM ein. Der deutsche Anteil hierfür beträgt 21,7 Milliarden Euro.
(→ S. 209)

folge der Pleite von Lehman Brothers kaum betroffen gewesen, da die Institute - wenn überhaupt - nur wenige der problembehafteten Wertpapiere in ihrem Besitz hatten.
Und doch gibt es Wechselwirkungen zwischen der Krise im Finanzsektor und der Schuldenkrise der Eurostaaten. Zum einen haben der globale Konjunktureinbruch infolge der Finanzmarktkrise und die in seiner Folge geschnürten Konjunkturpakete die Haushaltslage vieler Staaten zusätzlich verschärft. Zum anderen war das europäische Bankensystem mit Ausbruch der Staatsschuldenkrise noch lange nicht so stabil, als dass es massive Ausfälle der von ihnen gehaltenen Staatsanleihen ohne Weiteres verkraftet hätte. Hintergrund: Banken gehören mit zu den größten Gläubigern der Staaten - was auch darauf zurückzuführen ist, dass sie für Staatsanleihen kein Eigenkapital hinterlegen müssen. Hatten in der Finanzmarktkrise 2007 - 2009 also zunächst die Banken die Staaten in Probleme gebracht, so war es mit der Staatsschuldenkrise eher andersrum: Nun haben Staaten die Banken in Schwierigkeiten gebracht. In Spanien wiederum hat das Wechselspiel eine eigene Note: Der Staat muss Banken infolge der Baukrise stützen, wodurch seine Verschuldung ansteigt; die spanischen Institute wiederum werden zum Kauf spanischer Anleihen angeregt, damit die Zinsen nicht zu hoch steigen.

Schulbank 02/2013, S. 4 f.

M 11 Deutschlands Exporterfolge als Ursache

[In] Europa [wachsen] Stimmen, die in den enormen Handelsüberschüssen Deutschlands mit eine Ursache für die mangelnde Konkurrenzfähigkeit der jeweils heimischen Produkte sehen. In einer Begründung des EU-Parlaments hierzu heißt es, „dass auch Länder wie Deutschland [...] der Grund für Instabilität in Europa sein können". [...] Kritiker sprechen gar davon, dass Deutschland sich nicht nur durch die gemeinsame Währung Wettbewerbsvorteile verschaffe, sondern auch sehenden Auges und gezielt Produkte an überschuldete Kunden verkaufe und diese damit immer tiefer in die Schuldenfalle treibe.

Jürgen Kalb, Von der Staatsschuldenkrise zur politischen Krise in der EU, in: D&E, Heft 63, 2012, S. 7 f.

Aufgaben

1. Beschreibt in arbeitsteiliger Gruppenarbeit die Ursachen der Krise in den Ländern Griechenland, Spanien, Irland (M 10, M 11).
2. Erkläre die Funktionsweise des ESM.
3. Analysiere den aktuellen Stand der Wirtschafts- und Staatsschuldenkrise in der EU.

Außer dem eingezahlten Kapital ist der ESM mit weiteren 620 Milliarden Euro Gewährleistungen ausgestattet. Der deutsche Anteil daran beträgt 168,3 Milliarden Euro.
Eng verknüpft mit dem ESM ist der neue Fiskalvertrag der EU: Hilfen aus dem ESM können nur diejenigen Länder erhalten, die den Fiskalvertrag ratifiziert und nationale Schuldenbremsen eingeführt haben. Außerdem müssen die Eurostaaten ihrerseits finanz- und wirtschaftspolitische Auflagen erfüllen.

Lehman Brothers
Ehemalige US-amerikanische Investmentbank, die am 15.9.2008 infolge der Finanzkrise Insolvenz beantragen musste.

Verordnung Nr. 1175/2011 der EU
Ende 2011 hat die EU ein Gesetzespaket zur früheren Erkennung wirtschaftlicher Ungleichgewichte beschlossen (Teil der sog. „Sixpack-Verordnungen"). Demnach können EU-Staaten mit Sanktionen belegt werden, wenn sie zu hohe Leistungsbilanzüberschüsse (Leistungsbilanzüberschuss von mehr als 6 Prozent des BIPs) aufweisen, Länder also, die deutlich mehr exportieren als importieren.

Die Rolle der EZB in der europäischen Staatsschuldenkrise

Anleihezinsen und Anleiherenditen
Eine wichtige Faustformel lautet: Steigt das Niveau des Kapitalmarktzinses (Nominalzins), sinken die Kurse für die Anleihen. Die Nachfrage nach diesen Anleihen lässt nach, da die neu ausgegebenen Anleihen einen höheren Nominalzins haben und daher für den Anleger attraktiver sind. Auf der anderen Seite steigen die Kurse der Anleihen bei einem sinkenden Kapitalmarktzins.

Erkläre, warum steigende Renditen mit fallenden Kursen einhergehen.

Erklärfilm „Leitzins"

Mediencode: 71067-14

Halte ein Kurzreferat zum Aufbau und den Aufgaben der EZB.

M 12 Die Renditen zehnjähriger Staatsanleihen

StZ-Grafik: zap; Quelle: Bloomberg, Trading Economics

M 13 Die Europäische Zentralbank – Hüterin des Euro

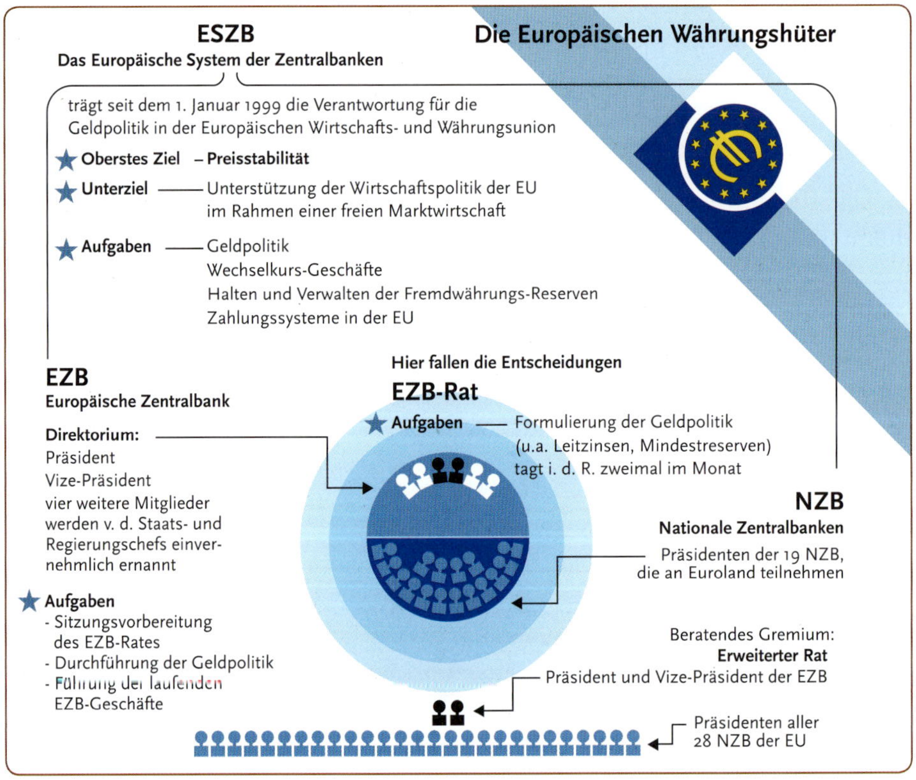

Globus-Grafik 3480

M 14 Welche Möglichkeiten hat die EZB im Kampf gegen die Euro-Schuldenkrise?

Seit Beginn der Euro-Schuldenkrise im Jahr 2010 kämpft die Europäische Zentralbank (EZB) gegen ein Auseinanderbrechen des gemeinsamen Währungsraums. Ihre Maßnahmen:

ZINSSENKUNGEN: Seit der Verschärfung der Schuldenkrise ab 2011 drehte die EZB kräftig an der Zinsschraube. Mittlerweile liegt der Leitzins auf dem Rekordtief von 0,05 Prozent. Das hilft Geschäftsbanken.

STRAFZINSEN: Parken Banken Geld bei der EZB, müssen sie dafür inzwischen Zinsen zahlen. Das soll die Kreditvergabe ankurbeln.

GELDSPRITZEN: Ende 2011/Anfang 2012 unterstützte die EZB Banken mit Notkrediten (LTRO) im Volumen von einer Billion Euro. Die Kredite wurden zu Mini-Zinsen und für drei Jahre gewährt. 2014 folgten weitere Notkredite, allerdings diesmal in deutlich geringerem Umfang.

KAUF VON KREDITPAKETEN: Seit Herbst 2014 kauft die EZB Pfandbriefe (Covered Bonds) und gebündelte Kreditverbriefungen (ABS). Das soll Geschäftsbanken Freiräume zur Vergabe von Krediten verschaffen.

WENIGER ZINSENTSCHEIDUNGEN: Ab 2015 werden wichtige geldpolitische Entscheidungen nicht mehr alle vier Wochen, sondern nur noch alle sechs Wochen verkündet. Das soll Erwartungen an den Finanzmärkten eindämmen und den EZB-Maßnahmen mehr Zeit zur Entfaltung geben.

STAATSANLEIHEN-KÄUFE: Im Mai 2010 begann die EZB erstmals mit dem Kauf von Staatsanleihen. Das „Securities Markets Programme" (SMP) sollte den Anstieg der Renditen von Anleihen angeschlagener Euroländer bremsen. Bis Anfang 2012 kaufte die EZB Staatspapiere für rund 220 Milliarden Euro, zumeist italienische Anleihen. Im September 2012 ersetzte das Programm „Outright Monetary Transactions" (OMT) diese Maßnahme: Die EZB erklärt sich dabei unter Bedingungen bereit, notfalls unbegrenzt Anleihen von Krisenstaaten zu erwerben. Gekauft wurde in diesem Rahmen bisher keine Anleihe. Dennoch beschäftigte der OMT-Beschluss Juristen bis zum Europäischen Gerichtshof (EuGH).

„QUANTITATIVE EASING"/QE: Für die sogenannte Quantitative Lockerung druckt sich die Zentralbank quasi selbst Geld und kauft damit in großem Stil Anleihen – etwa Staatsanleihen. Das tut die EZB seit März dieses Jahres: 60 Milliarden Euro pro Monat werden auf diesem Weg in den Markt gepumpt, insgesamt gut 1,1 Billionen Euro bis September 2016. Das soll die Konjunktur ankurbeln und die Inflation wieder in Richtung der EZB-Zielmarke von knapp unter 2,0 Prozent befördern.

© SÜDKURIER GmbH 2015, Ressort Wirtschaft, 30.10.2015

Zinsen und Konjunktur
Mit Zinsen von lediglich 0,05 Prozent, die Geschäftsbanken für die Aufnahme von Krediten an die EZB bezahlen müssen, können Geschäftsbanken ebenfalls günstige Kredite an Unternehmen und Verbraucher vergeben. Dies soll Investitionen und den Konsum fördern und dadurch die Konjunktur beleben.

Niedrige Zinsen und Inflation
Wenn es durch niedrige Zinsen gelingt, die Kreditvergabe für Investitions- und Konsumgüter zu steigern und so die gesamtwirtschaftliche Nachfrage zu erhöhen, dann wird die Inflation voraussichtlich wieder auf das von der EZB anvisierte Niveau von 2 Prozent steigen. Die mit einer Deflation einhergehenden Gefahren (Rückgang des Preisniveaus, geringere Renditen für Produzenten, geringere Investitionen, Rückgang der Wirtschaftsleistung, Anstieg der Arbeitslosigkeit und Krise der Konjunktur) könnten dadurch bezwungen werden.

Aufgaben

1. Beschreibe mithilfe von M 12 den Verlauf der Krise.
2. Recherchiere im Internet und Tageszeitungen, warum die Maßnahmen der EZB zur Bewältigung der Krise umstritten sind (M 14).

Was wir wissen

Der Binnenmarkt und die vier Freiheiten
M 1 – M 3

Ein Binnenmarkt bezeichnet ein abgegrenztes Gebiet, in dem Menschen ungehindert wirtschaften können. Normalerweise findet sich ein solches Gebiet nur innerhalb von Staaten, doch haben sich die Mitglieder der EU nach einem Abkommen von 1993 dazu entschlossen, einen gemeinsamen Markt zu gründen.

Ziel des EU-Binnenmarktprojektes war der Abbau sämtlicher Hindernisse, die dem grenzüberschreitenden Handel im Wege standen. Der Binnenmarkt basiert auf den sog. vier Freiheiten:

- dem ungehinderten Austausch von Waren und Dienstleistungen,
- dem unbeschränkten Kapitalverkehr,
- der freien Wahl des Arbeitsplatzes sowie
- dem ungehinderten Personenverkehr (Wegfall von Grenzkontrollen).

Um einen vollständigen Binnenmarkt zu erreichen, mussten viele Vorschriften angeglichen werden. In einigen Bereichen, wie bei der Anerkennung verschiedener Berufsabschlüsse, ist der Binnenmarkt bis heute noch nicht vollendet.

Die europäische Währungsunion
M 4 – M 6

Die im Maastrichter Vertrag festgelegte Wirtschafts- und Währungsunion ist neben der Erweiterung der EU das bisher wohl ehrgeizigste Ziel europäischer Politik. Sie schmiedet die nationalen Volkswirtschaften noch enger zusammen. Die Befürworter und Verteidiger der gemeinsamen Währung sehen in ihr die „Krönung“ des europäischen Binnenmarkts und einen entscheidenden Schritt zur Vertiefung europäischer Integration hin zu einer politischen Union. Darüber hinaus dient die gemeinsame Währung dem Wohlstand und bildet ein Gegengewicht zur Dominanz des US-Dollars.

Die Kritiker halten die Einführung des Euros für verfrüht, weil weder die wirtschaftlich-soziale noch die politische Integration weit genug vorangeschritten ist. Voraussetzung für die Teilnahme an der Währungsunion ist die Erfüllung der Konvergenzkriterien. Alle Mitgliedstaaten der EU – bis auf Großbritannien und Dänemark – haben sich dazu verpflichtet, den Euro als gemeinsame Währung einzuführen und auf die Erreichung und Einhaltung der Konvergenzkriterien hinzuarbeiten. Um auf Dauer eine nachhaltige wirtschaftliche Konvergenz innerhalb der EU zu erreichen, wurde 1997 zudem der Stabilitätspakt beschlossen. Er fordert von den Mitgliedstaaten eine solide Wirtschafts- und Finanzpolitik. Auch hierfür wurden bestimmte Kriterien festgelegt, die sich an den Konvergenzkriterien orientieren. Um Krisen, die den Bestand der Wirtschafts- und Währungsunion gefährden, in Zukunft zu verhindern, verpflichteten sich bis auf Großbritannien, Tschechien und Kroatien alle EU-Staaten in einem internationalen Abkommen, welches am 1.1.2013 in Kraft trat, zu mehr Haushaltsdisziplin. Durch die Ablehnung der Briten, Tschechen und Kroaten konnte dieser EU-Fiskalpakt nicht auf dem Weg einer Änderung des Vertrags über die Europäische Union erreicht wer-

Was wir wissen

den, da hierfür Einstimmigkeit erforderlich ist. Stattdessen beruht die Zusammenarbeit auf einem neuen zwischenstaatlichen Vertrag.

Krise der europäischen Währungsunion
M 7 – M 11

Die Schuldenkrise hat die EWU vor die schwerste Belastungsprobe seit ihrer Gründung gestellt. Nachdem die griechische Regierung das wahre Ausmaß der Staatsverschuldung ihres Landes offen gelegt hatte, ist es zu einem starken Anstieg der Zinsdifferenzen der Staatsanleihen der EWU-Mitgliedsländer gekommen. Die Renditen, die der Markt für die Abnahme von Staatsanleihen Griechenlands, Irlands, Portugals und Spaniens verlangt, sind darauf auf Niveaus gestiegen, die die zukünftige Finanzierung der Verschuldung dieser Länder ungewiss erscheinen ließ. Die Krise hat Schwächen in der Konstruktion der europäischen Währungsunion offen gelegt, die weitergehende Reformen der EWU notwendig machen.
In Griechenland, Spanien, Italien und Portugal sind die Preise für Exportgüter seit den ersten Tagen der Währungsunion stark gestiegen, und zwar deutlich stärker als in den anderen Euroländern. Das bedeutet: Die Südeuropäer konnten ihre Erzeugnisse in der Eurozone immer schwerer verkaufen, während Länder wie Deutschland, Finnland und Österreich glänzende Auslandsgeschäfte machten.
Innerhalb der europäischen Währungsunion ist das Problem für die betroffenen Länder nur schwer zu lösen. Denn:

- es gibt keinen Ausgleich über den Wechselkurs. Normalerweise würde die Währung eines Landes mit wirtschaftlichen Problemen und Exportschwäche gegenüber der Währung einer boomenden Exportnation abwerten – aus einem einfachen Grund: Das eine Zahlungsmittel ist international gefragt, das andere weniger. Dadurch aber würden die Produkte (und auch die Dienstleistungsangebote, zum Beispiel im Tourismussektor) für Kunden aus dem Ausland erschwinglicher, was den Export gewissermaßen automatisch belebt. Zugleich würden die Importe teurer. Unter den Euroländern gibt es jedoch keine Wechselkurse mehr – also auch keine Ab- und Aufwertung.
- es gibt keine eigenständige Geldpolitik. Eine nationale Zentralbank – wie früher die Deutsche Bundesbank – orientiert sich bei ihren geldpolitischen Entscheidungen im Regelfall auch an der jeweiligen konjunkturellen Situation im Land: Boomt die Wirtschaft, werden die Leitzinsen zumeist herauf gesetzt, um den Anstieg der Preise in Grenzen zu halten. Schwächelt die Wirtschaft, können die Zinsen gesenkt werden, was tendenziell die Investitionsbereitschaft der Unternehmen erhöht und die Konjunktur wieder ankurbelt.

Was wir wissen

In der europäischen Währungsunion gibt es jedoch eine einheitliche Geldpolitik, sprich den gleichen Leitzins für alle Euroländer. Konjunkturadäquat wäre diese Politik nur, wenn sich die Wirtschaft in allen Mitgliedsländern ähnlich entwickeln würde. Genau das war – und ist – in der Eurozone aber nicht der Fall. Für die boomenden südeuropäischen Länder waren die Zinsen lange Zeit zu niedrig. Dass die einen so gut dastehen, während die anderen so ausfuhrschwach sind, liegt nicht zuletzt an den sogenannte Lohnstückkosten: In Deutschland etwa fielen die Lohnerhöhungen in den vergangenen Jahren relativ bescheiden aus, Griechen und Spanier konnten sich dagegen über ordentliche Verdienstanstiege freuen.
In der öffentlichen Debatte dazu wurde kritisiert, dass indirekt die Umwandlung der europäischen Währungsunion in eine „Transferunion" etwa nach Vorbild des deutschen Länderfinanzausgleichs drohe. Dies wurde insbesondere in Deutschland meist als negative Entwicklung verstanden, weil der Länderfinanzausgleich Nehmerländern die Anreize nähme, ihre Defizite zu verringern und damit deren finanzielle Probleme verstärke und Abhängigkeit von den Geberländern zementiere. Schließlich wurde auch die Ausgabe von sogenannten Eurobonds diskutiert, also Staatsanleihen mit gemeinschaftlicher Haftung, mit denen insbesondere für überschuldete Mitgliedstaaten ein besserer und günstigerer Zugang zum Kreditmarkt geschaffen werden würde. Größere und finanziell stabilere Staaten wie Deutschland und Frankreich, ohne deren Mitwirkung bei der Haftung ein solches Konzept kaum sinnvoll erscheinen würde, waren jedoch damit nicht einverstanden.

Vorschläge und Instrumente zur Stabilisierung des Euro

Kurzfristig geht es darum, in Finanznot geratene Mitgliedsländer durch Kredite (z. B. Eurobonds, die aber umstritten sind) zu helfen, insbesondere darf das Bank- und Finanzsystem dieser Länder nicht zusammenbrechen. Möglich ist auch ein sog. Schuldenschnitt, d. h. der Erlass von Schulden. Langfristig müssen die verschuldeten Staaten wie Griechenland Reformen durchführen, um aus der Schuldenkrise herauszukommen. Diese Maßnahmen sind, wie die Beispiele Irland, Portugal oder Spanien zeigen, wirksam und bisher auch innerhalb der EU durchsetzbar. Dies gilt aber bisher nicht für die Ausgabe von Eurobonds und den Erlass von Schulden.
Um weitere Finanz- und Staatsschuldenkrisen in der EU erst gar nicht mehr aufkommen zu lassen, wird eine Vertiefung der wirtschaftlichen Integration durch eine gemeinsame Wirtschaftspolitik mit einer EU-Wirtschaftsregierung vorgeschlagen. Ferner bedarf es eines Frühwarnsystems, welches wirtschaftliche Ungleichgewichte schon im Ansatz anzeigt. Bei Regelverstößen gegen den Euro-Stabilitätspakt und den neuen Fiskalpakt sollen Sanktionen wirksamer eingesetzt werden. Schließlich kann eine Steuer auf Finanztransaktionen an den Börsen die Gefahr, die aus Spekulationen für das Finanzsystem erwachsen, eindämmen. Diese Maßnahmen sind bisher nur schwer

Was wir wissen

durchsetzbar, weil nationale Interessen eine große Rolle spielen und viele Mitgliedstaaten ihre Souveränität in der Wirtschaftspolitik nicht an die EU abgeben wollen.

Die EZB
M 13, M 14

Die für den Euro verantwortliche Notenbank ist die Europäische Zentralbank (EZB) mit Sitz in Frankfurt am Main. Ihr oberstes Entscheidungsgremium ist der EZB-Rat, dem die sechs Mitglieder des EZB-Direktoriums sowie die 19 Gouverneure der nationalen Notenbanken der Euroländer angehören. Die EZB ist politisch unabhängig und keinen Weisungen unterworfen. Sie ist für die Geldpolitik im Euroraum zuständig. Ziel der Geldpolitik der EZB ist die Sicherung der Geldwertstabilität nach innen (in der Praxis wird darunter verstanden, dass die jährliche Teuerungsrate der Verbraucherpreise mittelfristig 2 Prozent nicht übersteigen soll) und nach außen (angemessene Wechselkurse, vor allem gegenüber dem US-Dollar).

Was wir können

Kontrovers diskutiert: der Euro

Pro Euro: Henrik Enderlein* – Europa bleibt nur die Flucht nach vorn

Es stimmt, die Politiker haben das Schuldenproblem wider besseres Wissen verschleppt. Aber einmal eingeführt, lässt sich die gemeinsame Währung nicht mehr entflechten. Das wäre ökonomisch fatal und politisch gefährlich. Die Pleite der Lehman-Bank erscheint dagegen wie eine leichte Brise.

Die Krise im Euroraum steht für ein Scheitern der Politik, nicht der Ökonomie. Aus volkswirtschaftlicher Sicht stand immer fest, dass der Euro ein politisch motiviertes Projekt sein musste. Ein Währungsraum, der nicht homogen ist, wird bei einer einzigen Geldpolitik zwangsläufig Ungleichgewichte hervorbringen. Um diese Ungleichgewichte zu verhindern, bedarf es politischer Intervention. Dazu gab es in der Gründungsphase zwei stimmige Vorstellungen. Nach dem französischen Ansatz stand die gemeinsame Währung am Anfang. Sie musste durch eine Wirtschaftsregierung ergänzt werden. Dem gegenüber stand eine deutsche Position. Demnach musste zuerst der integrierte Wirtschaftsraum entstehen, ehe die gemeinsame Währung als Schlussstein eingesetzt werden konnte. Europa hat daraus einen Kompromiss gemacht. Die gemeinsame Währung wurde eingeführt – ohne einen Institutionenrahmen, der die Entstehung eines homogenen Wirtschaftsraums fördert. Ärgerlicher als dieser Sündenfall ist allerdings, dass politische Akteure das Problem wider besseres Wissen verschleppt haben. Die meisten Mitgliedsländer betrieben ihre Finanzpolitik, als gäbe es den Euro nicht. Keines der überhitzten Peripherie-Länder machte einen Versuch, die Vermögenspreise oder Lohnkosten unter Kontrolle zu bringen. Um die Entwicklung im Bankensektor schien sich niemand zu kümmern. Trotz dieses Politikversagens wäre es fahrlässig, das Projekt Euro infrage zu stellen. Einmal eingeführt, lässt sich die gemeinsame Währung nicht mehr entflechten. Es wäre juristisch unmöglich, ökonomisch fatal, politisch gefährlich und gesellschaftlich töricht. Es gibt keine juristischen Mechanismen, die eine Entflechtung zulassen. Auch ökonomisch macht die Aufspaltung des Euro keinen Sinn. Länder wie Griechenland könnten zwar ihre Währung abwerten, müssten ihren Schuldenberg aber in höheren Eurobeträgen abbauen. Würden Staats- und Privatschulden in Drachmen umgewandelt, dann käme es zu zahllosen Kreditausfällen im Rest des Euroraums. Der Zusammenbruch der Lehman-Bank erscheint im Vergleich zu diesem Orkan wie eine leichte Brise. Europa bleibt nur die Flucht nach vorn. Damit wir uns nicht missverstehen: Es geht nicht um die naiven Träumereien eines überzeugten Europäers. Anders als bei der Einführung des Euro geht es heute um eine funktionale ökonomische Logik. Wenn wir keinen volkswirtschaftlichen Suizid begehen wollen, dann muss diese Währung in ihrer jetzigen Form bestehen bleiben. Wenn sie bestehen bleiben soll, dann bleibt nur der Schritt zu mehr Europa und zu weitreichenden Souveränitätsverlagerungen von der nationalen auf die europäische Ebene.

**Henrik Enderlein lehrt Politische Ökonomie an der Hertie School of Governance in Berlin.*

Henrik Enderlein, Frankfurter Allgemeine Zeitung, 23.7.2011

Kontra Euro: Fritz W. Scharpf* – Auch Sparprogramme ändern nichts an den Ursachen

Eine einheitliche Geldpolitik für alle Euroländer nimmt keine Rücksicht auf die unterschiedlichen wirtschaftlichen Bedingungen in den einzelnen Mitgliedstaaten. Das wird immer wieder Krisen erzeugen. Schon vor 10 Jahren war Deutschland das erste Opfer. Die europäische Währungsunion kam auf französischen Druck zustande. Aber die deutsche Politik sorgte dafür, dass die Europäische Zentralbank (EZB) dem Modell der Bundesbank nachgebildet wurde. Sie war für die Geldwertstabilität verantwortlich. Indem sie ihre Politik präzise auf die bundesdeutsche Wirtschaft ausrichtete, ermöglichte sie inflationsfreies Wachstum und stabile Beschäftigung. In der Währungsunion konnte die EZB die Geldwertstabilität sichern. Aber sie richtet ihre Geldpolitik an Durchschnittswerten aus, während die wirtschaftlichen Bedingungen in den [19] Mitgliedsländern weit voneinander abweichen. Deshalb müssen die monetären Impulse für Länder mit Wachstums- und Inflationsraten über und unter dem Euro-Durchschnitt destabilisierend wirken. Das erste Opfer war Deutschland mit seiner niedrigen Inflationsrate. Hier waren die EZB-Zinsen zu hoch, sie reduzierten die schwache Nachfrage noch weiter. Zwischen 2001 und 2005 stagnierte die Wirtschaft, die Arbeitslosigkeit stieg. Den kranken Mann Europas retteten die Gewerkschaften, die mit niedrigen Lohnabschlüssen die Flucht in den Export ermöglichten. In den GIPS-Ländern Griechenland, Irland, Portugal und Spanien waren die Inflationsraten höher und die Realzinsen niedrig. Die zu billigen Kredite erzeugten eine überhitzte Nachfrage, rasches Wachstum, höhere Beschäftigung und rasch steigende Löhne – die dann die internationale Wettbewerbsfähigkeit untergruben. Das Ergebnis war ein Teufelskreis: In den GIPS-Ländern stiegen die Importe, in Deutschland die Exportüberschüsse. Die Erlöse konnten hierzulande gar nicht konsumiert werden. Sie flossen dorthin, wo die Nachfrage nach Krediten besonders hoch war. Im Ergebnis finanzierten die deutschen Überschüsse die private Überschuldung in den GIPS-Ländern. Aus privaten Schulden wurde eine staatliche Schuldenkrise, als die Staaten ihre Banken retten mussten. Auch die Sparprogramme ändern nichts an den Ursachen der Fehlentwicklung. Auch eine europäische Wirtschaftsregierung hätte da nichts bewirkt. Sie würde allen Mitgliedstaaten die Kontrolle über die ihnen noch verbliebenen Instrumente der Wirtschaftspolitik entziehen – und ihre demokratische Legitimität untergraben. Eine einheitliche Geldpolitik, die keine Rücksicht auf unterschiedliche Bedingungen in den Mitgliedstaaten nimmt, wird immer wieder Krisen erzeugen. Deshalb müsste eine reformierte EZB Instrumente entwickeln, die eine differenzierende monetäre Steuerung erlauben. Ist das nicht möglich, müsste die Währungsunion auf die Länder verkleinert werden, deren Wirtschaft so eng mit der deutschen verbunden ist, dass eine einheitliche Geldpolitik keine Fehlsteuerung bewirkt.

**Fritz W. Scharpf ist emeritierter Direktor am Max-Planck-Institut für Gesellschaftsforschung in Köln.*

Fritz W. Scharf, Frankfurter Allgemeine Zeitung, 23.7.2011

Aufgaben

1. Fasse die Positionen und Argumente der beiden Autoren zusammen.
2. Vergleiche die unterschiedlichen Argumente miteinander.
3. Nimm Stellung zur Auseinandersetzung um den Euro.

Flüchtlinge aus Syrien

Dürre in Indien

Bettler in einer Fußgängerzone

Demonstration von Globalisierungskritikern im Vorfeld des G7-Gipfels im Juni 2015 in Lübeck

Containerschiff auf dem Weg nach Europa

8

Globalisierung – Fluch oder Segen?

Marshall McLuhan, ein kanadischer Philosoph, bezeichnete 1962 die Welt als „global village“. Er wollte damit ausdrücken, dass die Welt durch elektronische Vernetzungen zu einem „Dorf“ zusammengewachsen ist. Durch das Internet kann man heute mit Menschen aus aller Welt zeitgleich in Kontakt treten. Was bedeutet Globalisierung, welche Ursachen hat sie und welche Folgen hat sie für Gesellschaft, Wirtschaft und Politik?

Kompetenzen

Am Ende dieses Kapitels solltest du Folgendes wissen und können:

- das Phänomen der wirtschaftlichen Globalisierung anhand eines Fallbeispiels darstellen
- Antriebskräfte und Merkmale der Globalisierung erklären
- erörtern, inwieweit die „Globalisierung“ Wohlstand für alle bedeutet
- Positionen globalisierungskritischer Organisationen wie Attac bewerten

Was weißt du schon?
Die Bilder können für verschiedene Aspekte oder Dimensionen der Globalisierung stehen: politische, soziale, ökologische, kulturelle und ökonomische. Wähle eine Dimension der Globalisierung aus, und stelle dein Wissen dazu in Form einer Mindmap dar.

„Designed in California, produced in China" – Fallbeispiel iPhone als ein globalisiertes Produkt

Steve Jobs, 1955 – 2011, im September 2009 bei einer Präsentation eines Smartphones

M 1 iPhone 5: Wo wird was produziert?

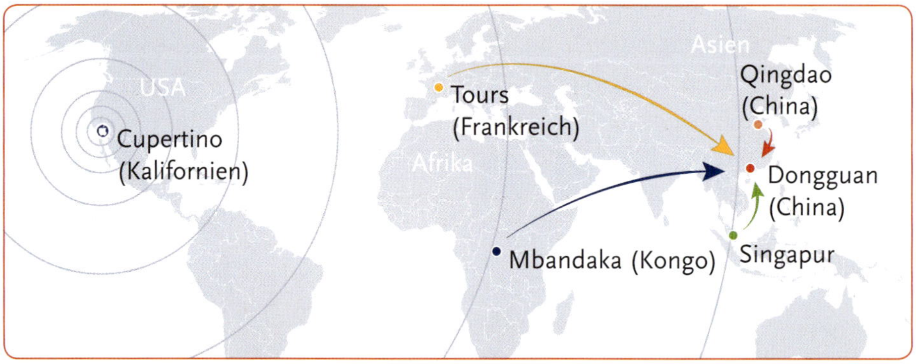

Mit dem iPhone hat Apple von Kalifornien aus die Smartphone-Welt erobert. Vom Konzern selbst stammen nur das Design und ein paar Bauteile.

Design: Auch wenn das iPhone natürlich ein Produkt von Apple ist, wirklich produziert wird es in der Firmenzentrale im kalifornischen Ort Cupertino bei San Francisco nicht. Dort sitzen immerhin die Designer, die entwerfen und entscheiden, wie das neue Super-Handy aussehen soll und was es einmal können wird. „Made in USA" steht deshalb nicht mehr auf dem Handy, dafür aber wenigstens „Designed by Apple in California".

Rohstoffe: Im Grunde besteht auch ein iPhone nur aus einem Haufen unterschiedlichster Rohstoffe. Einer der besonders wichtigen Rohstoffe ist Tantal. Dieses chemische Element wird beispielsweise in Erzminen in Mbandaka, Demokratische Republik Kongo, gewonnen. Von dort wird es zur Weiterverarbeitung unter anderem in die Elektronikfabriken nach Asien transportiert.

Prozessor: Der A6-Chip, der das iPhone antreibt, ist von den Apple-Entwicklern entworfen worden. Produziert wird er im Falle des iPhone 5 zum Beispiel in Singapur.

Sensoren: Wo Norden und Süden ist und ob der Besitzer sein iPhone z. B. beim Spielen nach rechts oder hinten neigt, das verraten dem Telefon seine Bewegungssensoren, die in Tours (Frankreich) produziert werden. Von dort geht es per Flugzeug zur Montage in die Fabriken nach Asien.

Kamera: Die Linse und die Elektronik des Kameramoduls liefert das Unternehmen Largan Precision aus der ostchinesischen Stadt Qingdao.

Montage: Aus allen Bauteilen viele Millionen iPhones zu produzieren, das ist der Job von zigtausend Beschäftigten der chinesischen Unternehmen Foxconn und Pegatron. Die stecken, kleben und schrauben in den Werken bei der Stadt Dongguan zusammen, was die Zulieferer aus aller Welt vormontiert haben.

Nach: Christine Düllmann, WirtschaftsSchule, Wirtschaftswoche, 19.11.2012, S. 12 f.

M 2 Globale Verflechtungen in unserem Alltag

„Ich checke mit meinem Smartphone mal eben meine persönlichen Nachrichten. Vielleicht hat mein Vater, der für sechs Monate in China arbeitet, meinen jüngsten Blog kommentiert. Ich habe einen Tipp erbeten, welches Tablet-PC momentan das beste Preis-Leistungs-Verhältnis hat. In der Zwischenzeit könnte ich für meine Hausarbeit recherchieren, was Wikipedia zum Thema Patentschutz anbietet. Im Quellenverzeichnis gibt es einen interessanten Link zu einer wissenschaftlichen Studie des Massachusettes Institute of Technology OpenCourseWare. Es steht sogar unter einer Creative Commons Lizenz zur freien Verfügung. YouTube bietet neben Interviews einige Mitschnitte zu aktuellen Vorlesungen im Bereich Intellectual Property Rights (IPRs). Das leite ich gleich mal über Twitter und meinen Blog an meine Community weiter ..."

Nach: Thomas Frank Dapp, Die digitale Gesellschaft, Neue Wege zu mehr Transparenz, Deutsche Bank Research, 1.6.2011, S. 6

M 3 Welche Dimensionen der Globalisierung gibt es?

Die kulturelle Globalisierung – oder das „globale Dorf"
- weltumspannende Kommunikation ermöglicht
- die globale Wirkungsmacht von Marken und Kulturgegenständen

→ Entsteht eine globale Einheitskultur?

Die gesellschaftliche Globalisierung – die Weltgesellschaft
- Tourismus und Migration intensivieren transnationale Austauschbeziehungen
- Umweltgefahren machen vor territorialen Grenzen nicht Halt

→ Verhalten wir uns über die Grenzen solidarisch?

Die ökonomische Globalisierung – die globale Wirtschaft

Es entsteht eine globale Wirtschaft auf der Basis
- globaler Produktionsketten und -netzwerke
- globaler Güter-, Arbeits- und Finanzmärkte

→ Gelingt in einer globalen Wirtschaft eine Wohlfahrtssteigerung und ihre gerechte Verteilung?

Die politische Globalisierung – Weltregelwerk und Weltinnenpolitik
- internationale Märkte verlangen nach internationalen, durchsetzungsfähigen Rechtsnormen und somit
- internationalen Institutionen

→ Gelingt es den Nationalstaaten, gemeinsam die Probleme der Globalisierung zu meistern?

Aufgaben

1. Arbeite mithilfe der Beispiele aus M 1 und M 2 die Dimensionen der Globalisierung heraus.
2. Skizziere für jede Dimension der Globalisierung passende Beispiele aus deinem Alltag/deiner Stadt/Gemeinde oder aus dem politischen Tagesgeschehen (M 3).

Antriebskräfte und Merkmale der Globalisierung

Erklärfilm „Globalisierung“

Mediencode: 71067-15

M 4 Was genau ist Globalisierung?

„Globalisierung“ ist ein relativ neuer Begriff. Er tauchte erstmals 1983 im Titel eines englischsprachigen Buches auf, erst 1988 in einem deutschsprachigen. Inzwischen ist der Begriff „Globalisierung“ allgegenwärtig. […] Der Begriff verweist […] auf die Entstehung neuer weltumspannender sozialer Handlungszusammenhänge. […] Globalisierung beschreibt das Entstehen einer Welt, deren Mitglieder durch unterschiedlichste Handlungszusammenhänge miteinander verbunden sind, wobei die Bedeutung nationaler Grenzen abnimmt.

Michael Zürn, Der Begriff „Globalisierung“, in: Informationen zur politischen Bildung, Regieren jenseits des Nationalstaats, Heft 325, 1/2015, S. 4 f.

Freihandel
Freihandel begründet sich in der Lehre des klassischen Wirtschaftsliberalismus. Nach Adam Smith und David Ricardo nimmt der Wohlstand eines Landes dann zu, wenn sich der Staat so wenig wie möglich in die Wirtschaft einmischt und jeder das produziert, was er am kostengünstigsten anbieten kann.

Direktinvestitionen
Form der Auslandsinvestition. Kapitalexport durch Wirtschaftssubjekte eines Landes in ein anderes Land mit dem Ziel, dort Immobilien zu erwerben, Betriebsstätten oder Tochterunternehmen zu errichten, ausländische Unternehmen zu erwerben oder sich an ihnen mit einem Anteil zu beteiligen, der einen entscheidenden Einfluss auf die Unternehmenspolitik gewährleistet. Gegensatz: Portfolio-Investition, die vorrangig der Geldanlage dient.

Martin Klein, Direktinvestition, in: Gabler Wirtschaftslexikon, www.wirtschaftslexikon.gabler.de (15.2.2016)

M 5 Antriebskräfte der Globalisierung

Globalisierung oder die Vernetzung der Welt hat sich durch das Internet und die Digitalisierung der Kommunikation rasant entwickelt. Mit dem Internet werden Grenzen, Entfernungen und Zeitzonen überwunden, jeder Mensch kann theoretisch jederzeit mit jedem anderen Menschen auf der Welt kommunizieren. Das Internet mit seinen Vernetzungen ist gleichsam ein Symbol für Globalisierung.

Verbesserte Verkehrswege, schnellere Transportmittel und geringere Kosten für Mobilität erleichtern den Austausch von Gütern und die Reisetätigkeit.

Globalisierung ist in erster Linie ein ökonomisches Phänomen. Voraussetzung für die Zunahme des grenzüberschreitenden Warenhandels ist die Liberalisierung des Handels durch Öffnung der Märkte und Abbau von Zöllen und Protektionismus (Deregulierung). Dafür sorgte seit 1947 das allgemeine Zoll- und Handelsabkommen (englisch General Agreement on Tarifs and Trade, GATT) und dessen Nachfolgeorganisation die WTO.

Der Arbeit der WTO liegt die Überzeugung zugrunde, dass Freihandel für alle Beteiligten von Vorteil ist (Freihandelsdoktrin). Dabei stützt sich die WTO auf die Vordenker des freien Handels Adam Smith und David Ricardo, die beide davon ausgehen, dass ein freier Handel allen Wohlstandsgewinne bringen.

Der Weltmarkt wuchs erheblich mit der Integration der osteuropäischen Staaten seit 1990 und der marktwirtschaftlichen Öffnung Chinas. Die Rückständigkeit der sozialistischen vom Weltmarkt abgeschotteten Staaten, schien bzw. scheint die Richtigkeit der Freihandelsdoktrin zu bestätigen.

Seit den 1980er-Jahren erreicht die Globalisierung eine neue Qualität durch die zunehmende internationale Vernetzung von Produktionsprozessen. Neue Produktions- und

Kommunikationstechnologien ermöglichen es multinationalen Unternehmen, sich in globalen Netzwerken von z. B. Tochterunternehmen zu organisieren. Das Auslandsengagement der Unternehmen zeigt sich vor allem im starken Wachstum der Direktinvestitionen. Schließlich entwickelte sich in den 1990er-Jahren die Mobilität des Finanzkapitals. Kapitalanleger und Kreditnehmer agieren grenzüberschreitend, es bildet sich ein globaler Finanzmarkt. Das Volumen der Finanztransaktionen übersteigt heute das Handelsvolumen um ein Vielfaches.

a) Transport- und Kommunikationskosten

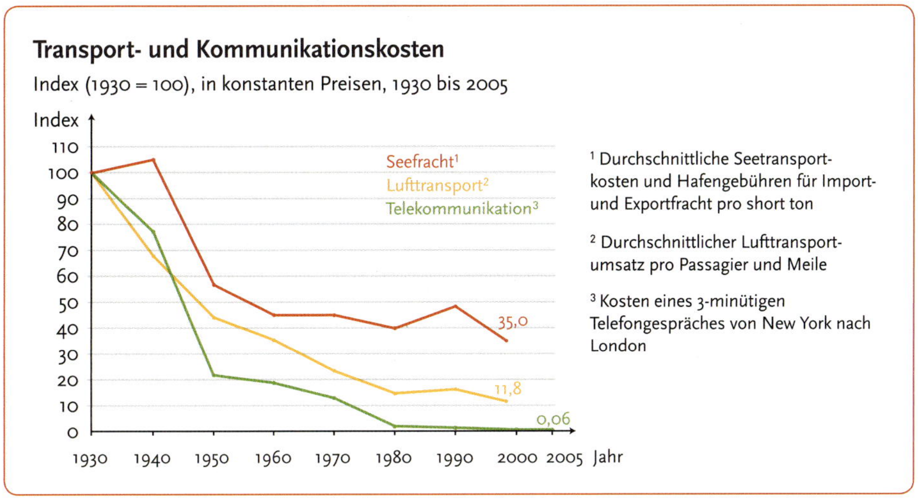

Quelle: Busse, Matthias: HWWA Discussion Paper Nr 116; BDI: Außenwirtschafts-Report 04/2002, in: Bundeszentrale für politische Bildung, 2009, www.bpb.de (7.6.2015)

Die Bedeutung der Container für die Globalisierung
Mit Containerschiffen werden heute bis zu zwei Drittel des grenzüberschreitenden Warenverkehrs durchgeführt. Der Einsatz riesiger Frachtcontainer ermöglicht einen kostengünstigen Transport von Gütern und stellt damit eine wichtige Grundlage für die Globalisierung dar.

b) Vernetzte Welt seit 2005

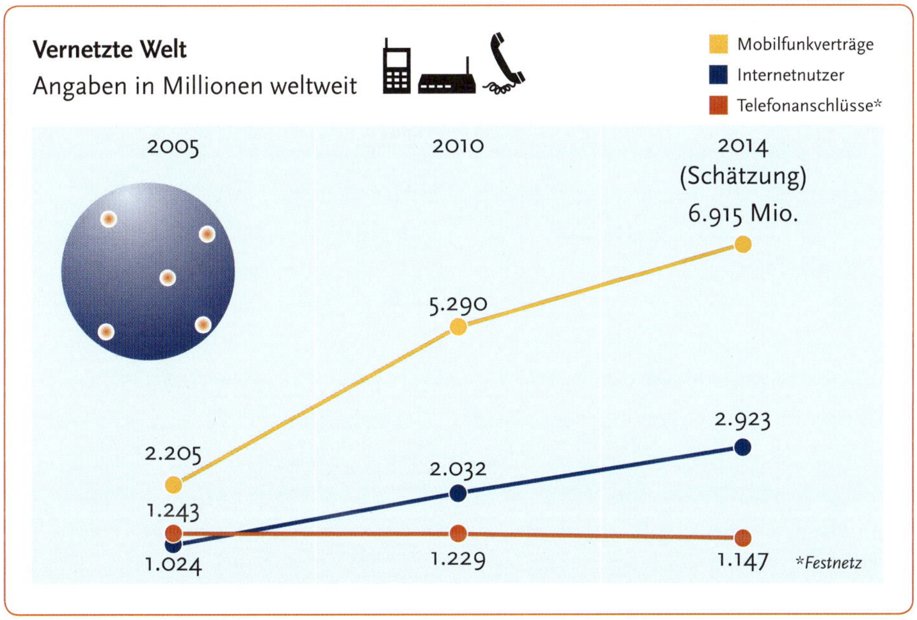

© Globus-Grafik 6736; Quelle: ITU, Stand: 2013

c) Globale Handelsströme

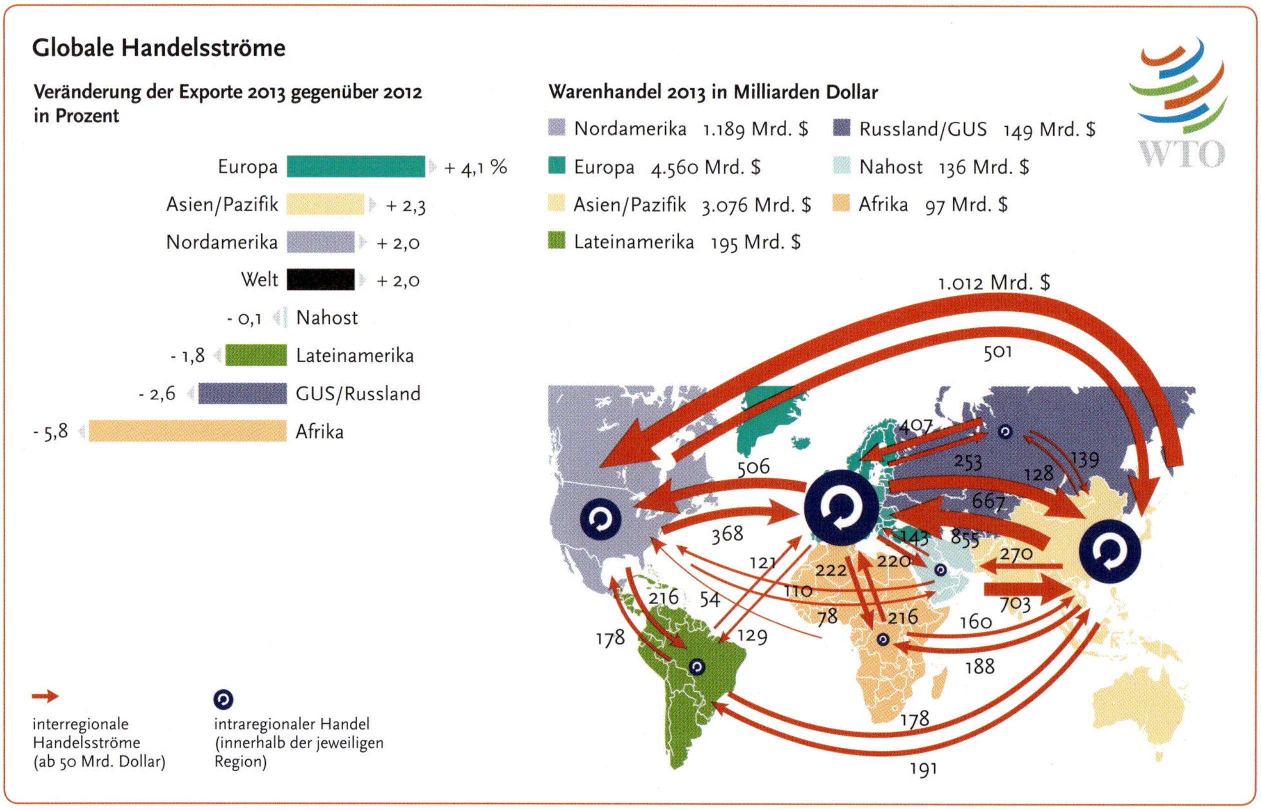

© Globus-Grafik 10302; Quelle: World Trade Organization, Stand: 2015

M 6 Lässt sich Globalisierung messen?

Folgt man der [...] Definition der OECD, verstärkt sich die Globalisierung zum einen durch die Zunahme des Handels mit Gütern und Dienstleistungen und zum anderen durch die Bewegung von Kapital und Technologien. Demnach kann Globalisierung durch folgende Indikatoren erklärt werden: Handelsvolumen, ausländische Direktinvestitionen, Anzahl multinationaler Unternehmen und Verbreitung von Technologien weltweit. [...] Multinationale Unternehmen gelten ebenfalls als eine treibende Kraft in Bezug auf Globalisierung. Unter multinationalen Unternehmen versteht man Unternehmen, die in mehr als einem Land tätig sind und deren Tochtergesellschaften hinsichtlich der Produktions-, Beschaffungs- und Absatzpolitik vor Ort weitgehend autonom sind. [...]

Auffällig ist, dass die Definition der OECD nur die ökonomische Dimension der Globalisierung abdeckt. Aber sind nicht auch soziale, politische und kulturelle Gesichtspunkte mit zu berücksichtigen? [Nach] KOF[1] werden diese zusätzlichen Dimensionen mit betrachtet. Dazu zählen beispielsweise die internationale Reisetätigkeit oder die Mitgliedschaften in internationalen Organisationen. Im Einzelnen setzen sich die Kategorien aus folgenden Indikatoren zusammen: **Wirtschaftliche Globalisierung**: Handelsvolumen, grenzüberschreitende Direktinvestitionen, [...] Importbeschränkungen, [...] Handelszölle, Restriktionen[2] ausländischen Kapitalbesitzes. **Soziale Globalisierung**: Telefonverkehr, Überweisungen, internationaler Tourismus, ausländische Staatsangehörige, internationaler Briefverkehr, Internet-User [...] **Politische Globalisierung**: Botschaften in anderen Ländern, Mitgliedschaften in internationalen Organisationen und Teilnahme an UN-Friedensmissionen.

Anja Rohwer, Kann man Globalsierung messen? ifo Schnelldienst 10/2008, S. 31,35

[1] *KOF Konjunkturforschungsstelle, Schweizer Forschungsinstitut der ETH Zürich*
[2] *Behinderungen*

M 7 Ranking der globalisierten Länder aus dem Jahre 2011

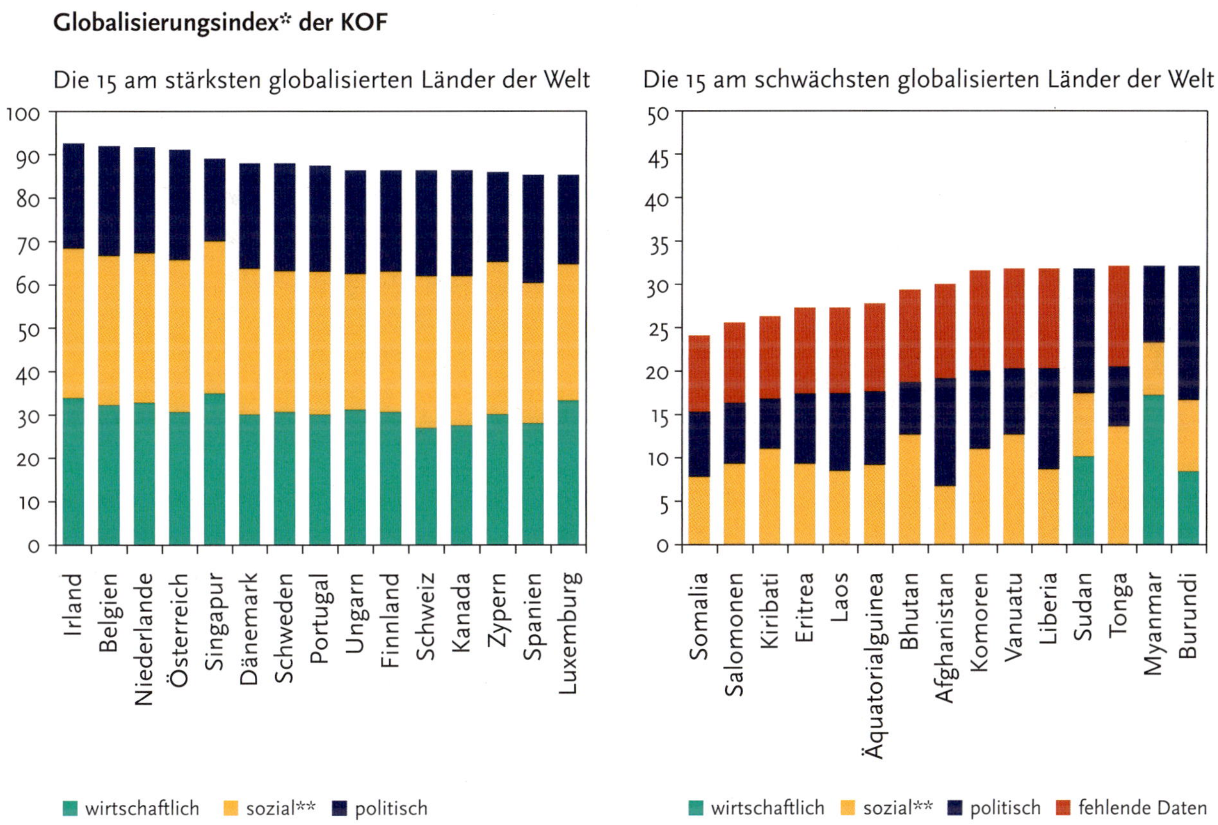

ETH KOF Konjunkturforschungsstelle, KOF Globalisierungsindex 2014, Medienmitteilung 2014, www.globalization.kof.ethz.ch (15.2.2016)

* *Für die Berechnung des Globalisierungsindex werden alle Indikatoren zu einem Index transformiert mit einer Skala von 1 bis 100. Hierbei stellt 100 den maximalen Wert dar.*

** *Kulturelle Globalisierung, also die globale Verbreitung bestimmter kultureller Lebensweisen, wie z. B. Essgewohnheiten oder Freizeitgestaltung wird im KOF-Index unter der sozialen Globalisierung erfasst. D. h. z. B. je stärker die Reisetätigkeit, desto mehr Berührung mit anderen Ländern und deren Kulturen und damit Möglichkeiten fremde Kulturen kennenzulernen und anzunehmen.*

M 8 Warenexporte und Welthandel

Entwicklung des grenzüberschreitenden Warenhandels

Index (1960 = 1), in konstanten Preisen, Entwicklung in Prozent, weltweit 1950 bis 2014

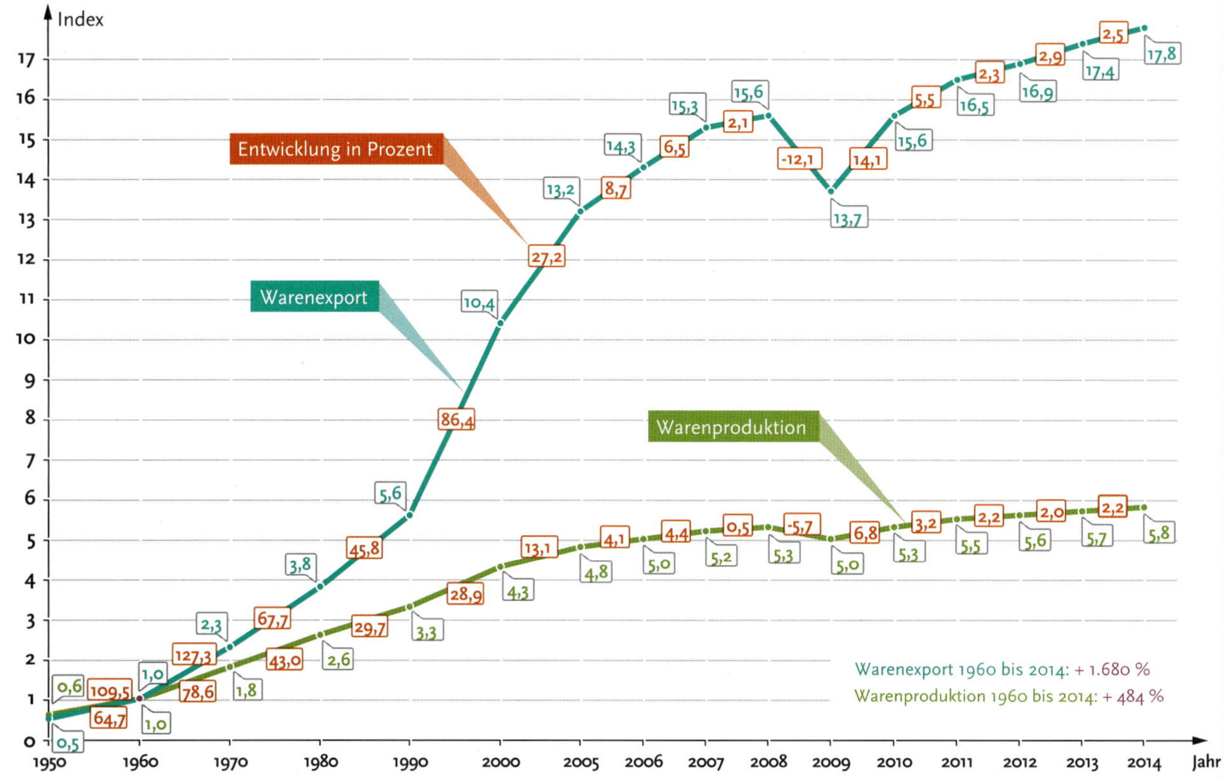

Quelle: World Trade Organization (WTO): International Trade Statistics 2015; eigene Berechnungen
Lizenz: cc by-nc-nd/3.0/de/

Weltexportquote
Die Weltexportquote gibt den Anteil der Weltexporte am Weltsozialprodukt an.

Der nominale Außenhandelswert bezieht sich auf den Wert der gehandelten Waren zu den jeweiligen Marktpreisen. Dadurch fließen Preisveränderungen voll in die Berechnungen ein. Modellhaft formuliert kann eine nominale Ausweitung des Außenhandels einerseits bedeuten, dass mehr Güter gehandelt werden, andererseits können aber auch – bei unveränderter Menge – lediglich die Preise der gehandelten Produkte gestiegen sein. Der reale Außenhandelswert ist hingegen unabhängig von Preisveränderungen, da er zu den Preisen eines Basisjahres, also in konstanten Preisen, berechnet wird. Der reale Außenhandelswert steigt nur, wenn tatsächlich mehr Waren gehandelt wurden. Bei Berücksichtigung des Bevölkerungswachstums relativiert sich die absolute Zunahme des grenzüberschreitenden Warenhandels, da sich die Weltbevölkerung seit 1960 fast verzweieinhalbfacht hat. Allerdings hat sich auch der Weltwarenexport pro Kopf von 43 US-Dollar im Jahr 1960 auf gut 2.600 US-Dollar im Jahr 2013 mehr als versechzigfacht.

Christian Hartmann, Bundeszentrale für politische Bildung, Globalisierung, www.bpb.de, 31.12.2015

M 9 Direktinvestitionen (FDI: foreign direct investment)

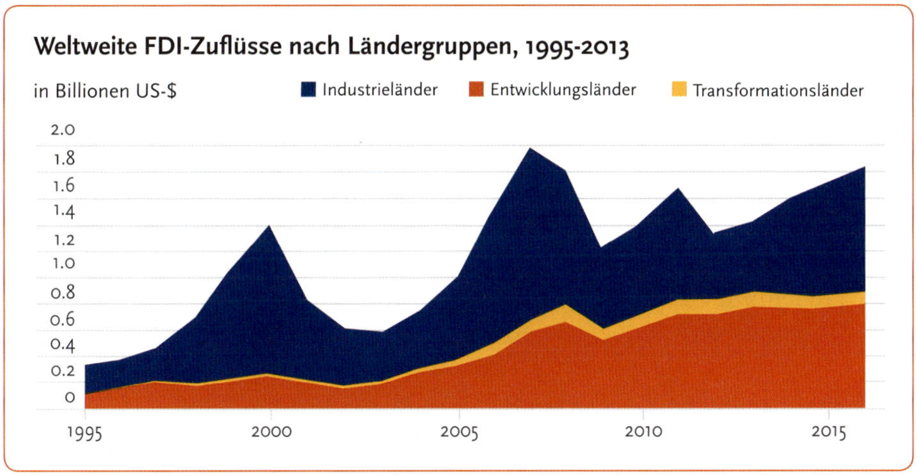

Quelle: UNCTAD/WIR 2014/S. Benz/J. Karl/E. Yalci, Der UNCTAD World Investment Report 2014, Die Entwicklung ausländischer Direktinvestitionen, in: ifo Schnelldienst, 15/2014, 14.8.2014

In absoluten Zahlen haben die Entwicklungsländer erstmals 2012 mehr Direktinvestitionen erhalten (778 Mrd. USD entspricht weltweitem Anteil von 53,6%) als die Industriestaaten.

M 10 Umsätze und BIP ausgewählter Unternehmen und Staaten

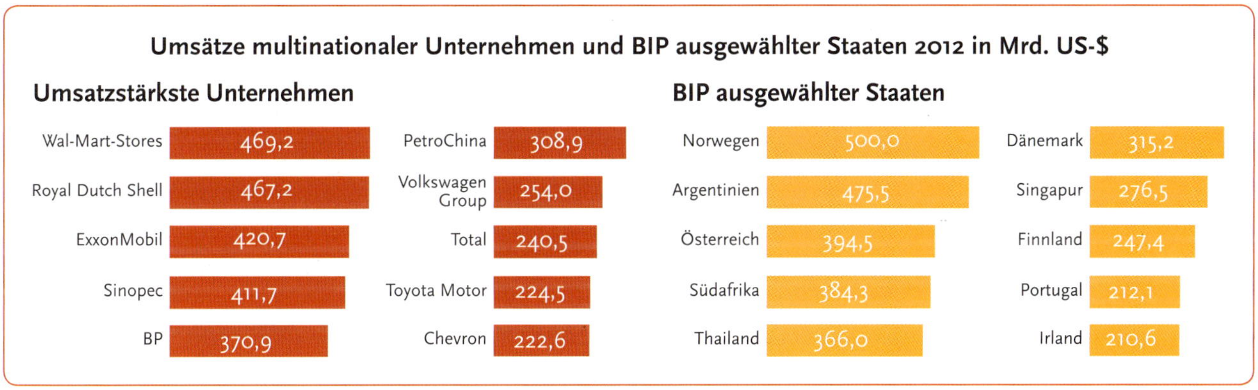

Quellen: Forbes / Weltbank 2014

Aufgaben

1. Beschreibe, ausgehend von M 4, was unter Globalisierung zu verstehen ist.
2. In M 5 werden unterschiedliche Faktoren für die Entwicklung von Globalisierung beschrieben. Ordne diese nach der Wirkungsstärke hinsichtlich der gegenwärtigen und zukünftigen Entwicklung ein.
3. Analysiere die Position Deutschlands im Länderranking (M 6, M 7).
4. Gruppenarbeit: Analysiert die Merkmale und Indikatoren von Globalisierung (M 8 – M 10) indem ihr folgende Arbeitsschritte befolgt:
   a) Klärung, in welcher Form die Ergebnisse dargestellt werden.
   b) Beschreibung und Analyse der Schaubilder: Merkmal, Indikator, Interpretation der Daten (Ausmaß und die Entwicklung von Globalisierung).
   c) Bewertung des Ausmaßes von Globalisierung.

zu Aufgabe 4
Präsentiert eure Ergebnisse in der Klasse in Form eines Kurzreferates.

„Globalisierung" – Wohlstand für alle?

M 11 Globalisierung – eine Erfolgsgeschichte?

a) Thomas Straubhaar im Jahr 2007

Die Fakten zeigen, wie sehr die Globalisierung in den letzten fünfzig Jahren den Wohlstand der Massen verbessert hat. [...] Globalisierung bringt [zwar] nicht allen Ländern und schon gar nicht allen Menschen gleich viel Reichtum. Sie hat aber dafür gesorgt, dass heute mehr Menschen länger und besser leben als jemals zuvor in der Weltgeschichte.

Thomas Straubhaar, Was bringt die Globalisierung?, in: Rheinischer Merkur, 31.5.2007

b) „Globalisierung" und Wachstum in den Entwicklungsländern

Entwicklungsländer: Globalisierung bringt mehr Wachstum Zunahme des Lebensstandards gemessen als reales BIP pro Kopf zwischen 1990 und 2006 in Prozent	
Globalisierer: Entwicklungsländer, die sich für den Weltmarkt in den 1980ern stark geöffnet haben	**48,7**
Nicht-Globalisierer: Entwicklungsländer, die sich für den Weltmarkt in den 1980ern weniger (stark) geöffnet haben.	**22,1**
Entwicklungsländer: Länder mit einem Pro-Kopf-Einkommen von weniger als rund 9.000 Dollar (ohne Transformationsstaaten)	

Zahlen: IWF, Weltbank, in: Institut der deutschen Wirtschaft Köln München GmbH, iw-Dossier Globalisierung Nr. 3/2010, 10.8.2010

M 12 Sozioökonomische Entwicklung weltweit

a) Armut nach Weltregionen

	Arme, die von weniger als 1,25 US-$ pro Tag leben					
	in Mio.			Anteil in %		
Region	1990	2008	2015*	1990	2008	2015*
Ostasien und Pazifik	926,4	284,4	159,3	56,2	14,3	7,7
Davon China	683,2	173,0	k. A.	60,2	13,1	k. A.
Europa und Zentralasien	8,9	2,2	1,4	1,9	0,5	0,3
Lateinamerika und Karibik	53,4	36,8	33,6	12,2	6,5	5,5
Naher Osten und Nordafrika	13,0	8,6	9,7	5,8	2,7	2,7
Südasien	617,3	570,9	418,7	53,8	36,0	23,9
Afrika südlich der Sahara	289,7	386,0	397,2	56,5	47,5	41,2
Welt insgesamt	1.908,6	1.289,0	1.019,9	43,1	22,4	16,3
Ohne China	1.226,8	1.116,0	–	37,2	25,2	k. A.

*Weltbank (Hg.), Global Monitoring Report 2012, Overview, S. 3; *Prognose*

b) Soziale Schlüsselindikatoren

Region	Beendigung der Grundschule		Kindersterblichkeit* (in Promille)		Lebenserwartung (in Jahren)	
	1998/89 – 1993/94	2007	1990	2012	1990	2013
Ostasien und Pazifik	97	100	59	21	68	74
Europa und Zentralasien	94	98	46	23	70	71,3
Lateinamerika und Karibik	88	97	53	19	68	74,9
Naher Osten und Nordafrika	82	91	80	37	61	70,2
Südasien	74	79	130	57	58	67,2
Afrika südlich der Sahara	50	63	187	97	51	56,8

**Sterblichkeit von Kindern unter 5 Jahren*
World Bank, World Development Report 1992; Weltbank (Hg.), Weltentwicklungsbericht 2010; UNDP, UNDP, Human Development Report 2014

c) Wirtschaftskraft

	Entwicklung des realen Bruttoinlandsprodukts pro Kopf in ausgewählten Regionen, Angaben in US-Dollar Kaufkraftparität							
	1980	1985	1990	1995	2000	2005	2010	Veränderung 1980-2010
Eurozone	k. A.	k. A.	k. A.	21.200	25.472	30.050	32.388	–
Schwellen- und Entwicklungsökonomien	1.278	1.721	2.156	2.488	3.092	4.302	5.772	+352%
Afrika	963	1.210	1.377	1.427	1.627	2.124	2.589	+169%
Zentral- und Osteuropa	3.747	4.973	6.167	6.715	8.530	11.781	14.292	+281%
Asiatische Entwicklungsländer	398	641	948	1.468	2.002	3.053	4.591	+1053%
Mittlerer Osten	4.066	4.767	5.070	5.881	7.103	9.163	11.318	+178%
Westliche Hemisphäre	3.713	4.460	5.208	6.349	7.404	8.873	10.577	+185%

IWF, zitiert nach: Thieß Petersen, Ökonomische Globalisierung und Neuverteilung des globalen Wohlstands, in: GWP 59 (2010), Heft 1, S. 80

M 13 Globalisierung ist Ungleichmacherei – oder das Dilemma der globalen Wachstumsmärkte

Das Stichwort Globalisierung signalisiert ursprünglich eine Angleichung. Überall bekommt man den gleichen Softdrink, das gleiche Handy; dieselben Autos werden rund um den Globus gefahren und das Internet ist überall das Gleiche. Allgemeiner gesagt: Die Arbeits- und Lebensbedingungen gleichen sich dem Stand in den Industrieländern an, und wo sie das (noch) nicht tun, besteht zumindest der Wunsch dazu. Aber wie die Idee des Wachstums täuscht auch die der Globalisierung. Denn Globalisierung bewirkt nicht Gleichheit, sondern viel eher die weitere Differenzierung von ohnehin schon ungleichen Einkommens- und Vermögensverhältnissen.

Globalisiert werden auch die Lieferketten fast aller Produkte. Die Einzelteile werden überall in der Welt produziert und zusammengefügt. Das ist beim Handy und dem Auto so, aber

Ungleiche Verteilung des Reichtums
Die Kluft zwischen den Reichsten und dem Rest der Welt wird schnell breiter, beklagt die britische Wohlfahrtsorganisation Oxfam. Im Jahr 2009 gehörten noch 44 Prozent des Wohlstands einem Prozent der Weltbevölkerung. Vergangenes Jahr lag der Anteil bereits bei 48 Prozent. 2016 werde er erstmals auf mehr als die Hälfte anwachsen.
Zeit Online/dpa/sk, Ein Prozent der Weltbevölkerung hat mehr als alle anderen, www.zeit.de, 19.1.2015

auch beim Joghurt und der Schokolade. Wenn Liefer- und Wertschöpfungsketten globaler werden, entsteht zunehmend die Frage nach sozialen und ökologischen Bedingungen, unter denen produziert wird: Wie viel illegale Kinderausbeutung steckt in der Kakao-Ernte in Westafrika, wie viel tropischer Urwald muss den indonesischen Palmöl-Plantagen weichen? Verdient das organisierte Verbrechen am Abbau von Rohstoffen mit?

Heute nehmen Versuche zu, für wichtige Rohstoffe zu vereinbaren, welche menschenrechtlichen und ökologischen Bedingungen mindestens einzuhalten sind. Beispiele gibt es für Palmöl, Kakao, Kaffee, Baumwolle, Mineralien, Holz, Fisch und eine Reihe weiterer Stoffe.

Einzelne Firmen oder Verbände sowie Umweltorganisationen haben hierzu Nachhaltigkeits-Standards entwickelt. Das Dilemma ist jedoch, dass die Masse der globalen Wirtschaftsbeziehungen den Nachhaltigkeitsstandards nicht folgt. Es ist daher an der Zeit, neue Wege und Instrumente zu finden. Die Nachhaltigkeitspolitik muss in eine neue Phase übergehen. Die globale Dimension nationalen Handelns wird größer und nimmt an Bedeutung zu. Der moderne Staat hat eine Verantwortung über seine Grenzen hinaus. Er muss seine extraterritorialen Menschenrechtsverpflichtungen wahrnehmen und sich den Grenzen der ökologischen Belastbarkeit stellen. Risiko, Chancen und Verantwortung von Unternehmen sind umfassend zu berücksichtigen. Nachhaltigkeitspolitik muss die Transformation mit menschlichem Antlitz vorantreiben.

Wir brauchen ein deutliches Weniger an gesetzten Denknormen wie die Wachstums-Konvention und ein deutliches Mehr an Verantwortung, die von Einzelnen und der Gemeinschaft insgesamt angenommen werden.

Günter Bachmann, Das Dilemma der globalen Wachstumsmärkte. Deutschland muss zur Nachhaltigkeit innerhalb ökologischer Belastungsgrenzen beitragen, in: Zeitschrift für Gemeinschaftskunde, Geschichte und Wirtschaft DEUTSCHLAND & EUROPA , hrsg. v. Lpb, Baden- Württemberg, Heft 70 – 2015, S. 51

Aufgaben

1. Analysiere Trends der globalen Ungleichheiten (M 11, M 12). Berücksichtige dabei die Entwicklungen innerhalb einzelner Weltregionen (regionaler Längsschnitt) und die weltweiten Unterschiede zu einem bestimmten Zeitpunkt (Querschnitt). Nutze hierfür auch die Statistik „Globale Handelsströme“ (M 5c).
2. Gruppenarbeit: Prüft ausgehend von M 11 und M 12 das „Wohlfahrtsversprechen“ der Globalisierung.
3. Fasse die Kritik an der Globalisierung thesenartig zusammen und stelle deine Ergebnisse der Klasse vor (M 13).
4. Erläutere zusammen mit deinem Nachbarn die Nachhaltigkeitsstrategie Bachmanns (M 13). Vergleicht eure Ergebnisse mit anderen Gruppen in der Klasse.

Globalisierungskritik am Beispiel des Netzwerks Attac: Was sind die wesentlichen Kritikpunkte?

M 14 Attac stellt sich vor...

Weltweiter Handel mit Gütern jeder Art, ein internationaler elektronisch getakteter Finanzmarkt, sekundenschnelle Kommunikation rund um den Erdball, Dependancen der immer gleichen weltumspannenden Konzerne und Konsumtempel in jeder Stadt – das alles sind Facetten einer Globalisierung, die wir seit einigen Jahrzehnten in verschärftem Ausmaß erleben. Diese Globalisierung bringe Wohlstand für alle – dieses neoliberale Versprechen hat sich nicht erfüllt. Im Gegenteil: Die Kluft zwischen Arm und Reich wird immer größer, sowohl innerhalb der Gesellschaften als auch zwischen Nord und Süd. Das ist kein Wunder, denn die gegenwärtige Globalisierung orientiert sich einseitig an mächtigen Wirtschaftsinteressen. Die Politik treibt die Liberalisierung der Märkte im Interesse der großen Konzerne voran – eine Globalisierung von Menschenrechten und von sozialen, ökologischen oder demokratischen Standards steht dagegen nicht auf der Agenda.

[...] Der Glaube, der Markt könne es besser und solle dem Staat möglichst viel aus den Händen nehmen, ist mittlerweile tief in den Köpfen verankert. Die Finanzkrise von 2007/2008, die darauf folgende schwere Wirtschaftskrise und die milliardenschweren Bankenrettungen stellten die neoliberale Ideologie zwar kurzfristig in Frage – trotzdem dominiert diese weiterhin Politik, Wissenschaft und Wirtschaft. Es gilt: Gewinne sind für die (Privat-)Unternehmen da, Kosten soll die Allgemeinheit tragen. Als Konsequenz dieser Politik konzentriert sich der gesellschaftliche Reichtum in den Händen von immer weniger Menschen – und zirkuliert in Form von Kapital auf der Jagd nach Rendite in immer schnellerem Tempo um die Welt. Längst übersteigen die Vermögensansprüche an den Finanzmärkten um ein Vielfaches das, was weltweit an Waren und Dienstleistungen erwirtschaftet werden kann. Immer hektischer suchen die Besitzenden auf den Finanzmärkten nach immer neuen Anlagemöglichkeiten. Regierungen, die mit Umwelt- oder Sozialstandards tatsächlich ernst machen wollen, wird offen mit massenhafter Kapitalflucht gedroht. Platzt die nächste Finanzblase, werden die Rettungskosten auf die Allgemeinheit abgewälzt – und das Spiel beginnt von vorne. [...] Attac hat dem etwas entgegen zu setzen: „Die Welt ist keine Ware!". Attac organisiert ökonomische Alphabetisierung, die dazu anregt, sich mit den Hintergründen auseinanderzusetzen und sich einzumischen. Dabei geht

Der Attac-Deutschland Mitgründer und Steuerexperte Sven Giegold (li.) und der ehemalige CDU-Generalsekretär Heiner Geißler stellen am Freitag, 22.2.2008 in Berlin auf einer Pressekonferenz den Aktionsplan des globalisierungskritischen Netzwerks Attac zur Schließung von Steueroasen vor.

es um vielfältige Alternativen und Perspektiven über die nötigen Abwehrkämpfe hinaus. […] Attac versteht sich als Teil der globalisierungskritischen Bewegung und bringt Kritik und Alternativen offensiv auf die Straße und in die gesellschaftliche Diskussion. Durchdacht und kreativ, manchmal ungehorsam, immer nach dem Motto: „Eine andere Welt ist möglich“. Die internationalen Finanzmärkte und der Welthandel mit all ihren Auswirkungen stellen zentrale Themen für Attac dar. Aber wir befassen uns von Anfang an auch mit den direkten Folgen in Deutschland und Europa: Dazu zählen etwa die Privatisierung öffentlicher Infrastruktur, eine Steuerpolitik zu Gunsten von Unternehmen und großen Vermögen sowie die unsozialen Renten- und Arbeitsmarkt„reformen“. Attac bearbeitet auch grundsätzliche Fragen wie die Kritik am Wachstumsparadigma und entwickelt Visionen zu globalen sozialen Rechten.

Attac Trägerverein e.V., Globalisierung, www.attac.de (22.5.2015)

M 15 Attac Deutschland: wachsende Mitgliederzahlen

Jahr	Mitglieder
2000	337
2001	3.045
2003	13.176
2006	16.770
2009	22.062
2013	27.402

Podium eines Attac-Kongresses mit dem Thema „Kapitalismus am Ende?“ in Berlin

Weit über 25.000 politisch engagierte Menschen sind inzwischen Mitglied bei Attac geworden, um gemeinsam an einem Strang zu ziehen für eine gerechtere Welt – darunter auch zahlreiche bekannte Personen aus verschiedenen Bereichen des öffentlichen Lebens. Viele Attac-Mitglieder sind in einer der über 170 Regionalgruppen aktiv oder engagieren sich in einer der bundesweiten Arbeitsgruppen von Attac. Seit den Anfängen von Attac in Deutschland im Jahr 2001 ist unsere Mitgliederzahl stetig gestiegen; unter den mehr als dreißig Attacs weltweit mit insgesamt rund 90.000 Mitgliedern ist Attac Deutschland die mitgliedstärkste Organisation.

Dabei haben wir besonders in großen Momenten der globalisierungskritischen Bewegung wie dem G8-Gipfel in Genua 2001 oder dem in Heiligendamm 2007 ebenso viele neue Mitstreiter gefunden wie bei spezifischen Erfolgen von Attac – etwa dem gelungenen Coup mit dem Plagiat der Wochenzeitung „Die Zeit" im Jahr 2009 oder der mit Beginn der Krise sich verbreitenden Erkenntnis, dass Attac schon seit Jahren vor genau diesen Entwicklungen gewarnt hatte.

Attac Trägerverein e.V., Mitglieder, www.attac.de (22.5.2015)

M 16 „Wir haben es satt!" – ein Beispiel für eine Aktion von Attac

„Stoppt Tierfabriken, Gentechnik und TTIP!
Für die Agrarwende!" Demonstration – Treckerzug – Kundgebung, 17.1.2015 in Berlin.
Rund 50.000 Menschen waren auf der fünften „Wir haben es satt!"-Demonstration! Die Agrarindustrie ist weiter auf dem Vormarsch: Wenige globale Großkonzerne untergraben die Saatgut-Vielfalt und fördern die Gentechnik auf dem Acker. Investoren bauen immer neue industrielle Megaställe, in denen Tiere unter qualvollen Bedingungen leiden. Die Mächtigen dieser Welt planen auf dem G7-Gipfel und durch die Freihandelsabkommen TTIP und CETA die globale Industrialisierung der Landwirtschaft. Die Folgen sind allgegenwärtig: Immer mehr BäuerInnen müssen hier und in den Ländern des Südens ihre Höfe aufgeben; Billigfleisch überschwemmt die Märkte; Monokulturen verdrängen den Regenwald; Ackerland wird zum Spekulationsobjekt. Weltweit haben mehr als 800 Millionen Menschen nicht genug zu essen – mit dramatischen Folgen. Wir fordern: Gutes Essen und gute Landwirtschaft für alle und weltweit! Auch Attac war – zusammen mit vielen anderen Organisationen – auf der Demo dabei.

Attac Trägerverein e.V., WIR HABEN ES SATT!, www.attac.de (22.5.2015)

Aufgaben

1. Analysiere die Kritik von Attac an der ökonomischen Globalisierung (M 14, M 16).
2. Arbeite aus M 14 und M 16 heraus, welche Alternativen Attac sieht und auf welche Weise diese erreicht werden sollen. Stelle die einzelnen Aspekte auf einem Flyer dar.
3. Diskutiere, welche Gründe dafür verantwortlich sein könnten, dass gerade in Deutschland die Mitgliederzahlen von Attac stark angestiegen sind (M 15).
4. Nimm Stellung: Inwieweit hältst du die Kritik von Attac an der Globalisierung und die Formen der Kritik für berechtigt? Vergleiche deine Ergebnisse mit deinem Nachbarn (M 14 – M 16).

Was wir wissen

Der Begriff Globalisierung
M 4

Globalisierung ist ein vieldeutiger Begriff, der unterschiedliche Dimensionen umfasst: wirtschaftliche, gesellschaftliche, politische, kulturelle und ökologische. Allen Bereichen gemeinsam ist die weltumspannende Vernetzung, die einen nationalen Blickwinkel alleine nicht mehr erlaubt. Diese wird besonders in der ökonomischen Dimension deutlich.

Antriebskräfte und Faktoren
M 5

Wirtschaftliche Globalisierung ist ein Prozess, der seit den 1980er-Jahren eine enorme Dynamik entwickelte, die Entstehung globaler Unternehmen förderte und zu einem weltweiten Markt führte. Folgende Faktoren sind dafür zu nennen:

- Die Liberalisierung der Weltmärkte durch den Abbau von Handelsbeschränkungen (GATT/WTO) auf der Grundlage der Lehre vom Freihandel.
- Die Einführung der digitalen Kommunikationstechnologien (Internet) und Veränderungen der Transportlogistik (z. B. Container), die zu einem starken Rückgang der Mobilitäts- und Kommunikationskosten führten.
- Ferner die Öffnung der Märkte der sozialistischen Staaten, die bis 1990 vom Weltmarkt abgeschottet waren sowie
- die zunehmende wirtschaftliche Bedeutung Chinas mit fast 1,4 Mrd. Menschen für den Weltmarkt.

Indikatoren
M 6

Das Wachstum des Welthandels im Vergleich zum Wachstum des globalen BIP (Weltexportquote) gilt als Gradmesser ebenso wie das Wachstum der Auslandsinvestitionen. Der jährlich ermittelte KOF-Index versucht neben der ökonomischen auch die politische und soziale Dimension zu messen.

Ökonomische Globalisierung in der Kritik
M 11 – M 16

Auf der einen Seite hat die wirtschaftliche Globalisierung den Lebensstandard fast überall auf der Welt erhöht: Armut ging ebenso zurück wie die Kindersterblichkeit, die Lebenserwartung hat sich erhöht. Auf der anderen Seite sind die Unterschiede zwischen Arm und Reich größer geworden. Menschenrechte werden vor allem in den unterentwickelten Staaten (Kinderarbeit) nicht beachtet, und die Ausbeutung der natürlichen Ressourcen nimmt ebenso wie die Schädigung der Umwelt (Klimaerwärmung) zu.

Das globale iPhone

Das iPhone ist ein zwiespältiges Produkt. Einerseits setzt es technologische und kulturelle Standards. Wie kaum ein anderes Produkt vermittelt es den Käufern das Gefühl, auf angenehme Weise an den Möglichkeiten der globalen Kommunikation teilzuhaben. Andererseits stehen Apple-Produkte wie iPhone oder iPad für die schlechten Seiten der Globalisierung. Auf der Rückseite jedes iPhones ist zu lesen: „Entworfen von Apple in Kalifornien. Produziert in China." Das bedeutet: Apple stellt fast nichts selbst her.

Die Produktion findet im Ausland statt – zu großen Teilen in den gigantischen Werken des Foxconn-Konzerns in China, für den über eine Million Menschen arbeiten. Dass die schlechten Arbeitsbedingungen dort langsam, aber sicher das positive Image der Apple-Produkte bedrohen, hat die US-Firma 2011 erkannt. Deshalb ließ Apple die Foxconn-Werke durch die Fair Labor Association (FLA) kontrollieren, die für erträgliche Zustände in der globalen Produktionskette sorgen soll. Das Ergebnis der Überprüfung: Die Kontrolleure bestätigten viele der Vorwürfe, die unter anderem die Hongkonger Kritiker-Organisation Sacom gegen Apple und Foxconn erhebt. […]

Der Lohn einer normalen Foxconn-Arbeiterin im Werk Chengdu in Zentralchina betrug 2011 etwa 2.000 Renmimibi (210 Euro) für rund 240 Arbeitsstunden monatlich. Das machte rund 90 Euro-Cent pro Stunde – eine Summe, die den Arbeitern nur ein relativ bescheidenes Leben ermöglichte. D[ie] Löhne in China sind auch deshalb so niedrig, weil Apple seine Zulieferer unter Druck setzt. 2011 betrugen die Arbeitskosten eines iPhones im Verhältnis zu dessen Verkaufspreis größenordnungsmäßig drei Prozent. Von 500 Euro, die Kunden in Europa oder den USA zahlten, kamen etwa 15 Euro bei den Arbeiterinnen an [,wohingegen geschätzte 240 Euro Gewinn beim Weltkonzern verbleiben].

Hannes Koch, Fragwürdige Arbeitsbedingungen – Apple und seine iPhone-Produktion in China, www.derwesten.de, 13.9.2012

Aufgaben

1. Beschreibe das iPhone und seine Produktion als Phänomen der Globalisierung. Unterscheide dabei die unterschiedlichen Dimensionen der Globalisierung.
2. Erläutere die Zergliederung des Produktionsprozesses des iPhones mithilfe deiner Kenntnisse über die Antriebskräfte der Globalisierung.
3. Erörtere kritisch die globale Produktion und Vermarktung des iPhones.

Wie sehr bereiten dir diese Themen aus dem Weltgeschehen Sorgen?

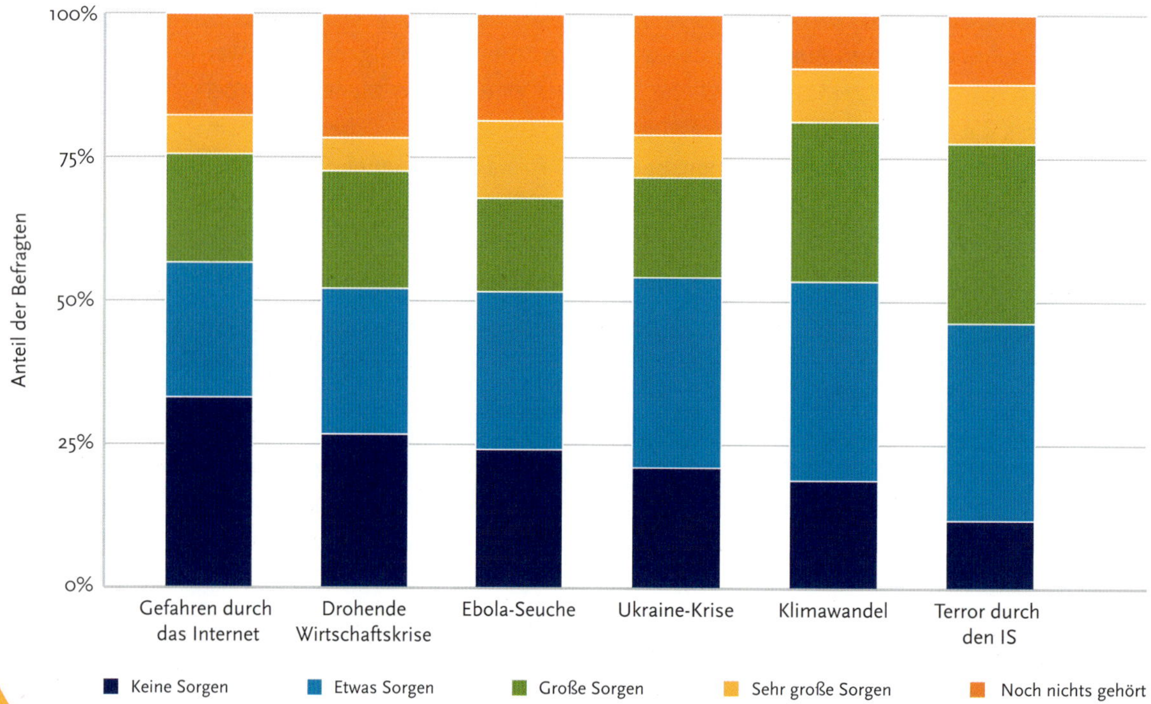

Quelle: BDZV, © Statista 2016

9

Wege zum Frieden

Die zahlreichen Kriege und Konflikte auf der Welt zeigen, dass bis heute Frieden und Sicherheit alles andere als selbstverständlich sind. Klimaveränderungen, Kriege, Konflikte, Hunger und Armut bedrohen die Menschen weltweit. Durch die Globalisierung, die man auch als Entgrenzung der Welt bezeichnet, wirken sich Krisen irgendwo auf der Welt auf die gesamte Weltgemeinschaft aus.

Kompetenzen

Am Ende dieses Kapitels solltest du Folgendes wissen und können:

- Terrorismus als Bedrohung für den Weltfrieden darstellen
- die Begriffe „Krieg“ und „Frieden“ erklären
- die Rolle der NATO bei der Friedenssicherung beurteilen
- die Rolle der Vereinten Nationen für den Weltfrieden bewerten

Was weißt du schon?

Was ist für dich die größte Gefahr für den Weltfrieden? Hängt die Themen aus dem Weltgeschehen auf der linken Seite in Form von Begriffskarten in den Ecken des Klassenzimmers auf.

a) Stelle dich zu dem Begriff, der für dich die größte Bedrohung für den Weltfrieden darstellt.
b) Begründe deine Auswahl.
c) Hat sich deine Meinung nach der Diskussion geändert? Stellt euch erneut auf.

9.1 Terrorismus – Bedrohung für den Weltfrieden

Terrorismus – wie tritt er auf und was sind die Abwehrstrategien?

M 1 Terroranschläge in Paris 2015

Bei koordinierten Anschlägen in Paris sterben am 13. November 2015 fast 130 Menschen, 350 werden zum Teil schwer verletzt. Während des Freundschaftsspiels zwischen der deutschen und der französischen Fußballnationalmannschaft eröffnen die Attentäter nahezu zeitgleich in einem Konzertsaal, in Bars und Restaurants das Feuer. In Frankreich und in Brüssel wurde aufgrund von Terrorwarnungen und Fahndungen der Ausnahmezustand ausgerufen, in Hannover wurde ein Fußballländerspiel aus diesem Grund abgesagt. Der „Islamische Staat" hat sich zu den Anschlägen bekannt. Bereits im Januar 2015 waren in Paris bei einem islamistisch motivierten Terroranschlag auf die Redaktion der französischen Satirezeitschrift Charlie Hebdo elf Personen getötet worden.

M 2 Terroropfer weltweit

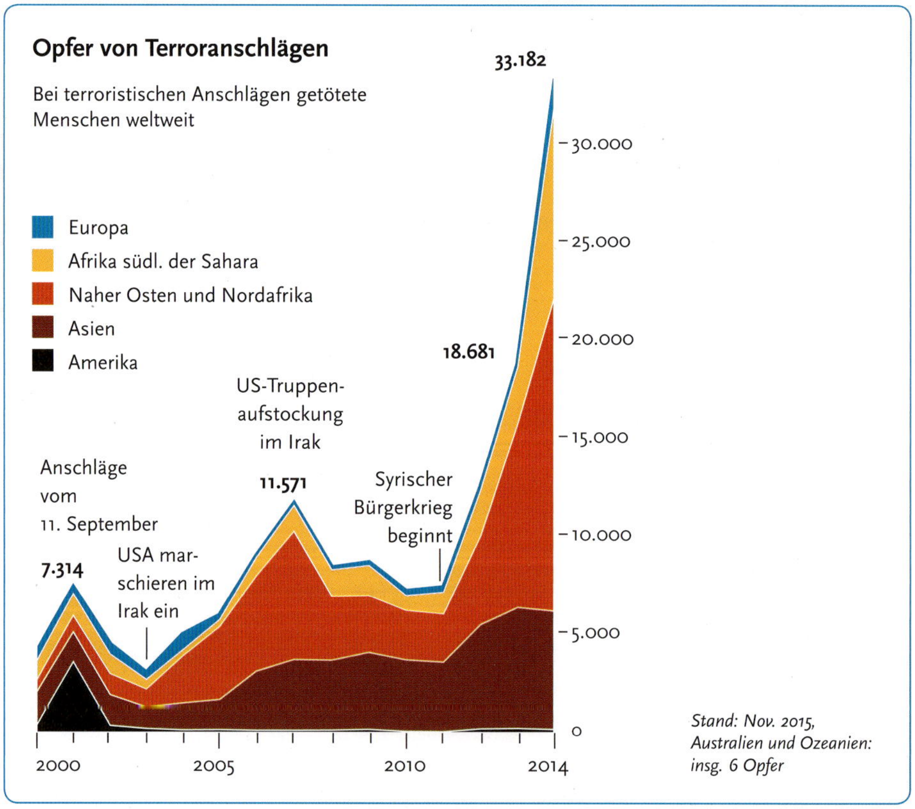

Globus-Grafik 10664; Quelle: Global Terrorism Database, University of Maryland

M 3 Was ist der „Islamische Staat"?

Der „Islamische Staat" ist eine Terrororganisation, die aus dem irakischen Ableger des Terrornetzwerks al-Qaida hervorgegangen ist und in den vergangenen zwei Jahren große Gebiete in Syrien und im Irak erobert hat. Die Miliz regiert in ihrem Machtbereich mit großer Grausamkeit – sie lässt Widersacher und Gefangene exekutieren, bestraft Vergehen gegen die eigene Auslegung des Korans mit drakonischen Strafen, lässt vor laufender Kamera Geiseln enthaupten und die Videos durch die eigene Propagandamaschine weltweit verbreiten.

Der IS ist gleichzeitig auch ein Staatenprojekt. Konkret geht es um den Aufbau eines vermeintlich islamischen Staates, in dem die IS-Ideologie die Staatsreligion bildet. Der IS verklärt sich zu einer fundamentalistischen Utopie, die Radikale in aller Welt elektrisiert. Dadurch ist er zu einer Marke mit internationaler Anziehungskraft geworden. [...]

Seit sich im Herbst 2014 eine internationale Koalition gegen den IS formiert hat, haben die Dschihadisten wiederholt zu Anschlägen in Staaten aufgerufen, die sich an dem Kampf beteiligen, also auch in Europa. [...] Französische Dschihadismus-Experten [...] gehen davon aus, dass die Terrorgefahr in Europa auch ohne die Aufstellung der internationalen Koalition gestiegen wäre wegen der vielen Europäer, die zum IS reisen und dort militärische Erfahrung sammeln. Vor den Anschlägen von Paris gab es keine Erkenntnisse darüber, dass die IS-Führung selbst Anschläge in Europa plante.

Raniah Salloum, Was ist der „Islamische Staat"(IS)?, www.spiegel.de, 20.1.2016

Dschihadismus
Militante extremistische Strömung des Islamismus. Seine Anhänger propagieren den Aufbau und die Ausdehnung des Machtbereichs eines islamischen Staates mit dem Mittel der Gewalt.

M 4 Ursachen von Terrorismus

a) Sozioökonomische Ursachen

Bevölkerungswachstum	Fehlende Freiheiten	Bildungsrückstand
• bereits 2003 waren 38 % der Bevölkerung in arab. Städten unter 14 Jahre alt	• (gewaltsame) Unterdrückung politischer Opposition in mehreren arab. Staaten	• vergleichsweise niedrige Bildungsausgaben in arab. Staaten → geringere Bildungschancen → bescheidener durchschnittlicher Bildungsstand (z. B. hohe Analphabetenrate)
• Schrumpfung landwirtschaftlicher Nutzfläche → Landflucht → Entstehen perspektivloser städtischer Jugend	• staatliche Lenkung von Medien → Moschee oft als einziger Ort der Artikulation kritischer Positionen → keine echte politische Öffentlichkeit, sondern tendenziell Zulauf für Islamisten	

Nach: Bruno Schoch, Frankfurter Rundschau, 11.9.2003

Terrorismus
Der Begriff „Terrorismus" bezeichnet [...] eine andauernde und geplante Gewaltanwendung mit politischer Zielsetzung, um mit terroristischen Methoden das Verhalten des Gegners zu beeinflussen. [...] Es muss sich um terroristische Methoden handeln [...], das heißt Terroranschläge, bei denen eine Trennlinie zwischen am Konflikt Beteiligten (Kombattanten) und unschuldigen Dritten (Nicht-Kombattanten) nicht existiert.
Kai Hirschmann, Internationaler Terrorismus, www.bpb.de, 21.8.2006

Vernetzung jenseits der staatlichen Ebene

Der transnationale Terrorismus wurde spätestens mit den Anschlägen von New York und Washington am 11. September 2001 zu einem der wichtigsten Themen der internationalen Politik. Sein Vorläufer war der internationale Terrorismus. Dessen bedeutsamstes Merkmal waren zahlreiche grenzüberschreitende Aktionen, bei denen häufig vollkommen unbeteiligte Bürgerinnen und Bürger fremder Staaten zu Schaden kamen.
Der transnationale Terrorismus [...] ist „transnational", weil sich die terroristischen Gruppen auf substaatlicher Ebene länderübergreifend miteinander vernetzen und sich dementsprechend aus Angehörigen verschiedener Nationalitäten zusammensetzen. An Waffen und Geld gelangen die transnationalen Terroristen in der Regel durch private Unterstützung oder durch den Aufbau eigener, substaatlicher Finanzierungs- und Logistiknetzwerke.

Guido Steinberg, Transnationaler Terrorismus, www.bpb.de, 15.7.2015

b) „Hausgemachte" Terroristen?

[Man] darf [...] sich die Teilnahme am Dschihad nicht als explizite Entscheidung vorstellen, sondern als langwierigen sozialen und emotionalen Übergang. Der Beginn dieses Prozesses liegt bei islamistischen Terroristen aus der zweiten Einwanderergeneration bzw. aus dem studentischen Milieu in der persönlichen Erfahrung, in einer Welt zu leben, [...] mit der man nicht identisch ist. Die Täter der Londoner Anschläge vom August 2005 waren Kinder pakistanischer Einwanderer, die es [...] durch Anpassung an die Bedingungen der Aufnahmegesellschaft zu bescheidenem Wohlstand gebracht hatten. Während diese erste Migrantengeneration der Aufnahmegesellschaft meist loyal gegenübersteht, weil sie ihr jenen sozialen Aufstieg und Lebensstandard ermöglicht hat [...], setzen die Angehörigen der zweiten Generation diese Standards als gegeben voraus, erleben aber gerade darum die subtilen und weniger subtilen Ausgrenzungen durch die Mehrheitsgesellschaft desto intensiver. [...] Soziale Benachteiligungen [...] untermauern die gefühlte Ausgrenzung. [...] [Sich einer terroristischen Gruppe anzuschließen] ist [dann] nicht das Ergebnis einer spontanen Entscheidung oder eines Beitritts, sondern erfolgt langsam und kann durch Entfremdungsgefühle, Einsamkeit und gefühlte Ablehnung [...] motiviert sein. [...] Terrorist zu werden, ist ein sozialer Prozess, keine vorformatierte kognitive Entscheidung. [...]

Jemand, der sich entscheidet, Terrorist zu werden, bekommt eine ganze Menge: die Zugehörigkeit zu einer exklusiven, elitären Gruppe, die einer gemeinsamen Sinnbildung folgt, die rastlose Arbeit an einer als notwendig und sinnvoll erlebten Aufgabe und die Entlastungen von Lebenslauferwartungen und anderen sozialen Verpflichtungen der gewöhnlichen Welt, von der Existenzsicherung bis zur Rentenvorsorge.

Harald Welzer, Klimakriege. Wofür im 21. Jahrhundert getötet wird, Frankfurt a. M. 2008, S. 167 ff.

M 5 Deutsche Parteien zur Terrorabwehr

a) Die Grünen fordern Augenmaß

Die Grünen lehnen Militäraktionen im Kampf gegen den Terrorismus nicht kategorisch ab, halten sie aber für wenig wirksam. Die Erfahrungen zeigten, dass militärische Mittel nur „einen sehr begrenzten Beitrag" leisten könnten, heißt es in einer auf dem Parteitag in Halle beschlossenen Resolution. „Die ‚Kriege gegen den Terror' haben nur neuen Terror erzeugt", sagte Parteichefin Simone Peter. [...] Für die Grünen seien „eine Gesamtstrategie und ein UN-Mandat" ein Minimum für Militäreinsätze, sagte Peter. Um die Dschihadistenmiliz Islamischer Staat (IS) zu besiegen, seien Verhandlungen zu Syrien „wichtiger als jeder Militäreinsatz", eine Entspannung zwischen Saudi-Arabien und dem Iran bewirke mehr als Bomben.

© WeltN24 GmbH 2016, Grüne fordern Augenmass bei militärischen Mitteln im Antiterror-Kampf, www.welt.de, 20.11.2015

b) CSU dringt auf weitere Anti-Terror-Maßnahmen

Angesichts der hohen Anschlagsbedrohung dringt die CSU auf zusätzliche Anti-Terror-Maßnahmen in Deutschland. So soll Personen, die im Ausland für eine Terrormiliz gekämpft und eine weitere Staatsbürgerschaft haben, der deutsche Pass entzogen werden, heißt es in einer Vorlage für die Klausur der CSU-Landesgruppe in Wildbad Kreuth. Verurteilte Gefährder sollen rund um die Uhr mit Hilfe einer elektronischen Fußfessel überwacht werden.

Dpa, CSU dringt auf weitere Anti-Terror-Maßnahmen, www.mz-web.de, 2.1.2016

c) SPD uneins über schärfere Anti-Terror-Gesetze

Kurz vor dem Bundesparteitag der SPD hat der Innenexperte Burkhard Lischka mit der Forderung nach schärferen Gesetzen zur Terrorabwehr in den eigenen Reihen für Unruhe gesorgt. SPD-Generalsekretärin Yasmin Fahimi und Parteivize Ralf Stegner gingen am Montag auf Distanz zu Lischkas Überlegungen. [...] Auf ihrem am Donnerstag beginnenden Bundesparteitag will sich die SPD als Partei präsentieren, bei der die innere Sicherheit in guten Händen ist. Während gerade die Innenexperten der SPD-Bundestagsfraktion in Fragen der Terrorabwehr oft eine harte Linie fahren, stößt dies etwa bei der Parteilinken regelmäßig auf Skepsis.

AFP, SPD-Innenexperte will Islamisten stärker überwachen, www.badische-zeitung.de, 8.12.2015

d) DIE LINKE, Neue Anti-Terror-Gesetze sind unbrauchbar und demokratiegefährdend

Jan Korte, stellvertretender Vorsitzender der Fraktion: „Freiheitsrechte dürfen niemals leichtfertig geopfert werden, schon gar nicht für unbrauchbare Symbolpolitik. Genau dies aber plant die Bundesregierung mit ihren neuen Anti-Terror-Gesetzen, die schon den angenommenen Reise-Versuch gewaltbereiter Islamisten unter Strafe stellen. [...] Entscheidend wäre jetzt der rasche und gezielte Ausbau der präventiven Instrumente zur Verhütung von Radikalisierung. [...] Mehr Mittel für die Forschung, effektive Aussteigerprogramme, Angehörigenberatung und Integrationsmaßnahmen sind das Gebot der Stunde. Wir brauchen im Kampf gegen den Terror nicht weniger Freiheit und Demokratie, sondern deutlich mehr davon."

Jan Korte, Pressemitteilung Die Linke: Neue Anti-Terror-Gesetze sind unbrauchbar und demokratiegefährdend, www.linksfraktion.de, 3.2.2015

e) CDU-Innenminister plant neue Anti-Terror-Einheit

Bundesinnenminister Thomas de Maizière (CDU) will der wachsenden terroristischen Bedrohung laut einem Medienbericht mit einer neuen Anti-Terror-Einheit begegnen. Die Einheit solle Teil der Bundespolizei sein und die Lücke zwischen Bereitschaftspolizei und Eliteeinheit GSG9 schließen [...]. Der CDU-Innenpolitiker im Bundestag Armin Schuster sagte dem rbb Inforadio, er begrüße die Absicht, robuste Polizeieinheiten speziell zur Abwehr von Terrorlagen neu zu bilden.

dpa, Innenministerium soll neue Anti-Terror-Einheit planen, www.faz.net, 20.3.2015

Aufgaben

1. Stelle die Bedrohungen des transnationalen Terrorismus dar (M 1 – M 3).
2. Untersuche die möglichen Ursachen des transnationalen Terrorismus hinsichtlich inner- sowie zwischengesellschaftlicher Faktoren (M 4).
3. Die deutschen Parteien streiten über die richtige Haltung gegenüber einer terroristischen Bedrohung (M 5).
   a) Erstelle eine Übersicht der möglichen Reaktionen und Maßnahmen.
   b) Nimm begründet Stellung, welche Haltung du unterstützen würdest.

zu Aufgabe 2
Erstelle zunächst eine Mindmap der möglichen Ursachen, um dir einen Überblick zu verschaffen.

Was ist Frieden, was ist Krieg, was ist Sicherheit?

Positiver und negativer Frieden
Es gibt viele Definitionen von Frieden. Der Wissenschaftler Johan Galtung unterscheidet zwischen positivem und negativem Frieden. **Negativer Frieden** bedeutet, dass kein Krieg, kein gewaltsamer zwischenstaatlicher oder auch innerstaatlicher Konflikt herrscht. **Positiver Frieden** meint die Abwesenheit von Krieg oder gewaltsamen Konflikten, und zwar in einer Situation, in der Gleichheit und Gerechtigkeit herrschen und Entwicklung stattfindet.
Kennzeichnend für positiven Frieden sind somit die Verwirklichung von sozialer Gerechtigkeit und ein Minimum an Gewalt. Frieden sei erst dann erreicht, wenn Häuser und Infrastruktur wieder aufgebaut und Strukturen entwickelt sind, die zu mehr sozialer Gerechtigkeit führen.

M 6 Wie spielt man Frieden?

Der russische Schriftsteller Marschak beobachtete einmal sechs- bis siebenjährige Kinder beim Spielen. „Was spielt ihr?", fragte er sie. „Wir spielen Krieg.", antworteten die Kinder. Daraufhin erklärte ihnen der Schriftsteller: „Wie kann man nur Krieg spielen! Ihr wisst doch sicher, wie schlimm Krieg ist. Ihr solltet lieber Frieden spielen." „Das ist eine gute Idee.", sagten die Kinder. Dann Schweigen, Beratung, Tuscheln, wieder Schweigen. Da trat ein Kind vor und fragte: „Großväterchen, wie spielt man Frieden?"

Marie Luise Dieckmann, Wie man Frieden spielt, in: Christ in der Gegenwart 26 (1974), S. 254

M 7 Konfliktkarte 2014

Länder, in denen 2014 Krieg herrschte:
z. B. Afghanistan, Irak, Jemen, Libyen, Mexiko, Nigeria, Pakistan, Somalia, Sudan, Südsudan, Syrien, Türkei, Ukraine

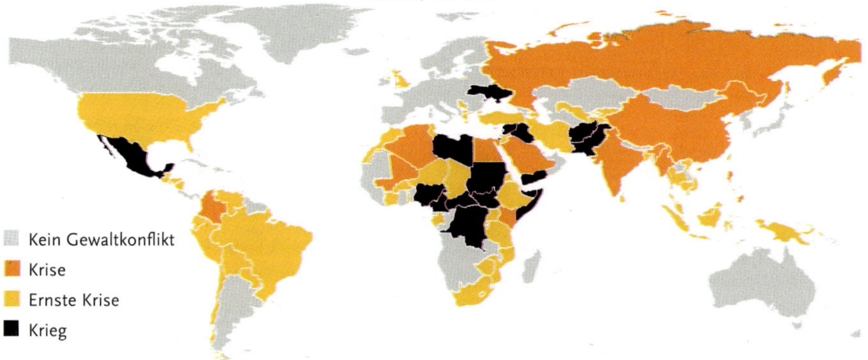

Die von mehr als einem Konflikt betroffenen Länder sind entsprechend der höchsten Intensität eingefärbt.

Nach: HIIK, Konfliktbarometer 2014

M 8 Was ist Krieg?

Als Krieg bezeichnet man einen gewaltsamen Massenkonflikt, der in der Regel folgende Merkmale aufweist: An den Kämpfen sind zwei oder mehr bewaffnete Streitkräfte beteiligt, wobei es sich mindestens auf einer Seite um reguläre staatlich gelenkte Einheiten handeln muss; auf beiden Seiten muss die Kriegführung planmäßig und zentral gesteuert werden und die bewaffneten Operationen müssen sich mit einer gewissen Dauer ereignen (Definition nach Arbeitsgemeinschaft Kriegsursachenforschung

AKUF). Andernfalls handelt es sich um bewaffnete Konflikte.

Krieg bedeutet immer, dass Interessenkonflikte gewaltsam ausgetragen werden. Führen zwei Staaten gegeneinander Krieg, so spricht man von zwischenstaatlichem Krieg. Kämpfen verschiedene Bevölkerungsgruppen innerhalb eines Staates gegeneinander, so handelt es sich um einen Bürgerkrieg.

Ein neueres Phänomen ist der sogenannte asymmetrische Krieg. Bei dieser Form des Krieges tragen lokale Warlords und Rebellengruppen, „Befreiungsarmeen" oder internationale Terrornetzwerke Gewalt in die Mitte auch fremder Gesellschaften hinein, um die staatliche Ordnung, eine Besatzungsmacht oder eine Bevölkerungsgruppe zu bekämpfen.

M 9 Was ist Sicherheit? Der erweiterte Sicherheitsbegriff

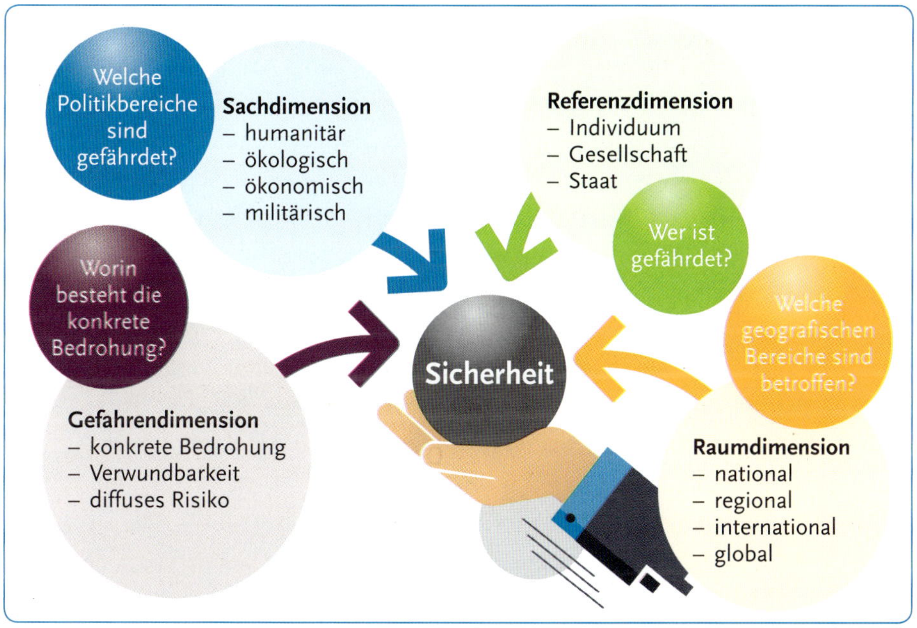

Aufgaben

1. Entwickelt in Gruppenarbeit Ideen und Kriterien für das Spiel „Frieden" in M 6. Berücksichtigt dabei die Unterscheidung von positivem und negativem Frieden (Randspalte von M 6).
2. Verfolge zu einem Konflikt über einen Zeitraum von ein bis zwei Wochen die Nachrichten einer Tageszeitung. Sammle wichtige Informationen, Berichte, Reportagen, Fotos ... Gestaltet in Gruppen eine Wandzeitung (M 7, M 8).
3. Warum spricht man vom „erweiterten Sicherheitsbegriff"? Erläutere deine Vermutungen (M 9).

zu Aufgabe 1
Überprüft, was einfacher zu spielen ist, Krieg oder Frieden? Nennt das entscheidende Kriterium.

zu Aufgabe 3
Was bedeutet für dich Sicherheit? Verfasse Statements mit folgenden Satzanfängen: *Ich fühle mich sicher, wenn ... Eine sichere (Um-)Welt sieht für mich folgendermaßen aus: ...*

Was wir wissen

Terrorismus
M 1 – M 4

Seit den terroristischen Anschlägen in den USA am 11. September 2001 gilt der transnationale Terrorismus als eine der größten Herausforderungen der Gegenwart. Terroristen wollen durch geplante Gewaltanwendung (auch und gerade gegen Zivilisten) Angst und Schrecken erzeugen, um so politische oder religiöse Ziele zu erreichen. Ein Beispiel für ein überregional handelndes terroristisches Netzwerk ist der islamisch-fundamentalistische „Islamische Staat“ (IS). In jüngerer Zeit wurden erneut auch europäische Staaten Ziel von Anschlägen, besonders viele Opfer gibt es jedoch in Staaten des Nahen Ostens und in Asien. Über die Ursachen und die angemessenen Reaktionen auf eine terroristische Bedrohung gibt es sehr unterschiedliche Auffassungen in Politik und Gesellschaft.

Krieg und Frieden
M 6 – M 8

Krieg ist, wenn Staaten oder Gruppen versuchen, einen Streit mit Gewalt zu lösen. Dabei werden Soldaten und Waffen eingesetzt, die von einer zentralen Stelle Befehle erhalten. Ob Kriege entstehen, hängt häufig davon ab, wie das Zusammenleben in einem Land funktioniert. Wo Menschen unterdrückt werden, arm sind oder hungern, ist es schwieriger, Frieden zu schaffen. Man spricht von „positivem Frieden“, wenn auch Gerechtigkeit in einer Gesellschaft verwirklicht ist.

Erweiterter Sicherheitsbegriff
M 9

Es werden unterschiedliche Typen von Kriegen unterschieden. In jüngerer Zeit wurde vor allem über den sogenannten asymmetrischen Krieg diskutiert. Dort stehen hochgerüstete Armeen eines Staates Gruppierungen wie Milizen oder Terrorgruppen gegenüber. Zentral war lange, dass die nationale Sicherheit in Form von sicheren Grenzen gewährleistet wurde. Der erweiterte Sicherheitsbegriff berücksichtigt auch ein breiteres Verständnis möglicher Sicherheitsbedrohungen aus verschiedenen Blickrichtungen.

Was wir können

Karikatur: Waldemar Mandzel

Aufgaben

1. Analysiere die Karikatur.
2. Erläutere den Zusammenhang von Armut, Terrorismus und Klimawandel als Bedrohungen für den Weltfrieden.
3. Welche Reaktionen bzw. Haltungen sind deiner Meinung nach am wichtigsten, um diesen Bedrohungen zu begegnen. Nenne drei und bringe sie in eine Reihenfolge. Tauscht euch darüber in der Klasse aus.

9.2 Wie kann der Friede gesichert werden?

Welche Rolle soll die NATO im Syrien-Konflikt spielen?

M 1 Schlagzeilen

Syrien-Konflikt: Türkei erwägt NATO-Bündnisfall
Nach tödlichen Zwischenfällen ist die Lage an der syrisch-türkischen Grenze extrem angespannt. Der EU-Abgeordnete Elmar Brok sieht die Gefahr, dass die Türkei militärisch aktiv werden könnte. Der türkische Premierminister Recep Tayyip Erdogan denkt bereits laut über einen NATO-Bündnisfall nach.
mka/Ria Novosti/Rtr, www.euractiv.de, 12.4.2012

Konflikt mit Syrien: NATO verlegt „Patriot"-Raketen in die Türkei
Die NATO unterstützt die Türkei beim Schutz gegen mögliche Angriffe aus Syrien. Die Allianz schickt „Patriot"-Raketen. Das haben die Außenminister des Militärbündnisses jetzt beschlossen.
dpa/Reuters, www.spiegel.de, 4.12.2012

NATO erwägt Militäreinsatz – Deutschland bremst
Greift die NATO bald im Syrien-Konflikt ein? Die USA, Großbritannien und die Türkei treiben einen militärischen Einsatz voran. Deutschland hingegen sieht eine Intervention im Bürgerkrieg skeptisch.
Stefanie Bolzen, Die Welt, 26.12.2012

M 2 Die NATO-Staaten

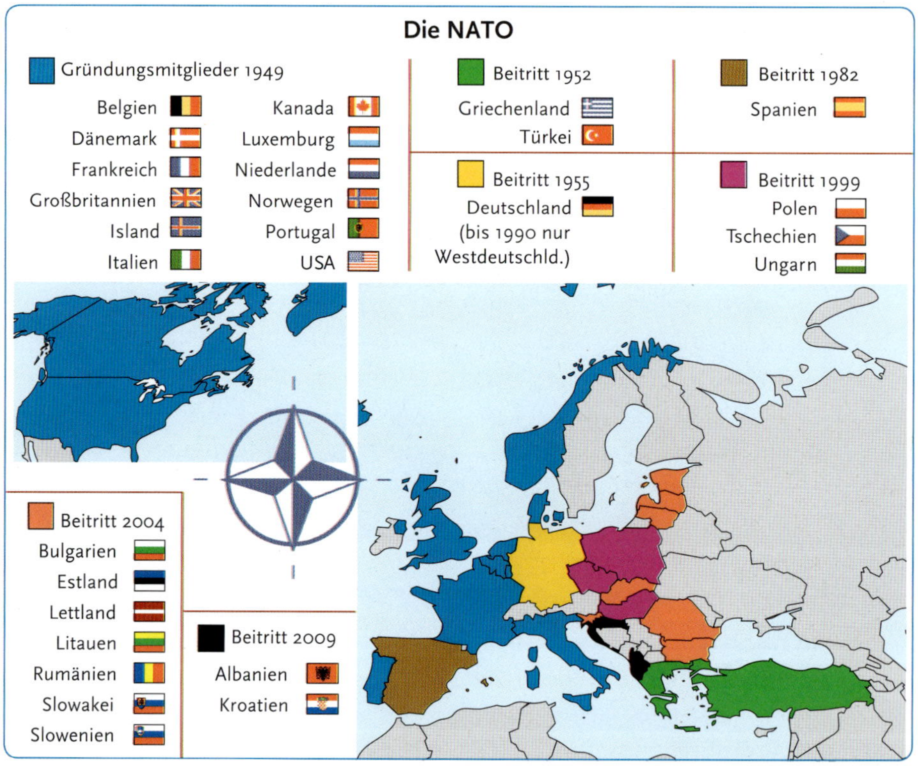

Globus-Grafik 2727

M 3 Aus dem NATO-Vertrag

Beistandsklausel: Art. 5

Die Parteien vereinbaren, dass ein bewaffneter Angriff gegen eine oder mehrere von ihnen in Europa oder Nordamerika als ein Angriff gegen sie alle angesehen werden wird; sie vereinbaren daher, dass im Falle eines solchen bewaffneten Angriffs jede von ihnen in Ausübung des in Artikel 51 der Satzung der Vereinten Nationen anerkannten Rechts der individuellen oder kollektiven Selbstverteidigung der Partei oder den Parteien, die angegriffen werden, Beistand leistet, indem jede von ihnen unverzüglich für sich und im Zusammenwirken mit den anderen Parteien die Maßnahmen, einschließlich der Anwendung von Waffengewalt, trifft, die sie für erforderlich erachtet, um die Sicherheit des nordatlantischen Gebiets wiederherzustellen und zu erhalten.

A. Randelzhofer (Hg.), Völkerrechtliche Verträge, Berlin 2007

M 4 Die Türkei, Syrien und der NATO-Bündnisfall

Die NATO-Statuten erlauben die gemeinsame Verteidigung eines Mitglieds des Bündnisses. Nach dem Beschuss des NATO-Landes Türkei durch syrische Granaten könnte dieser Fall theoretisch eintreten. Jürgen Liminski im Gespräch mit dem Politikwissenschaftler Cornelius Vogt von der Deutschen Gesellschaft für Auswärtige Politik.

Jürgen Liminski: Die Eskalation im Nahen Osten – was muss passieren, damit für die NATO der Bündnisfall eintritt?

Cornelius Vogt: Na ja, man muss hier unterscheiden zwischen Theorie auf der einen Seite und Praxis auf der anderen Seite. In der Theorie genügt gewissermaßen der Blick in die Statuten der NATO und insbesondere in den Washingtoner Vertrag und da im ganz Besonderen eben den Artikel fünf, der den Bündnisfall gewissermaßen versucht zu umreißen. Zur Praxis kann man sagen, na ja, es kommt immer auf den Einzelfall an, denn im Washingtoner Vertrag ist ja nur festgehalten, dass die Parteien des Vertrages, also die Mitglieder der NATO, alles tun sollen, um die Sicherheit des nordatlantischen Gebietes wiederherzustellen und zu erhalten, und sie sollen genau das machen, was sie dafür als erforderlich erachten, und genau bei dieser Formulierung stellt sich natürlich ein ganz großes Fragezeichen. Das kann also alles heißen, ich sage mal salopp von der Beileidskarte bis hin zur Entsendung eigener Soldaten zur Verteidigung eines Verbündeten.

Jürgen Liminski: Im Fall Libyen wurde zwar der Bündnisfall nicht erklärt, aber dennoch haben NATO-Partner den Rebellen geholfen und damit den Sturz des Diktators beschleunigt. Braucht man überhaupt den Bündnisfall, oder können einzelne NATO-Partner nicht auch ohne Erklärung eingreifen, eben so wie in Libyen?

Vogt: Das ist richtig, so wie Sie das beschreiben. Prinzipiell sind natürlich gerade die demokratisch verfassten westlichen Länder auch ihren eigenen Bevölkerungen gegenüber in der Pflicht, solche Entscheidungen über Krieg und Frieden zu legitimieren, und da gibt es verschiedene Wege: zunächst einmal die Charta der Vereinten Nationen mit dem Artikel 51 und letztlich dem Recht einer jeden Nation, sich selbst zu verteidigen gegen einen Angriff auf die eigene territoriale Integrität. Das ist eine Möglichkeit, so etwas zu legitimieren, und das wäre hier beispielsweise ja schon infrage gewesen mit diesem Zwischenfall an der türkisch-syrischen Grenze. Eine andere Möglichkeit ist, über eine Resolution des Sicherheitsrates der Vereinten Nationen zu gehen. Das müsste dann eine Resolution sein, in der in irgendeiner Form ein Wortlaut drin sein müsste, der den Einsatz aller notwendigen Mittel, so heißt es dann häufig, erlaubt, um Sicherheit wieder herzustellen. Nach einer solchen Resolution sieht es momentan im Fall Syrien nicht aus. Die Blockadehaltung von Russland und China dazu ist ja hinlänglich bekannt. Auf der anderen Seite gibt es auch, denke ich, innerhalb des westlichen Bündnisses einige Zurückhaltung, was eine Intervention in Syrien angeht.

Interview von Jürgen Liminski mit dem Politologen Cornelius Vogt, www.deutschlandfunk.de, 5.10.2012

Aufgaben

1. Erläutere, auf welcher rechtlichen Grundlage eine NATO-Intervention in Syrien möglich wäre (M 3, M 4).
2. Diskutiert, ob die NATO in den Syrien-Konflikt eingreifen sollte (M 1 – M 4).

Die NATO – ein Verteidigungsbündnis mit Zukunft?

M 5 Rückblick: Entstehung der NATO

Der ehemalige norwegische Ministerpräsident Jens Stoltenberg ist seit dem 1. Oktober 2014 NATO-Generalsekretär.

Am 4. April 1949 unterzeichneten in Washington zehn westeuropäische Staaten sowie die USA und Kanada den Nordatlantikvertrag und gründeten damit die NATO (North Atlantic Treaty Organization). Der Kalte Krieg zwischen den von der Sowjetunion dominierten kommunistischen Staaten Osteuropas und dem nichtkommunistischen Westen war bereits voll entbrannt. Sieben weitere Staaten, unter ihnen die Bundesrepublik Deutschland, traten in den Folgejahren dem Bündnis bei.

Zu Zeiten des Kalten Krieges galt die NATO bei den Staaten des Warschauer Pakts, die bereits wenige Jahre nach seinem Ende ihr Interesse an einer Mitgliedschaft bekundeten, als aggressives Bündnis. Ziemlich genau 40 Jahre lang war es die Hauptaufgabe der NATO, einen potenziellen Gegner durch die eigene militärische Stärke abzuschrecken. Etwaige Angriffsabsichten sollten angesichts der Vergeltungsmöglichkeiten der Nordatlantischen Allianz von vornherein entmutigt werden. Als Voraussetzung für einen Erfolg dieser Politik galt, dass die Mitglieder der NATO weitaus höher gerüstet waren, als das etwa heute der Fall ist.

Bernard von Plate, Informationen zur politischen Bildung Nr. 274, Internationale Beziehungen II, Bonn 1/2002, S. 18 ff.

M 6 Die NATO – ein Bündnis im Wandel

Warschauer Pakt
Militärbündnis der kommunistischen Staaten Europas unter Führung der damaligen Sowjetunion, das aufgrund der Wiederbewaffnung der Bundesrepublik Deutschland und gegen die NATO 1955 gegründet wurde. Mit der Auflösung des Ostblocks wurde 1991 auch das Bündnis aufgelöst.

Nach dem Ende des Ost-West-Konfliktes und dem Zusammenbruch des Warschauer Paktes sah sich die NATO einem völlig neuen internationalen Umfeld gegenüber, das das Selbstverständnis und die strategische Ausrichtung des Verteidigungsbündnisses grundsätzlich in Frage stellte. Drei Entwicklungen waren für den Wandel und den Fortbestand der NATO prägend:

Mit dem Ende des Kalten Krieges stellte sich die Frage, wie die NATO mit ehemaligen, nun unabhängigen Staaten des Warschauer Paktes umgehen sollte. Diese strebten nun eine Mitgliedschaft in der NATO an, um Sicherheit vor dem aus ihrer Sicht (über)mächtigen Russland zu erhalten. Die NATO vergrößerte ihr Bündnisgebiet nach und nach immer weiter nach Osten und versuchte gleichzeitig, das Verhältnis zu Russland nicht zu stark zu belasten.

Gleichzeitig brach vor den Toren Westeuropas ein Krieg im ehemaligen Jugoslawien (1991 – 1999) aus. Die NATO entschloss sich erstmals zum Eingreifen auch außerhalb ihres eigenen Bündnisgebietes. Von den Vereinten Nationen wurde das Eingreifen legitimiert. So erfolgte der erste Kampfeinsatz in der Geschichte der NATO im August 1995 in Bosnien-Herzegowina.

Schon einige Jahre später stellte sich

eine neue Herausforderung: Wie sollte die NATO den Völkermord im Kosovo verhindern, wenn kein Mandat der Vereinten Nationen – Russland hatte in diesem Fall ein Veto im UN-Sicherheitsrat eingelegt – die NATO zum Eingreifen ermächtigte? Angesichts der sich abzeichnenden humanitären Katastrophe entschloss sich das Bündnis 1999, nunmehr auch ohne Mandat der Vereinten Nationen, Mord und Vertreibungen mit militärischen Mitteln zu verhindern. Spätestens nach dem Eingreifen im Kosovo zeigte sich, dass die NATO neben der Verteidigung des Bündnisgebietes ihre Aufgabe nun darin sah, in ganz Europa für Sicherheit und Stabilität zu sorgen, in Ausnahmefällen auch dann, wenn kein Mandat der Vereinten Nationen den Einsatz legitimierte. Die Anschläge vom 11. September 2001 auf die USA ließen auch diese Strategie als veraltet erscheinen. Zum ersten Mal in der Geschichte der NATO wurde der Bündnisfall festgestellt und die NATO engagiert sich seitdem auch im fernen Afghanistan. Insgesamt hat sich die NATO damit zu einer globalen Sicherheitsorganisation gewandelt, die ihre Ziele folgendermaßen definiert: „Der wesentliche und fortdauernde Zweck der NATO besteht darin, die Freiheit und Sicherheit aller ihrer Mitglieder mit politischen und militärischen Mitteln zu erreichen. Die Verwirklichung dieses Ziels kann durch Krisen und Konflikte, die die Sicherheit des euro-atlantischen Raums berühren, gefährdet werden" (Strategisches Konzept von 1999).

Erklärfilm „NATO"

Mediencode: 71067-16

M 7 Bundeswehrbeteiligung an aktuellen* NATO-Missionen

seit 1999	Kosovo-Truppe (**KFOR**; engl. *Kosovo Force*): deutsche Beteiligung mit bis zu 1.850 Soldaten
seit 2001	militärische Operation **Operation Active Endeavour (OAE)** im Mittelmeerraum: deutsche Beteiligung mit Fregatten, Schnell- und U-Booten
seit Juni 2005	Mission **Air Policing Baltikum** *(engl. Baltic Air Policing)* zur Luftraumüberwachung und zum Luftraumschutz der baltischen Staaten: deutsche Beteiligung mit Phantom- und Eurofighter-Kampfflugzeugen
seit Juni 2010	Mission **Air Policing Island** *(engl. Icelandic Air Policing)* zur Überwachung und zum Schutz des isländischen Luftraums: deutsche Beteiligung mit Phantom-Kampfflugzeugen
seit Dezember 2012	NATO-Operation **Active Fence** *(Operation aktiver Zaun)* zum Schutz des NATO-Mitglieds Türkei vor Angriffen aus dem benachbarten Bürgerkriegsland Syrien: deutsche Beteiligung mit Patriot-Flugabwehrraketen und bis zu 400 Soldaten
seit 1. Januar 2015	Mission **Resolute Support (RS)** zur Ausbildung, Beratung und für das Training der afghanischen Sicherheitskräfte (engl. *Train, Advise, and Assist – TAA*); Folgemission des am 31. Dezember 2014 beendeten ISAF-Einsatzes: deutsche Beteiligung mit bis zu 850 Soldaten

** Stand: 13.7.2015; Quelle: Recherchen der Redaktion*

Aufgabenprofil der Bundeswehr seit dem Ende des Kalten Krieges

- Verteidigung Deutschlands und Schutz der deutschen Staatsbürger
- Unterstützung von Bündnispartnern (UNO, NATO, EU etc.)
- Rettung und Evakuierung
- Sicherung von Frieden und Stabilität im europäischen Raum
- Förderung des Weltfriedens und der internationalen Sicherheit im Einklang mit der UN-Charta
- Hilfe bei Katastrophen und Notlagen, Unterstützung bei humanitären Missionen

M 8 Die NATO-Strategie

Abschreckung, Abrüstung, Annäherung: Die NATO-Staaten haben in der portugiesischen Hauptstadt Lissabon im November 2010 eine neue Bündnisstrategie für das kommende Jahrzehnt beschlossen. Im Folgenden ein Überblick über zentrale Punkte.

Neuartige Bedrohungen:
Die NATO reagiert mit der neuen Strategie auf „neuartige Bedrohungen" wie Angriffe von Terroristen, von Hackern aus dem Internet (sogenannte Cyber-Attacken) oder Mittelstreckenraketen.

Kollektive Verteidigung:
Grundprinzip bleibt die „kollektive Verteidigung" nach Artikel 5 des Nordatlantik-Vertrags von 1949. Ein bewaffneter Angriff auf einen oder mehrere Mitgliedstaaten ist danach ein Angriff auf alle. Diesen Bündnisfall hat die NATO nur einmal nach den Terrorangriffen auf die USA vom 11. September 2001 ausgerufen.

Ziel der atomaren Abrüstung:
Auf deutsches Drängen verankerte die NATO erstmals das Ziel der atomaren Abrüstung in ihrer Strategie. Dazu heißt es: „Wir sind entschlossen, eine sicherere Welt für alle anzustreben und die Bedingungen für eine Welt ohne Atomwaffen zu schaffen."

Festhalten am Prinzip der Abschreckung:
Atommächte wie Frankreich und die USA setzten durch, dass das Prinzip der Abschreckung ein zentrales Element der Strategie bleibt: „Solange Atomwaffen existieren, wird die NATO eine nukleare Allianz bleiben", heißt es in dem Text.

Neue Raketenabwehr:
Ein neuer NATO-Raketenschirm soll weite Teile Europas schützen. Dazu heißt es: „Wir entwickeln unsere Fähigkeit, unsere Bevölkerung und unser Territorium gegen einen Angriff mit ballistischen Raketen zu schützen." Der Iran wird auf Druck der Türkei nicht ausdrücklich als Bedrohung genannt.

Annäherung an Russland:
Die Allianz betont, die NATO stelle „keinerlei Bedrohung für Russland dar". Dies hatte Moskau angesichts der Osterweiterung des Bündnisses so empfunden. Kooperieren will das Bündnis beim Raketenschirm: „Wir suchen aktiv eine Zusammenarbeit mit Russland und anderen euro-atlantischen Partnern im Bereich der Raketenabwehr", heißt es in dem Text.

Krisenbewältigung:
Bei internationalen Krisen will die Allianz auch künftig eine Rolle spielen, allerdings will sie die Lehren aus dem blutigen Einsatz in Afghanistan ziehen. „Die NATO wird sich engagieren, wenn es möglich und nötig ist, um eine Krise zu verhindern oder zu bewältigen", heißt es in dem Text, ohne den bisher größten NATO-Einsatz ausdrücklich zu nennen.

AFP, n-tv, Eine atomfreie Welt – die neue NATO-Strategie, www.n-tv.de, 19.11.2010

M 9 NATO-Gipfel in Wales 2014 – Readiness Action Plan

Angesichts der anhaltenden Spannungen mit Russland im Zusammenhang mit der Krise in der Ostukraine und der Halbinsel Krim fordern einige NATO-Mitglieder, das Strategische Konzept zu erneuern und gegenüber Russland neu auszurichten.

5. Um sicherzustellen, dass unser Bündnis bereit ist, auf die neuen sicherheitspolitischen Herausforderungen schnell und standhaft zu reagieren, haben wir heute den Aktionsplan der NATO zur Reaktionsfähigkeit gebilligt. [...] Damit wird auf die Herausforderungen durch Russland und auf ihre strategischen Auswirkungen eingegangen. Auch wird damit auf die Risiken und Bedrohungen aus unserer südlichen Nachbarschaft - dem Nahen Osten und Nordafrika - reagiert. [...]

7. Die Zusicherungsmaßnahmen beinhalten eine regelmäßige Präsenz und bedeutende militärische Aktivitäten von Luft-, Land-, und Seestreitkräften im östlichen Teil des Bündnisses auf Rotationsbasis. Sie werden die für Zusicherung und Abschreckung erforderliche elementare Basis sein und können in Reaktion auf Veränderungen in der Sicherheitslage flexibel und stufenweise angepasst werden. [...]

8. Wir werden die Reaktionsschnelligkeit unser[er] NATO-Reaktionskräfte (NRF) bedeutend steigern, indem wir Streitkräftekontingente entwickeln, die in der Lage sind, sich schnell in Bewegung zu setzen und auf potentielle Herausforderungen und Bedrohungen zu reagieren. [...] Wir werden außerdem sicherstellen, dass die Streitkräfte unseres Bündnisses die angemessene Reaktionsfähigkeit und Kohärenz wahren, die erforderlich ist, um die ganze Bandbreite der Aufträge der NATO zu erfüllen, einschließlich der Abschreckung von Aggressionen gegenüber NATO-Bündnispartnern und der Demonstration von Bereitschaft zur Verteidigung des Bündnisgebiets. [...]

14. Wir kommen überein, den Trend der rückläufigen Verteidigungshaushalte umzukehren.

Ständige Vertretung der Bundesrepublik Deutschland bei der Nordatlantikvertrags-Organisation, Gipfelerklärung von Wales – Treffen des Nordatlantikrats auf Ebene der Staats- und Regierungschefs in Wales, www.nato.diplo.de, 5.9.2014

NATO-Gipfel in Wales
Der NATO-Gipfel in Wales stand ganz unter dem Eindruck der damaligen Krise in der Ukraine.

Verteidigungshaushalte der Mitgliedsländer
Es wurde die Selbstverpflichtung erneuert, 2% des BIPs für die Verteidigung und davon 20% für Forschung und Entwicklung sowie Neuanschaffungen auszugeben.
Patrick Keller, Die NATO nach dem Gipfel von Wales: Anker transatlantischer Partnerschaft und europäischer Sicherheit, in: APuZ 50-51/2014, Transatlantische Beziehungen, 64. Jg., 8.12.2014, S. 41

Aufgaben

1. Stelle in einer Zeitleiste die veränderte Verteidigungsstrategie der NATO dar (M 8).
2. Erläutere die Ergebnisse aus Aufgabe 1 vor dem Hintergrund der historischen Entwicklung (M 5 – M 9).

Die Vereinten Nationen – Garant für den Weltfrieden?

VN, UN und UNO
VN, UN und UNO werden im Folgenden als Synonyme für die „Vereinten Nationen" verwendet.

Das UN-Hauptquartier in New York

M 10 Was sind die Vereinten Nationen?

Nach dem Zweiten Weltkrieg wurde 1945 die „United Nations Organization" (auf Deutsch „Vereinte Nationen", abgekürzt UNO oder VN) mit Sitz in New York gegründet. Man wollte verhindern, dass sich solche Weltkriege wiederholen. Heute sind fast alle Staaten der Erde in der UNO. Wenn es Probleme zwischen Staaten gibt, versucht die UNO zu vermitteln und damit einen Krieg zu verhindern. Die Ziele der UNO sind: die Erhaltung des Weltfriedens und die internationale Sicherheit, die freundschaftliche Zusammenarbeit der Mitglieder sowie der Schutz der Menschenrechte. Der Sicherheitsrat trägt die Hauptverantwortung, wenn es darum geht, dass Streitigkeiten zwischen Ländern beigelegt werden sollen. Im Sicherheitsrat sind immer die USA, Russland, China, Frankreich und Großbritannien vertreten.

Sie sind ständige Mitglieder. Andere Länder gehören nur zeitweise zum Sicherheitsrat. Die ständigen Mitglieder des Sicherheitsrates können ein Veto gegen Resolutionen einlegen, die von der Mehrheit der Mitgliedstaaten gefasst wurden. Damit wird dann dieser Beschluss aufgehoben.

Aus: Gerd Schneider/Christine Toyka-Seid, Politik-Lexikon für Kinder, Bonn 2006, S. 281

UN-Charta
Die Charta der Vereinten Nationen aus dem Jahr 1945 verbietet Gewalt (Kapitel I, Artikel 2). Es gelten nur zwei Ausnahmen: das Recht zur Selbstverteidigung im Fall eines bewaffneten Angriffs und der Einsatz von Waffengewalt, der vom UN-Sicherheitsrat durch eine sogenannte Resolution legitimiert wird. Eine UN-Resolution kommt jedoch nur zu Stande, wenn die fünf ständigen Mitglieder des UN-Sicherheitsrats (USA, Russland, China, Großbritannien und Frankreich) zustimmen oder sich enthalten.

M 11 Der Sicherheitsrat der Vereinten Nationen

Bergmoser + Höller Verlag AG, Zahlenbilder 615 124

M 12 Mögliche Maßnahmen der UNO zur Friedenssicherung

→ **Friedensschaffende Maßnahmen**
Diplomatische Maßnahmen zur friedlichen Lösung eines Konflikts. Neben der Bereitstellung guter Dienste, Vermittlung und Schlichtung können sie auch diplomatische Isolationsmaßnahmen und Sanktionen umfassen.

→ **Friedenserzwingende Maßnahmen**
Maßnahmen zur Wiederherstellung des Friedens in Konfliktgebieten unter Einsatz militärischer Mittel. Die Zustimmung der Konfliktparteien ist nicht erforderlich.

→ **Friedenserhaltende Maßnahmen**
Aktivitäten zur Eindämmung, Entschärfung und/oder Beendigung von Feindseligkeiten zwischen Staaten oder in Staaten durch Intervention einer neutralen dritten Partei unter internationaler Organisation und Leitung. Militärische Streitkräfte und zivile Organisationen können die politische Streitbeilegung ergänzen und für die Wiederherstellung und Wahrung des Friedens sorgen. Friedenserhaltende Maßnahmen beinhalten die Stationierung einer Friedenstruppe im Krisengebiet. Die Zustimmung der Konfliktparteien ist erforderlich.

→ **Friedenskonsolidierende Maßnahmen**
Maßnahmen zur Bestimmung und Förderung von Strukturen, die geeignet sind, den Frieden zu festigen und zu konsolidieren, um das Wiederaufleben eines Konflikts zu verhindern. Diese können sowohl militärisches als auch ziviles Eingreifen erfordern.

Eine klare Grenzziehung zwischen den einzelnen „Typen" von Maßnahmen ist häufig schwierig. Friedenserhaltung setzt in vielen Fällen zunächst einmal die Schaffung von Frieden voraus, zugleich können vorausgehende oder begleitende „friedenserzwingende Maßnahmen" unerlässlich sein.

Arbeitsgemeinschaft Jugend und Bildung e.V. (Hg.), Frieden und Sicherheit, Wiesbaden 2003, S. 24

M 13 Die Blauhelmsoldaten – Markenzeichen der UNO

Die bekannten „Blauhelmsoldaten" der VN übernehmen in der Regel Aufgaben der Friedenserhaltung (Peace-Keeping). Dies bedeutet im Gegensatz zur Friedenserzwingung, dass die Soldaten den nach Beendigung eines Konflikts in einer Krisenregion oft brüchigen Frieden sichern sollen. Für das klassische Peace-Keeping gelten folgende Leitsätze:

- Die Entsendung erfolgt nur im Konsens mit den Konfliktparteien. Die Konfliktparteien müssen den Konflikt beenden wollen und sich einig über die Rolle der Blauhelmsoldaten sein (z. B. Sicherung der Grenze, Bildung einer Pufferzone zwischen den Konfliktparteien, Polizeiaufgaben, Beobachtung von Wahlen).
- Die Verantwortung für den Einsatz liegt bei den Vereinten Nationen, genauer beim VN-Generalsekretär, der die politische und operative Verantwortung trägt.
- Für die Blauhelmsoldaten gilt, dass sie strikt unparteiisch sein müssen, weshalb sich Länder, die in der Region eigene Interessen verfolgen, an den Missionen nicht beteiligen sollten.
- Die Blauhelmsoldaten dürfen nur leichte Waffen zur Selbstverteidigung tragen, um keiner Partei einen Vorwand zu bieten, die Soldaten in die Kampfhandlungen miteinzubeziehen.

Neben diesen reinen VN-Missionen gibt es noch viele Missionen, die zwar

Erklärfilm „Vereinte Nationen"

Mediencode: 71067-17

von den VN legitimiert sind (also ein VN-Mandat haben), aber von einzelnen Staaten (z. B. den USA), Bündnissen oder regionalen Organisationen wie der NATO oder der EU durchgeführt werden.

M 14 Blauhelme – im Einsatz weltweit

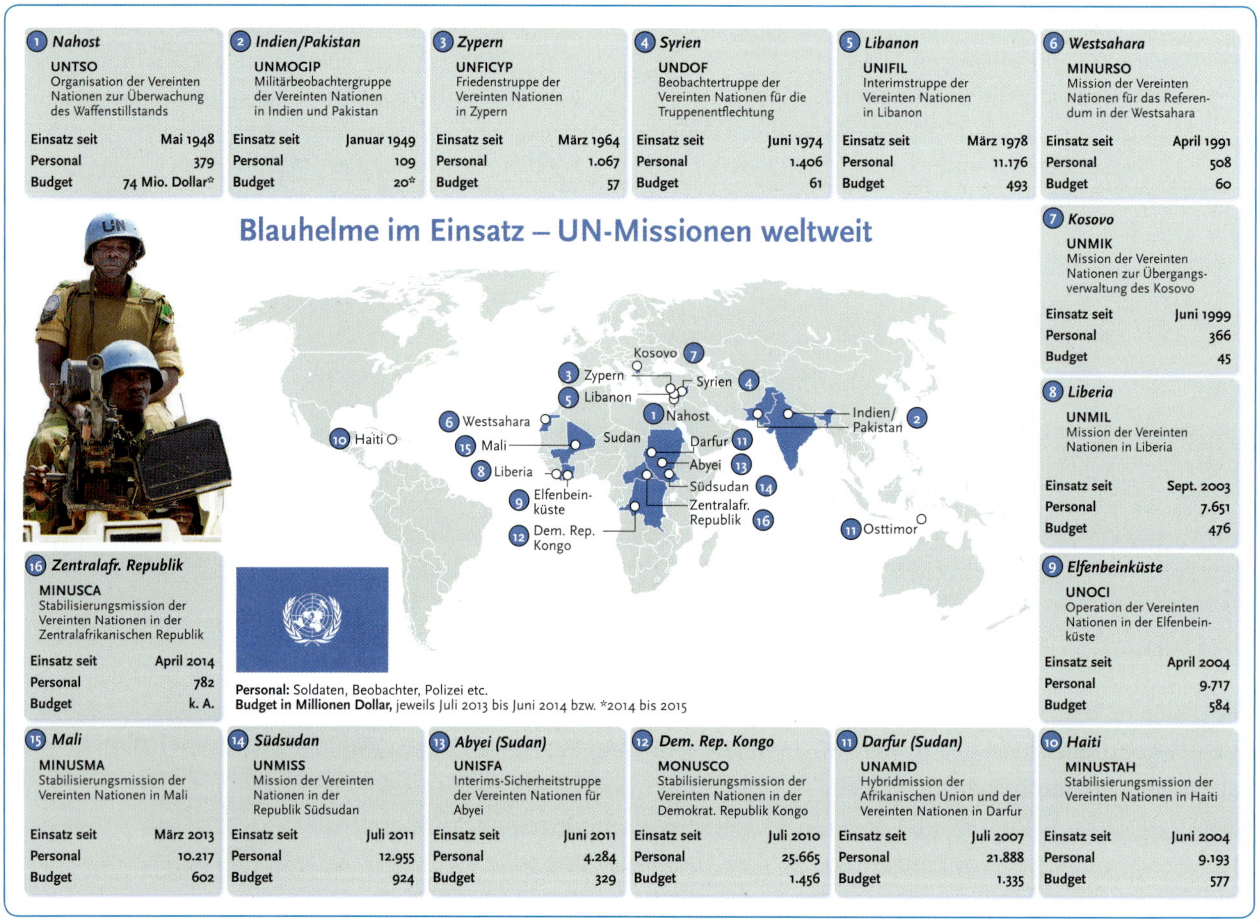

Globus-Grafik 6810; Quelle: UN; Stand: Juni 2014

M 15 Seltenes Votum: Sicherheitsrat verurteilt Gewalt in Syrien

Erklärfilm „Syrien-Konflikt“

Mediencode: 71067-18

Der UNO-Sicherheitsrat hat seltene Einigkeit im Syrien-Konflikt gezeigt. Er forderte sowohl Rebellen als auch die Assad-Regierung auf, die Gewalt unverzüglich einzustellen. Unterdessen wächst der Druck auf das wichtigste UNO-Gremium, Hilfslieferungen auf syrisches Gebiet zu erlauben. Der Krieg in Syrien hat im UNO-Sicherheitsrat immer wieder für heftige Debatten gesorgt, an deren Ende selten ein Ergebnis stand. Nun hat das mächtigste UNO-Gremium sich auf eine scharfe Verurteilung der Gewalt im Bürgerkriegsland geeinigt. Es forderte [...] ein sofortiges Ende der Gewalt in Syrien. In einer Erklärung verurteilte das Gremium Menschenrechtsverletzungen sowohl durch die syrische Regierung als auch durch die Rebellen. „Die eskalierende Gewalt ist vollkommen inakzeptabel und muss sofort gestoppt werden", hieß es in der Erklärung.

Bislang hat sich der Sicherheitsrat nicht auf eine einheitliche Position in dem Konflikt verständigen können. Russland und China verhinderten mit ihrem Veto eine Verurteilung oder Maßregelung der Regierung von Präsident Baschar al-Assad. Bislang gab es Verurteilungen von wenigen konkreten Vorfällen, wie dem Massaker in Hula im Mai 2012 und oder den Beschuss von türkischem Staatsgebiet im vergangenen Herbst.

fab/AP/Reuters, UNO-Sicherheitsrat verurteilt Gewalt in Syrien scharf, www.spiegel.de, 19.4.2013

M 16 Probleme der Friedenssicherung durch die Vereinten Nationen

Die ursprüngliche und durchaus erfolgreiche Ausrichtung der VN auf die Verhinderung zwischenstaatlicher Kriege hat sich mit dem Wandel des Kriegsbildes in Richtung innerstaatlicher Auseinandersetzungen radikal verändert. Gemäß Kapitel VII der Charta stünde den VN ein hinreichendes Instrumentarium an Maßnahmen bei Bedrohung oder Bruch des Friedens zur Verfügung, in der Praxis wurde aber von diesen Bestimmungen bisher kaum Gebrauch gemacht. Da den Vereinten Nationen keine eigenen Truppen zur Verfügung stehen, dürfte eine zu beobachtende Praxis die Relevanz der VN im Bereich der Friedenssicherung nachhaltig bestimmen: die Tendenz, dass sich insbesondere die leistungsfähigen Industriestaaten verstärkt Friedensmissionen mandatieren lassen (oder auch nicht), um sie dann in eigener Verantwortung durchzuführen. Dies führt zu einer Konzentration ihrer Kräfte auf Länder und Regionen, die für die betroffenen Staaten von unmittelbarem Interesse oder von Bedeutung sind. Den VN droht dabei nur noch eine Restkompetenz für vergessene Konflikte zuzufallen, für die sie dann – wie z. B. in Afrika zu beobachten – von den Industriestaaten zudem nur zögerlich unterstützt werden.

Johannes Varwick, Die Reform der Vereinten Nationen – Weltorganisation unter Anpassungsdruck, S. 43, Aus Politik und Zeitgeschichte, B 43/2004

Thesen zur Rolle der UNO

Die Vereinten Nationen können auf viele erfolgreiche Blauhelm-Einsätze zurückblicken.

Wenn es den Weltsicherheitsrat nicht gäbe, müsste man ihn erfinden. Nur so kommen doch alle an einen Tisch.

Streng militärische Aufgaben überfordern die Vereinten Nationen.

Die Stärke der Vereinten Nationen ist der zivile Aufbau.

Der Sicherheitsrat kann keine Kriege verhindern.

Der Sicherheitsrat kann Waffenstillstand erzwingen und Verhandlungen in Gang setzen.

Der Weltsicherheitsrat blockiert sich doch oft durch das Vetorecht, das jedem der fünf ständigen Mitglieder zusteht.

Aufgaben

1. Beschreibe Aufbau und Ziele der Vereinten Nationen und vergleiche deine Ergebnisse mit deinem Nachbarn (M 10, M 11).
2. Erläutere, unter welchen Bedingungen die Blauhelmsoldaten der UNO eingesetzt werden können (M 12 – M 14).
3. Arbeitet in Gruppen. Einigt euch auf eine der in der Randspalte gestellten Thesen und schreibt auf, warum ihr sie für zutreffend / nicht zutreffend haltet. Diskutiert anschließend Stärken und Schwächen der UNO (M 10 – M 16).

Stelle Auftrag und Arbeit einer aktuellen UN-Blauhelm-Mission vor.

Was wir wissen

Die NATO
M 2 – M 9

Die NATO wurde im April 1949 als politisch-militärisches Verteidigungsbündnis der westlich-demokratischen Staaten gegen die Ausdehnung des sowjetischen Einflussbereichs gegründet. Die Mitgliedsländer gehen eine gegenseitige Beistandsverpflichtung bei einem bewaffneten Angriff auf ein Mitglied ein. Aufgrund der veränderten Sicherheitslage hat die NATO 1999 eine neue Strategie beschlossen. Sie beinhaltet das ganze Spektrum militärischer Handlungsmöglichkeiten (Friedenserzwingung, Friedenserhaltung, Friedenskonsolidierung) auch außerhalb des Bündnisgebietes und – in Ausnahmefällen – ohne Mandat der Vereinten Nationen. Im Jahr 2010 erweiterte die NATO ihre Strategie aus dem Jahr 1999 u. a. mit dem Ziel, sich stärker an den Nachfolgestaat des ehemaligen Hauptgegners Sowjetunion, Russland, anzunähern. Angesichts der anhaltenden Spannungen mit Russland im Zusammenhang mit der Ukraine-Krise wird diese Annäherung aber bereits wieder von einigen NATO-Mitgliedern in Frage gestellt.

Die Vereinten Nationen
M 10 – M 16

Die Vereinten Nationen wurden am 24.10.1945 von 51 Staaten als globale Friedensorganisation gegründet. Heute sind fast alle Länder der Welt Mitglied der VN. Zu ihren Zielen gehört insbesondere die Wahrung des Weltfriedens und der internationalen Sicherheit durch ein allgemeines Gewaltverbot. Der Sicherheitsrat ist das wichtigste Organ der VN. Allein seine Beschlüsse (Resolutionen) sind für alle Staaten bindend. Der Sicherheitsrat besteht aus fünf ständigen Mitgliedern (USA, Großbritannien, Frankreich, China und Russland) und zehn nichtständigen Mitgliedern. Jedes ständige Mitglied ist mit einem Vetorecht ausgestattet, kann also Entscheidungen des Sicherheitsrates blockieren.

In der Generalversammlung haben alle Mitgliedstaaten eine Stimme. Die Generalversammlung kann jedoch nur Empfehlungen verabschieden, die völkerrechtlich nicht verbindlich sind.

Die Handlungsmöglichkeiten der VN lassen sich folgendermaßen umschreiben: friedensschaffende Maßnahmen (diplomatische Aktivitäten, Vermittlung, Schlichtung, politische Isolierung); friedenserzwingende Maßnahmen (wirtschaftliche Sanktionen, Einsatz von Waffengewalt); friedenserhaltende Maßnahmen (Überwachung eines Waffenstillstandes, Trennung der Konfliktparteien, Wahrnehmung von Polizeiaufgaben); friedenskonsolidierende Aufgaben (Aufbau zivil- und rechtsstaatlicher Strukturen, gemeinsame Projekte, Durchführung von Wahlen).

Konfliktfälle und ihre Regelung

1 Die ethnische Mehrheit eines Landes terrorisiert die Minderheiten, mehr als 100.000 Menschen werden grausam getötet oder gezwungen, in die Nachbarländer zu fliehen. Wirtschaftssanktionen und diplomatische Bemühungen werden von den Machthabern ignoriert.

2 Ein Land mit einem autoritären Regime wird verdächtigt, Atomwaffen zu produzieren. Es weigert sich, internationale Inspektionen zuzulassen.

3 Nach einem verheerenden Bürgerkrieg haben sich die Bürgerkriegsparteien einigen können und einen Friedensvertrag geschlossen, doch ist der Friede noch brüchig. Immer wieder kommt es zu Verletzungen des Waffenstillstandes durch einzelne Gruppen.

4 Ein Land beherbergt Terroristen, die wiederholt internationale Attentate mit großen Opferzahlen ausgeführt haben. Es weigert sich, die Terroristen auszuliefern.

5 Das Militär eines Landes marschiert in einem Nachbarland ein und besetzt staatliche Einrichtungen. Die Rohstoffvorkommen werden ausgebeutet und die Bevölkerung schikaniert.

Aufgabe

Ihr seid Regierungsberater und sollt entscheiden, welche Maßnahmen zur Konfliktlösung in den folgenden Fällen ergriffen werden sollen. Es kann sich dabei auch um eine Abfolge von Maßnahmen handeln. Entscheidet gegebenenfalls auch, welche internationale Organisation zur Durchführung der Maßnahmen betraut werden soll. Begründet eure Entscheidung ausführlich. Beachtet dabei auch mögliche Konsequenzen eurer Entscheidung.

Kleines Politiklexikon

Abgeordnete
Die gewählten Mitglieder eines Parlaments.

Armut
Von absoluter Armut spricht man, wenn einer Person weniger als 1,25 US-Dollar (ca. 1 Euro) pro Tag zur Verfügung steht. Von relativer Armut spricht man, wenn das Einkommen weniger als 50% des Durchschnittseinkommens in einem Land (Staat) beträgt.

Binnenmarkt
Ein Wirtschaftsraum, in dem einheitliche Bedingungen für den Verkehr von Waren, Dienstleistungen und Kapital herrschen. Bürger können ihren Wohn- und Arbeitsort frei wählen. Der Binnenmarkt in der EU wurde zum 1. Januar 1993 verwirklicht.

Bruttoinlandsprodukt (BIP)
Messgröße, mit der die wirtschaftliche Leistungskraft eines Landes dargestellt wird. Das BIP umfasst den Geldwert aller in einem Jahr innerhalb der Landesgrenzen produzierten Waren und Dienstleistungen (von Inländern und Ausländern). Um das BIP pro Kopf zu erhalten, teilt man das BIP eines Landes durch die Zahl der Einwohner.

Bürgerinitiative
Lockerer, zeitlich befristeter Zusammenschluss von Bürgerinnen und Bürgern, die wegen eines bestimmten Anliegens Einfluss auf die Politik nehmen möchten.

Bund (Bundesstaat)
Der Zusammenschluss mehrerer Staaten zu einem Gesamtstaat, zum Beispiel die Bundesrepublik Deutschland mit allen Bundesländern.

Bundeskanzler
Der Chef der Bundesregierung. Er bestimmt die Richtlinien der Politik und trägt die Verantwortung dafür.

Bundespräsident
Das Staatsoberhaupt der Bundesrepublik. Er repräsentiert Deutschland nach außen. Außerdem gehören zu seinen Aufgaben die Ernennung und Entlassung der höchsten Staatsbeamten und die Unterzeichnung der vom Bundestag verabschiedeten Gesetze.

Bundesrat
Der Bundesrat ist ein Teil der Legislative. Über ihn wirken die Länder an der Gesetzgebung des Bundes mit. Der Bundesrat muss bei Gesetzen, die Länderinteressen berühren oder die Verfassung ändern, zustimmen, damit diese in Kraft treten können. Bei anderen Gesetzen kann er Einspruch erheben, der aber vom Bundestag überstimmt werden kann.

Bundestag
Name des deutschen Parlaments, s. dort!

Bundesverfassungsgericht
Höchstes deutsches Gericht mit Sitz in Karlsruhe. Das Bundesverfassungsgericht wacht darüber, dass Parlamente, Regierungen und Gerichte in Deutschland das Grundgesetz einhalten. Jeder Bürger kann eine Verfassungsbeschwerde beim Bundesverfassungsgericht einreichen.

Demografischer Wandel
So werden die Veränderungen in der Bevölkerungszusammensetzung hinsichtlich ihrer Größe und Struktur (z. B. Alterszusammensetzung) bezeichnet.

Einkommen
Allgemein meint man damit das Arbeitseinkommen für Erwerbstätigkeit (Lohn, Gehalt, Gewinn). Darüber hinaus gibt es auch Einkommen als Entgelt für die Bodennutzung (Miete, Pacht) oder als Entgelt für die Nutzung von Kapital (Sparzinsen, Kreditzinsen). Einkommen, die der Staat ohne Gegenleistung bezahlt, nennt man Transfereinkommen.

Entwicklungsländer
Länder, die besonders arm sind. Kennzeichen dieser Länder sind häufig eine hohe Staatsverschuldung, daher sind auch das Gesundheits- und Bildungssystem häufig schlecht ausgestattet. Die Menschen sind schlechter ernährt und leben kürzer.

Europäische Union
Die Gemeinschaft von heute (2016) besteht aus 28 europäischen Staaten. Sie wurde 1957 als Wirtschaftsbündnis gegründet. Neben der gemeinsamen Politik in allen wirtschaftlichen Bereichen wurde im Vertrag von Maastricht (1992) auch eine Zusammenarbeit in der Außen- und Sicherheitspolitik sowie der Justiz- und Innenpolitik beschlossen.

EU-Konvergenzkriterien
Vier Kriterien zur Beurteilung der wirtschaftlichen Stabilität eines Landes (Preisstabilität, Schuldenstand, Wechselkursstabilität, langfristige Zinsen). Ein EU-Mitglied muss diese erfüllen, um den Euro als Währung einführen zu können.

Europäische Zentralbank (EZB)
Die EZB wurde am 1.6.1998 gegründet und bildet zusammen mit den nationalen Notenbanken das Europäische System der Zentralbanken. Die EZB ist von politischen Weisungen unabhängig und seit der Einführung des Euro am 1.1.1999 für die Geldpolitik im Euroraum zuständig. Ihre Hauptaufgabe ist es, die Preisstabilität zu garantieren. Darüber hinaus unterstützt sie auch die allgemeine Wirtschaftspolitik.

Exekutive
Die ausführende Gewalt, d. h. Regierung und Verwaltung.

Export
Ausfuhr oder Lieferung von im Inland hergestellten, veredelten oder weiterverarbeiteten Erzeugnissen ins Ausland oder die Übernahme von Dienstleistungen für Auftraggeber aus dem Ausland.

Föderalismus
Gliederung eines Staates in Gliedstaaten (in der Bundesrepublik Deutschland die Bundesländer) mit eigener Verfassung, Regierung und Parlament. Bezeichnet auch das Bestreben, die Rechte der Gliedstaaten zu wahren.

Fraktion
Vereinigung im Parlament, die i. d. R. aus den Abgeordneten einer Partei besteht. Auch Mitglieder verschiedener Parteien, die gleichgerichtete politische Ziele verfolgen, können sich zu einer Fraktion zusammenschließen.

Fünf-Prozent-Klausel
Vorschrift, dass alle Parteien bei einer Wahl mindestens fünf Prozent der gültigen Zweitstimmen erhalten müssen, um ins Parlament zu kommen bzw. um an der Sitzverteilung teilnehmen zu können.

Gemeinde
Die Gemeinden (Kommunen) bilden das unterste politische Gemeinwesen in der Bundesrepublik Deutschland. Gemeinden besitzen das Recht der Selbstverwaltung (Art. 28 GG) und regeln im Rahmen der Gesetze alle Angelegenheiten der örtlichen Gemeinschaft in eigener Verantwortung.

Gemeinwohl
Unter Gemeinwohl versteht man das Wohlergehen einer gesellschaftlichen Gruppe (z. B. eines Staates, einer Religionsgemeinschaft, einer Schule, einer Klasse). Das Gemeinwohl zu steigern, ist ein Ziel politischer Entscheidungen. Dazu müssen einzelne oder persönliche Interessen manchmal aufgegeben oder durch einen Kompromiss ausgeglichen werden.

Generationenvertrag
Bezeichnung für das Grundprinzip der gesetzlichen Rentenversicherung, nach dem der heute arbeitende Teil der Gesellschaft für die Rentenzahlungen an den nicht mehr arbeitenden Teil aufkommt.

Gerechtigkeit
Einstellung, Prinzip, Zustand, bei dem jede Person das erhält, was ihr zusteht. Wie dieser Zustand zu erreichen ist, ist umstritten. So unterscheidet man Chancengerechtigkeit, Leistungsgerechtigkeit, Bedarfsgerechtigkeit und Teilhabegerechtigkeit.

Gewaltenteilung
Verteilung der drei Gewalten Gesetzgebung (Legislative), Verwaltung (Exekutive) und Gerichtsbarkeit (Judikative) auf verschiedene, voneinander unabhängige Staatsorgane. In der Regel sind dies Parlament, Regierung und Verwaltung sowie eine unabhängige Richterschaft. In der Bundesrepublik Deutschland ist die klassische Gewaltenteilung teilweise durchbrochen (Gewaltenverschränkung).

Gleichberechtigung
Gleichberechtigt sind Menschen, wenn sie die gleichen Rechte haben. Der Begriff kann sich auf das Verhältnis von Frauen und Männern beziehen, aber auch auf Ausländer, Behinderte usw. Häufig besteht zudem ein Unterschied zwischen dem rechtlichen Anspruch und dem tatsächlichen Zustand.

Globalisierung
Der Begriff verweist auf die Entstehung neuer weltumspannender sozialer Handlungszusammenhänge. Globalisierung umfasst dabei u. a. wirtschaftliche, politische, kulturelle oder die Umwelt und die Arbeitsmärkte betreffende Dimensionen. Im wirtschaftlichen Bereich führt die Globalisierung zu einer immer engeren Verflechtung der Volkswirtschaften und der Entstehung eines weltweiten Marktes für Waren, Kapital und Dienstleistungen.

Grundgesetz
Die Verfassung der Bundesrepublik; sie regelt den Aufbau, die Aufgaben und das Zusammenspiel der Staatsorgane. Im Grundgesetz werden auch die Grundrechte garantiert.

Grundrechte
In der Verfassung garantierte Rechte, die für jeden Einzelnen gewährleistet werden, wie zum Beispiel die Meinungsfreiheit, die Versammlungsfreiheit und die Menschenwürde.

Industrieländer
Länder, in denen die industrielle Produktion weit fortgeschritten und der technische Fortschritt hoch sind. Häufig sind die Länder sehr wohlhabend.

Inflation
Prozess anhaltender Preisniveausteigerungen bzw. anhaltender Geldentwertung.

Integration
Im allgemeinen Sprachgebrauch versteht man darunter die Eingliederung oder Einbindung eines (fremden) Einzelnen oder einer Minderheit in eine größere Gruppe.

Judikative
Die rechtsprechende Gewalt; sämtliche Gerichte der Bundesrepublik Deutschland.

Kabinett
Der Kanzler, die Minister und politischen Beamten (Staatssekretäre).

Koalition
Zusammenschluss zweier oder mehrerer Parteien, die gemeinsam eine Regierung bilden und Gesetzentwürfe ausarbeiten.

Konstruktives Misstrauensvotum
Der Bundestag kann den Bundeskanzler nur durch die Wahl eines neuen Kanzlers (konstruktiv!) zum Rücktritt zwingen.

Legislative
Die gesetzgebende Gewalt; sie wird in der Bundesrepublik Deutschland von Bundestag und Bundesrat ausgeübt (auf Landesebene von den Länderparlamenten).

Mandat
Auftrag; der Wähler beauftragt durch die Wahl einen Politiker, seine Interessen zu vertreten.

Markt
Der reale oder virtuelle Ort, an dem Angebot und Nachfrage nach Gütern und Leistungen aufeinandertreffen und Preise gebildet werden (z. B. Automarkt, Börse). Das Grundprinzip des Marktes ist der Tausch.

Mediendemokratie
Form der Demokratie, in der die Artikulation und Diskussion von politischen Problemen in erster Linie von den Medien angestoßen und vermittelt wird.

Mehrheitswahlrecht
Danach ist gewählt, wer in seinem Wahlkreis die Mehrheit der Stimmen erhalten hat, die Minderheiten werden nicht berücksichtigt. Relative Mehrheit: Gewählt ist, wer die meisten Stimmen hat. Absolute Mehrheit: Gewählt ist, wer mehr als die Hälfte der Stimmen erzielt. Qualifizierte Mehrheit: Eine vereinbarte Mehrheit, z. B. 2/3 der Stimmen, muss erreicht werden.

Menschenrechte
Das sind die persönlichen Rechte, die jedem Menschen von Geburt an zustehen, z. B. das Recht auf Meinungsfreiheit.

Migration
Im Laufe der Geschichte haben sich immer wieder kleinere oder größere Gruppen von Menschen oder ganze Völker auf Wanderungen begeben. Dies hatte ganz unterschiedliche Gründe: So wurden die Menschen aus religiösen oder politischen Motiven verfolgt, andere waren arm und sahen für sich und ihre Kinder keine Zukunft mehr in ihrer Heimat. Alle diese Wanderungen (lat. migrare = wandern) nennt man Migration.

Nachhaltigkeit
Der Begriff bedeutet, dass man nicht mehr von einem Rohstoff (der Natur) verbrauchen soll, als nachwachsen kann. In Bezug auf die Umwelt heißt das, dass man den Ausgangszustand für die folgenden Generationen bewahren soll und die Umwelt nicht durch Abgase und Müll irreparabel schädigen darf.

NATO
(engl. North Atlantic Treaty Organization, Nordatlantikpakt) Das Verteidigungsbündnis zwischen den USA, Kanada und den westeuropäischen Staaten wurde am 4.4.1949 gegründet. Die Mitglieder verpflichten sich im Falle eines Angriffs auf einen Mitgliedstaat zum gegenseitigen Beistand. Wichtigstes Gründungsmotiv war die Abwehr der Expansionsabsichten des Kommunismus, insbesondere die Verteidigung gegenüber der Sowjetunion und ihren Verbündeten. Heute hat die NATO zum Ziel, Frieden und Freiheit weltweit zu verteidigen, z. B. auch im Auftrag der Vereinten Nationen.

Nichtregierungsorganisation (NGO)
NGOs sind Organisationen, die auf der Basis privater Initiative transnationale politische und gesellschaftliche, aber auch soziale oder ökonomische Ziele vertreten. Sie übernehmen dabei Funktionen im politischen Willensbildungsprozess. Dies erreichen NGOs durch Themensetzung in Medien, Vertretung von Interessen über nationale Grenzen hinweg sowie durch konkrete Projektarbeit. NGOs engagieren sich v. a. auf den Politikfeldern Entwicklungspolitik, Menschenrechte, humanitäre Hilfe sowie Ökologie.

Ökologie
So bezeichnet man die Wissenschaft von den Wechselbeziehungen zwischen den Lebewesen und ihrer Umwelt.

Opposition
Alle Personen und Gruppen, die der Regierung im Parlament gegenüberstehen und sie kritisieren.

Parlament
Die Versammlung der vom Volk gewählten Abgeordneten. Das Parlament regt Gesetze an, bewilligt sie und kontrolliert die Regierung. In einer parlamentarischen Demokratie nimmt vor allem die Opposition die Kontrollfunktion wahr, da die Mehrheit im Parlament die Regierung trägt.

Parteien
Politische Gruppen, die über einen längeren Zeitraum Einfluss auf die politische Willensbildung nehmen. Sie sind bereit, in Parlamenten und Regierungen Verantwortung zu übernehmen.

Pressefreiheit
Garantie für die freie Berichterstattung und Veröffentlichung von Informationen und Meinungen. Sie ist im deutschen Grundgesetz festgeschrieben (Art. 5 GG) und gilt als Grundlage der Demokratie, da sich die Bürger nur mithilfe der Informationen an politischen Entscheidungen beteiligen können.

Rechtsstaat
Ein Rechtsstaat ist ein Staat, in dem die öffentliche Gewalt an eine objektive Rechtsordnung gebunden ist. In einem Rechtsstaat ist die Macht des Staates begrenzt, um die Bürger vor gesetzloser Willkür zu schützen.

Schülervertretung
Die Schülervertretung (häufig SV abgekürzt) vertritt die Interessen der Schülerinnen und Schüler bei der Gestaltung des schulischen Lebens. Alle Schülerinnen und Schüler können an ihrer Interessenvertretung mitwirken. Aus der Gruppe der Klassen- und Jahrgangsstufensprecher wird in der Regel ein SV-Team gewählt, das für ein Schuljahr die Anliegen und Angelegenheiten der Schülerschaft vertritt und besondere Aufgaben bei der Organisation der SV-Arbeit übernimmt.

Schulgesetz
Das Schulgesetz ist eine Regelsammlung für alle Schulen in einem Bundesland (z. B. Thüringen). Es legt unter anderem fest, welchen Auftrag die Schulen haben, wie sie organisiert sein sollen, welche Möglichkeiten der Mitbestimmung es für Schüler, Eltern und Lehrer gibt und welche Rechte und Pflichten Schüler haben. Auch wie Entscheidungen innerhalb der Schule getroffen werden sollen und wer an ihnen beteiligt werden muss, regelt das Schulgesetz.

Schulkonferenz
Die Schulkonferenz ist in der Schule das oberste Gremium. Alle wichtigen Entscheidungen, die die einzelne Schule betreffen, werden dort gefällt. Die Schulkonferenz besteht aus gewählten Schülervertretern, Elternvertretern und Lehrervertretern. Zu-

sätzlich ist der Schulleiter oder die Schulleiterin immer Vorsitzende/r der Schulkonferenz.

Schwellenländer
Länder, die nicht mehr zu den Entwicklungsländern zählen, aber auch noch nicht zu Industrieländern. Lebenserwartung und Ausbildung sind häufig hoch, genauso aber der Schuldenstand und die sozialen Unterschiede.

Sozialstaat
Bezeichnung für einen Staat, der seinen Bürgern ein Existenzminimum sichert, wenn sie in Not geraten sind, und für einen gerechten Ausgleich zwischen Reichen und Bedürftigen sorgt. In Deutschland geschieht dies z. B. durch die Sozialversicherungspflicht und durch staatliche Unterstützung, wie Sozialhilfe, Kindergeld oder Ausbildungs- und Arbeitsförderung.

Sozialversicherungssystem
Bezeichnung für die Gesamtheit gesetzlicher Pflichtversicherungen in Deutschland (Arbeitslosen-, Renten-, Kranken-, Pflege- und Unfallversicherung). Die Sozialversicherung versichert den Einzelnen gegen Risiken für seine Existenz. Sie ist organisiert nach dem Solidarprinzip. Sozialversicherungspflichtig sind alle abhängig Beschäftigten. Die Versicherungsbeiträge teilen sich Arbeitgeber und Arbeitnehmer.

Staat
Mit dem Begriff bezeichnet man eine Vereinigung vieler Menschen (Staatsvolk) innerhalb eines durch Grenzen bestimmten geografischen Raumes (Staatsgebiet) unter einer unabhängigen (souveränen) Staatsgewalt, die von den Staatsorganen (Regierung, Parlamente, Gerichte, Polizei) ausgeübt wird.

Streitbare/wehrhafte Demokratie
Begriff für eine Demokratie, die Mittel bereithält, um gegen Feinde der Demokratie vorzugehen. So können in Deutschland zum Beispiel Parteien oder Vereine verboten werden, die sich gegen die freiheitliche demokratische Grundordnung wenden.

Strukturwandel
Veränderungen der wertmäßigen Beiträge der einzelnen Wirtschaftssektoren (Land- und Forstwirtschaft, verarbeitendes Gewerbe und Dienstleistungen) zur Wirtschaftsleistung eines Landes. Der Anteil des Dienstleistungsbereichs nimmt dabei in Deutschland ständig zu. Beschleunigt und verstärkt wird der Strukturwandel durch neue Technologien sowie den zunehmenden internationalen Wettbewerb.

Subsidiaritätsprinzip
Prinzip, nach dem ein Problem auf der Ebene gelöst werden soll, auf der es entsteht. „Was der Einzelne tun kann, sollen nicht andere für ihn tun." Erst wenn auf dieser Ebene keine Abhilfe möglich ist, soll die nächsthöhere Ebene sich des Problems annehmen (Familie, Gemeinde, Land, Bund, EU).

Terrorismus
Planmäßige Gewaltanwendung von Einzeltätern oder Gruppen zur Verfolgung politischer oder religiöser Ziele. Der Terrorismus möchte durch gezielte Anschläge Angst, Schrecken und Unsicherheit unter der Bevölkerung verbreiten.

Transnationale/multinationale Unternehmen
Konzerne, die über mehrere Nationen verteilt sind. Sie sind in mehreren Geschäftsbereichen (Handel, Vertrieb, Herstellung, Forschung und Entwicklung) außerhalb ihres Heimatlandes tätig und stützen sich finanziell auf Unternehmen in zwei oder mehr Ländern.

Vereinte Nationen
(engl. United Nations Organization) Nach dem Zweiten Weltkrieg gegründete kollektive Sicherheitsorganisation zur Wahrung des Weltfriedens und der Menschenrechte. Fast alle Staaten sind Mitglieder der UNO.

Verhältniswahlrecht
Jede Partei bekommt so viele Sitze im Parlament, wie sie prozentual Stimmen von den Wählern erhalten hat. Auch Minderheiten werden berücksichtigt.

Vermittlungsausschuss
Bundesrepublik Deutschland: Ausschuss, der tätig wird, wenn ein Gesetzesbeschluss des Bundestages auf Einwände des Bundesrates stößt. Bundestag und Bundesrat entsenden je die Hälfte der 32 Mitglieder. Aufgabe des Vermittlungsausschusses ist es, Kompromisse auszuarbeiten. Europäische Union: Ausschuss, der tätig wird, wenn nach der Zweiten Lesung eines Gesetzes keine Einigung zwischen Europäischem Parlament und Ministerrat erzielt werden kann. Der Vermittlungsausschuss setzt sich aus den Mitgliedern des Rates und ebenso vielen Vertretern des Europäischen Parlaments zusammen, Vertreter der EU-Kommission nehmen beratend teil.

Vier Freiheiten
Wirtschaftliche Freiheiten des europäischen Binnenmarktes: Freiheit des Warenverkehrs, Personenfreizügigkeit, Dienstleistungsfreiheit, freier Kapital- und Zahlungsverkehr.

Volkspartei
Partei, die aufgrund ihres Programms für Wähler und Mitglieder aller gesellschaftlichen Schichten unterschiedlicher Weltanschauungen offen ist.

Währungsunion
Zusammenschluss souveräner Staaten mit vorher unterschiedlichen, aber ähnlich starken Währungen zu einem einheitlichen Währungsgebiet. Im Gegensatz zu einer Währungsreform bleibt der Geldwert beim Übergang zu einer Währungsunion erhalten.

Wahlen
Verfahren der Berufung von Personen in bestimmte Ämter durch Stimmabgabe einer Wählerschaft. In Demokratien werden die wichtigsten Staatsämter durch Wahlen besetzt. Freie Wahlen müssen die Bedingungen allgemein, frei, gleich und geheim erfüllen. Das genaue Wahlverfahren (Verhältniswahl, Mehrheitswahl) ist meist in Wahlgesetzen geregelt.

Register

Bildnachweis

Anne-Frank-Realschule, Düsseldorf - S. 18/19; Aurel Cartoonstudio, Ludwigsburg - S. 160

Baaske Cartoons / Gerhard Mester - S. 74, 199 (2); - / Burkhard Mohr - S. 138; - / Thomas Plaßmann - S. 60, 173; - / Erich Rauschenbach - S. 54; Bergmoser + Höller Verlag, Aachen - S. 55, 59, 61, 63, 95, 97, 99, 108, 111, 120, 143, 252; Bundesarchiv, Koblenz - S. 96; Bundeszentrale für politische Bildung - S. 148

Das Fotoarchiv / XINHUA, Essen - Cover; Deutscher Bundestag / Achim Melde, Berlin - S. 136; Deutscher Bundestag, Franz Schwarz - S. 100

Rudolf Dick, Elsterberg - S. 28; dpa-Infografik, Frankfurt - S. 71, 74, 112, 121, 166, 180, 184, 192, 197, 204, 205, 210, 223, 224, 238, 246, 254; dpa Picture-Alliance / AP, FRANKA BRUNS, Frankfurt - Cover; - / AP, Vadim Ghirda - Cover; - / AP, Anupam Nath - S. 218/219; - / Australian Dep / HEALTH AND AGEING - S. 190; - / Dave Bedrosian, Geisler Fotopress - S. 8; - / Gero Breloer - S. 231, 232, - / CHROMORANGE, Anton Kothe - S. 52; - / DB, Thomas Burmeister - S. 252; - / Uli Deck - S. 92; - / EPA - S. 218; - / EPA, Arshad Arbab - S. 128; - / EPA, Bildunk, Uwe Zucchi - S. 92; - / EPA, Monica M. Davey - S. 220; - / Eventpress, Müller-Stauffenberg - S. 48; - / Maurizio Gambarini - S. 140; - / Peer Grimm - S. 98; - / Hannibal Hanschke - S. 92; - / Rainer Jensen - S. 115; - / Michael Kappler - S. 89; - / Daniel Karmann - S. 96; - / Rolf Kremming - S. 128/129; - / Wolfgang Kumm - Cover, 96, 107; - / Bodo Marks - S. 100, 128; - / Kay Nietfeld - S. 100; - / Report, Arno Burgi - S. 8; - / Lukas Schulze - S. 158; - / Martin Schutt - S. 46; - / Wolfram Steinberg - S. 158; - / YONHAP_KCNA - S. 14; - / ZB, Jens Büttner - S. 100, 141; - / ZB, Ralf Hirschberger - S. 48; - / ZB, Karlheinz Schindler - S. 100; - / ZB, Bernd Wüstneck - S. 132

Fotolia / Henner Damke - S. 179; - / Evren Kalinbacek - S. 218; - / sashpictures - S. 49

Florian Girwert, Redakteur Wirtschaftsredaktion der Thüringischen Landeszeitung, Foto: Peter Michaelis, Thüringische Landeszeitung - S. 156; Sibylle Göbel, Redakteurin Thüringenredaktion der Thüringischen Landeszeitung. Foto. Peter Michaelis, Thüringische Landeszeitung - S. 157

Heidelberger Institut für Internationale Konfliktforschung e.V., Heidelberg - S. 242

Institut der deutschen Wirtschaft, Köln - S. 154; IPON / Stefan Boness, Berlin - S. 52; iStock / blaneyphoto - S. 22; - / Mike Clarke - S. 35; - / Cosmonaut - S. 35; - / Ola Dusegard - S. 35; - / falcatraz - S. 22; - / Freeze Frame - S. 35; - / jaaron - S. 22; - / Rene Mansi - S. 35; - / sack - S. 18; - / starmuc - S. 39; - / Ed Stock, Sean Gallup - S. 80; - / Ed Stock, Carten Koall - S. 80; - / skynesher - S. 18; - / Andreas Weber - S. 92

Jürgen Janson, Landau - S. 199

Alexandra Labusch, Köln - S. 37; Landratsamt Greiz / Büro Landrätin Martina Schweinsburg, Greiz - S. 36

Waldemar Mandzel, Bochum - S. 245

Norddeutscher Rundfunk, Hamburg - S. 107

Karl-Heinz Schönfeld, Potsdam - S. 150; Rudolf Schoeppner - S. 173; Jörg Schröder, Aurich - S. 40; Sinus Markt und Sozialforschung GmbH, Sinus Milieus 2015, www.sinus-institut.de - S. 153; Wieslaw Smetek, Seevetal - S. 177; Statista, Hamburg - S. 195, 236; Statistisches Bundesamt, Wiesbaden - S. 68, 164; Ed Stein / Rocky Mountain News, Denver - S. 86; Klaus Stuttmann, Berlin - S. 123, 194

Jürgen Tomicek, Werl-Westönnen - S. 199; Thinkstock / iStock - S. 175; - / iStock, Katarzyna Bialasiewicz - S. 218; - / iStock, davidsonn - S. 174; - / iStock, filmfoto - S. 100; Thomson Reuters / STR News, Stringer - S. 168; Titanic, Berlin - S. 88

Ullstein-Bild / CARO, Kaiser, Berlin - S. 8; - / Phalanx Bildagentur - Cover; - / Schicke - S. 8

Vario Images GmbH / Hörnlein, Bonn - S. 8

Wildner + Designer GmbH, Fürth - S. 22, 119; www.bilder.cdu.de - S. 78; www.cdu.de - S. 77; www.die-linke.de - S. 77, 78; www.fdp.de - S. 77; www.gruene.de - S. 77, 78; www.karl-rudolf-korte.de - S. 68; www.piraten.de - S. 78; www.spd.de - S. 77, 78; www.wikimedia.org / Alupus, CC BY-SA 3.0 - S. 46; www.wikimedia.org / Bundesministerium des Innern, Sandy Thieme - S. 134; www.wikimedia.org / CC BY-SA 3.0 - S. 48; www.wikimedia.org / DiG/TRIALON, CC BY-SA 3.0 - S. 48; www.wikimedia.org / Foto: AG Gymnasium, CC BY-SA 4.0 - S. 101; www.wikimedia.org / Jean Pierre Hintze, CC BY-SA 2.0 - S. 218; www.wikimedia.org / Irish Defence Forces, CC BY-SA 2.0 - S. 174/175; www.wikimedia.org / LSE Library - S. 67; www.wikimedia.org / Nordnordwest, CC BY-SA 1.2 - S. 18; www.wikimedia.org / Pixelfehler, CC BY-SA 3.0 - S. 96; www.wikimedia.org / Kjetil Ree, CC BY-SA 3.0 - S. 248; www.wikimedia.org / Martin Rulsch, CC BY-SA 4.0 - S. 100, 135; www.wikimedia.org / Bethold Werner - S. 92; www.wikimedia.org / Kalle Wirsch-Fuhs, CC BY-SA 1.0 - S. 48; www.wikipedia.de / TUBS - S. 170